DAS BUCH

Dieses Buch setzt ein, wo Goethe-Biographien aufzuhören pflegen: mit Goethes Nachruhm und dem Verhältnis der späteren Generationen zu »Deutschlands größtem Dichter«. In diesem Standardwerk neuer Germanistik wird ausgeführt, welch wechselhafter Einschätzung Goethe unterworfen war. So galt er bald als weiser Dichterfürst, bald als dichtender Fürstendiener, den einen als Liebling der Götter und der Frauen, den anderen als trockener Philister. In dunklen Zeiten stieg der faustische Magier in der Gunst des Volkes, und Sektengründer beriefen sich auf ihn; im Wohlstand bevorzugte man den Italienreisenden und Verehrer der Frau von Stein. Man sah ihn anders unter Kaiser Wilhelm als unter dem Naziregime. Man liest ihn anders in der Schule als im Erwachsenenalter und interpretierte ihn in Ost und West so unterschiedlich, als hätte es nicht nur den einen Goethe gegeben.
Wolfgang Leppmann, der seit mehr als dreißig Jahren die Veränderungen des Goethe-Bildes erforscht, gibt in diesem Werk eine wissenschaftlich fundierte, äußerst vitale und amüsante, aber auch nachdenklich stimmende Vorstellung vom Umgang der Deutschen mit ihrem umstrittenen Geistesheroen.

DER AUTOR

Wolfgang Leppmann, geboren 1922 in Berlin, lebt als emeritierter Germanist in den USA und in München. Neben dem vorliegenden Werk, das als *The German Image of Goethe* zuerst in Oxford erschien und vom Verfasser übersetzt wurde, ist er mit Biographien von Johann Joachim Winckelmann, Rainer Maria Rilke und Gerhart Hauptmann (erschienen 1995 bei Propyläen, 1996 im Ullstein-Taschenbuch) hervc

WOLFGANG LEPPMANN

GOETHE UND DIE DEUTSCHEN

DER NACHRUHM EINES DICHTERS IM WANDEL DER ZEIT UND DER WELTANSCHAUUNGEN

ULLSTEIN

Ullstein Buchverlage GmbH & Co. KG,
Berlin
Taschenbuchnummer: 26539

Aktualisierte Ausgabe
Oktober 1998

Umschlagabbildung:
Klimt, Gustav (1862-1918)
»Der Kuß«, 1908
Öl auf Leinwand, 180 x 180 cm
(Ausschnitt.)
Foto © AKG/Erich Lessing
Umschlaggestaltung:
Theodor Bayer-Eynck

Printed in Germany 1998
Satz: hanseatenSatz-bremen, Bremen
Druck und Bindung: Ebner Ulm

ISBN 3 548 26539 1

Gedruckt auf alterungsbeständigem
Papier mit chlorfrei gebleichtem Zellstoff

Die Deutsche Bibliothek –
CIP-Einheitsaufnahme
Leppmann, Wolfgang:
Goethe und die Deutschen:
der Nachruhm eines Dichters im Wandel
der Zeit und der Weltanschauungen /
Wolfgang Leppmann. –
Aktualisierte Ausg. – Berlin: Ullstein, 1998
(Ullstein-Buch; Nr. 26539)
ISBN 3-548-26539-1

INHALT

EINLEITUNG

Der Nachruhm großer Dichter erscheint uns Nachgeborenen als Kaleidoskop: Anzahl und Gestalt der Bestandteile bleiben unverändert, aber ihre Anordnung ist immer wieder neu. So büßte zum Beispiel der im Mittelalter oft gepriesene Vergil in dem Maße an Glanz ein, in dem sich das Publikum von seiner Heilandsverheißung ab- und der eigentlichen römischen Gründungsgeschichte zuwandte. Dante wiederum war ein streitbarer Monarchist und wurde deswegen oft getadelt, ja sogar aus seiner Vaterstadt ausgewiesen; aber in den Augen der königstreuen Italiener, denen das Land im 19. Jahrhundert seine Einigung verdankte, erschien er gerade in dieser Hinsicht vorbildlich. Andrerseits kamen Shakespeares gelegentliche Unanständigkeiten seinen Zeitgenossen genauso natürlich vor wie uns; den Puritanern jedoch waren sie ein Greuel. Es gibt in der Weltliteratur kaum einen Dichter, dessen Nachruhm nicht früher oder später auf diese Art »umgewertet« worden wäre. Es ist unsre Aufgabe, die Hauptbestandteile des deutschen Goethe-Bildes in ihren Umwertungen zu verfolgen.

Warum gerade des *Goethe*-Bildes? Und warum des *deutschen* Goethe-Bildes?

Weil der heutige Deutsche eine fast unheimliche Hellhörigkeit und -sichtigkeit besitzt in bezug auf die Vergänglichkeit einst »unvergänglicher« Werke. Ob dies nun eine Zufallserscheinung ist oder ob sie mit dem Umstand zusammenhängt, daß hier ein dem Spekulativen vielleicht besonders verhaftetes Volk zwei verlorene Kriege nebst Währungsschwund und -reform, Wirtschaftskrise und -wunder, Zerstörung und Teilung erlebte – Tatsache ist, daß man sich schwerlich einen Engländer oder Amerikaner vorstellen kann, der etwa *Hamlet* wie folgt umwertet: »Goethes *Faust*, vor und nach dem Krieg [1914-18] gelesen, war nicht derselbe mehr. Was vorher lebendige Wirkung aus einer unabgerissen fortwirkenden Tradition war, war nachher Geschichte einer vergangenen Epoche« (Fritz Klatt). Noch weniger träfe man bei Hemingway, oder selbst Malraux, auf folgenden Gedankengang: »Geblättert in den Tagebüchern der Goncourts. Seltsam sind die Veränderungen im Leser und im Werke, die diesen Krieg [1939-45] begleiten – man spürt, daß ungeheure Massen von Büchern die geistigen Grenzen nicht überschreiten werden, die er setzt. Hier liegen fast unbemerkte Reiche der Zerstörungen. So richten Motten in verschlossenen Schränken Schaden an ... Die Langeweile wird die Bestände fürchterlicher mustern als jedes Buchverbot« (Ernst Jünger). Man kann nicht einmal sagen, daß Bemerkungen dieser Art lediglich von den Erfahrungen der jüngsten Vergangenheit ausgelöst worden seien; schon vor der Jahrhundertwende fragte sich der Literarhistoriker Otto Harnack, ob Goethes Wort »das Klassische nenne ich das Gesunde« für das damalige Publikum nicht etwa zu »Klassisch nennen wir das Langweilige« abzuwandeln sei. Diese Männer haben sich mit einer Frage beschäftigt, die das Publikum überall angeht, die in solcher Schärfe aber wohl nur im deutschen Sprachraum gestellt wird: Was gehen uns eigentlich die Klassiker noch an? In bezug auf Goethe ist diese Frage gelegentlich schon zu seinen Lebzeiten gestellt worden. Die Art und Weise, in der sich sein Einfluß trotz gelegentlich negativer Antworten behauptet hat, gibt uns Aufschluß über das Fortwirken nicht nur Goethes, sondern aller großen Schriftsteller. – Es kommt hinzu, daß gerade Goethes Nachruhm mehr »gehandhabt« worden ist als der irgendeines anderen Klassikers. Sein Ruhm ist groß und verdient groß zu sein. Aber dieser Ruhm ist nicht nur gewachsen, sondern wurde auch mit Vorbehalt gepflanzt und gepflegt: Durch die Arbeit der Deutschen Goethe-Gesellschaft in Weimar, des Wiener Goethe-Vereins und ähnlicher Körperschaften, aber auch durch die Versuche von seiten verschiedener politischer Propagandisten, den Dichter zum geistigen Vater, ja Vorkämpfer dieser oder jener Gesellschaftsordnung zu proklamieren.

So sehr sich Goethe also zum Gegenstand einer Untersuchung wie der vorliegenden zu eignen scheint, so durchbricht er doch zugleich die Grenzen einer rein literarischen Betrachtungsweise. Das Bild, das die Deutschen sich von diesem Mann gemacht haben, nach dem nicht nur eine Straße in Teheran benannt ist, sondern auch ein Knochen im menschlichen Embryo, eine literarische Gesellschaft in Japan, ein Mineral, eine Altersstufe im Menschenleben (man liest bisweilen, daß jemand »im Goetheschen Alter« starb, das heißt im fortgeschrittenen Greisenalter; ist aber schon je ein Mann im »danteschen« oder »shakespeareschen« Alter gestorben?) und schließlich auch ein Abschnitt deutscher Geschichte (denn das Weimar, mit dem sich die Republik von 1919 zu identifizieren suchte, war letzten Endes Goethes Weimar) ... das Bild eines solchen Mannes kann nicht mit dem Griffel der Literaturgeschichte allein gezeichnet werden. Die Schwankungen des Goetheschen Nachruhms sind denn auch so unlösbar mit der Entwicklung des nachgoetheschen Deutschlands verknüpft, daß auf diesen Seiten neben Literatur, Musik und Naturwissenschaft auch manch politisches und gesellschaftsgeschichtliches Faktum berücksichtigt werden muß.

Aber auch ganz abgesehen von diesen besonderen Auswirkungen des Phänomens Goethe kann man von einer Eigengesetzlichkeit seines Nachruhms und Einflusses sprechen. Er hatte in dieser Beziehung zweifellos manchen Vorteil gegenüber den anderen »klassischen« Dichtern der Weltliteratur. Er war zum Beispiel bereits bei den Zeitgenossen so berühmt, daß Hunderttausende seine Lebensgeschichte kannten; er lebte vor so kurzer Zeit, daß uns diese Kenntnis in vielen Einzelheiten überliefert werden konnte; und er lebte lange genug, um selber dazu Stellung zu nehmen, in autobiographischen Schriften und Urteilen über das, was über ihn gesagt und geschrieben wurde. So führen zwei Wege zu ihm: Das Werk an sich, und die Lebensgeschichte, die uns in solcher Ausführlichkeit vertraut ist, daß er selbst dann als klar umrissene Persönlichkeit fortleben könnte, wenn keine Zeile aus seiner Feder erhalten wäre. Hierin unterscheidet sich Goethe von Homer, der vor so langer Zeit lebte, daß sogar seine historische Existenz manchmal bezweifelt wird, und Shakespeare, dessen Leben sich so im Schatten abspielte, daß die Verfasserschaft dieses oder jenes, ja aller »seiner« Werke gelegentlich bestritten werden kann.

Es gehört zum Wesen des klassischen Dichters, daß er spätere Generationen zwingt, seine Werke zu lesen und zu ihnen Stellung zu nehmen. Goethe tat dies nicht erst nach dem Tode, sondern schon in seiner Jugend. Hierin unterscheidet er sich von Vergil und Dante, Cervantes und Calderón, Shakespeare und Milton, Corneille und Racine und anderen als »klassisch« anerkannten Dichtern: Er hatte den großen Vorteil, bereits als junger Mann so anerkannt zu werden, und konnte sich eben deshalb selbst an der Gestaltung seines Nachruhms beteiligen. Dies tat er denn auch, auf unauffällige, aber sehr bewußte Art, so daß wir gut daran tun, uns vor Augen zu halten, daß das deutsche Goethe-Bild in vieler Hinsicht auf – Goethes eigenem Goethe-Bild beruht. In Hans Gerhard Gräfs *Goethe über seine Dichtungen* füllen die Aussagen des Dichters nicht weniger als neun starke

Bände. Kein anderer Klassiker hat die eigene Produktion so ausführlich kommentiert. Und da er so früh als Klassiker anerkannt wurde, konnte uns diese Produktion vollständiger und wortgetreuer überliefert werden als im Falle anderer Dichter, etwa Euripides' oder Cervantes', die sozusagen nicht Klassiker »waren«, sondern es erst »wurden« – weshalb man sich im großen und ganzen über die Echtheit des Goetheschen Werkes keine Sorgen zu machen braucht, während es andrerseits wohl nie mehr eindeutig bestimmt werden kann, ob der Grieche tatsächlich den *Rhesus* verfaßte und der Spanier die *Tia fingida.*

Goethe war jedoch nicht nur im Werk überlebensgroß. Ein Mann, von dem ein Freund sagen konnte, wie Schiller von Goethe, »wenn er nicht als *Mensch* für mich den größten Wert von Allen hätte, die ich persönlich je habe kennen lernen, so würde ich sein Genie nur in der Ferne bewundern«, ist nicht irgendein Dichter, dessen Lebenslauf wir zufällig kennen. (Daß man Schillers Urteil nicht achselzuckend als bloßen Gefühlsüberschwang abtun kann, zeigen ähnliche Befunde aus unserem Jahrhundert. So schrieb zum Beispiel der marxistische Kulturkritiker Walter Benjamin an einen Freund, er sei sicher, »daß Goethe – jedenfalls im Alter – ein ganz reiner Mensch gewesen ist, dem keine Lüge über die Lippen und in die Feder gekommen ist«.) Nicht die biographischen Einzelheiten, sondern die Gesamtleistung seines Lebens stempelt Goethe nicht nur zum klassischen Dichter, sondern zum »klassischen Menschen«. Im Falle des Menschen wie in dem des Dichters kann man jeder positiven Bewertung eine negative entgegenhalten; nachdem sie aber einmal entdeckt worden war, ließ sich die Persönlichkeit Goethe – seine »Entelechie« – genauso wenig mit Schweigen übergehen wie der Dichter Goethe. Bewundernder Zuspruch und bitterer Tadel verschärften sich, als eine andere charakteristische Dimension seines Wesens ans Licht trat: seine außerordentliche Lebenstüchtigkeit. Diese Lebenstüchtigkeit, die sich vom Abstrakten der Weltanschauung aufs Penibel-Konkrete der täglichen Zeiteinteilung erstreckte, ist das heutzutage vielleicht meistdiskutierte Goethesche Attribut, wie es einst das meistgetadelte war, zu gewissen Zeiten, da man ihm das dichterische Genie zwar gern zuerkannte, sich aber an der Tatsache stieß, daß es die göttliche Vorsehung für weise befunden hatte, diesem Manne überdies noch Gesundheit, gutes Aussehen, Ruhm und ein gutes Einkommen zuzuerkennen. Wir wissen nicht, ob Goethes Leben glücklich gewesen ist; er selbst scheint es, zumindest im Alter, nicht so betrachtet zu haben. Aber von der Warte unserer eigenen Zeit gesehen war es ein außerordentlich erfolgreiches

Leben. Hierin unterscheidet sich Goethe von den »Kriminellen« Cervantes und Shakespeare, den Ausgebürgerten Ovid und Dante, den Kranken Schiller und Keats, den Selbstmördern Kleist und Hemingway, den Mittellosen Goldsmith und Rilke, den Verunglückten Shelley und Camus, den Duellanten Lermontow und Puschkin, den Umnachteten Hölderlin und Nietzsche und vielen anderen, denen das Leben so übel mitspielte, daß Goethes gelegentliche Enttäuschungen und Krankheiten vergleichsweise kaum ins Gewicht fallen. Sicher war er nicht so glücklich, wie man einst glaubte; aber es darf nicht vergessen werden, daß es in den Reihen der großen Schriftsteller nur ganz wenige gab – etwa Horaz und Petrarca und Shaw –, denen es so »gut gegangen« ist. Und auch in dieser Hinsicht geht unser Goethe-Bild letzten Endes wieder auf Goethe selbst zurück: Wie das eigene Werk, so hat er auch das eigene Leben ausführlicher kommentiert als je ein anderer Klassiker. Die Sorge um das eigene »Bild« ist ein allgemeinmenschliches Attribut und beschränkt sich nicht auf Schriftsteller (man denke etwa an Caesars, Napoleons und Churchills Bemühungen, den eigenen Nachruhm a priori »richtig«-zustellen). Wenige aber haben diese Vorsorge so weit getrieben wie Goethe, als er sich im Alter Briefe zurückerbat, die er ein halbes Jahrhundert vorher geschrieben hatte.

So lächelte ihm das Glück im Großen. Es begünstigte ihn überdies in manch kleinen, an sich bedeutungslosen Zufällen, die in ihrer Gesamtheit wiederum den Eindruck einer Eigengesetzlichkeit seines Fortwirkens bekräftigen. Es hat zum Beispiel viele Dichter gegeben, die einen eigenen Weinkeller besaßen. Aber der Verkauf des Goetheschen, vom Vater geerbten Weinkellers war mehr als nur Geschäft: Er ist, wenn auch in ganz kleiner Schrift, ins Buch der Weltgeschichte eingetragen, nicht nur weil es Goethes Wein war, sondern weil er ihm von zwei Weinhändlern abgekauft wurde, von denen der eine mit Hegel in Verbindung stand und der andere mit Jefferson. Man kann zu Recht sagen, daß dies eine völlig belanglose Einzelheit ist, deren Kenntnis den Genuß seiner Werke auf keine Weise erhöht oder vermindert. Dennoch ist die Häufigkeit solch einprägsamer Zufälle in seinem Leben äußerst typisch für ihn, besonders im Vergleich zur Dunkelheit, die die Lebensumstände so vieler seiner Zeitgenossen umgibt. Auch Mozart war damals schon berühmt; wo er aber begraben liegt, wissen wir heute nicht mehr ...

Eine weitere spezifisch Goethesche Art des Fortwirkens nach dem Tode liegt im Überleben der körperlichen sowohl als geistigen Erscheinung. Am

Baum des Ruhmes ist dies der Ast, der zuerst und am längsten Blüten treibt; er blüht ganz besonders in unserer Zeit, in der auch die Literatur immer mehr verbildlicht wird, in Kino und Fernsehen, illustrierten Ausgaben und photographischen Essays. Auf allen Ebenen der Darstellungskunst, von Briefmarke und Seifenreklame zu Skulptur und Malerei, werden gewisse Gesichter und Köpfe so häufig abgebildet, daß sie der Öffentlichkeit längst ins eigene Blut übergegangen sind. Im deutschen Sprachraum, ja vielleicht in der Welt, gehört Goethe, dessen Kopf schon 1963 auf nicht weniger als dreißig verschiedenen Briefmarken erschienen war, zu diesen symbolschweren Gesichtern. Hierin unterscheidet er sich ein letztes Mal von den anderen großen Dichtern der Vergangenheit, deren überlieferte Büsten und Portraits im allgemeinen weder gut noch zahlreich sind. Goethe hingegen hat im Verlauf seines langen Lebens so vielen Künstlern zu Modell gesessen, daß sein Aussehen eine gewisse Eigenbewegung gewonnen hat und selbst vom Hintergrund der Dichtung losgelöst noch fortwirkt. Seltsamerweise sind es ja gerade körperliche Eigenheiten, die sich dem Leser oder Zuhörer oft bei der ersten Bekanntschaft mit einem Künstler einprägen. So kann es etwa dem Schüler (die Schule ist meist der Schauplatz unserer ersten Begegnung mit Kunst und Literatur) leicht entfallen, welche Symphonie die Pastorale genannt wird, oder ob Ajax je nach Griechenland zurückkehrte oder nicht; daß aber Beethoven taub war und Homer der Sage nach blind, das wird er wohl nie vergessen. So hat denn auch Goethes Erscheinung, besonders die nach Thackeray »so außergewöhnlich dunklen, durchdringenden und leuchtenden« Augen, einen unauslöschlichen Eindruck auf die deutsche Nachwelt gemacht. Als Thomas Mann es zum Beispiel Gerhart Hauptmann vorwarf, sich von Hitler nicht genügend distanziert zu haben, da nannte er ihn keineswegs einen Mitläufer. Er begnügte sich mit der Feststellung, daß der wegen seiner Goethe-Ähnlichkeit bekannte und darauf stolze Dramatiker es zu einem Zusammentreffen mit Hitler habe kommen lassen, bei dem der Führer »eine schmähliche Minute lang seinen stupiden Basiliskenblick in die kleinen und blassen, recht ungoetheschen Augen« Hauptmanns bohrte.

Literarischer Einfluß kann nicht im luftleeren oder geistlosen Raum bestehen, sondern erfordert die Existenz eines Publikums, innerhalb dessen er fortwirkt. Es steht uns hier nicht an zu untersuchen, was etwa geschehen wäre, wenn Goethe das Manuskript des *Faust* verloren hätte, oder ob Caruso auch dann ein unübertrefflicher Sänger gewesen wäre, wenn er wie

Robinson Crusoe allein auf einer Insel gelebt und nur zu den Wellen gesungen hätte. Solche Fragen sind berechtigt und haben auch den Dichtern oft zu denken gegeben. Schon vor zwei Jahrhunderten erklärte Wieland über eines seiner Werke, er fühle sich selbst dann belohnt, wenn niemand es lesen würde, denn die Musen wären ja Zeugen seiner Mühe gewesen. Im Grunde genommen sind dies jedoch Probleme der Logik, nicht der Literatur. Noch weniger steht es uns an, eine Goethe-Biographie zu liefern oder gar einen Kommentar zu den Werken. Hier sollen lediglich einige Bestandteile des Goetheschen Kaleidoskops untersucht werden. Zu Lebzeiten des Dichters selber wurde von den naturwissenschaftlichen Schriften, vom *West-östlichen Divan*, ja selbst vom *Faust* im Vergleich zu späteren Zeiten nicht allzuviel Notiz genommen. Diese Werke werden dementsprechend im ersten Kapitel nur wenig berücksichtigt, wo andere besprochen werden, die im damaligen Publikum größeren Widerhall fanden. Das ironische Schicksal besonders des *Faust* zeichnete sich ja erst viel später ab: Daß dieses Drama, in dem Goethe die schulmeisterliche Pedanterie so unmißverständlich parodiert, schließlich selber einigen der greulichsten Schulmeistereien zum Opfer fiel, die je im Namen der Wissenschaft verübt worden sind.

Das vorliegende Buch erhebt keinen Anspruch darauf, Goethes Fortwirken in der deutschen Nachwelt endgültig oder vollständig darzulegen. Das Goethe-Bild kann nie eindeutig auf die Platte gebannt werden, denn die Klassiker sind keineswegs, wie man im 19. Jahrhundert anzunehmen pflegte, unabänderliche Größen im geistigen Raum. Im Gegenteil: Goethe ist klassisch, weil er so veränderlich ist, daß er noch jeder neuen Generation in neuer Gestalt erscheinen konnte. Unsere Aufgabe ist es, die wichtigsten dieser Gestalten festzuhalten, auch wenn, ja gerade weil wir wissen, daß einige ausgelassen werden müssen und daß sich vielleicht neue entwickelt haben werden, noch ehe diese Zeilen gedruckt erscheinen. Es gilt, die Entdeckung Goethes von seiten verschiedener deutscher Generationen zu verfolgen und damit die Art und Weise, in der repräsentative Vertreter dieser aufeinanderfolgenden Generationen beim Entdecken Goethes sich selber entdeckten. Bis vor kurzem war ja Goethe nicht nur ein deutsches Gemeinschafts-, man möchte fast sagen Stammeserlebnis, sondern auch eine von jedem Gebildeten individuell gemachte Erfahrung. In der Tat gehört Goethe zu den ganz wenigen Erfahrungen, die Beethoven mit Marx, Bismarck mit Freud und Nietzsche mit Schweitzer teilte.

Das deutsche Goethe-Erlebnis beginnt mit dem zeitgenössischen Publikum, mit den Männern und Frauen, die in den 1770er Jahren zuerst mit Goethes Werk und Persönlichkeit bekannt wurden, dazu Stellung nahmen und dadurch wieder Goethe selber beeinflußten, in jenem geheimnisvollen und dynamischen Spiel der Wirkung, Rückwirkung und Weiterwirkung, das aller Literatur zugrunde liegt.

1

GOETHE UND SEIN PUBLIKUM

»Das Publikum will wie Frauenzimmer behandelt sein: Man sollte ihnen durchaus nichts sagen, als was sie hören möchten.«

GOETHE, Maximen und Reflexionen

Es gehört zu den Eigenheiten der deutschen Klassik, nicht nur eine neue Literatur, sondern auch ein neues Lesepublikum hervorgebracht zu haben. In der zweiten Hälfte des 18. Jahrhunderts beschränkte sich das literarisch interessierte Publikum bereits nicht mehr auf isolierte Lesergruppen wie Universitätskreise, Gelehrte Gesellschaften oder Hofleute. Bevor wir uns mit dem neuen Publikum befassen, ist es angebracht, einen kurzen Blick auf die Stellung dieser Gruppen zum deutschen Schrifttum zu werfen

Die Universitäten blühten in jenem enzyklopädischen Jahrhundert, und ihre Anzahl vermehrte sich durch mehrere Neugründungen (Halle 1694, Göttingen 1737, Erlangen 1742). Die an diesen und älteren Anstalten gepflegten Studien waren jedoch fast ausschließlich naturwissenschaftlicher und moralphilosophischer Art. Die dürftige literarische Arbeit bestand aus Übersetzungen und Nachahmungen der Griechen und Franzosen sowie aus deutschen Sprachübungen in Poesie, Briefstil und vor allem Rhetorik. Obwohl das Studium des deutschen Schrifttums noch lange nicht der Einordnung in die traditionellen akademischen Disziplinen würdig erachtet wurde – in Preußen richtet man den ersten Lehrstuhl für deutsche Literatur erst 1848 ein –, gab es doch schon Professoren der deutschen Dicht- und Redekunst, wie den berühmten Johann Christoph Gottsched, dessen 1730 erschienener *Versuch einer kritischen Dichtkunst* die Durchsättigung des damaligen Literaturbetriebes mit rationalistischer Methodik wohl am eindeutigsten bezeugt. Nach Ansicht des Herrn Gottsched war das Dichten bekanntlich eine Fertigkeit, die zu erlernen einem jeden freistand, der sich der Mühe unterzog, gewissen Regeln zu folgen: besonders den von Gottsched selber festgelegten, die unter anderem bestimmten, daß die dramatische Handlung am Tage zu spielen habe und nicht bei Nacht, weil diese »zum Schlafen bestimmt« sei, oder daß man die Einheit des Ortes besonders beachten müsse, weil die Zuschauer während der Aufführung ebenfalls keinen Ortswechsel unternahmen, sondern hübsch ruhig auf ihren Sitzen verharrten. Auf diese Weise machte Gottsched die literarische Schöpfung zur Schablone; diejenigen großen Dichter von Homer bis Klopstock (den er in seiner hämischen Art immer »Klopfstock« nannte), die in ihren Werken die dichterische Phantasie hatten walten lassen, galten ihm weniger als manche seiner einzig und allein vom hausbackenen Menschenverstand geleiteten Gesinnungs- und Zeitgenossen. Es liegt auf der Hand, daß Männer dieses Schlages den Stürmern und Drängern nichts zu sagen hatten. Goethe schrieb denn auch seinen *Götz*, ohne sich im geringsten um die Gottschedschen Ermahnungen zu kümmern. Im Gegenteil: Anstatt die Handlung auf einen Ort zu beschränken, ließ er den Schauplatz in der ersten Fassung mehr als fünfzigmal wechseln.

Ein ähnlicher Abgrund klaffte zwischen den Vertretern der neuen Literatur und den Gelehrten Gesellschaften. Viele der letzteren, besonders die eigentlichen Sprachgesellschaften, stammten aus dem 17. Jahrhundert und waren unter anderem auch mit der Absicht ins Leben gerufen worden, ein einheitliches deutsches Lesepublikum zu schaffen. Der Dreißigjährige Krieg und seine Folgeerscheinungen hatten es jedoch nicht dazu kommen lassen, und nachdem ihre schöpferische Periode einmal vorübergegangen war, verfielen manche dieser Körperschaften zu nur gesellschaftlich oder bestenfalls schöngeistig tätigen Vereinen; in dieser Form dämmerte zum Beispiel der 1644 begründete Pegnesische Blumenorden noch bis ins gegenwärtige Jahrhundert fort. Auch hier nahmen im Laufe des 18. Jahrhunderts entstandene Gesellschaften ihren Platz ein an der Seite der schon bestehenden: Die Preußische Akademie (ursprünglich Sozietät) der Wissenschaften wurde 1700 organisiert, hauptsächlich auf Anregung von Leibniz; ihr folgte die von Kurfürst Karl Theodor in Mannheim gestiftete Kurpfälzische und 1759 noch die Bayerische Akademie. Im allgemeinen ist der Einfluß dieser Akademien auf die zeitgenössische Literatur jedoch sehr gering zu veranschlagen. Wie die Universitäten widmeten auch sie sich fast ausschließlich den Naturwissenschaften und der Philosophie und zogen es im übrigen vor, französische anstatt deutsche Gelehrte – von Schriftstellern ganz abgesehen – zu unterstützen. Als Beispiel mag die Preußische Akademie dienen, als deren Vorsitzender der französische Mathematiker Maupertuis viele Jahre fungierte; erst als d'Alembert später den ihm angetragenen Posten ausschlug, ermannte sich Friedrich der Große im Jahre 1759, einen deutschsprachigen Gelehrten, den Schweizer Leonhard Euler, wenigstens zum stellvertretenden Präsidenten zu ernennen. Dementsprechend war es auch die französische und nicht die deutsche Sprache, die langsam das Latein aus den Sitzungsberichten und sonstigen Veröffentlichungen der Akademie verdrängte.

Man sollte meinen, daß zumindest die verschiedenen weltlichen und geistlichen Herren dem Beispiel des augusteischen Rom und der italienischen Renaissancestaaten Folge geleistet und an der muttersprachlichen Literatur Anteil genommen hätten, so wie es ihre Vorläufer in der mittelhochdeutschen Blütezeit und selbst noch im Frühbarock taten. Im Zeitalter der Aufklärung beschäftigte dies die Fürsten und Bischöfe jedoch viel weniger als ein anderes Anliegen: nämlich die Nachahmung, soweit es ihre Mittel zuließen und bisweilen darüber hinaus, des von Ludwig XIV. und seinen Nachfolgern auf dem französischen Königsthron verkörperten Lebensstils. Zwar waren die wenigsten deutschen Herrscher ganz so hinterlistig und eigennützig, wie sie in *Emilia Galotti* und *Kabale und Liebe* fortleben. Besonders in der zweiten Hälfte des Jahrhunderts, als das Beispiel Friedrichs des Großen und Maria Theresias Schule zu machen begann, zeigte sich mancher deutsche Duodezfürst als wahrer Wohltäter seiner »Subjekte«. Patriarchalischer als die Könige von Frankreich, und nicht wie diese gezwungen, auch überseeischen Problemen Rechnung zu tragen, unternahmen oder unterstützten zumindest einige von ihnen soziale Fortschrittsbewegungen von großer Tragweite. So gehörten zum Beispiel die Abschaffung der Hexenprozesse, die Einführung verständnisvollerer Erziehungsmethoden und die in einem preußischen Gesetzentwurf der Zeit als »bürgerliche Verbesserung der Juden« umschriebene Reform auch heute noch zu den großen Errungenschaften jener Jahrzehnte. Man muß sich jedoch davor hüten, diese Fortschritte im Schimmer der unserer Zeit eigenen, nostalgischen Gesamtglorifikation der Vergangenheit zu hoch anzuschlagen. Wir tun gut daran, uns gelegentlich auch die anti- und irrationelle Komponente des Rationalismus vor Augen zu halten, etwa im Sinne Hermann Brochs, der einen seiner Helden folgende Überlegung anstellen läßt: »Denken Sie doch nur, daß ein Lessing oder ein Voltaire es ohne Revolte hingenommen haben, daß man zu ihrer Zeit noch gerädert hat, schön von unten herauf, für unser Gefühl unvorstellbar« ... denn ganz ähnliches trifft, *mutatis mutandis*, auch auf die Literatur zu. Es ist für unser Gefühl nicht weniger unvorstellbar, daß noch 1783 nur an einem einzigen deutschen Hofe Deutsch als Umgangssprache gebraucht wurde (in Weimar) und daß der Leiter des Osnabrücker Carolinums sogar noch im Januar 1826, also vor nur eindreiviertel Jahrhunderten, eine Verordnung erlassen konnte, daß *»monentur omnes discipuli, ne in conversatione mutua utantur lingua vulgari«* – daß die Schüler allesamt ermahnt würden, auch untereinander nicht in der Sprache des Volkes zu reden.

Gewiß gründete August der Starke, Kurfürst von Sachsen und weiland König von Polen, in jenen Jahren die Porzellanfabrik, die dem Namen Meißen heute noch Klang verleiht; gewiß übernahm der Markgraf Karl Friedrich von Baden, als guter Physiokrat, damals die Mehrfelderwirtschaft aus England; gewiß machte sich Herzog Karl Eugen von Württemberg gar zum Pädagogen und gründete die berühmte und berüchtigte Hohe Karlsschule. Aber diese und viele andere an sich lobenswerte Bemühungen entsprangen lediglich dem aufklärerischen Ideal der Vervollkommnungsfähigkeit des Menschen, den man sich als Bürger von Staaten vorstellte, die nicht organisch gewachsene Gebilde waren, sondern behutsam konstruierte und vorsichtig eingefahrene Maschinen. Die fürstlichen Bemühungen um die Staatsmaschine waren denn auch von viel zu pragmatisch-technischer Art, als daß es den Schriftstellern und Künstlern möglich gewesen wäre, sich an ihnen zu beteiligen. Obwohl sie beiden indirekt zum Vorteil gereichten, gingen die Reformbestrebungen nicht vom Bürgertum aus oder von den Gelehrten (ein Sammelname, der damals auch Dichter und Schriftsteller umfaßte), sondern von den Fürsten selber, die sich für das wirtschaftliche Wohlergehen ihrer Länder ein regsames Bürgertum und für ihr geistiges und geistliches Wohlergehen eine regsame Gelehrtenwelt wünschten. In unseren Augen jedoch haftet der großen Leistung der sächsischen Porzellanmanufaktur dadurch ein Makel an, daß man den Erfinder Johann Friedrich Böttger jahrelang im Schloß zu Meißen gefangenhielt, damit er nicht davonliefe – wie einst aus Berlin – und seine Dienste einem konkurrierenden Fürsten anböte. Man denke auch an die langjährige Haft des Dichters Christian Friedrich Daniel Schubart oder die des Schriftstellers Johann Jakob Moser, an Schillers schleunige, wohlbegründete Flucht im Jahre 1782 oder an den Undank, mit dem zum Beispiel Friedrich der Große den in Berlin halberblindeten Euler nach Rußland entließ: Der König nahm sich wieder einmal einen Franzosen zum Leiter der

Akademie und gab seiner Freude Ausdruck, nun einen »einäugigen Geometer durch einen zweiäugigen ersetzen« zu können.

Es kann demnach nicht wundernehmen, daß viele geistige Größen der Zeit den Fürsten selbst dann nicht trauten, wenn diese sich ihnen mit Geschenken nahten. Albrecht von Haller sprach sicher im Sinne vieler anderer, als er eine Einladung nach Berlin mit den Worten quittierte, er sei zu alt, um sich noch zu »produzieren«. Selbst Klopstock rächte sich gegen Friedrichs Gleichgültigkeit mit der Ode *Verkennung*, und der sanfte Vater Gleim, der doch gewiß seinen König anbetete, konnte sich ähnlicher Empfindungen nicht entschlagen, als er dem Glanzpunkt seines äußeren Lebens, dem Empfang bei Friedrich, entgegensah: »Du gehst den Gang der Knechte! du! / Gott sei mit dir! o sieh doch zu, / Daß, wenn der Gang vollendet ist, / Du Knecht nicht auch geworden bist!« Eigentlich gelang es nur dem geschmeidigen, früh an Hofluft gewöhnten Wieland, sich in die fürstliche Gesellschaft einzuleben – bis dann Goethe kam, der in Weimar nicht durch die Hintertür einzog wie Lenz und eigentlich noch Herder und Schiller, sondern durch die Ehrenpforte als Kamerad des Herzogs. Die Bereitschaft des Dichters, trotz allem Hofmann zu werden, trug ihm allerdings später den aus *Don Carlos* entlehnten Beinamen des »Fürstendieners« ein, der ihm heute noch von gewisser Seite zugedacht wird; wobei man allerdings nicht vergessen sollte, daß Karl August in *diesem* Sinn des Wortes kaum ein Fürst war (Metternich, der in solchen Sachen einen viel schärferen Spürsinn besaß als je ein marxistischer Literaturhistoriker, hatte dem Herzog von Anfang an mißtraut) und Goethe erst recht kein Diener. Wie leicht übrigens die gelegentliche Verbindung von Hochadel und Geistesadel – da es sich um das alte Österreich handelt, kann man getrost von einer musilschen Verbindung von »Besitz und Bildung« sprechen – auch wieder zunichte werden konnte, das lehrt das Beispiel des josephinischen Wien, das die Dichter einst viel stärker umworben hatten als später Karl Augusts Weimar. Joseph II., der mächtigste und scheinbar vielversprechendste aller deutschen Fürsten, der überdies in der einzigen deutschen Stadt residierte, die möglicherweise mit Paris und London hätte schritthalten können, nahm die ihm mehr oder minder direkt dargebrachten Huldigungen (darunter Klopstocks *Die deutsche Gelehrtenrepublik*, Wielands *Der goldne Spiegel oder Die Könige von Scheschian* und Lessings Pilgerfahrt nach Wien) zwar gnädig zur Kenntnis, tat aber im übrigen herzlich wenig zur Förderung des einheimischen Schrifttums. Man hat gesagt, daß ihn nur sein früher Tod daran gehindert habe; von einem Herrscher jedoch, der nach einer

Vorstellung der *Emilia Galotti* erklärte, es habe ihn »noch kein Trauerspiel so gelächert«, war höchstwahrscheinlich ohnehin wenig zu erwarten. Trotz Anna Amalia, Karl Friedrich von Baden und der Herzöge von Gotha war von den deutschen Höfen letzten Endes genauso wenig für die neue Literatur zu erhoffen wie von den Universitäten und den Gelehrten Gesellschaften: ein Umstand, der für die deutsche Geschichte schwerwiegende Folgen hatte.

Die Entwicklung der deutschen Klassik, ja Deutschlands, hätte einen anderen Lauf genommen, wenn sich die geistigen und politischen Pole im 18. Jahrhundert nicht abgestoßen, sondern angezogen hätten. Tatsächlich haben sich jedoch die beiden großen, zukunftsträchtigen Machtentfaltungen, die das Gesicht Europas verändern sollten, parallel, aber unabhängig voneinander vollzogen: der Aufstieg Preußens zur Vorherrschaft im Herzen Europas und der Aufstieg der deutschen Kultur (Literatur und Sprache, Pädagogik, Musik und Philosophie) zu führender Rolle im Abendland. Im Jahre 1700 bestand das Kurfürstentum Brandenburg, dessen Hauptstadt Berlin kaum 50 000 Einwohner zählte, aus Brandenburg, Pommern, einem nicht angrenzenden Teile Ostpreußens und einigen kleineren und kleinsten Flecken auf der Landkarte. Im Jahre 1800 ist Berlin mit 200 000 Einwohnern die Hauptstadt eines Königreichs Preußen, das von Österreich, Frankreich, England und Rußland als gleichberechtigt behandelt wird und dessen Armeen anzugreifen sich sogar ein Napoleon jahrelang scheute. Im Jahre 1700 wiederum gab es in deutschen Landen keinen Schriftsteller, dessen Name heute noch lebt; um 1800 sind Lessing, Klopstock, Herder, Wieland, Goethe und Schiller weit über das deutsche Sprachgebiet hinaus berühmt. Der Mann aber, der Preußens Größe schuf, sprach und schrieb Französisch bekanntlich besser als Deutsch, berief nicht Lessing und Klopstock (oder auch nur Gottsched und Gellert), sondern Voltaire, an seinen Hof und verurteilte die deutschen Dichter in einer Schrift, dem berühmten Aufsatz *De la littérature allemande; des defauts qu'on peut lui reprocher; quelles en sont les causes; et par quels moyens on peut les corriger* (1780), deren Titel in jenes rührende Wie-läßt-sich-da-Abhilfe-schaffen? ausklingt, das dem Europäer des 18. Jahrhunderts genauso am Herzen lag wie heute noch dem Amerikaner. Der Name Lessing freilich kommt in diesem Aufsatz nicht vor, in dem Goethes *Götz von Berlichingen* kurzerhand als »abscheuliche Nachahmung jener nichtswürdigen englischen Stücke« gebrandmarkt wird, das heißt als Nachahmung der Shakespeareschen Dramen, die ja nach Voltaire ebenfalls »mauvaises pièces« waren. Wenn Goethe seine Schöpferkraft im *Götz* bewies, so stellte er seine menschliche

Größe nicht minder unter Beweis, indem er diesen Angriff nicht nur unerwidert ließ, sondern Friedrich gegen seine Kritiker in Schutz nahm und ihn noch nach Jahren in *Dichtung und Wahrheit* verherrlichte.

Die Abneigung, die Deutschlands größter Staatsmann im 18. Jahrhundert dem größten Dichter seiner Zeit entgegenbrachte, ist für die Tatsache kennzeichnend, daß sich die deutsche Klassik politisch in einem luftleeren Raum entwickelte, in einer Aura von »machtgeschützter Innerlichkeit« (um einen von Thomas Mann auf eine spätere Epoche geprägten Ausdruck sinngemäß abzuwandeln). Mit Ausnahme einiger unbedeutender Fürsten nahmen die Machthaber kaum Notiz von der Blütezeit der deutschen Dichtkunst und des deutschen Geisteslebens überhaupt. Da es in Deutschland andererseits auch keine tragfähige politische Alternative gab, keine anders gerichtete Strömung, an der die Schriftsteller Anteil nehmen konnten (so wie selbst Ausländer wie Schiller und Wordsworth an der Französischen Revolution Anteil nahmen), ist es weiter nicht verwunderlich, daß die vor ein Weder-Noch gestellten, politisch »degagierten« deutschen Klassiker wenig mit jenem Typus des *littérateur engagé* gemein haben, der in einheitlicheren, »geradegewachseneren« Kulturen etwa vom verbannten Dante dargestellt wird, der seine politischen Feinde in die unbequemsten Regionen der Hölle verdammte, oder vom Soldaten Cervantes, der auf seine im Dienste der christlichen Seefahrt beschädigte Hand stolzer war als auf den *Don Quijote*, oder gar von Shakespeare, dem die Heimat eine »gekrönte Insel« war und ein »Land der Majestät, und Sitz des Mars, dies zweite Eden, dies neue Paradies ... dies England«. Das einzige Ereignis, das im damaligen Deutschland eine solche Haltung hätte fördern können, war der Siebenjährige Krieg. Wie die meisten Bürgerkriege »zündete« dieser jedoch nicht literarisch. Trotz seiner friderizianischen Gesinnung und seiner Bewunderung für *Minna von Barnhelm* und die Gleimschen *Kriegslieder* taten Goethe am Ende die Schriftsteller leid, die in einer so »erbärmlichen« Zeit zu leben hatten, daß sogar ein Lessing »an den Händeln der Sachsen und Preußen teilnehmen mußte, weil er nichts Besseres fand«[1*].

Durch Bemerkungen dieser Art wie durch seine Weigerung, sich in den Freiheitskriegen eindeutig und öffentlich für die deutsche Sache zu erklären,

* Die Hochziffern im Text verweisen auf die »Anmerkungen und bibliographischen Nachweise«, Seite 281.

forderte Goethe diejenigen Kreise heraus, die ohnehin schon geneigt waren, seine Vaterlandsliebe anzuzweifeln. Diese Anklage wurde von Männern erhoben – wir werden ihnen in noch jeder Generation seit 1800 begegnen –, die übersahen oder vergaßen, daß auch der Sturm und Drang tatsächlich eine Revolution war, die freilich vom Politischen ins Literarische überschlug, weil dies das einzige Gebiet war, auf dem ein hochherziger junger Deutscher damals gegen das morsche Gesellschaftssystem protestieren konnte, an dem sich noch ein Werther wundrieb.

Das Interesse und damit die Unterstützung, die Universitäten, Akademien und Hofkreise (mit Ausnahme der Könige von Dänemark, denen man im Rückblick nur eine ihrem Mäzenatentum würdige einheimische, das heißt dänische Literatur hätte wünschen können) dem deutschen Schrifttum vorenthielten, wurden diesem vom Bürgertum zuteil. Im Falle Goethes läßt sich dies zum Teil noch statistisch belegen, etwa anhand der Subskriptionsliste für die (1970 als Faksimiledruck reproduzierte) Göschen-Ausgabe der *Schriften* von 1787-1790, unter deren Abnehmern der gebildete Mittelstand weit zahlreicher vertreten war als zum Beispiel der Adel.[2] Nicht nur waren die Dichter, mit Ausnahme Ewald v. Kleists und der Brüder Stolberg, selbst bürgerlicher Herkunft; auch das Lesepublikum entstammte dieser Schicht, innerhalb der sich einige Strömungen abzeichnen, die der zeitgenössischen Literatur besonders zum Vorteil gereichten. So hatten sich zum Beispiel die Moralischen Wochenschriften seit Anfang des Jahrhunderts derartig vermehrt, daß es ihrer zur Zeit von Goethes Geburt mehrere hundert gab. Sie wandten sich hauptsächlich an die Frau des gehobenen Mittelstandes, die als damals vielberufenes »gelehrtes Frauenzimmer« nun zur Kulturträgerin wurde. Der dem Jahrhundert eigene Sammeleifer führte zur Eröffnung von Museen sowie privaten und öffentlichen Bibliotheken und zur Gründung von Lesezirkeln. Die zahlreichen Freundschaftsbünde trugen ebenfalls zur Verbreitung der Literatur bei, besonders natürlich die musisch orientierten wie der berühmte Göttinger Hain. (Der älteste noch erhaltene Goethe-Brief, vom Jahre 1764, ist eine Bittschrift zur Aufnahme in einen Frankfurter Freundschaftsbund.) Das Verlagswesen erfuhr gleichfalls einen ungeheuren Aufschwung. Es war seiner Natur nach ein übernationales Unternehmen, das erste, das sich über die Grenzen des kleinfürstlichen Merkantilismus hinwegsetzte und das gesamte deutsche Sprachgebiet umfaßte; Leipzig allein hatte bereits um die Mitte des Jahrhunderts 18 Druckereien und 50 Buchhandlungen. Eine ähnliche, dem gesamtdeutschen literarischen Leben zugute kommende Belebung ging von den zahlreichen, immer wieder gescheiterten Versuchen aus, ein deutsches Nationaltheater zu begründen. Einem dieser Versuche verdanken wir bekanntlich Lessings *Hamburgische Dramaturgie.*

In Deutschland bildete das Bürgertum damals das finanzielle und kulturelle Rückgrat mehrerer blühender Städte, denn im Gegensatz zu England, Frankreich und Spanien fehlte dem Land ja noch ein Jahrhundert lang eine politische und geistige Hauptstadt, an deren Publikum sich zum Beispiel ein Dramatiker hätte wenden und auf deren Bühnen er dann einen das ganze Land durchdringenden Einfluß hätte erwerben können, so wie Shakespeare es einst in London getan hatte und Molière in Paris. Im zersplitterten Deutschland lagen die Dinge freilich anders. Dort gab es – der Lage vor der Wiedervereinigung nicht so unähnlich – anstatt einer Hauptstadt verschiedene Kulturzentren, deren jedes gewissermaßen sein eigenes Instrument spielte im großen Orchester der Aufklärung. Bodmer, der in Zürich an der Peripherie des deutschen Sprachraumes saß, war nicht der einzige, der sich damals beklagte, daß Deutschland keine Hauptstadt besäße, »in welcher der Ausbund der Nation bei einander versammlet wäre und in ihren Gedanken die Gedanken der ganzen Nation ausdrückte«. Aus diesem Sachverhalt erklärte sich der nach kulturgeographischen Gegebenheiten abgestufte Empfang, der später den Klassikern zuteil wurde. Shakespeares Ruhm hatte sich einst strahlenförmig vom Zentrum aus verbreitet, von der Sonne London, und der der französischen Dramatiker von der *ville lumiere.* Das Anwachsen des Ruhmes und Einflusses der deutschen Klassiker hingegen ist eher mit einer Flut zu vergleichen, die das ebene Land überschwemmt und höher, aber nicht entfernter gelegene Gegenden erst viel später erreicht. (Auch hier mag eine Subskriptionsliste als Beispiel dienen: Als *Die deutsche Gelehrtenrepublik* 1774 in Leipzig erschien, gingen 140 Exemplare an ebenso viele Abonnenten im fernen Mitau ab und 88 ins katholische Wien; aus dem nahegelegenen Berlin lagen dagegen nur 90 Bestellungen vor.) Es mag sich lohnen, einen Blick auf einige der führenden Kulturstädte zu werfen und dabei besonders ihre Zeitungen und Zeitschriften im Auge zu behalten, denn es war in Veröffentlichungen dieser Art, daß die deutsche Leserschaft zuerst mit dem Namen Goethes vertraut wurde.

Das von den Verwüstungen des Dreißigjährigen Krieges kaum berührte Hamburg war damals schon die größte Hafenstadt Deutschlands; ein politisch unabhängiges, von einem wohlhabenden, welt-und geschäftsgewandten Handelsadel geleitetes Staatswesen, im übrigen protestantisch gesinnt und kraft seiner Lage englischen Einflüssen besonders zugänglich. In Hamburg reifte die Moralische Wochenschrift zu voller Blüte heran. Nach dem Beispiel der englischen Zeitschriften wurde 1713 *Der Vernünfftler* ins Leben gerufen, das heißt »ein teutscher Auszug aus den Engelländischen Moral-Schrifften des ›Tatler‹ und ›Spectator‹, vormahls verfertiget; mit etlichen Zugaben versehen und auf Ort und Zeit gerichtet von Joanne Mattheson«. Ihm folgte alsbald *Der Patriot*, der sich bereits nicht mehr mit Übersetzungen aus dem Englischen und Französischen begnügte, sondern, teilweise unter Leitung des Dichters Barthold Heinrich Brockes, auch Eigenständiges darzubieten begann. Neben erbaulichen Betrachtungen boten diese Journale dem Bürgertum, und besonders der Frau des gehobenen Mittelstandes, Buch- und Theaterbesprechungen, satirische und andere Aufsätze sowie Neuigkeiten aus dem städtischen und »ausländischen« Leben. In Friedrich von Hagedorn besaß Hamburg neben Brockes einen weiteren namhaften Dichter, und es konnte am Anfang des Jahrhunderts auch Leibniz in seinen Wällen begrüßen und am Ende noch Klopstock, der sich dort niederließ und 1803 starb. Dem jungen Goethe erwuchs in Hamburg mancher Gegner, zum Beispiel Klopstock, der ihm (und Schiller) recht kritisch gegenüberstand, und besonders der Hauptpastor Johann Melchior Goeze vom St.-Katharinen-Stift, mit dem auch Lessing einen berühmten literarischen Strauß auszufechten hatte. Als Handelsstadt besaß Hamburg mehrere einflußreiche Zeitungen, darunter die *Staats- und gelehrte Zeitung des Hamburgischen Unpartheiischen Correspondenten*, um 1800 das meistgelesene Blatt Europas mit 30 000 Abonnenten. Dort, und in anderen Hamburger Journalen, bleckte Goeze später die Zähne gegen den Sittenverderber Goethe.

Nicht minder wichtig war Leipzig, das Klein-Paris, in dem Lessing und Goethe sich bildeten, und Wohnsitz Gottscheds, der in seiner Pedanterie und ästhetischen Dickhäutigkeit zwar viel Unheil stiftete, aber in Verbindung mit der Neuberin doch in bezug auf die Verfeinerung des literarischen Bühnengeschmacks auch manch Gutes erreichte, wie zum Beispiel die Abschaffung der Hanswurstiaden oder der Gewohnheit, in der Antike spielende Stücke im Rokokokostüm darzubieten. (Wie lange übrigens sein Einfluß auf die Kritiker noch fortdauerte, geht unter anderem aus einer Ankündigung aus dem Jahre 1774 hervor, in der Goethes dumpf-genial hingeworfener *Götz* als »mit Fleiß verfertiget« angepriesen wurde.) Trotz des Titels – Bremen war lediglich Verlagsort – stammten auch die *Bremer Beiträge* aus Leipzig, in denen die ersten drei Gesänge des Klopstockschen *Messias* 1748 erschienen.

Wohl der bekannteste Bremer Beiträger war der Fabeldichter Christian Fürchtegott Gellert, seines Zeichens »Professor der Poesie und der Moral« und Lehrer an der Leipziger Universität. Mit Gottsched, Bodmer, Breitinger und anderen verkörperte Gellert eine der repräsentativsten Institutionen der deutschen Aufklärung: die des Dichters als Lehrer. Sie fußte auf dem Glauben, daß die Dichtkunst erlernbar – also auch lehrbar – sei, und auf der Notwendigkeit, die unsichere und ökonomisch unergiebige literarische Arbeit durch Ausübung eines Brotberufes zu unterbauen. Sie war aber auch Ausdruck des großen Wertes, den das 18. Jahrhundert nicht nur der schöpferischen Kraft, sondern der kritischen Akribie zumaß, selbst bei einem Mann wie Lessing (der freilich nie Unterricht erteilte), der über beide Fähigkeiten in reichem Maße verfügte. Der Begriff des Schriftstellers als *grand seigneur*, wie ihn später Richard Wagner auf naive und Thomas Mann auf sentimentalische Weise vorlebten, war in Deutschland mit dem Ende des Barocks abhanden gekommen. Es ist nicht das geringste unter Goethes Verdiensten, ihn wieder zu Ehren gebracht zu haben.

Ebenso weltoffen wie Leipzig war damals Zürich, wo die Patrizier Johann Jakob Bodmer und Johann Jakob Breitinger inzwischen in den *Discoursen der Mahlem* die Vorzüge der englischen Literatur entdeckt und gepriesen hatten. Bodmer hatte Miltons *Verlorenes Paradies* und Popes *Dunciade* übersetzt und war vom Wert des irrationalen und frei schöpferischen Elementes im englischen Schrifttum nicht weniger durchdrungen als sein Widersacher Gottsched von dem der vernunftmäßigen und zweckdienlichen Tendenzen bei den Franzosen. Bodmer hatte sich auch in der Nachahmung Shakespeares versucht, dessen Einbürgerung in Deutschland um die Jahrhundertmitte eine plötzliche Beschleunigung erfuhr. Im Rückblick läßt sich sagen, daß seine Werke in ihrer ursprünglichen Form dem deutschen Publikum im Jahre 1740 so gut wie unbekannt waren, während sie bereits 1775 von eben diesem Publikum als die größten Bühnenschöpfungen aller Zeiten bewundert wurden.

Berlins geistiges Wachstum konnte mit seiner politischen Entwicklung nicht Schritt halten. Hier wie anderswo in Deutschland wirkten sich gerade diejenigen Faktoren negativ für die Literatur aus, die die politische Machtentfaltung begünstigten. Immerhin konnte sich die preußische Hauptstadt eines regen Theaterlebens rühmen und auch der Auszeichnung, Schauplatz der Welt-Premiere Goethes gewesen zu sein: Am 14. April 1774 wurde *Götz von Berlichingen* in Berlin uraufgeführt, allerdings mit Beigabe eines Zigeunerballetts, das das neuartige Stück den Zuschauern wohl etwas mundgerechter machen sollte. Dem preußischen Lesepublikum wurde Goethe zuerst in den Spalten der *Berlinischen privilegirten Zeitung*, das heißt der 1704 gegründeten *Vossischen Zeitung*, vorgestellt, an der sich Lessing bereits zwanzig Jahre vorher als Feuilletonredakteur versucht hatte. Zu Goethes Zeiten spiegelte sie allerdings die Ansichten des Buchhändlers und Schriftstellers Friedrich Nicolai wider, des Begründers der *Allgemeinen Deutschen Bibliothek* und Verfechters eines recht verwässerten Spätrationalismus. In Berlin fand Goethe einige seiner ärgsten Gegner unter den Aufklärern des ausgehenden 18. und einige seiner größten Bewunderer unter den Romantikern des angehenden 19. Jahrhunderts.

Abgesehen von diesen Kulturzentren gab es verschiedene andere Städte mit einem zahlreichen, von verantwortungsbewußten Kritikern und Rezensenten auf dem laufenden gehaltenen Theaterpublikum: Das pietistische Halle mit seiner rührigen, neu begründeten Universität, der ersten, an der Vorlesungen in deutscher Sprache gehalten wurden; Goethes Vaterstadt mit den *Frankfurter Gelehrten Anzeigen*, an denen sich der Dichter selber betätigte; Weimar, wo Wieland, Erzieher der Prinzen Karl August und Konstantin, den *Teutschen Merkur* herauszugeben begonnen hatte; ferner die Residenzstädte Wien, Karlsruhe und Mannheim mit ihren Hoftheatern.

Solcherart war also die Beschaffenheit des literarischen Publikums zur Zeit des jungen Goethe: Es setzte sich nicht mehr aus isolierten Gruppen zusammen, sondern umfaßte einen Großteil des aufstrebenden Bürgertums, innerhalb dessen viele Menschen die von Alter, Geschlecht, Stand und Konfession gesetzten Grenzen eben dadurch durchbrachen, daß sie die Werke eines oder des anderen Dichters lasen und verbreiteten; es war ein recht gebildetes Publikum, vertraut (in der Ursprache oder in Übersetzung, im Druck oder auf der Bühne) mit den griechischen Klassikern und den Meisterwerken der französischen Literatur; es war nun auch mit Shakespeare bekannt geworden, eine Bekanntschaft, der durch Wielands Übersetzung und die Shakespeareschriften Lessings, Herders und des jungen Goethe bald das Siegel nachstrebender Bewunderung aufgedrückt wurde; es war schließlich auch ein verwöhntes Publikum, das sich über literarische Neuigkeiten aus Zeitschriften zu unterrichten pflegte, unter deren Herausgebern und Mitarbeitern nicht nur wie bisher Journalisten und bestenfalls Professoren fungierten, sondern auch Schriftsteller ersten Ranges wie Lessing, Claudius, Wieland und bald darauf Goethe und Schiller. Eine ganz neue Form der Prosadichtung, der Essay, hatte sich in Deutschland eingebürgert. Die nachahmende Periode der deutschen Literatur ging offensichtlich ihrem Ende entgegen, und die Sprache an sich, um 1730 nicht viel mehr als ein verpönter Dialekt der unteren Gesellschaftsschichten, war verfeinert und bereichert worden, bis sie sich an Ausdruckskraft, Biegsamkeit und Gefühlsgehalt dem Französischen und Englischen zur Seite stellen konnte. In den Werken Klopstocks, Wielands, Lessings und Herders hatte das deutsche Schrifttum nach jahrhundertelanger Ohnmacht einen ihm eigenen Ton wiedergefunden. Damit waren die wichtigsten Voraussetzungen erfüllt, unter denen ein Dichter von Weltrang wirken konnte.

Nachdem Herder die *Geschichte Gottfriedens von Berlichingen mit der eisernen Hand. Dramatisirt* gelesen hatte, schickte er dem jungen Verfasser das Manuskript zurück mit dem Vermerk, »Shakespeare hat Euch alle [das heißt die jungen Stürmer und Dränger] verdorben«. Goethe nahm sich die Vermahnung zu Herzen, indem er einige Grellheiten und Kraftausdrücke ausmerzte und den Schluß des Stückes veränderte. Im Juni 1773 veröffentlichte er dann anonym die zweite, nunmehr *Götz von Berlichingen* betitelte Fassung (eine dritte, die sogenannte Bühnenausgabe vom Jahre 1804, hat sich nie recht durchgesetzt). Es war das erste größere Werk, das Goethe ins breite Publikum hinausgehen ließ: Die dramatische Schilderung des Leidenswegs eines einarmigen Raubritters, dem es eine Zeitlang gelingt, seine Unabhängigkeit vom Reiche zu wahren, der dann aber verraten wird und als schuldig-unschuldiges Opfer der fortschreitenden Gesellschaftsentwicklung untergeht. In kraftvoller Sprache und mit sicherem Blick für dramatische Wirkungen abgefaßt, enthielt das Stück überdies manchen kaleidoskopischen Seitenblick ins deutsche Leben der Lutherzeit.

Es gereichte Goethe in gewisser Beziehung zum Nachteil, daß sein erstes größeres Werk ein Schauspiel war. Mehr als irgendeine andere Gattung war die dramatische seit schier unvordenklichen Zeiten in eine Zwangsjacke von Regeln und Überlieferungen gepreßt worden, die Goethe nun fast alle abstreifte. »Einheit der Zeit«, hieß es dann auch gleich im Altonaer *Neuen gelehrten Mercurius* vom 19. August 1773, »des Orts, der Handlung, alle Regeln des Drama sind hier bey Seite gesetzt worden, und wenn ein Verfasser so viel aufopfert, so ist der Leser berechtigt, nichts Geringes zur Entschädigung zu gewarten. Wir zweifeln, ob sich alle Leser dieses Stückes entschädigt halten werden.«[3] Andere Rezensenten waren nachsichtiger, vielleicht auch aufrichtiger; aber auch bei ihnen ist das staunende Aufhorchen unverkennbar, mit dem dieses Stück begrüßt wurde, zum Beispiel in den *Frankfurter Gelehr-*

ten Anzeigen vom 20. August desselben Jahres: »Der Titel: Schauspiel schreckte uns Anfangs, weil er uns eine von den langweiligen Zwittergeburten zu versprechen schien. Gleich auf den ersten Seiten sahen wir, daß es darinnen ziemlich bunt hergehen werde, aber wir vergaßen unsern Aristoteles und weideten uns treflich.«

Vom Vergessen des (allerdings arg mißverstandenen) Aristoteles führte nur ein Schritt zur Vermutung, daß die durch Überlieferung geheiligten dramatischen Regeln vielleicht doch nicht unumstößlich oder wenigstens für diesen, möglicherweise ein eigenes Gesetz vertretenden Dichter nicht zutreffend seien. So gab zum Beispiel der *Teutsche Merkur* der Erwartung Ausdruck, daß bei diesem Drama »unsere kritischen Linnés [Linné hatte damals gerade die Pflanzen- und Tierwelt systematisiert] staunen, und ungewiß seyn werden, in welche Klasse sie es setzen sollen: Ein Stück, worin alle drey Einheiten auf das grausamste gemißhandelt werden, das weder Lust- noch Trauerspiel ist: Und doch das interessanteste Monstrum, gegen welches wir hundert von unsern komisch-weinerlichen Schauspielen austauschen würden ... Erstlich verdient der Verf. für die Wahl seines Süjets den lebhaftesten Dank aller deutschen Patrioten, die es lange gewünscht haben, nicht daß man griechische Schauspiele nachahmen, sondern daß man wie die Griechen Gegenstände wählen, und sie alsdann nach Art der Griechen bearbeiten möchte ...« (September 1773, mit dem Zusatz, daß der Herausgeber, Wieland, zwar anders über dieses Stück denke, dem Rezensenten aber die Freiheit einräume, das Seinige zu sagen). Besonders wird in dieser Besprechung eine Fähigkeit des Verfassers gerühmt, die er mit Shakespeare teilt: Den Leser auch mittels kleiner und scheinbar unwichtiger Einzelheiten in gewaltsame, hinreißende Empfindungen zu versetzen.

Dergleichen Hinweise auf die Griechen und Shakespeare waren nicht zufällig. Wie andere literarische Neulinge wurde auch Goethe zuerst nicht als Schriftsteller *sui generis* beurteilt, sondern im Vergleich mit anderen: Mit den Durchschnittsdichtern seiner Zeit, jenen längst vergessenen Verfertigern von *comédies larmoyantes*, wie auch mit den wenigen Zeitgenossen, die ihrerseits bereits im Geruch der Klassik standen. Tatsächlich liegt das Einmalige an der Aufnahme des *Götz* in der Nachdrücklichkeit, mit der viele Kritiker den jungen Verfasser – »der, wie wir hören, Herr D. Göthe in Frankfurt am Mayn seyn soll« – sogleich einem Sophokles, Shakespeare oder auch Lessing an die Seite stellten, dessen *Emilia Galotti* ein Jahr vorher erschienen war. Kein Geringerer als Wieland gab der Überzeugung Ausdruck, Goethe habe bewiesen, er könne ein zweiter Shakespeare werden. Aus dem Munde des Shakespeare-Übersetzers war dies ein gewichtiges Lob. Der Eindruck, daß dem deutschen Dichterwäldchen hier plötzlich eine Rieseneiche entwachsen sei, war so allgemein, daß auch noch nach der Erstaufführung angenommen wurde, man habe es bei dem *Götz* mit einem auf der damaligen Bühne schlechthin unaufführbaren *Lese*stück zu tun. Erst wenn man sich dies vor Augen hält und außerdem an Deutschlands jahrhundertelange Abhängigkeit vom ausländischen Schrifttum denkt, kann man Schubart den Stolz nachfühlen, mit dem er 1775 verkündete: »Unsers Göthe Meisterstück, ›Götz von Berlichingen‹, ist ins Englische übersetzt worden und wird nächstens in London aufgeführt werden. Ein deutsches Schauspiel in London, wo Shakespeare seine Riesenstücke zuerst vorstellte! Was muß man nicht erleben!«

Es gibt in der Literaturgeschichte kaum ein sichereres Anzeichen für die Wirkung eines Werkes als die Wiederauflage eines älteren Buches, in dem das gleiche Thema behandelt wird. Goethes Drama beruht bekanntlich auf den 1731 erschienenen *Denkwürdigkeiten* des Ritters Götz von Berlichingen, die nun sogleich wieder aufgelegt wurden. (Nach dem *Clavigo* wurde ebenfalls eine Verdeutschung des ihm zugrunde liegenden *Fragment de mon voyage en l'Espagne* von Beaumarchais veröffentlicht.) Im übrigen beschäftigte das Drama die Kritik noch viele Jahre lang, ja einige der ausgewogensten Beurteilungen konnten erst gegeben werden, nachdem die Sensation verflogen und manches einst aufgeworfene Problem als unwichtig zurückgestellt worden war, wie etwa die Frage, welche Hand denn nun aus Eisen gewesen sei: die rechte wie bei Goethe oder die linke wie in den *Denkwürdigkeiten* ... ein zu allerhand kritischen Katzbalgereien führendes Dilemma, das ein Göttinger Literat im Sinne der Rechten löste, weil er glaubte, »sie war in der That einem Ritter so unentbehrlich, als sie manchem Edirer, Compilirer, Recensirer ist, nur mit dem Unterschiede, daß der Ritter doch noch mehr im Kopf bei ihr brauchte«.

Es ist Goethes auch heute noch bedeutsames Verdienst, mit seinem *Götz* den dramatischen Baum von den Kletten der ästhetisierenden Theorie befreit und ihn aus dem Rokokogärtchen in die freie Luft verpflanzt zu haben. Von nur mehr historischem Interesse für uns, den Zeitgenossen hingegen sicher recht einleuchtend, war jedoch die Einschätzung der Hauptpersonen von seiten der Kritiker. In Adelheid und Weislingen zum Beispiel erkannte man sofort vertraute Typen: die *femme fatale* und den *chevalier à la mode*. Götz selber schätzte man zwar als aufrechten deutschen Mann, aber seine Stellung – ein einfacher Ritter auf der bisher meist den Königen und Prinzen des französischen Dramas vorbehaltenen Bühne – wurde als gar zu niedrig empfunden und seine Ausdrucksweise als gänzlich unpassend.[4] Völlig zeitbedingt waren schließlich die Gründe, aus denen Maria der Elisabeth vorgezogen wurde. Die letztere war lediglich ein treues Weib, aber Götzens Schwester verkörperte eine Lieblingsfigur des 18. Jahrhunderts: Die empfindsame junge Frau von Familie, die unter hartherzige Menschen hinausgestoßen wird.

Als Kuriosum mag schließlich noch eine ungewöhnliche Auszeichnung erwähnt werden, die Goethe nun zuteil wurde. Im Jahre 1776 setzte ein Baron von Riedesel (vielleicht derselbe, der in der *Italienischen Reise* erwähnt wird), Freiherr zu Eisenach, Erbmarschall in Hessen usw., einen Preis von 20 Dukaten aus für ein Schauspiel, das seine Familie ähnlich unsterblich machen sollte, wie Goethe die Berlichingens verherrlicht hatte. Der Preis sollte anläßlich der Leipziger Messe 1778 zur Verteilung gelangen, und kein Geringerer als Lessing war als Preisrichter ausersehen. Leider ist es nicht überliefert, ob ein Dichter auf das Angebot ernsthaft eingegangen ist.

Wenn *Götz von Berlichingen* Goethes Ruhm in Deutschland begründete, so verbreiteten *Die Leiden des jungen Werthers* den Namen des Fünfundzwanzigjährigen über ganz Europa. Die Veröffentlichung des Romans im Jahre 1774 bezeichnet den Höhepunkt des Goetheschen Ruhms zu Lebzeiten des Dichters. Die Geschichte dieses Buches, eines der größten buchhändlerischen Erfolge der Weltliteratur, ist auch heute noch so bekannt, daß wir uns hier mit einer kurzen Erwähnung des Werther-Fiebers begnügen können. Bis zum Ende des Jahrhunderts wurde Werther in ganz Europa unzählige Male aufgelegt, parodiert, nachgeahmt und rezensiert. Die Kleider, in denen Werther sich erschoß – gelbe Weste und Hose, blauer Frack, braune Stulpenstiefel –, waren das Kernstück der ersten der großen Modewellen, die sich in den letzten zwei Jahrhunderten über die europäische Jugend ergossen haben. Die aus unerwiderter oder sonst unerfüllbarer Liebe begangenen Selbstmorde vermehrten sich angeblich auf bestürzungserregende Weise; auf jeden Fall wurde manches so begründete Unglück dem Verfasser des *Werther* zur Last gelegt. Die theologische Fakultät der Leipziger Universität verbot den Vertrieb, der Magistrat von Kopenhagen den Nachdruck des Romans. Wie Goethe uns selber mitteilt, ließ der Bischof von Mailand seine Geistlichen alle in Buchhandlungen ausliegenden Exemplare aufkaufen, damit wenigstens das lombardische Publikum, dessen Seelenheil ihm anvertraut war, von diesem Gift beschützt werden möge. Im Lauf der folgenden 75 Jahre, das heißt bis 1850, erscheinen 9 italienische, 12 englische und 25 französische Übersetzungen; *werthérisme* bedeutet heute noch soviel wie »krankhafte Empfindsamkeit«.

Im *Werther* wurde einem mit Richardsons *Pamela* und Rousseaus *Nouvelle Héloïse* bereits vertrauten Publikum eine ähnliche, aus dem zeitgenössischen deutschen Leben gegriffene, in leidenschaftlicher Sprache abgefaßte Geschichte dargeboten, in der man des Verfassers eigene Ergriffenheit auf jeder Seite zu spüren bekam. Empfindsamkeit als Veranlagung und eine hoffnungslose Liebe als ihr konkreter Ausdruck erschienen plötzlich als wertvolle Geschenke des Lebens, viel wertvoller als die kleinen Beglückungen derjenigen, die sich immer an die Richtschnur der platten Vernunft halten. Zu Tausenden flüchteten sich die Leser und Leserinnen aus dem Gefängnis des Alltagslebens in Werthers einsame, mystisch-naturverbundene Welt. Sie ließen das rationalistische Gedankengebäude hinter sich, in dem der Wille frei war, die Leidenschaft böse und ein Konflikt zwischen Einzelmensch und Gemeinschaft schier unmöglich; nun durchlitten auch sie Werthers Leidenschaft und faßten dabei die Möglichkeit ins Auge, daß der einzelne auch zu fortwährendem Kampfe gegen die Gesellschaft verdammt sein kann. Kein Geringerer als Napoleon hat es Goethe gegenüber getadelt, daß er sich nicht mit dem Erzählen einer unglücklich verlaufenden Liebesgeschichte begnügt, sondern mit dieser noch die Beschreibung der gesellschaftlichen Niederlagen des Helden verflochten habe. Der Kaiser wollte nur die Liebesgeschichte gelten lassen, aber der ungeheure Erfolg des Romans erklärt sich vielmehr gerade aus der Tatsache, daß die immanente Tragik der Liebesgeschichte sowohl vertieft wie verallgemeinert wird durch die Analyse eines soziologischen Problems: das eines Menschen, in dessen labiler Seele sich die landläufigen gesellschaftlichen Vorurteile zu unüberwindlichen Hindernissen verdichten. Denn im 18. Jahrhundert war die Gesellschaft alles; von ihr anerkannt zu werden, bedeutete mehr als heute die Zugehörigkeit zu dieser oder jener Vereinigung, und »der Ausschluß aus ihr war fast der Selbstmord«.[5]

Im Gegensatz zum Publikum, dessen Zustimmung fast einhellig war, sonderten sich die Kritiker in zwei ungleiche Lager. Die einen überhäuften Buch und Verfasser mit Lobpreisungen von einer Gefühlsdichte, wie sie die Literaturgeschichte sonst kaum aufzuweisen hat. Die anderen verwarfen das Buch und machten dem Verfasser die schwersten Vorwürfe. Bezeichnend für die Stellungnahme der ersteren, ja für die »lyrische« Werther-Kritik überhaupt, ist Schubarts Erguß in der *Deutschen Chronik* vom 5. Dezember 1774: »Da sitz ich mit zerfloßnem Herzen, mit klopfender Brust, und mit Augen, aus welchen wollüstiger Schmerz tröpfelt, und sag Dir, Leser, daß ich eben ›Die Leiden des jungen Werthers‹ von meinem lieben Göthe – gelesen? – Nein, verschlungen habe. Kritisiren soll ich? Könnt ichs, so hätte ich kein Herz ... Wollte lieber ewig arm seyn, auf Stroh liegen, Wasser trinken und Wurzeln essen, als einem solchen sentimentalen Schriftsteller nicht nachempfinden können.« Wilhelm Heinse, Johann Georg Jacobi und andere Freunde und Bewunderer Goethes haben den *Werther* ähnlich überschwenglich begrüßt, obschon ihre Begeisterung weniger der unübertrefflichen Ausarbeitung des Themas galt als eben dem Thema selbst: Sie sahen in dem Roman, wie einige Jahre später noch in Johann Martin Millers recht schalem *Siegwart*, weniger das Kunstwerk als den Ausdruck ihrer eigenen manisch-depressiven Empfindsamkeit.

Im Lager der Werther-Feinde hingegen stand neben manch anderen ein Mann wie Lessing. Ihm hatte schon der *Götz* mißfallen, in dem Goethe mit einem Streich nicht nur die aus Frankreich übernommenen dramatischen Regeln hinweggefegt hatte, sondern auch einen Teil der inzwischen von Lessing selber eingeführten Konventionen. »Er füllt die Därme mit Sand und verkauft sie für Stricke«, hatte der Ältere damals gehöhnt, und die Nachricht, daß Goethe sich ebenfalls mit einem *Faust* beschäftige, entlockte ihm eine ähnlich mißmutige Bemerkung. Dennoch waren es nicht geplante oder fertiggestellte Schauspiele, sondern der Roman, der auf den Dramatiker Lessing wie ein rotes Tuch wirkte. Er entwarf den Plan eines Schauspiels *Werther der Bessere* und machte sich 1776 an die Herausgabe der philosophischen Schriften jenes Karl Wilhelm Jerusalem, dessen von unglücklicher Liebe ausgelöster Selbstmord Goethe mit auf den Gedanken gebracht hatte, seinen Romanhelden ebenso sterben zu lassen. Im Vorwort zu dieser Ausgabe gab Lessing der Überzeugung Ausdruck, daß der in Gott ruhende Jerusalem ein besonnener junger Herr gewesen und keineswegs mit einem Heißsporn wie Werther gleichzusetzen sei.

Ein Teil der Lessingschen Kritik an *Werther* wie an Goethe überhaupt entsprang wohl seiner Abneigung gegen den jungen Mann, der ihm so mühelos den Lorbeerkranz des führenden deutschen Dramatikers von den Schläfen genommen und ihn sich selbst aufs Haupt gesetzt hatte. Dennoch war Lessing nicht ein Mann, dessen Urteil sich dauernd vom literarischen Krippenneid hätte beeinflussen lassen. Viel gewichtiger war die Tatsache, daß *Werther* Kind eines anderen, dem Lessingschen recht unähnlichen Geistes war. Zwangsläufig mußte ihn der Roman peinlich berühren, als bedauernswerter Rückfall in einen Denk- und Gefühlshabitus, von dem er annehmen durfte, daß ihn auch das Publikum (nicht zuletzt auf Grund seiner eigenen theoretischen Schriften) ablehnen würde – ganz zu schweigen vom damals recht neuen Element der Auto-Katharsis, denn der Verfasser war augenscheinlich tief in die von ihm erzählte Geschichte verwebt und »reinigte« sich im Erzählen. Lessing war bei weitem kein Gottsched; aber auch für ihn war die Literatur mehr Gehirn- als Gefühlssache und nicht die spontan-urmenschliche Ausdrucksform, als die sie Werthers Taufpaten, Hamann und Herder, soeben definiert hatten. Überdies war das Schrifttum der Aufklärung, nicht zuletzt auch das Lessingsche, meist lehrhafter Art. Worin aber lag die im *Werther* verkörperte Moral, wenn nicht in der Feststellung, daß der Selbstmord unter gewissen Umständen eine annehmbare, ja begrüßenswerte Lösung darstelle? Und selbst zugegeben, daß der Roman viel Wertvolles enthielt – hatte sich Goethe hier nicht Freiheiten genommen, die in den Händen minderer Dichter zu Entgleisungen führen könnten? Bekanntlich hat Lessing dem gesamten Sturm und Drang wenig abgewinnen können, und die Geschichte hat ihm letzten Endes recht gegeben: Mit Ausnahme Goethes, Schillers und bestenfalls noch Lenzens haben die Stürmer und Dränger keine Werke hinterlassen, deren Eigengewicht die Heftigkeit aufgewogen hätte, mit der sie gegen die Überlieferung anrannten. Lessing starb zu früh, um Goethes weitere Entwicklung verfolgen und damit auch dessen wahre Stellung zum Sturm und Drang ermitteln zu können – jene Stellung, die Friedrich Gundolf trefflich in der Beobachtung ausgedrückt hat, daß die anderen »stürmten und drängten, weil sie es wollten, weil sie es schön fanden«, während Goethe es tat, »weil er mußte, und er fand es gar nicht schön, er litt unter dem, worin seine Nachahmer vergnügt puddelten«[6].

Weder Lessing noch die anderen Gegner des *Werther* lehnten das Buch deswegen ab, weil es eine Liebesgeschichte zum Thema hatte. Viele von ihnen hatten selber Gedichte verfaßt, in denen von Amors Pfeilen getroffene Hirten in arkadischen Gefilden mit losen, halbjungfräulichen Nymphen schäkerten ..., aber im wirklichen Leben waren diese Dichter brave Bürgersleute, denen es auch nicht im Traum eingefallen wäre, sich in die Freundinnen anderer Männer zu verlieben, so wie das über Goethe gemunkelt wurde, als dieser zu Wetzlar und Ehrenbreitstein den ersten Teil des Romans »vorlebte«. Noch weniger wäre es einem Gleim, Uz, Götz oder auch Lessing und Wieland eingefallen, sich wegen solcher Geschichtchen das Leben zu nehmen. Die im *Werther* vollzogene Loslösung der Literatur vom bisher nährenden Mutterboden der Moral sowie Goethes scheinbare Gleichgültigkeit gegenüber dem sozialen Problem des Selbstmordes beschäftigte naturgemäß vor allem die geistlichen Leser. »Ewiger Gott!« zürnte Pastor Goeze gleich nach dem Erscheinen des Romans. »Wer hätte von uns vor zwanzig Jahren denken können, daß wir die Zeiten erleben würden, in welchen mitten in der evangelisch-lutherischen Kirche *Apologien für den Selbstmord* erscheinen, und in öffentlichen Zeitungen angepriesen werden dürften?« Sein Kollege Johann R. Piderit hängte sich gleichfalls den Gottvaterbart um und fragte in einem Sendschreiben an die Geistlichkeit von Hessen-Kassel: »Welcher Jüngling kann eine solche verfluchungswürdige Schrift lesen, ohne ein Pestgeschwür davon in seiner Seele zurück zu behalten, welches gewiß zu seiner Zeit aufbrechen wird? Und keine Censur hindert den Druck solcher Lockspeisen des Satans?«

Nicht ohne ein gewisses Gefühl der Erleichterung findet man unter den leidenschaftlichen Zustimmungen und Ablehnungen, die dem *Werther* zuteil wurden, zumindest *eine* kritische Stellungnahme, die weder schwärmte noch schimpfte, sondern sich in einer recht tüchtigen Parodie äußerte: *Die Freuden des jungen Werthers* von Friedrich Nicolai. Werthers Pistole wird hier mit Hühnerblut geladen, und nachdem er einmal abgedrückt hat, kommt der Held besudelt, aber unbeschädigt wieder zu sich. An der Seite seiner Lotte, die ihm eine Reihe kleiner Werther beschert, lebt er noch manches zufriedenbehagliche Jahr. Dichterisch wertlos, aber noch verbreiteter als die Nicolaische, war eine andere zeitgenössische Parodie, Bretschneiders *Entsetzliche Mordgeschichte von dem jungen Werther* usw., eine Moritat, die nach der Melodie von *Hört zu, ihr lieben Christen* mit Leierkasten auch auf den Straßen Frankfurts gesungen wurde:

»Ich sing' euch von dem Mörder,
der sich hat selbst entleibt,
er hieß: der junge Werther,
wie Doktor Goethe schreibt.

So witzig, so verständig,
so zärtlich als wie er,
im Lieben so beständig,
war noch kein Sekretär« usw.

So löste der Roman eine Sturzflut von Nachahmungen, Parodien und vor allem Rezensionen aus. Die beste derjenigen, die heute noch von Interesse sind, stammt von Johann Heinrich Merck, der Goethe gegen den Vorwurf in Schutz nahm, viel »Lokales und Individuelles« dargestellt zu haben. Merck tat dies, indem er aus der Not eine Tugend machte und die Einbeziehung sowohl des Alltagslebens wie des Persönlichen nicht nur zugab, sondern begrüßte; denn wie kann ein Dichter, dem die Gabe fehlt, auch dem Alltäglichen eine poetische Seite abzugewinnen, hoffen, daß er Ritter, Feen und das sonstige dichterische Zubehör, das doch niemand mit eigenen Augen gesehen, überzeugend wiederzugeben vermöchte? Merck kannte den Verfasser freilich gut genug, um hinzuzufügen, daß dieser seinen Helden »wahrscheinlicherweise zum Teil mit seinen eigenen Geistesgaben dotiert« habe: vielleicht der allererste Hinweis auf die Ähnlichkeit der Goetheschen Helden mit dem Dichter selbst, eine Ähnlichkeit, deren Untersuchung, Beglaubigung oder auch Widerlegung später zeitweise zum Hauptanliegen der Goethe-Philologie werden sollte. Übrigens schied Merck auch die feindlichen Kritiker in solche, die, wie Nicolai, wenn auch nur parodistisch selber etwas zum Thema beizutragen hatten, und andere, wie den Pastor Goeze, die in literarischen Fragen überhaupt nicht mitzureden hatten (wobei die Tatsache, daß Mercks Rezension in Nicolais *Allgemeiner Deutscher Bibliothek* erschien, vielleicht ins Gewicht fiel).

Die Besuche, die Goethe nun von Prominenten aller Art empfing, waren ein Ausdruck der »Neugier des ganzen lesenden Deutschlands«, wie es damals hieß, »von einem Ende bis zum andern«, die er mit seinem großen Roman erweckt hatte. Ein Großteil dieser Neugier galt dem Verfasser selber, der nun von Lavater aufgesucht wurde und von Boie, von Basedow und sogar von Klopstock. Unter den Besuchern, die im Frankfurter Goethe-Haus vorsprachen, war auch Karl Ludwig von Knebel, der die Prinzen Karl August und Konstantin gerade auf der obligaten Bildungsreise nach Paris begleitete. Am 11. Dezember 1774 machte Goethe, einer durch Knebel überreichten Einladung folgend, den Prinzen seine Aufwartung in einem Besuch, der zur Übersiedlung nach Weimar und zur lebenslangen Freundschaft mit Karl August führen sollte.

Obwohl oder vielleicht gerade weil der Fünfundzwanzigjährige über Nacht berühmt geworden war, fehlte es ihm nicht an Kritikern und sogar Feinden. Der peinliche Eindruck, den *Werther* mancherorts gemacht hatte, wurde durch die Mißbilligung verschärft, mit der *Clavigo*, das erste mit Goethes Namen gedruckte Werk, Ende 1774 begrüßt wurde. Mercks Begutachtung, daß das

Drama Goethes nicht würdig sei, weil auch andere solchen »Quark« schreiben könnten, war zweifellos zu negativ und entsprang wohl dem Umstand, daß der unangenehme Carlos verdächtig viele Mercksche Züge trägt. Aber auch sonst ist der kühle Empfang des *Clavigo* verständlich, ganz abgesehen davon, daß eine Reaktion auf den ungeheuren Publikumserfolg des *Götz* und *Werther* auf die Dauer nicht ausbleiben konnte und daß Goethe inzwischen nicht nur Bewunderer, sondern auch Neider erwachsen waren. Hatte er nicht eben noch den heiligsten Überzeugungen des Sturm und Drang Ausdruck gegeben, nur um in seinem neuesten Drama den Gefühlsüberschwang plötzlich zu dämpfen und auch stilistisch zu den überlieferten Formen zurückzukehren? *Clavigo* mußte Freund und Feind überraschen, denn es ist eine klar aufgebaute Tragödie ohne jenes malerische, proto-romantische Beiwerk, welches den *Götz* so farbenreich macht. Dank dieser Straffheit von Handlung und Ausdruck ist *Clavigo* Goethes bühnengerechtestes Werk geblieben. Die Öffentlichkeit jedoch, der der Dichter eben noch als »ein wilder Strom« vorgestellt worden war, der »über Berge und Wald unaufhaltbar daherbraust, hier in schäumender Wuth Felsen und Schleusen zerbricht, und dort mit lautem Gemurmel Thal und Wiesen überschwemmt« – dieses Publikum war nicht gesonnen, sich einer ruhigen Literaturbetrachtung hinzugeben, abgesehen von dem schon erwähnten Umstand, daß das damalige Schauspiel ohnehin in erster Linie ein Lesedrama war. Zu allem Überfluß kam die Handlung aus Frankreich, gerade jetzt, da Lessing die Vorherrschaft der französischen Bühne gebrochen und mit *Minna von Barnhelm* ein Stück verfaßt hatte, das auf deutscher Geschichte und auf deutschem Gedankengut fußte. Mit seinem *Götz* war ihm Goethe auf diesem Wege gefolgt; nun hatte derselbe Goethe sich Beaumarchais' Schrift vorgenommen und daraus eine Tragödie gemacht, die teils Nachahmung, teils Neuerfindung, aber keinesfalls »deutsch« war ...

Auch *Stella* (1776) wurde vielerseits mit Kopfschütteln aufgenommen. Die erste Fassung endete mit einem *ménage à trois*, einer beneidenswerten Anordnung, die freilich dadurch an Wahrscheinlichkeit einbüßte, daß sich die beiden Damen Fernandos damit einverstanden erklärten. Erst in der zweiten Fassung vom Jahre 1805 ließ Goethe, inzwischen selber Gatte und Vater geworden, Stella und Fernando Selbstmord begehen. Obwohl das Stück dem Boden einer ehrwürdigen, von der mittelalterlichen Legende des Grafen von Gleichen über Swift und Lessing zu Bürger und Friedrich Heinrich Jacobi reichenden literarisch-biographischen Überlieferung entwachsen war, stand das Publikum der *Stella* im allgemeinen recht ablehnend gegenüber, und das reinigende Motiv des Doppelselbstmordes wurde um dreißig Jahre zu spät hinzugefügt. Handelte es sich hier – so frug man sich – nicht um eine Verteidigung der Bigamie, ja um eine Ermutigung zu derselben, aus der Feder dessen, der eben noch im *Werther* den Selbstmord gepriesen? So schien es wenigstens dem Hamburger Kritiker Wittenberg, der sich darüber mokierte, daß Goethe, »diese fruchtbare Mutter, so öfters gebiert, daß ihre Kinder nicht Zeit haben, Nerven und Kräfte zu bekommen, sondern sich gemeiniglich mit einem ausgemergelten, aber doch von bösen Dünsten und Blähungen aufgetriebenen Körper eine Zeitlang herumschleppen, bis sie plötzlich wieder aus den Augen verschwinden ... Sein Roman ›Die Leiden des jungen Werthers‹ ist eine Schule des Selbstmordes; seine ›Stella‹ ist eine Schule der Entführungen und der Vielweiberey. Trefliche Tugendschule!« Kaum waren diese Ergüsse gedruckt, als sich auch Goeze vernehmen ließ: »Nach [Goethes] Moral gehört vermuthlich das, was die Rechte malitiosam desertionem nennen, und was die heil. Schrift unter dem Namen der Hurerey und des Ehebruchs verdammt, zur edlen Freyheit der Menschen.«

Es gab natürlich auch manchen Leser und Kritiker, dem *Stella* gleich beim Erscheinen zusagte. Ein Hamburger Rezensent schlug die Vorsicht gänzlich in den Wind und erklärte das Schauspiel für Goethes Meisterwerk, woraufhin der erboste Wittenberg ihn kurzerhand als nicht ernstzunehmenden »Pfeffersack« und »alte Kramerdute« abfertigte – man sieht, daß die Kontorluft der Literaturkritik eben doch nicht immer zuträglich war. Überdies war Hamburg, wie auch Berlin, Leipzig und Halle, eine Hochburg der philiströs gewordenen Aufklärung selbst noch zu Zeiten, als Süddeutschland bereits mit der Hefe des Sturm und Drang zu gären anfing. Auch Goethes Ruhm begann im Südwesten des Reiches und eroberte sich den Norden erst später.

Aus Gründen, auf die hier nicht eingegangen werden soll, wurde Goethes Einführung in die angelsächsischen Länder jahrzehntelang durch die Einwände hintangehalten, die man gegen die »Unmoral« seiner Frühwerke erhoben hatte. Das war besonders bei *Stella* der Fall, über die ein englischer Theaterkritiker nach 1802 den Stab brach, indem er schrieb, es sei »in Deutschland ein sehr beliebtes Schauspiel, und wir können aus diesem Umstande uns einige Ideen machen, welche laxe moralische Prinzipien in Deutschland herrschen«. Dies war allerdings ein arger Fehlschluß, dessen Berichtigung denn auch nicht ausblieb. »›Stella‹«, hieß es in der *Neuen Allgemeinen Deutschen Bibliothek* vom April 1802, »kann gewiß auf die deutsche Moralität keinen widrigen Einfluß haben, da dieses Stück, weit gefehlt, ein beliebtes Stück zu sein, bekanntermaßen bey uns längst vergessen ist.« Die artigste und geistreichste zeitgenössische Reaktion auf *Stella* war jedoch die des Hofpredigers Johann Georg Pfranger zu Meiningen, der erklärte, soviel Gutes über Goethes Charakter gehört zu haben, daß er es nicht über sich brächte zu glauben, der Dichter habe es tatsächlich auf eine Verherrlichung der Sünde ankommen lassen wollen ... und der dem Drama daraufhin einen selbstverfaßten sechsten Akt hinzufügte, in dem Fernando im Gefängnis endet.

Nach Goethes Ankunft in Weimar legte sich allmählich die Aufregung, die seine Frühwerke hervorgerufen hatten. In den nächsten zehn Jahren ließ er verhältnismäßig wenig drucken und goß somit zumindest kein Öl mehr in die Flammen der Kritik. Überdies wurde die Aufmerksamkeit des Leserpublikums bald von den Werken anderer Schriftsteller in Anspruch genommen, zum Beispiel von Millers *Siegwart*, der den *Werther* vorübergehend als Prunkstück des empfindsamen Romans ablöste, und von den Werken des jungen Schiller, der den Sturm und Drang zu einer Zeit fortführte, als Goethe ihm bereits entwachsen war. Auch als Geheimer Rat und Minister fuhr Goethe natürlich fort zu schreiben; die häufig vertretene Annahme, er habe der Literatur im ersten Weimarer Jahrzehnt den Rücken gekehrt, trifft eher auf Veröffentlichungen zu als auf das, was sich in Pult und Reisetasche ständig vermehrte. Den ersten Teil des *Wilhelm Meister* (die erst 1910 entdeckte »Theatralische Sendung«), die ersten zwei Aufzüge des *Torquato Tasso*, die Prosafassung der *Iphigenie*, einen Großteil des später so benannten *Urfaust*, die erste Fassung des *Egmont*, das *Elpenor*-Fragment sowie viele der schönsten Gedichte verdanken wir gerade diesen ersten Weimarer Jahren. Zur Zeit ihrer Entstehung wußten aber nur einige Freunde um die Existenz dieser Werke: Lavater, Herder, Jacobi, Barbara Schultheß und andere kannten sie teils aus Vorlesungen, teils durch Abschriften, die am Hof von Hand zu Hand gingen und deren Verbreitung zum Beispiel im Falle der *Iphigenie* bereits 1779 zu einer Bühnendarstellung führte. Das Publikum im allgemeinen jedoch wußte nicht viel mehr über diese Werke, als daß Goethe sich mit ihnen beschäftigte. In den Augen der Öffentlichkeit hatte er aufgehört, ein schöpferischer Dichter zu sein. Es ist somit kein Wunder, daß ihn die öffentlichen, heute würde man sagen »meinungsbildenden« Organe langsam vergaßen oder als selbstverständlich hinnahmen. Aus einer Sensation wurde er zur Institution. In dem Maße, in dem sich sein Werk verinnerlichte, veräußerlichte sich sein Ruhm in Ankündigungen wie »Goethe wurde Geheimer Legationsrath zu Weimar, und bekam zugleich Sitz im geheimen Rath« oder »Der Herr Geheimde Rath Göthe ist in den Adelsstand erhoben worden«[7].

Am 10. November 1775, als Goethe eben erst in Weimar angekommen war, schrieb Wieland: »Seit dem heutigen Morgen ist meine Seele so voll von Goethe wie ein Tautropfen von der Sonne« – obwohl es sich bei dem Neuankömmling um denselben jungen Herrn handelte, der einige Monate vorher Wielands versüßlichte Mythologie in der Posse *Götter, Helden und Wieland* angegriffen hatte. Dieser Beweis des Zaubers der Goetheschen Persönlichkeit (der sich hier an einem Älteren bewährte, der zu Neid und Feindschaft manchen Anlaß gehabt hätte) ist nur einer von vielen, die erwähnt werden könnten. Goethes Beziehungen zu Frau von Stein, zu Karl August, zu Anna Amalia und zu anderen Repräsentanten der gesellschaftlichen und geistigen Auslese von Weimar sollen hier nicht besprochen werden. Es sei lediglich darauf hingewiesen, daß die Schwankungen, denen Goethes Dichterruhm beim breiten Publikum unterworfen war, nicht mit der Hochschätzung seines Charakters von seiten derer verwechselt werden dürfen, die ihn nun persönlich kennenlernten. Sein Dichterruhm hatte ihm die Einladung nach Weimar ins Haus gebracht; daß aus der Einladung schließlich eine Einbürgerung wurde, verdankte er seinen menschlichen Qualitäten.

Einige Zeitgenossen haben bekanntlich versucht, aus Goethes herzlicher und rückhaltloser Aufnahme in Weimar eine Verpflichtung für den so Empfangenen abzuleiten. Der Herzog, der achtzehnjährig auf den Thron gekommen war, mußte sich erst die Hörner ablaufen, ehe er die Regierungsgeschäfte zur Zufriedenheit des Landes und seiner selbst leiten konnte. Es bedurfte weder eines scharfen Auges noch einer besonders kritischen Einstellung, um festzustellen, daß Goethe überall mittat, obwohl er älter war und überdies ein berühmter Dichter, den Tausende verehrten. Eben deshalb hätte er in der Meinung mancher Beobachter den heißblütigen jungen Herzog zurückhalten sollen, anstatt ihm beim Reiten, Trinken und »Mieseln« zur Seite zu stehen. In seinem bekannten Freundschaftsbrief vom Jahre 1776 unternahm es Klopstock, Goethe diese Besorgnisse zu übermitteln, nebst allerlei düsteren Prophezeiungen über die Zukunft des Herzogtums im Falle, daß Karl August bei seiner bisherigen Lebensführung beharrte. Goethe, der frühere Ermahnungen solcher Art in den Wind geschlagen hatte, war erbost über diese Anmaßung eines berühmten und bislang als Freund angesehenen Dichters.

»Verschonen Sie uns ins Künftige mit solchen Briefen, lieber Klopstock!« antwortete er am 21. Mai 1776, »sie helfen nichts, und machen uns immer ein paar böse Stunden.« Die Weimarer Sturm-und-Drangperiode ging freilich ohnehin ihrem Ende entgegen; der Herzog erwuchs zum Mann und am Ende sogar zu einem beispielhaften Fürsten, während Goethe sich seiner ministeriellen und sonstigen Pflichten auf so tüchtige Art entledigte, daß die Beschwerden alsbald verstummten.

Es ist bereits auf den Abgrund hingewiesen worden, der sich im 18. Jahrhundert zwischen den geistigen und den politischen Spitzen Deutschlands aufgetan hatte. Nun hatte unverhoffterweise ein hochintelligenter junger Fürst den größten lebenden Dichter zu sich berufen, und man begann vielerorts zu erwarten, daß Goethe in Weimar und an anderen Höfen, mit denen er etwa in Berührung käme, eine aktive Anteilnahme am zeitgenössischen deutschen Schrifttum erwecken und aufrechterhalten wurde. Es war bekannt, daß Karl August, dank der ihm von Anna Amalia und Wieland zuteilgewordenen Erziehung, bereits einige geistige Interessen hatte. Um so mehr wurde jetzt von Goethe erwartet, daß er seinen fürstlichen Freund in solchen Neigungen bestärken und aus ihm so etwas wie einen zweiten Lorenzo il Magnifico machen würde, das heißt einen Herrscher, dessen die Geschichte in erster Linie als eines Förderers der Schönen Künste gedenkt. Tatsächlich ist dies die Beleuchtung, in der er uns Nachgeborenen erscheint. Die Zeitgenossen aber sahen nur, daß Goethe, der eben noch in *Götz, Werther* und *Stella* die Befreiung vom gesellschaftlichen Joch verherrlicht hatte, nun seinerseits die Zwangsjacke des Hofmanns anzog. Sie hatten gehofft, der Fürst wurde wie der Dichter werden, und sahen nun zu ihrer Enttäuschung, wie der Dichter dem Fürsten immer ähnlicher wurde. Sie wußten nicht, sie konnten es nicht wissen, daß Goethe auch diese Erfahrung zu seinem Wachstum brauchte und daß die im Amt an sich und an der Umwelt gemachten Erfahrungen dereinst auch seinem dichterischen Schaffen zugute kommen würden. Was sie sich allenfalls hätten denken können – einige taten es übrigens, wie Lavater in seinem vorausahnenden Ausspruch über Goethe als handelndes Wesen bei einem Fürsten – war, daß ein Dichter, und besonders ein Dichter bürgerlicher Herkunft, der auf einen Herrscher nachhaltigen Einfluß ausüben wollte, nicht nur dessen Freundschaft, sondern vor allem seine Achtung erwerben mußte. Er hatte zu zeigen, daß er, Wolfgang Goethe, nicht nur ein berühmter Dichter, lustiger Kamerad und forscher Jäger war, sondern vor allem ein verantwortungsfähiger und -freudiger Regierungsbeamter.

So wurde Goethes Entwicklung zum Hof- und Staatsmann von vielen Augenzeugen mißverstanden. Paradoxerweise häuften sich die Vorwürfe ministerieller Klein- und Engherzigkeit gerade um die Zeit, da er sich von der Regierung zurückzog: nach der Rückkehr aus Italien. Die italienische Reise bedeutet nicht nur einen tiefen Einschnitt in Goethes Leben, sondern auch eine Beschleunigung des Entfremdungsprozesses zwischen ihm und der Öffentlichkeit. Der Aufenthalt im Süden hatte ihn von der Selbstbetrachtung geheilt, die ihn befähigte, ja getrieben hatte, ein Werk wie *Werther* zu schreiben. Damit versiegte auch das außerordentliche Mitteilungsbedürfnis seiner Jugend und die Verzettelung seiner Kräfte auf Regierungsgeschäfte, Malerei und manches andere, das er gut geleistet hatte und das zu seiner Erfüllung dennoch keinen Goethe erforderte. Mit der italienischen Reise begann seine klassizistische oder auch klassische Periode, der die Freunde und das Publikum freilich erst viel später folgen konnten. Damals sahen sie in ihm lediglich einen Mann, dessen Lebensanschauung und -führung sich plötzlich von Grund auf verändert hatte. Obwohl er die öffentlichen Ämter und Würden fast gänzlich abgestreift hatte, blieb an ihm etwas Geheimrätliches haften, das seinen Nachruhm bis auf den heutigen Tag mitbestimmt hat. Von den vielen zeitgenössischen Zeugnissen dieser Wandlung im Goethe-Bild seien hier drei angeführt, weil sie von Männern stammen, die selber Dichter waren und keine »Philister«. Als Gottfried August Bürger, der mit Goethe in der Jugend freundschaftlich korrespondiert hatte, diesen 1789 in Weimar besuchte, war er von seinem kalt-korrekten Empfang im Goethe-Haus so enttäuscht, daß er sich in einem Epigramm Luft machte:

»Mich drängt' es in ein Haus zu gehn,
Drin wohnt' ein Künstler und Minister.
Den edlen Künstler wollt' ich sehn
Und nicht das Alltagsstück Minister.
Doch steif und kalt blieb der Minister
Vor meinem trauten Künstler stehn,
Und vor dem hölzernen Minister
Kriegt' ich den Künstler nicht zu sehn.
Hol ihn der Kuckuck und sein Küster!«

Drei Jahre später, im November 1792, schrieb Friedrich Schlegel seinem Bruder August Wilhelm, daß seine Liebe für Goethe nicht mehr dieselbe sei wie dereinst, denn »der Inbegriff seiner [Goethes] Werke ist der Abdruck einer eigennützigen kaltgewordenen Seele. Der ›Werther‹, ›Götz‹, ›Faust‹, ›Iphigenie‹ und einige lyrische Stücke sind der Anfang eines großen Mannes – es ist aber bald ein Höfling draus geworden.« Als schließlich Heinrich Heine, bereits einer späteren Generation zugehörig, Goethe 1824 aufsuchte, da glaubte auch er neben vielem anderen, was ihn tief beeindruckte, »in vielen Zügen ... den Göthe« zu erkennen, »dem das Leben, die Verschönerung und Erhaltung desselben, so wie das eigentlich praktische überhaupt, das Höchste ist«. Beurteilungen dieser Art fangen mit der Rückkehr aus Italien an und verstummen nun nicht mehr. Nur wenige Besucher sind darauf gekommen, daß Goethes Steifheit zum großen Teil eine Schutzmaßnahme war, um sich die vielen Neugierigen vom Leibe zu halten, die den Großen Mann gar zu gerne auch einmal angestaunt hätten. Diejenigen aber, die dies errieten und auch ahnten, wie sehr Goethes labile Natur auf Selbstbeherrschung angewiesen war, fanden dann doch den Mann und Dichter hinter der geheimrätlichen Maske. Sie waren dann, wie Schiller, Grillparzer und manch anderer, ganz überwältigt von der Wärme, die von diesem Menschen ausstrahlen konnte.

Die Beziehung eines Dichters zur Öffentlichkeit ist notgedrungen wechselseitig. Die wenigsten Künstler schaffen ihre Werke, ohne sich um deren Aufnahme beim Publikum zu kümmern. Bevor wir uns dem Ruhm und Ruf des alternden Dichters zuwenden – ganz kurz nur, denn die Bestandteile seines Kaleidoskops hatten sich schon geraume Zeit vor seinem Tod vervollständigt –, ist es angebracht, Goethes eigene Stellung zur Öffentlichkeit zu umreißen und damit nicht nur dem damaligen deutschen Goethe-Bild, sondern auch Goethes eigenem Bild vom deutschen Publikum Rechnung zu tragen. Bei den Frühwerken, dem anakreontischen *Annette*-Zyklus vom Jahre 1767 und den *Neuen Liedern* von 1769, war ihm die Existenz einer mitfühlenden Leserschaft selbstverständliche Voraussetzung. Der Rokokokünstler lebte in einer gebundenen Gesellschaft, in der es zwischen Autor und Leser keine Entfernung geben konnte; schon aus diesem Grund veröffentlichte er seine Werke gern anonym. Die Stürmer und Dränger hingegen schrieben sowohl für ihre Freunde, für die »Kerle« und »Genies«, die ebenso »empfanden« wie sie selber, wie für das Publikum im allgemeinen, solange es gewillt war, sich mitreißen zu lassen und den Dichter mit dessen eigenem Maßstab zu messen, anstatt ihn, wie der verhaßte »Kenner« in Goethes Epigramm, von der Warte der Alltagsvernunft abzuurteilen. Der klassische Goethe schließlich wandte sich an die Elite, an Männer und Frauen von Welt; er wollte nun nichts mehr schreiben, was »Menschen, die ein großes und bewegtes Leben führen und geführt haben, nicht auch lesen dürften und möchten«[8]. Anstatt den Leser aus seiner eigenen Welt in die des Dichters zu versetzen, wollte er nun die Empfindungen von Menschen vertiefen und verfeinern, die sich und die Welt kannten. Es war ihm nicht mehr um die überwältigende Wirkung zu tun, sondern um das stille Einverständnis des Lesers, denn

»Was belohnet den Meister? Der zart antwortende Nachklang,
Und der reine Reflex aus der begegnenden Brust.«

Leser dieser Art waren freilich nicht leicht zu finden. Man mußte sie suchen und sich bilden, und wenn Goethe sich sein Publikum nicht gerade selber schuf, so tat er doch unter der Hand manches zur Pflege und Erweiterung seines eigenen Leserkreises. Hierhin gehört zum Teil die lange und segensreiche Förderung der Jenenser Universität und überhaupt des Höheren Unterrichtswesens im Herzogtum Sachsen-Weimar, die Leitung des Hoftheaters und die Kompilation der *Regeln für Schauspieler* sowie publizistische Unternehmungen wie *Die Horen* (mit Schiller, dessen pädagogische Tendenzen ja auch auf Goethe abfärbten), *Die Propyläen* und *Kunst und Altertum* (mit Meyer).

Die letzte Phase in Goethes Stellung zur Öffentlichkeit steht im Zeichen der Resignation, das heißt der Feststellung, daß erst die Nachwelt fähig sein wird, seine Werke zu beurteilen und zu schätzen. In der Einleitung zu den *Noten und Abhandlungen zu besserem Verständnis des west-östlichen Divans* beruft er sich auf »ein zweites, drittes nachwachsendes Geschlecht«, das ihn für die vom zeitgenössischen Publikum erlittenen »Unbilden« entschädigen möchte, und schon ein Jahrzehnt früher hatte er *Die Wahlverwandtschaften* in resignierter Selbstbeschränkung »als ein Circular an meine Freunde« gesandt, »damit sie meiner wieder einmal an manchen Orten und Enden gedächten«. So mußte der Dichter, der in seiner Jugend die Offentlichkeit bezaubert hatte wie noch keiner und der noch in reifen Jahren glaubte, »daß das Publikum, wenn es beisammen ist, es mag sein wie es will, durch sein Schweigen und Beifall ein richtiges Gefühl verrät«, im Alter bekennen, daß seine Werke nie populär sein könnten, da sie nicht für die Massen geschrieben waren, »sondern nur für einzelne Menschen, die etwas Ähnliches wollen und suchen und die in ähnlichen Richtungen begriffen sind«[9]. Als er sich schließlich selber historisch zu betrachten begann, erschien ihm die Nachwirkung seiner Werke (im Gegensatz zu ihrem Tageserfolg) als deren wichtigstes Merkmal. Die Entdeckung, daß die Spätwerke wenig Widerhall im Publikum fanden, gehörte zu den schmerzlichsten Erfahrungen seines Alters.

Besonders aufschlußreich für den Wandel in Goethes Stellung zum Publikum war seine Tätigkeit als Theaterleiter und -kritiker. Diese Tätigkeit ist zwangsläufig selektiv und subjektiv, und ihre Resultate sind oft umstritten. Es kann demnach nicht wundernehmen, daß die Entfremdung beiderseitig war und eine Reihe von Gerüchten und Mißverständnissen zur Folge hatte über die Art und Weise, in der Goethe das Weimarer Hoftheater leitete. So berichtet August von Kotzebue, der damals meistgespielte deutsche Dramatiker, daß sich Goethe mitten im Parkett einen besonderen Sessel habe bauen lassen, von dem aus er während der Aufführung den Applaus der Zuschauer durch Aufheben der Arme kommandierte. Man stellt sich den Dichter nur ungern in dieser Moses-ähnlichen Positur vor, und doch hätte das damalige Publikum die autokratischen Tendenzen auch eines viel sanfteren Mannes als Goethe herausgefordert. Es gereichte diesem jedoch zum Nachteil, daß sich der berühmteste Zwischenfall dieser Art bei der Aufführung eines Stükkes ereignen sollte, das tatsächlich kein Meisterwerk war. Im Jahre 1802 wurde Friedrich Schlegels *Alarcos* in Weimar uraufgeführt, unter Goethes Leitung und im Beisein des jungen Verfassers. Bei Ricardos Bericht über den Tod des Königs, bei den Zeilen

»Entsetzt zu sterben, ist er so gestorben,
Hat wüthend sich in Angst den Tod erworben.«

brachen die Zuschauer in schallendes Gelächter aus. Goethe aber, hieß es, sei von seinem Befehlsposten aufgesprungen und habe mit funkelnden Augen »Man lache nicht!« gerufen, worauf das Gelächter verstummte. Man hat ihm das Verbot, solchen Unsinn zu belachen, später sehr übelgenommen: Bei allen sonstigen Verdiensten war Schlegel tatsächlich kein echter Dramatiker.

Es wäre sinnlos, diesem Zwischenfall viel Bedeutung zuzumessen oder in ihm mehr zu sehen als eine jener menschlich peinlichen Episoden, die vom Theaterleben ebenso untrennbar sind wie von der Oper oder heutzutage vom Film. Überdies hatte Goethe allen Grund zur Reizbarkeit gegenüber einem Publikum, das sich seinen eigenen Spätwerken und der Produktion seiner Freunde und Schützlinge wie der Brüder Schlegel so unzugänglich zeigte. Diese Reizbarkeit hat ihn zu anderen Eigenwilligkeiten getrieben, etwa dazu,

Bernhard Rudolf Abekens Besprechung der *Wahlverwandtschaften* im *Tübinger Morgenblatt für gebildete Stände* auf eigene Kosten vervielfältigen und verteilen zu lassen als eine der wenigen positiven Rezensionen, die dem Roman zur Zeit seiner Veröffentlichung zuteil geworden waren.

Heute will es uns seltsam erscheinen, daß Goethes größtes Versäumnis auf dieser Ebene seinerzeit kaum bemerkt wurde: sein künstlerisches und menschliches Versagen gegenüber Heinrich v. Kleist, den er ablehnte als einen »von der Natur schön intentionierten Körper, der von einer unheilbaren Krankheit ergriffen« ist. Wie Beethoven, den er lediglich als tüchtigen, ganz seiner Kunst ergebenen Pianisten schätzte, gehörte auch Kleist zu den wenigen Zeitgenossen, denen Goethe nicht gerecht zu werden vermochte. Kleist hatte ihm bekanntlich durch Adam Müller seinen *Amphitryon* und *Zerbrochenen Krug* zukommen lassen und wenig später auch *Penthesilea*, letztere mit jenem »auf den Knien meines Herzens« verfaßten Begleitschreiben, wohl dem menschlichsten aller in die deutsche Literatur eingegangenen Briefe. Goethe antwortete herablassend, es täte ihm immer leid, junge Dramatiker zu sehen, die für eine zukünftige Bühne schrieben: »Hic Rhodus, hic salta!«

Hätte Kleist lange genug gelebt, um den zweiten Teil des *Faust* zu lesen und die Theatergeschichte dieses Werkes zu verfolgen, dann hätte er über diese einfältige Antwort vielleicht lachen können. Er reagierte jedoch anders als Schiller, der die ihm von Goethe zuteilgewordenen Abweisungen einsteckte und unbeirrt fortfuhr, um dessen Freundschaft zu werben. Kleist war erbost, und seine Enttäuschung verhärtete sich zu Feindschaft, nachdem *Der zerbrochene Krug* im März 1808 in Weimar aufgeführt worden und durchgefallen war. Wie die großen griechischen Komödien war auch Kleists Meisterwerk aus einem Guß gefertigt und dazu bestimmt, als lose Szenenfolge in einem durchgespielt zu werden. Goethe hatte es hingegen so ungeschickt in drei Teile zerlegt, daß der Vorhang jedesmal über demselben Bühnenbild aufging, auf dem er soeben niedergelassen worden war, ja, daß der grundlos unterbrochene Dialog an derselben Stelle plötzlich wieder einsetzte. Die Wirkung muß der eines zerrissenen, zusammengestoppelten und unvermittelt wieder anlaufenden Films ähnlich gewesen sein. (Es wird freilich zu oft vergessen, daß Goethe wahrscheinlich Kotzebues in Weimar oft gegebene *Deutsche Kleinstädter* vor Augen hatte, in denen eine kunstvoll eingebaute *liaison des scènes* über solche Pausen hinwegtäuscht.) Überdies hatte Goethe auf der vornehmen Gestik und hochtönenden Sprache bestanden, in der er die Hofschauspieler persönlich unterwiesen hatte; für die klassische Tragödie war dieser Stil angemessen genug, aber er paßte nicht in das erdnahe Kleistsche Schauspiel. Das Ergebnis war ein völliges Fiasko auf der Bühne, ein Mißerfolg, den Kleist Goethe nie vergab. Er schrieb einige scharfe Epigramme auf ihn und ging im übrigen seinen einsamen Weg weiter, der ihn bald zum Selbstmord führen sollte.

Eine neuere Arbeit über das Verhältnis der beiden Dichter zueinander trägt den zutreffenden Titel *Kleists Kampf mit Goethe*[10]. Damit ist freilich noch nicht die Abneigung erklärt, mit der Goethe seinerseits seinem jungen »Rivalen« begegnete. Man hat darin ein Beispiel jenes unheimlichen prophylaktischen Instinktes sehen wollen, der Goethe bewog, nervöse, selbstzerstörerische Naturen wie Kleist, Hölderlin, Lenz und Beethoven von sich fernzuhalten. Man hat in ihr auch Goethes Absicht zu entdecken vermeint, Kleist, wie einst Schiller, zu »prüfen«, anstatt ihn durch sofortige Anerkennung zu ermuntern, oder auch einen Beweis einer Art von *sacro egoismo,* der es Goethe verbot, sein eigenes, mühsam gewonnenes seelisches Gleichgewicht einem Fremden zuliebe aufs Spiel zu setzen; dem widerspricht freilich seine Haltung zu Plessing und manch anderem Leidtragenden. Wie dem auch sei, es ist bedauerlich, daß der Mann, der keine Mühe scheute, um den jungen Brüdern Schlegel – den »Götterbuben« – oder Zacharias Werner auf die Beine zu helfen, so gar nicht gesehen hat, daß Kleist einer ganz anderen Größenordnung angehörte. Und doch darf nicht vergessen werden, daß Goethe fast sechzig war, als er das erste Mal Kleist las, und daß letzterer ein höchst ungewöhnlicher Dichter ist: maßlos in der geballten Wucht seines Ausdrucks und brutal in der Art und Weise, in der er seine am Gefühlsüberschwang erstickenden Helden und Heldinnen ihrem Untergang entgegentreibt – kein Klassiker und kein Romantiker, sondern ein Dichter, den man entweder unter seinen eigenen Bedingungen aufschlägt oder ganz beiseite läßt. Er hat in der deutschen Literatur, besonders im Drama und in der Novelle, eine Revolution ausgelöst wie sonst nur noch Beethoven in der Tonkunst. Man kann es Goethe, dem Zeitgenossen nicht nur Kleists und Beethovens, sondern schon Lessings und Mozarts, nicht übelnehmen, daß er Männer nicht begriff, die heute noch, wie Kleist von Angelsachsen und Franzosen, mühsam »entdeckt« werden müssen.

Goethes Alter wird oft für eine andere Stellungnahme verantwortlich gemacht, die seinen Nachruhm zutiefst beeinflußt hat: für seine ablehnende Haltung gegenüber den politischen Tendenzen, die während der zweiten Hälfte seines Lebens das europäische Leben bestimmten. Vom Ausbruch der

Französischen Revolution bis zu seinem Tode fand er sich sozialen Entwicklungen gegenüber, die er kaum verstehen, geschweige denn billigen konnte. Nichts hat ihn zeitweise seinem Volk so entfremdet wie der Umstand, daß er, im Gegensatz zu so vielen anderen Deutschen, die Revolution von Anfang an abgelehnt und im Gegensatz zur erdrückenden Mehrheit der Deutschen Napoleon bis zum Ende bewundert hat. Goethe war ein Mann des 18. Jahrhunderts, den die Revolution, diese erste große Massenbewegung der Neuzeit, in reifen Jahren überraschte. Er betrachtete die Politik als Realist, der über erhebliche persönliche Erfahrungen auf diesem Gebiet verfügte und wußte, daß kein Programm so säuberlich-reibungslos verwirklicht werden kann, wie es allenfalls erdacht wurde. Aber obwohl Realist, war er dennoch kein Rationalist: Er hat nie geglaubt, daß die seelischen und körperlichen und erst recht die sozialen Schicksale des Menschen lediglich von vernunftmäßigen Kräften bestimmt werden könnten oder sollten. In der Politik wie in anderen Phasen des Lebens vertraute er nicht dem heftigen Anstoß von außen, sondern der organischen Entwicklung von innen heraus. Dabei war er weit davon entfernt, ein Reaktionär zu sein; früher als mancher andere hatte er erkannt, daß die gesellschaftliche Struktur des *ancien régime* untragbaren Spannungen unterworfen war. Auch war es ihm von vornherein klar, daß der Hof zu Versailles einen Großteil der Verantwortung für die Ereignisse trug, die der 14. Juli 1789 auslöste, ja, daß diese Ereignisse, wie er einmal schrieb, als »Folge einer großen Notwendigkeit« zu werten seien. Vor allem aber wußte er, daß die Revolution einen Wendepunkt in der abendländischen Geschichte darstellte, und er wußte dies schon zu einer Zeit, als viele noch ihr Leben hingaben, damit sie *nicht* zu einem Wendepunkt werde. Dennoch war Goethe von seinen frühen Mannesjahren an politisch konservativ. Die später unternommenen Versuche, ihn zum geistigen Vorläufer dieser oder jener sozialen Gesellschaftsordnung zu stempeln – ob von Herman Grimm zugunsten des Bismarckschen Reiches oder von Thomas Mann zugunsten der westlichen Demokratie, ob von Kurt Hildebrandt zugunsten des Dritten Reiches oder von Georg Lukács zugunsten des marxistischen Staates –, sind rührend und bisweilen amüsant, aber sie überzeugen nicht, weil sie auf Beweismaterial beruhen (besonders Aphorismen, deren Goethe sehr viele von sich gab, auch solche, die einander widersprechen), welches durch die eigenen politischen Handlungen des Dichters entwertet wird. Und in der Politik wiegen wohl auch (vielleicht gerade) bei einem Dichter Taten schwerer als Worte.

Als Dramatiker setzte sich Goethe mit der Revolution in einer Reihe von

Werken auseinander, die zum schwächsten gehören, was wir aus seiner Feder haben. Aus der Liste seiner Schauspiele könnte man den *Groß-Kophta*, den *Bürgergeneral, Die Aufgeregten* und das unvollendete *Mädchen von Oberkirch* streichen, ohne seiner Gesamtleistung Abbruch zu tun. Unter den Prosawerken gehören die *Unterhaltungen deutscher Ausgewanderten, Kampagne in Frankreich* und *Belagerung von Mainz* ebenfalls nicht zu den unvergeßlichen Büchern deutscher Sprache. Von all den Werken, die sich mehr oder minder mit der Revolution und ihren Wirkungen auf Deutschland befassen, sind wohl nur *Die natürliche Tochter* und die Epen *Hermann und Dorothea* und *Reineke Fuchs* von unzweifelhaft Goethescher Statur. Goethes Unfähigkeit, dem größten weltgeschichtlichen Ereignis seiner Epoche gerecht zu werden, beruht zum Teil auf dem Umstand, daß er, anstatt der Revolution furchtlos ins Auge zu blicken, wie etwa der Engländer Edmund Burke, sich damit begnügte, die Unzulänglichkeiten und Übertreibungen ihrer deutschen Mitläufer anzuprangern ... und diese, unter denen sich auch Freunde wie Johann Friedrich Reichardt und Johann Georg Forster befanden, waren schließlich doch eher Revoluzzer als Revolutionäre.

Für Goethe bedeuteten die Auswirkungen der Revolution in erster Linie eine bedauernswerte Unterbrechung der geistigen Entwicklung Deutschlands, zu der er selber so viel beigetragen hatte. (Um diesen scheinbar so oberflächlichen Standpunkt zu verstehen, muß man sich allerdings vor Augen halten, daß Goethe die Revolution nicht rückschauend als Ganzes überblickte, sondern sie als Zeitgenosse erlebte. Viele Jahre müssen vergehen, bevor sich die *Ursachen* solcher Umwälzungen von ihren *Symptomen* scheiden lassen. Wollen wir, die wir trotz Nachrichtenübermittlung per Satellit kaum noch die politische Entwicklung ganzer Erdteile wie etwa Afrika oder Südamerika verstehen können, es Goethe verübeln, daß er die Halsbandgeschichte zu den Ursachen anstatt den Symptomen der Revolution rechnete?) Dabei war das Ungewöhnliche seiner Stellungnahme keineswegs die Tatsache, daß er die Revolution ablehnte. Viele andere geistige Größen der Zeit haben sie ebenfalls abgelehnt: Die Engländer Wordsworth, Coleridge und Southey, die Italiener Alfieri und Pindemonte, die Deutschen Klopstock, Wieland und Gentz, ja sogar der *citoyen* Schiller haben später die Hochgefühle bereut, mit denen sie einst den Bastillesturm begrüßt hatten. Goethe aber forderte die Feindschaft der fortschrittlich gesinnten Kreise heraus, weil er die Revolution von Anfang an verwarf, ohne sich je der politisch möglicherweise naiven, menschlich aber erwärmenden Begeisterung hingegeben zu haben, mit der so viele andere ihren Ausbruch gefeiert hatten. Ganz ähnlich wurde er später von deutschtümelnden Patrioten angefeindet: nicht weil er Napoleon bewunderte, sondern weil er ihn auch dann zu bewundern fortfuhr, als die Mehrzahl des deutschen Volkes in ihm bereits seinen Unterdrücker sah.

Napoleon hatte mit Goethe bekanntlich eine Unterredung in Erfurt im Oktober 1808, in deren Verlauf er dem Dichter einige Artigkeiten über den *Werther* sagte, den er angeblich siebenmal gelesen und 1799 auch nach Ägypten mitgenommen hatte.[11] Als er seinen Gast verabschiedete – anderen Berichten zufolge bereits als er ihn empfing –, soll der Kaiser einen bewundernden Blick auf Goethe geworfen und das berühmte »Voilà un homme!« ausgerufen haben: wahr oder nicht, eine für die Macht der Goetheschen Persönlichkeit aufschlußreiche Anekdote. Er lud den Dichter ein, nach Paris zu kommen, und gab ihm das Band der Ehrenlegion. Und als er 1813 durch Weimar fuhr, allein, um in Frankreich nochmals eine Armee aus dem Boden zu stampfen, da vergaß er, dessen Lebenswerk gerade einzustürzen drohte, doch nicht, sich nach dem Wohlbefinden von »M. de Goet« zu erkundigen.

Wie mancher französische Staatsmann früherer und späterer Generationen war auch Napoleon ein Meister der Kulturpropaganda. Schon aus diesem Grunde hat er sich um Goethe bemüht, wie auch um Wieland und Johannes v. Müller. Wahrscheinlich war dies auch Goethe bewußt. Aber es wird ihm wenig bedeutet haben, selbst wenn Napoleons Anteilnahme von der Feindseligkeit abstach, die Friedrich der Große vor kaum einem Vierteljahrhundert an den Tag gelegt hatte. Der Große König hatte die Schriftsteller seines Volkes verachtet und sich mit importierten Franzosen umgeben; konnte man jetzt von einem deutschen Dichter verlangen, daß er die Hand eines Herrschers ausschlüge, der ein Förderer der deutschen Literatur zu werden versprach? Dennoch verehrte Goethe den Kaiser nicht deshalb, weil dieser den *Werther* gelesen, sondern weil er die verhaßte Revolution gebändigt hatte und in seiner Person wie in seinen weltumspannenden Interessen und Tätigkeiten jenes dämonische Element im Menschen verkörperte, das Goethe immer faszinierte. Die von Männern wie Goethe, Hegel, Beethoven und Manzoni zeitweise für Napoleon aufgebrachte Bewunderung sollte nicht, wie dies in England und Amerika immer noch geschieht, von der Warte des Liberalismus oder der modernen Demokratie, sondern von der des späten Absolutismus beurteilt werden, in dem diese Männer aufgewachsen waren. Der weitblickende, keineswegs intolerante, ungeheuer intelligente Kaiser unterschied sich gar zu vorteilhaft von den kleinen Haustyrannen bourbonischen, habsburgischen, päpstlichen oder auch weniger stubenreinen Ursprungs.

Als die deutschen Staaten dann gegen Napoleon aufstanden, blieb Goethe zu Hause und unternahm nichts zur Unterstützung seiner Landsleute. Die bekannten Worte »Rüttelt nur an euren Ketten, der Mann ist euch zu groß!« umschreiben seine Einstellung zur Genüge. Anstatt die Deutschen zum Kampfe anzufeuern, vertiefte er sich in seine Studien, besonders die orientalischen, die schließlich zum *West-östlichen Divan* führten. Seine Passivität war auffallend, ja herausfordernd im Vergleich zur Handlungsweise etwa von Eichendorff, Fouqué und Körner, die als Soldaten fochten, von Arndt, dem Propagandisten, und Jacob Grimm, dem Diplomaten, ja sogar von Kleist, der sich zum Teil aus Verzweiflung an Deutschlands Zukunft umgebracht hatte. Goethe hingegen bat Karl August, der selber als General bei den Preußen stand, seinen Sohn August aus dem Weimarer Freiwilligenkorps zu entlassen. Der Herzog sagte sofort zu, denn er wußte, daß Goethe den Sohn als Sekretär brauchte. Von der Öffentlichkeit jedoch, und auch von August von Goethe selbst, wurde die Geste als unpatriotische Bevorzugung gedeutet.

Wenn die Poesie wirklich, wie Adam Müller damals meinte, »eine kriegführende Macht« zu sein habe, dann war nicht der lebende Goethe ihr Oberbefehlshaber, sondern der tote Schiller. Er hatte die Vaterlandsliebe in seinen Gedichten, in den historischen Schriften und besonders in den großen Dramen verherrlicht, welche ohnehin weit öfter gespielt wurden als Goethes Schauspiele derselben Periode – es war ja kein Zufall, daß Schillers Dramen fast sämtlich sofort aufgeführt wurden, während *Iphigenie* (in jambischer Form) dreizehn, *Tasso* gar achtzehn Jahre auf die Premiere zu warten hatten. Im Jahrzehnt 1805-1815 war *Die Jungfrau von Orleans* das beliebteste aller deutschen Dramen, weil es die tat- und opferfreudige Vaterlandsliebe feierte. Auch die von Zacharias Becker, dem Herausgeber des *Gothaer Reichsanzeigers,* 1806 ins Leben gerufene Sammlung für Schillers Hinterbliebene wurde durchaus mit patriotischem Vorzeichen geleitet. In der deutschen Memoirenliteratur, bei Immermann, Förster, Gubitz unter anderem, hat die Schillerbegeisterung jener Jahre manchen Widerhall gefunden, und das Vivat auf Schiller, das Grabbe in *Napoleon oder die Hundert Tage* am Morgen von Belle Alliance ausbringen läßt, entspricht, wenn nicht der geschichtlichen Wahrheit, so doch dem Geiste der Befreiungskriege. – Dem hatte Goethe nichts Gleiches entgegenzusetzen. Gewiß war auch er, im vornehmeren Sinne des Wortes, ein »guter Deutscher«. Er hat der deutschen Literatur mehr gegeben als je ein Mann vor oder nach ihm, und in seiner unauffälligen Art war auch er ein Patriot. Aber er hatte nichts geschrieben, was junge Leute bewegen könnte, zu den Fahnen zu eilen, keinen Schillerschen Bannfluch wie »Nichtswürdig ist die Nation, die nicht ihr Alles freudig setzt an ihre Ehre!« Übrigens hatte er auch wenig Talent dafür; als er schließlich dem Drängen des berühmten Schauspielers Iffland nachgab und ein Drama lieferte, das die Rückkehr des siegreichen Preußenkönigs in seine Hauptstadt feiern sollte, da zeigte sich, daß dieses Stück, *Des Epimenides Erwachen*, nicht weniger hohl klang als einst die antirevolutionären Dramen.

Der patriotischen Begeisterung, die Deutschland in jenen Jahren erfüllte, war allerdings nur ein kurzes Leben beschieden. Mit dem Wiener Kongreß kehrten die Festlandsstaaten äußerlich mehr oder minder zur Ordnung von 1789 zurück. An der Peripherie des europäischen Staatensystems, in Griechenland, in Polen, in den spanischen Kolonien, schwelten die Feuer des Liberalismus und Nationalismus freilich weiter; über Westeuropa aber breiteten sie sich erst in der zweiten Hälfte des Jahrhunderts aus, als sich der Zündstoff von Nationalhaß und -ehrgeiz anzuhäufen begann, der dann 1914 explodierte. Mit der Erinnerung an die Befreiungskriege verebbte langsam auch das Andenken an Goethes ambivalente Stellungnahme zu ihnen. Die volle Wucht der chauvinistischen Kritik traf ihn erst nach der Juli-Revolution, und der liberal-demokratische Tadel an seinem prinzipiellen, wenn auch in Einzelheiten oft zweifelhaften Einverständnis mit der Metternichschen Politik machte sich ebenfalls erst verspätet geltend. Ahnlich verschärfte sich die Mißbilligung vieler Katholiken in bezug auf Goethes »Heidentum« in dem Maß, in dem die Römische Kirche in Deutschland intellektuell und politisch in den Vordergrund trat. Gewiß gab es schon 1815 deutlich gegliederte nationalistische, liberale und katholische Faktionen, die im zeitgenössischen Schrifttum etwa von Arndt, Varnhagen von Ense und Görres verkörpert wurden. Aber erst geraume Zeit nach Goethes Tod wurden diese Faktionen auch politisch so mächtig, daß sie das Goethe-Bild anhaltend beeinflußten. In den Augen seiner Zeitgenossen (mit Ausnahme der Romantiker) war Goethes scheinbare politische und religiöse Teilnahmslosigkeit meist nur ein Schönheitsfehler an einer sonst überwältigenden Persönlichkeit und Leistung. In den Augen der Nationalisten, Liberalen und Katholiken des späteren 19. Jahrhunderts, die Napoleon III., die Juli-Revolution und den Kulturkampf zu bestehen hatten, war daraus eine fatale Charakterschwäche geworden, um deretwillen sich Abertausende von ihm als dem Dichter distanzierten, der 1813 geschrieben hatte: »Wie sich in der politischen Welt irgendein Ungeheures, Bedrohliches hervortat, so warf ich mich eigensinnig auf das Entfernteste.«

In gleichsam embryonischer Form lassen sich diese Züge bereits bei den Romantikern feststellen. So quecksilbrig wär das Temperament dieser Männer, daß der Dichter bei ihnen innerhalb weniger Jahre alle Stufen der menschlichen Anteilnahme durcheilte, von der Verehrung bis zum Abscheu. Als die Frühromantiker – die Brüder Schlegel, Tieck, Novalis, Wackenroder, Schelling – zuerst mit Goethe bekannt wurden, da bezeichneten sie ihn sogleich als den ersten Mann des Zeitalters. Und aus gutem Grunde, denn sie hatten selber das Vorrecht der Phantasie im Leben wie in der Kunst auf ihr Banner geschrieben, das Un- und Unterbewußte (in Traum, Legende, Aberglauben) literaturfähig gemacht, das geheimnisvolle Einwirken der Natur aufs Menschenleben erforscht, die geistige und moralische Gleichberechtigung der Frau proklamiert und die deutsche Vergangenheit, besonders das Mittelalter, als dichterisch ergiebige und ihnen persönlich wahlverwandte Geschichtsepoche schätzen gelernt. Überdies hatten sie ihre eigene Laufbahn als Kenner und Bewunderer griechischer Kunst, Philosophie und Literatur begonnen. In all dem wußten sie sich mit Goethe einig. War denn Werther nicht auch ein Romantiker, Werther, der auf jede Naturerscheinung wie ein Barometer reagiert und dessen Einbildungskraft sich den Forderungen der Wirklichkeit so ganz verschlossen hatte? Und Götz und der Faust des *Fragments,* diese beiden Symbole der mittelalterlichen Vergangenheit und auch der Unzulänglichkeit der bloßen Vernunft? Und Fernando in *Stella* mit seiner »modernen« Ehe? Und der vom Überschwang der Phantasie hin- und hergeworfene Tasso? Und vor allem Wilhelm Meister, der auf die Stimmen von innen lauschte und den Rat von außen verschmähte, und der in einem Roman beschrieben wurde, dessen Fabelführung – wie die ihrer eigenen Romane – mit Lyrik durchsetzt ist und gemächlich einem undurchsichtigen Ende entgegenreift? Und gehörte der Schöpfer aller dieser Figuren denn nicht zu ihnen, dieser Goethe, der, wie sie selber, sowohl die Aufklärung Nicolaischer Prägung verachtete wie auch den oberflächlichen Realismus eines Kotzebue, und der eben noch eine *Iphigenie* geschaffen hatte, ein scheinbar ganz und gar griechisches Werk und eine wahre Schwester der euripideischen Heldin?

Caroline Michaelis, die Frau erst August Wilhelm Schlegels und dann Schellings, hat Goethe für die ältere Romantik entdeckt. Sie führte ihm die Brüder Schlegel zu durch ihre Begeisterung für die sonst so kühl aufgenommene *Iphigenie.* In seinen Rezensionen erwies sich August Wilhelm als einer der wenigen Zeitgenossen, die *Tasso* lobten und auch sahen, daß Goethe schon im *Fragment* von 1790 das Faustthema bereichert und der deutschen Sprache ein unvergängliches Meisterwerk geschenkt hatte. Andere Schlegelsche Kritiken, darunter der eigenwillige, aber glänzende Essay über *Wilhelm Meister* und eine gediegene Beurteilung von *Hermann und Dorothea,* erschienen später in Schillers *Horen.* Von 1798 bis 1800 arbeiteten die Brüder zusammen an der Veröffentlichung des *Athenäums,* in dem sie Goethe so überschwenglich preisen wie keinen anderen unter den Zeitgenossen: Um nur die allerbekanntesten Zitate anzuführen, wurde *Wilhelm Meister* (der allerdings als Lebensgeschichte eines Menschen, der sich dem Studium der Kunst widmet, mißverstanden wurde) in diesem Journal zusammen mit der Französischen Revolution und Fichtes Wissenschaftslehre zu einer der »größten Tendenzen des Zeitalters« gestempelt und Goethe selber, der mit Dante und Shakespeare zum »großen Dreiklang der modernen Poesie« gehört, dem »innersten und allerheiligsten Kreis ... der Klassiker der neueren Dichtkunst« zugezählt. Etwas später rezensierte Friedrich Schlegel die Cotta-Ausgabe der Werke Goethes in den *Heidelbergischen Jahrbüchern der Literatur* und wies darauf hin, daß Goethe nicht nur in Drama und Roman, sondern erst recht in der Lyrik Deutschlands größter lebender Schöpfer war. Bisher waren die Gedichte meist einzeln gelesen, besprochen und mit anderen Behandlungen des gleichen Themas verglichen worden. Nun räumte Friedrich Schlegel ein für allemal mit der Geisteshaltung der Aufklärung auf, in der es sich nicht darum gehandelt hatte, »in das Dichtwerk einzudringen, des Dichters Wegen zu folgen und andern das Verständnis neuer Töne zu vermitteln, sondern vielmehr dem Dichter aufs Handwerk zu passen, daß er auch ja keinen Stoff behandelte, der des Interesses dieses erleuchteten Zeitalters nicht würdig oder den guten Sitten gefährlich wäre ... Da zählte man die Versfüße, prüfte den Strophenbau und hatte kein Ohr für die Musik einer poetischen Sprache, wie sie Deutschland noch nie gehört hatte, da schüttelte man mißbilligend den Kopf über Verworrenheit der Gedankengänge und Dunkelheit des Ausdrucks und ahnte nicht, daß man seiner selbst spottete.«[12] – Goethe seinerseits war von den Brüdern kaum weniger begeistert als sie von ihm. Er ließ neben Friedrichs *Alarcos* auch August Wilhelms *Ion* in Weimar aufführen und verhinderte das Erscheinen einer ungünstigen Kritik über diese Machwerke. Er bat August Wilhelm in metrischen Fragen um Rat, lobte dessen Übersetzungen aus Calderón und brachte Shakespeares *Julius Caesar* in der Schlegelschen Übersetzung auf die Bühne.

Störend in diesem einträchtigen Verhältnis, das von Kotzebue und anderen freilich arg verspottet wurde, war nur die unterschiedliche Einschätzung Schillers, der damals Goethes engster Mitarbeiter war und doch von den Romantikern angefeindet wurde. Er war ihnen zu humorlos und rhetorisch und entbehrte eines tieferen Naturgefühls. Seine oft ausgedrückte Überzeugung, daß nicht die zwanglos spielende Phantasie, sondern der moralische Wille des Menschen das Leben beherrscht oder beherrschen solle, machte ihn zum Verfechter der abstrakt-unromantischen Ethik und Ästhetik Immanuel Kants. Übrigens war die Abneigung gegenseitig: Schiller, der Goethes Hochschätzung für die Romantiker erst nicht recht hatte wahrhaben wollen, bezeichnete sie schließlich kurzerhand als »Krankheit« und liebte es trotz seiner angeblichen Humorlosigkeit, seine Erzfeindin Caroline die »Dame Luzifer« zu nennen. Er war in erster Linie Dramatiker, und die Unbekümmertheit, mit der viele Romantiker die Anforderungen der Bühne außer acht ließen, erboste ihn ebenso wie das scheinbare Fehlen moralischer Prinzipien in ihrem Werk und Leben.

Man ist heutzutage daran gewöhnt, literarische Meinungsverschiedenheiten in unregelmäßig erscheinenden, mit futuristischen Umschlagszeichnungen versehenen Zeitschriften von Dichtern, Professoren und allenfalls noch avantgardistischen Verlegern ausgetragen zu sehen. Um so schwerer ist es, sich die Heftigkeit des Kampfes zwischen Schiller und den Romantikern zu vergegenwärtigen – einer Schlacht, die vor Tausenden von Lesern unter großem Spektakel geschlagen wurde. Sogar der friedfertige Schelling nahm Partei: In seiner *Philosophie der Kunst*, dem grundlegenden Werk romantischer Ästhetik, wird der Name Schillers, des größten damals lebenden Dramatikers, vorsichtshalber gar nicht erwähnt. Trotz dessen großer Beliebtheit bei der Masse des deutschen Volkes gefielen sich die Frühromantiker in Andeutungen, daß Schiller, wenn ihm Goethe nicht zur Seite gestanden hätte, eigentlich gar kein rechter Dichter geworden wäre.

Es dauerte jedoch nicht lange, bis auch Goethe solchen Angriffen ausgesetzt war, die diesmal nicht von Leuten wie Goeze kamen, sondern von Männern und Frauen, von denen er eine hohe Meinung hegte. Der Bruch mit den Brüdern Schlegel kam, als diese sich vom klassischen Ideal abwandten und anfingen, subjektivere Kunstanschauungen zu pflegen. Besonders Friedrich begann nun, sich in die Kunst der deutschen Vergangenheit zu vertiefen, vor allem in die mittelalterliche Malerei, die religiöse und vaterländische Werte enthielt, die im Schaffen der Alten und deren Nachahmer weniger augenscheinlich waren. Damit widersprach er dem in den *Propyläen* und eben noch in dem Essay *Winckelmann und sein Jahrhundert* (1805) begründeten, unbeirrbar klassizistischen Geschmack Goethes. Goethe wiederum fühlte sich von den teutschen und besonders den katholisierenden Tendenzen der Brüder abgestoßen, von dem »klosterbruderisierenden, sternbalderisierenden Unwesen, der neukatholischen Sentimentalität«, um so mehr, als sie weniger seelischen als ästhetischen Beweggründen zu entspringen schien. Binnen weniger Jahre war an die Stelle der verehrenden und nachstrebenden Bewunderung eine Kühle getreten, die sich weniger in direkten Angriffen auf Goethe ausdrückte als in bissigen Bemerkungen über ihn im Briefwechsel der Brüder.

Eine ähnliche Entwicklung läßt sich auch bei anderen Frühromantikern verfolgen. Novalis, der den Dichter in einem berühmten Fragment als »wahren Statthalter des poetischen Geistes auf Erden« gegen diejenigen verteidigt hatte, die ihn »so gemein als möglich behandelt und schnöde angesehen« hatten, weil er ihnen keine seichte Unterhaltungsliteratur lieferte, nahm bald darauf an *Wilhelm Meister* Anstoß, den er in einem Brief an Tieck nun als »odiös« und als »einen ›Candide‹ gegen die Poesie« bezeichnete und gegen – Jakob Böhme ausspielte. Tieck selber, damals von einigen als Goethes ebenbürtiger Nachfolger angesehen, ließ es zu keinem offenen Bruch mit diesem kommen. Erst nach vielen Jahren, als Goethe längst gestorben und er selber ein alter Mann war, gab Tieck seiner Verachtung für den Mann Ausdruck, den er einst verehrt hatte und der ihm im Rückblick (1848) nun »steif und hölzern« und »geheimrätlich« erschien. Gemeinsam mit anderen zog Tieck eine scharfe Trennungslinie zwischen dem impulsiven, subjektiven, sozusagen krypto-romantischen Goethe vor der Reise nach Italien und dem klassizistischen Dichter der Spätzeit. Abgesehen von einigen Persönlichkeiten am Rande der älteren Romantik (Rahel Varnhagen, Heinrich Steffens) blieb nur Schelling von dieser Goethe-Phobie verschont. Schellings Glaube an die Einheitlichkeit und Stetigkeit organischer Naturphänomene berührte sich mit Goethes eigenen naturwissenschaftlichen Anschauungen. Goethe seinerseits hat diese Verbundenheit öffentlich bekannt und Schelling auch geholfen, an der Jenenser Universität Fuß zu fassen.

Da Goethes wissenschaftliche Leistung erst nach Jahrzehnten eine annähernd ihr gebührende Anerkennung fand, soll ihr Nachwirken an späterer Stelle besprochen werden. Hier sei nur darauf hingewiesen, daß das deutsche Goethe-Bild keine größere Verwandlung erfahren hat als eben diese Aufwertung seiner einst als nutzloser Zeitvertreib belächelten Naturstudien. Es gibt auch kein anderes Gebiet des Goetheschen Schaffens, auf dem die Selbsteinschätzung des Dichters so stark vom Urteil der Mitwelt abgestochen oder die Gleichgültigkeit des Publikums, von den Fachleuten ganz zu schweigen, den Dichter tiefer verwundet hätte. »Auf alles, was ich als Poet geleistet habe«, schrieb dieser im Alter, »bilde ich mir gar nichts ein. Es haben treffliche Dichter mit mir gelebt, es lebten noch trefflichere vor mir, und es werden ihrer nach mir sein. Daß ich aber in meinem Jahrhundert in der schwierigen Wissenschaft der Farbenlehre der einzige bin, der das Rechte weiß, darauf tue ich mir etwas zugute ...« – Dieser Selbstbeurteilung sei hier eine Aburteilung von anderer Seite entgegengestellt, eine der zahllosen, die Goethe auf diesem Gebiet zuteil wurden: »Der Verfasser«, heißt es in einer Rezension aus dem Jahre 1792, »der dem Publikum schon durch seinen ›Versuch über die Metamorphose der Pflanzen‹ einen Beweis gegeben hat, mit welchem Erfolg er auch andere Pfade, als denjenigen, auf welchem er vorher zum Tempel der Unsterblichkeit gedrungen war, zu betreten wisse, zeigt sich hier [das heißt mit seinen soeben veröffentlichten *Beiträgen zur Optik*] wieder auf einem neuen von beyden ganz verschiedenen Wege. In der That muß dieses um so unerwarteter und befremdender seyn, da die Optik eine von den bisher bekannten Beschäftigungen des berühmten Verf. so heterogene Wissenschaft ist, die der Phantasie einen viel kleineren Spielraum, als ihr vielleicht noch in der Botanik offen steht, verstattet, wo Witz und Scharfsinn ohne eine tiefe Einsicht in die höhere Rechenkunst unnütz werden, und die durch die angestrengtesten Bemühungen der größten Männer zu einer Vollkommenheit gebracht ist, deren Kenntnis einen vieljährigen Fleiß erfordert ... Kenner werden hier also nichts Neues finden, und denjenigen, welche sich mit der Sache erst bekannt machen wollen, möchten wir diese Beyträge nicht zum Führer empfehlen.«

Im Gegensatz zu den älteren Romantikern, die anfangs eine recht geschlossene Gruppe bildeten und als solche Goethe erst bewunderten und ihn schließlich ablehnten, waren die jüngeren Romantiker Einzelgänger in ihrer Beziehung zu Goethe wie in anderer Hinsicht. Mit Ausnahme von Kleist (wenn man diesen überhaupt der Romantik zuzählen will) blickten sie auf Goethe recht eigentlich *sine ira et studio*. Einige, wie Zacharias Werner und Bettina v. Arnim, schmeichelten ihm und bedienten sich seiner zur Förderung ihrer eigenen Pläne.

Andere, etwa Achim v. Arnim und die Brüder Grimm, verehrten ihn aus der Entfernung und gingen im übrigen ihre eigenen Wege; noch andere, wie E. T. A. Hoffmann und Eichendorff, kamen mit ihrem großen Zeitgenossen so wenig in Berührung, daß von Beeinflussung kaum die Rede sein kann. Im allgemeinen läßt sich ihre Stellungnahme auf den Nenner der Ungezwungenheit, wenn nicht Gleichgültigkeit bringen: Sie kannten und achteten Goethe, ohne sich weiter um ihn zu kümmern. Schon vor annähernd einem Jahrhundert hat man den für dieses Verhältnis charakteristischen Ton in einem Brief gefunden, den Wilhelm Grimm an Joseph v. Görres richtete: »›Das ist ja recht schön‹, sagt Göthe, wenn er sonst nichts weiß.«[13]

Eine der glanzvollsten Leistungen der deutschen Spätromantik liegt in ihrer Fruchtbarmachung der Vergangenheit nicht nur im dichterischen Bereich – das hatte bereits die vorausgehende Generation getan –, sondern wissenschaftlich, durch systematisches Sammeln von Volksliedern und durch philologische Studien. Dabei war es kein Zufall, daß Arnim und Brentano *Des Knaben Wunderhorn* »Sr. Exzellenz des Herrn Geheimerath von Goethe« widmeten, denn dieser billigte alle derartigen Versuche, das Kulturgut vergangener Zeiten zu sichern und zu neuem Leben zu erwecken. Er lobte denn auch die Grimmschen Märchensammlungen und unterstützte Jacobs Studien in der Geschichte und Struktur der deutschen Sprache. Aber Goethe wäre nicht Goethe gewesen, wenn er sich mit Lobpreisungen zufriedengegeben hätte; er machte sich diese Gebiete zu eigen und beschäftigte sich nun selber mit dem künstlerischen Erbe der deutschen Vergangenheit. Durch seinen Freund Sulpiz Boisserée, den Kölner Geschäftsmann und Kunstliebhaber, wurde sogar sein seit den Jahren des Sturm und Drangs verschüttetes Interesse an gotischer Baukunst und Malerei wieder erweckt. Auch die *Edda* und das *Nibelungenlied* nahm er sich zu dieser Zeit noch einmal vor. Als sich aber die deutschtümelnden Neigungen der Romantiker unter dem Einfluß der Freiheitskriege zu einer uneingeschränkten Bevorzugung des deutschen Mittelalters gegenüber allen anderen Kulturperioden versteiften, da machte sich seine klassizistische Orientierung doch wieder geltend. »Ich habe an der Homerischen wie an der Nibelungischen Tafel geschmaust«, schrieb er 1814 an Knebel, »mir aber für meine Person nichts gemäßer gefunden, als die breite und tiefe immer lebendige Natur, die Werke der griechischen Dichter und Bildner.« Eine andere in der Welt- und Kunstanschauung der Romantiker begründete Tendenz, die in Goethes Augen bald zu Übertreibungen führte, lag in deren zunehmender Identifizierung mit der

Römischen Kirche, ob durch förmliche Bekehrung (Schlegel, Werner) oder durch ein zuweilen ans Bigotte grenzendes Zurschautragen eines bislang unscheinbar gepflegten, angestammten Glaubens (Brentano, Görres). Es war zum Teil aus Reaktion auf diese Neigungen, daß Goethe, der bis jetzt zwar kein Heide, aber auch kein im landläufigen Sinne des Wortes »guter Christ« gewesen, im Alter ein wenig den selbstbewußten Protestanten hervorkehrte. Allgemein gesprochen war seine Stellung zur Romantik wohl eher abwartend als ablehnend. Das Romantische war ihm durchaus nicht immer »das Kranke«; vielmehr zeigen die Spätwerke von den *Wahlverwandtschaften* bis zum zweiten Teil des *Faust*, daß Goethe und die Romantiker trotz ihrer oft gespannten Beziehungen einander mehr verdankten, als die eine oder die andere Seite zuzugeben bereit war.

Der große Beitrag, den die Romantiker zum deutschen Goethe-Bild leisteten, lag in der kritischen Unterbauung und Profilierung seines bisher recht vom Zufall bestimmten Dichterruhms. Sie etablierten ihn in den Salons von Berlin, Jena und Heidelberg, in den Hörsälen dieser und anderer Universitäten, zuerst durch ihre Begeisterung und später auch durch die Heftigkeit ihrer Antipathie, ein für allemal als einen »Klassiker«: Man konnte ihn hochschätzen oder auch ablehnen, aber man mußte sich von nun an mit ihm beschäftigt haben, wenn man selbst ernstgenommen zu werden wünschte. Es gab sogar Zeitgenossen, auf denen diese literarische Vaterfigur wie ein Alpdruck lastete: »Man sollte Goethe aus der Welt schaffen«, vertraute der blutjunge Wilhelm Friedrich Waiblinger 1820 seinem Tagebuch an. »Wenn ich nicht zu eigenliebig wäre und die Überzeugung mich nicht festhielte, ich könnte einmal etwas leisten, so würd ich's tun. Es wäre dann die Tat einer großartigen Verzweiflung.« Auf jeden Fall haben die Romantiker zuerst das Typische an Goethes Werk definiert und dessen Gültigkeit auch für die Probleme ihrer eigenen Zeit erkannt. Sie waren schließlich auch die ersten, die seinen Ruf im Ausland verbreiteten, nicht aufs Geratewohl, wie dies im Fall von *Werther* und *Stella* geschehen war, sondern sozusagen planmäßig, weil ihnen eine gründliche Goethe-Kenntnis ebenso selbstverständlich war wie die Vertrautheit mit Homer, Dante und Shakespeare. Durch die Schriften und Übersetzungen von Mme. de Staël, Benjamin Constant, Sir Walter Scott und anderer Glaubensboten verbreiteten sich die kritischen Maßstäbe der deutschen Romantik, darunter der Begriff von Goethes vielfältiger Beispielhaftigkeit, schließlich über einen Großteil der gebildeten Welt.

Die Werke, die Goethe in den letzten Jahren seines Lebens schrieb, lassen sich aus dem deutschen Weltbild nicht mehr wegdenken: der *West-östliche Divan*, die *Marienbader Elegie*, *Wilhelm Meisters Wanderjahre*, der zweite Teil des *Faust*. Ihre Wirkung wurde aber jahrzehntelang durch die Verzerrungen hintangehalten, denen das Goethe-Bild unter dem Druck neuer literarischer und gesellschaftspolitischer Ereignisse ausgesetzt war. Beim breiten Publikum hatte Goethe sich bereits in den Blütejahren der Romantik selbst überlebt. Er war ein Inventarstück auf dem deutschen Parnaß geworden als vielzitierter, wenig gelesener, oft mißverstandener Schriftsteller, dessen Name zwar allen geläufig, dessen Werk aber nur einem Häuflein Eingeweihter zugänglich war. Er selbst hatte, wie wir sahen, die Hoffnung aufgegeben, sich dem Publikum im allgemeinen verständlich machen zu können. Die am Anfang des 19. Jahrhunderts beliebtesten Autoren waren nicht Goethe und Schiller, trotz der Erfolge des letzteren, sondern der Dramatiker August v. Kotzebue, dem weder die Goetheschen noch die Schlegelschen Parodien etwas anhaben konnten (unter Goethes eigener Regie wurde Kotzebue sechshundertvierzigmal in Weimar gespielt, Schiller dreihundertvierzigmal, Goethe selber nur zweihundertsiebzigmal) sowie der Romanschriftsteller August Lafontaine, der den zarten Augen seiner Leserinnen, zu denen auch die sonst so unweibische Königin Luise gehörte, ganze Flüsse mitfühlender Tränen zu entlocken vermochte. Die Saat von Anregung, Bewunderung und Nachahmungsdrang, die der Mensch und Dichter Goethe in so viele bedeutende Männer des 19. Jahrhunders versenkt hatte, ging erst nach seinem Tode auf. Außer Beethoven und Schubert gehören seine großen musikalischen Interpreten, wie übrigens auch seine engsten Geistesverwandten im Ausland, späteren Generationen an. Diejenigen, die sich mit ihm am fruchtbarsten im deutschen Sprachraum auseinandersetzten – Grillparzer, Stifter, Hebbel, Keller –, und sogar die Widersacher, die ihm im Alter wurden – Menzel, Gervinus, Börne –, erwuchsen erst nach 1832 zu voller Statur.

Stellte man schließlich die Höhenzüge und Niederungen des deutschen Goethe-Bildes in den ersten hundert Jahren graphisch dar, so ergäbe sich eine mit *Götz* und *Werther* steil ansteigende und mit dem Verebben des Sturm und Drangs langsam wieder abfallende Linie, die sich mit der Veröffentlichung einiger Werke, die wie *Hermann und Dorothea* (1797), der erste Teil des *Faust* (1808) und *Die Wahlverwandtschaften* (1809) doch nicht ganz spurlos am Publikum vorbeigingen, nur noch hier und dort etwas erhöbe. Bis in die siebziger Jahre des vergangenen Jahrhunderts würde sie dann nahe am

Boden verlaufen. Auf derselben graphischen Darstellung würde hingegen eine das Schiller-Bild zeigende Linie mit den *Räubern* emporschnellen und die andere schneiden, sich bisweilen etwas senken, als die romantische, hegelianische, frühmarxistische und sonstige Schiller-Feindschaft auch die Öffentlichkeit beeinflußte, ansonsten aber weit höher verlaufen als die »Goethe-Linie«. Erst gegen Ende des Jahrhunderts würden sich die Linien wieder schneiden, als Goethes Ruhm seine Auferstehung feierte und der Schillers einen Absturz erlebte.

Diese Schwankungen entsprachen jedoch weniger den Ergebnissen der literarischen Kritik und Forschung, als vielmehr einer Umwertung des Begriffes der Literatur überhaupt. In dem Maß, in dem dringende soziale Probleme jetzt in den Vordergrund traten, verlor die Schöne Literatur ihre Hegemonie im Reich des Geistes. Im Laufe dieser Entwicklung wurde auch Goethe noch einmal untersucht und gewogen, und es ergab sich, daß man ihn nun vielerorts als Dichter und besonders als Menschen und als Deutschen zu leicht befand.

2

VON METTERNICH ZU MARX

»Ein politisch Lied, ein garstig Lied!
So dachten die Dichter mit Goethen
Und glaubten, sie hatten genug getan,
Wenn sie könnten girren und flöten.
Doch anders dachte das Vaterland:
Das will von der Dichterinnung
Für den verbrauchten Leiertand
Nur Mut und biedre Gesinnung.«

HOFFMANN V. FALLERSLEBEN, Ein Lied aus meiner Zeit

Als Goethe im März 1832 starb, nahm eine führende deutsche Zeitschrift, das Stuttgarter *Literaturblatt,* keine Notiz von dieser nicht unwichtigen Neuigkeit. Aus Gründen, die im folgenden untersucht werden sollen, war der Schriftleiter Wolfgang Menzel auf Goethe so schlecht zu sprechen, daß er es nicht über sich brachte, den verhaßten Namen auch nur abzudrucken. Sicher hätte ihn die Cotta'sche Verlagsbuchhandlung, die nicht nur das *Literaturblatt* herausgab, sondern auch das ausschließliche Verlagsrecht zu Goethes Werken hatte, dazu zwingen können. Aber Menzel war damals so groß und Goethe so nebensächlich geworden, daß nichts dergleichen geschah.

Kaum fünf Jahre später wurde in Stuttgart ein Denkmal enthüllt, das erste in ganz Deutschland, das man nicht einem Feldherrn setzte oder einem Mitglied eines regierenden Hauses, sondern einer Privatperson: dem Dichter Friedrich Schiller. Nach Verlauf einiger weiterer Jahre, 1859, wurde die Hundertjahrfeier von Schillers Geburtstag mit einer öffentlichen Begeisterung begangen, die es in Deutschland bisher nicht gegeben hatte. Es war, als ob das gesamte deutsche Volk kurz vor seiner Einigung noch einmal den Dichter ehren wollte, der schon 1801 zukunftweisend Deutschlands Größe besungen hatte. Ein Jahrzehnt vorher war aber ein nicht weniger denkwürdiger Tag fast unbemerkt vorübergegangen: die hundertste Wiederkehr von Goethes Geburtstag am 28. August 1849. – Nach wiederum einiger Zeit, im Jahre 1885, beklagte ganz Frankreich den Tod Victor Hugos. Da frug sich ein deutscher Gelehrter, was denn geschehen wäre, wenn Goethe anstatt Hugo gestorben und die deutsche Regierung beim Reichstag um Mittel vorstellig geworden wäre, um den Dichter, wie Hugo in Frankreich, in einem Staatsbegräbnis zur Ruhe zu legen. »Eugen Richter würde von den Lasten des armen Volkes sprechen«, beantwortete Victor Hehn mißmutig die eigene Frage, »andere aus seinem Gefolge würden fragen, was der Verstorbene wohl für die Freiheit gethan, Windthorst würde unter stillschweigender Zustimmung der rechten Seite hinzufügen, Goethe sei ein Heide gewesen und habe niemals für sein und seines Volkes ewiges Heil gesorgt, in den Zeitungen aber hätten die Juden elende, aus irgend einem Conversationslexicon geschöpfte Artikel gebracht, die am nächsten Tage schon wieder vergessen worden wären. So, denk ich, stünde es bei Goethes Tode im Mai des Jahres 1885 in Deutschland.«[1]

Beispiele dieser Art könnten beliebig vermehrt werden, um die Tatsache zu unterstreichen, daß Goethes Nachruhm in Deutschland in den Jahrzehnten 1830-1880 seinen Tiefpunkt erreichte. Dies geht unter anderem auf Veränderungen zurück, die die Französische Revolution und die Restauration im geistigen Leben Deutschlands gezeitigt hatten.

Der Kampf gegen Napoleon hatte in Deutschland, ja in Europa, zwei einander sonst feindliche Mächte zusammengeschweißt: den vom Drang nach Freiheit und nationalem Selbstbestimmungsrecht beseelten (und von Napoleon später auf den Holzweg geführten) Liberalismus und die von den überlebenden *anciens régimes* getragene Reaktion, deren Ziel die Wiederherstellung der vorrevolutionären Gesellschafts- und Staatenordnung war. Im Jahre 1815 löste sich dieser Bund des Neuen mit dem Alten auf. Trotz der sehr bescheidenen Erfolge der Juli-Revolution erstarkten schließlich Liberalismus und Nationalismus zu den beiden großen, formgebenden Tendenzen des 19. Jahrhunderts; in Deutschland (und Italien) gesellte sich ihnen noch eine dritte Macht zu, der Drang zur nationalen Einigung, der in der zweiten Hälfte des Jahrhunderts seine Erfüllung fand.

Diese Zielgebungen waren zu stark im Bewußtsein des durch die Revolution politisch erweckten Bürgertums verankert, als daß Metternichs Konservatismus sie auf die Dauer hätte verdrängen können. Besonders in Deutschland wurde das geistige und politische Leben nach 1815 durch eine Folge von öffentlichen Krisen erschüttert, die auch den weltabgewandtesten Dichter und Gelehrten zwangen, von der Umwelt Notiz zu nehmen – es sei denn, daß er es vorzog, im Biedermeier unterzutauchen, dessen Betonung des Häuslich-Anheimelnden freilich bald allen Unternehmungsgeist lähmte. Zum ersten Mal seit der Reformation entwickelte sich nun in Deutschland eine politische Literatur, die der zur Seite gestellt werden kann, die seit dem 17. Jahrhundert in England und Frankreich geblüht hatte. Die Anzahl der Zeitungen und Zeitschriften vermehrte sich zusehends; mit der Erhöhung des allgemeinen Bildungsniveaus sowie der Vervielfältigung der Verkehrsmittel erweiterte sich ihr Gesichtskreis bald über den der Kirchturmpolitik hinaus. Der Journalismus, besonders Leitartikel und Feuilleton, erhob sich nicht selten von Tagesliteratur zu gediegener Essayistik. Auch die Flugschrift wurde wieder, wie einst in den Glaubenskriegen, zur scharfen Waffe: Das *Kommunistische Manifest* ist nur eine der damals aus dem deutschen Bürgertum hervorgegangenen sozialen Programmsetzungen. Um das plötzliche Sich-Eindrängen politischer Leidenschaften in den stillen Park des deutschen Schrifttums zu bemessen, genügt es, Männer wie Hugo und Zola mit ihren Zeitgenossen Heine und Wagner zu vergleichen: Die einen setzten eine bereits vorhandene Tradition der *littérature engagée* fort, die anderen schufen etwas ganz Neues, als sie sich aus dem Bannkreis der »machtgeschützten Innerlichkeit« entfernten und sozusagen die literarischen Hemdärmel aufkrempelten. Schauspiel, Roman, Reisebericht, Tagebuch, ja selbst Lyrik wurden nun häufig in den Dienst der Politik gestellt. Das meistkomponierte deutsche Gedicht stammt nicht von Goethe, Mörike, Heine oder Rilke, sondern von Nikolaus Becker: *Sie sollen ihn nicht haben, den freien deutschen Rhein*, mit dem sich mehr als siebzig verschiedene Musiker abgegeben haben.

Es ist nutzlos, die Zeit und Kraft zu beklagen, die Uhland und Heine, Büchner und Storm, Laube und Wagner und viele ihrer Weggenossen an politische anstatt künstlerische Aufgaben wandten. Diese Verluste waren unvermeidbar. Nicht nur gibt es überhaupt literarhistorische Standpunkte (der marxistische ist nicht der einzige), von denen aus gesehen, die soziale Funktion des Dichters dessen eigentliche Daseinsberechtigung bildet, und deren Verfechter somit einen derartigen »Verlust« gar nicht wahrhaben wollen; die Zeit selber unterwarf damals ihre Kinder einer Reihe von Prüfungen – Gefängnis und Krieg, Umsturz und Ausweisung, Verfolgung und Druckverbot –, die sich nur mit denen vergleichen lassen, die in der Dreyfus-Affäre eine französische, in der Wirtschaftskrise von 1929 eine amerikanische und nach 1933 noch einmal eine deutsche Generation gezeichnet haben. Um diesem Umstand gerecht zu werden, muß man sich über Begebenheiten und Daten hinaus in den Geist jener Tage versetzen. Erst wenn man sich an die Provokationen erinnert, denen nicht nur Schriftsteller und Leser, sondern Geistliche und Forscher und Studenten in der Metternichschen Epoche ausgesetzt waren, versteht man, wie einige dieser Männer, und nicht immer die schlechtesten, sich in einen Haß auf Goethe hineinsteigern konnten.

Unter den Freiwilligen, die gegen Napoleon gefochten hatten, befanden sich viele Studenten. Wie noch jede Generation von entlassenen Soldaten, machten auch sie nach beendetem Krieg die Entdeckung, daß die idealistischen Beweggründe, die sie zu den Fahnen getrieben hatten, plötzlich weniger galten als die kleinen Anpassungen und Ausgleiche der Tagespolitik. Die Jungen hatten tapfer gekämpft, und nun erwarteten von ihnen die Alten, die den Frieden geschlossen hatten, daß sie hübsch ruhig wieder ins Privatleben untertauchten. Zu dieser Belastungsprobe kam der Umstand, daß die Veteranen von 1813-1815 besonderen Grund zur Enttäuschung hatten: Die dargebrachten Opfer waren zum Teil umsonst gewesen, weil der Wiener Kongreß so einseitig an der Wiederaufrichtung der Welt von 1789 interessiert war. Sie hatten für ein freies, nicht wenige von ihnen für ein geeintes Deutschland gekämpft; sie hatten nicht gekämpft, um den Kirchenstaat wiederherzustellen, um Preußen auf sächsische Kosten zu vergrößern oder um die verhältnismäßig großzügige napoleonische Zensur gegen Metternichs engherzige Gedankenkontrolle einzutauschen. Nach ihrer Rückkehr zur Universität taten sich viele dieser enttäuschten Veteranen in den Burschenschaften zusammen, die sich die Pflege von Kameradschaft, Vaterlandsliebe und christlicher Uneigennützigkeit zum Ziele setzten. Die erste und einflußreichste dieser Verbindungen war die Jenenser Burschenschaft, die sich das Schwarz-Rot-Gold des Lützowschen Freikorps, in dem viele ihrer Mitglieder gedient hatten, zur Couleur wählte.

Am 18. Oktober 1817 trafen sich etwa 500 Burschenschafter von Jena und anderswo auf der Wartburg, um ein doppeltes Fest zu feiern: die dreihundertjährige Wiederkehr der Reformation (im Jahre 1517 hatte Luther seine fünfundneunzig Thesen im benachbarten Wittenberg angeschlagen) und den Jahrestag der Leipziger Völkerschlacht (16. bis 19. Oktober 1813). Die Verquickung des vaterländischen Motivs mit dem religiösen ging zum Teil auf Goethe zurück, der als Kurator der Universitätsbibliothek und -sammlungen von dem geplanten Treffen unterrichtet war und die katholischen Studenten nicht durch eine ausschließliche Betonung der Reformationsfeier vor den Kopf stoßen wollte. Der Verlauf des Wartburgfestes ist bekannt genug: In Nachahmung des lutherischen Verbrennens der päpstlichen Bulle warfen die Studenten eine Anzahl von Gegenständen auf den Scheiterhaufen, die die verhaßten Obrigkeiten der Zeit symbolisierten – den Exerzierstock eines österreichischen Unteroffiziers, Schriften von Kotzebue und anderen Apologeten der Heiligen Allianz, den geschnürten Waffenrock eines preußischen Ulanen.

Dieses Autodafé, eigentlich kaum mehr als ein Studentenstreich, gab den deutschen Regierungen, die sich durch die Umtriebe der Burschenschaften schon lange beunruhigt gefühlt hatten, den nötigen Vorwand, um rigoros vorzugehen. Österreich und Preußen beklagten sich beim Großherzog von Weimar, in dessen Land die »Schandtat« verübt worden war, während der Zar eine Denkschrift verteilen ließ, in der auf die Gefahr hingewiesen wurde, die der bestehenden Gesellschaftsordnung aus den liberalen Machenschaften an deutschen Universitäten erwachsen könnte. So war die Reaktion bereits in voller Fahrt, als ein verwirrter Burschenschafter, der Jenenser Theologiekandidat Karl Sand, den Dramatiker August von Kotzebue ermordete – als angeblichen russischen Spion. Die Mordtat wurde verdammt, aber der Täter erfreute sich dennoch mancher Sympathien. Während er vor der Hinrichtung von seinen sich selbst beigebrachten Wunden genas, wurde er von der Öffentlichkeit als ein Brutus redivivus oder zweiter Wilhelm Tell gefeiert. Die nun erlassenen, als Karlsbader Beschlüsse (1819) kodifizierten Repressalien lähmten das geistige Leben in Deutschland für zwei Jahrzehnte. Alle Bücher von weniger als 320 Seiten mußten vor der Drucklegung der Zensur vorgelegt werden; den Universitäten wurde ein sogenannter »Kurator« beigegeben, der liberaler Ansichten verdächtige Professoren zu entlassen und die Auflösung der Burschenschaften durchzuführen hatte; die Burschenschafter wurden mit Ausschluß aus Universität und Staatsdienst bedroht, und eine in Mainz tagende Kommission hatte nicht nur die Hochschulen zu überwachen, sondern sogar gewisse Fürsten, von denen anzunehmen war, daß sie diese Maßnahmen gegebenenfalls zu umgehen trachteten. Ernst Moritz Arndt wurde von seinem Bonner Lehrstuhl entfernt, Schleiermacher mußte sich die Zensur seiner Predigten gefallen lassen (in demselben Berlin, in dem kurz zuvor

Fichte noch seine *Reden an die deutsche Nation* hatte halten können, ohne daß sich die Franzosen darum geschert hätten); der Turnvater Jahn wurde verhaftet, und viele weniger namhafte Burschenschafter wurden ausgewiesen, wie Wolfgang Menzel, oder eingesperrt, wie Heinrich Laube.

Goethes Stellungnahme zu diesen Ereignissen war die eines Beobachters. Er hatte den Jenenser Hitzköpfen Vorsicht empfohlen und betrachtete sich nun, da man seine Warnungen in den Wind geschlagen, als zur »Impassibilität« berechtigt[2]. Er beklagte die Strenge der Karlsbader Beschlüsse und war froh, mit ihrer Durchführung in Jena nichts zu tun zu haben; aber er beklagte auch die Unbesonnenheit der Studenten und einiger Mitglieder des Lehrkörpers. Es braucht kaum gesagt zu werden, daß diese Stellungnahme oder vielmehr Nicht-Stellungnahme auf beiden Seiten Anstoß erregte. Viele Burschenschafter und Liberale sahen in Goethe, der zumindest auf literarischem Gebiet selber einst ein Revolutionär gewesen, nun einen Mann ohne feste Überzeugungen, eine Wetterfahne, die sich mit der jeweils vorwiegenden Windrichtung drehte. Den Verfechtern der bestehenden Ordnung wiederum war er, trotz seiner Freundschaft mit Gentz und Metternich, als das *alter ego* von Karl August verdächtig, des einzigen deutschen Fürsten, der das im Krieg gemachte Versprechen, seinen Untertanen eine einigermaßen freiheitliche Verfassung zu gewähren, tatsächlich eingelöst hatte.

In mancher Hinsicht waren die europäischen Schriftsteller und Intellektuellen in den Jahren 1815-1848 noch unfreier als vordem im 18. Jahrhundert. Statt *einer* rückschrittlichen Obrigkeit funktionierten nun zwei, denn Metternich hatte ein uns heute noch unlösbar erscheinendes Problem, die Beschränkung der nationalen Hoheitsrechte zugunsten einer überstaatlichen Völkerverbindung, faktisch bereits gelöst. Auf sein Drängen hin waren die Armeen der Heiligen Allianz in Spanien, Polen und Italien einmarschiert, um den gefährdeten Lokalgewalten beizustehen; auf seinen Befehl hin hatten Agenten wie Kotzebue über die Grenzen von nominell unabhängigen Staaten hinweg eine Art Gedankenkontrolle ausgeübt, die ebenfalls gewisse Aspekte des 20. Jahrhunderts vorausahnen läßt. In ihrer Furcht vor einer zweiten Revolution hatten sich die Fürsten Europas schon zu einer dynastischen Internationale zusammengeschlossen, als von der proletarischen noch gar nicht die Rede war. Auch aus diesem Grund war die Freiheit, die das ahnungslose *ancien régime* Brandstiftern wie Voltaire und Rousseau gewährt hatte, in den bereits versengten Monarchien von 1815 bis 1848 unvorstellbar geworden. Trotz allem war aber die Metternichsche Kulturpolitik konservativ und nicht eigentlich reaktionär. Letztere Geisteshaltung blieb einigen deutschen Fürsten vorbehalten, von deren Taten hier zwei Beispiele gegeben werden sollen, die diesen kurzen Überblick über die geistige Lage der Zeit abschließen.

In ihren Ausgaben vom 30. und 31. August 1826 berichtete die *Vossische Zeitung* ausführlich über eine in einem Berliner Verein zur Feier von Hegels und Goethes Geburtstag (27. beziehungsweise 28. August) gehaltene Veranstaltung. Friedrich Wilhelm III. sah sich daraufhin veranlaßt, eigenhändig eine Allerhöchste Kabinettsordre auszuschreiben, derzufolge solche Begebenheiten in Zukunft nur kurz anzukündigen seien, anstatt wie hier »mit einem ganz unangemessenen Wortgepränge und mit einer Ausführlichkeit beschrieben [zu werden], die nicht ausgedehnter sein könnte, wenn die Krönungsfeierlichkeiten eines Monarchen angezeigt« wären. Man geht in der Annahme sicher nicht fehl, daß der königliche Zorn nicht nur durch die Ehrung von Privatpersonen anstatt Fürsten erregt wurde, sondern überdies durch den Umstand, daß die so gefeierten ausgerechnet Hegel und Goethe waren – Männer von Rang und Einfluß nicht im geschäftlichen, politischen oder selbst gesellschaftlichen, sondern im schwer kontrollierbaren geistigen Leben der Nation. (Die Widerwärtigkeiten, die Hegel damals schon von seiten Preußens zu erleiden hatte, entbehren freilich nicht der Ironie oder einer immanenten Gerechtigkeit: War doch dieses preußische Staatswesen für Hegel und seine Jünger recht eigentlich der Inbegriff des Staates überhaupt.) Wie oft in solchen Fällen taten es auch hier einige Untertanen ihrem König nur zu gerne nach: Einige Jahre später erklärte der Polizeipräsident der Stadt Königsberg, es wäre »vom Standpunkte der öffentlichen Sicherheit« aus besser gewesen, wenn Goethe seinen *Faust* überhaupt nicht geschrieben hätte – einer der bündigsten und wohl der abstruseste Kommentar zu diesem vielkommentierten Werk. In den Annalen der deutschen Literatur ist ihm nur die Verordnung der Stadtväter von Leipzig gleichzusetzen, daß Schillers *Räuber* während der Messe nicht aufgeführt werden dürften, »weil ohnehin schon zu viel gestohlen wird«.

Diese Zwischenfälle waren lediglich grotesk und erregten schon deshalb kein Aufsehen, weil die betreffenden Unterlagen jahrzehntelang im Preußischen Staatsarchiv verborgen lagen. Ein anderes Scharmützel zwischen einem deutschen Fürsten und den geistigen Größen des Landes artete hingegen in eine regelrechte Schlacht aus, deren Erinnerung auch heute noch nicht verblaßt ist. Als König Wilhelm IV. von England im Jahre 1837 starb, folgte ihm in England die junge Königin Victoria auf den Thron und in Hannover (wo das salische Gesetz herrschte) ihr Onkel Ernst August, Herzog von Cumberland. Politisch war dies zu begrüßen gewesen, weil mit der Auflösung der Personalunion zwischen England und Hannover eine Schranke auf dem Weg zur deutschen Einigung fiel. In anderer Hinsicht war der Thronwechsel aber ein Unglück, denn der neue König war in seiner öffentlichen wie privaten Lebensführung dermaßen verkommen, daß ihm eine englische Zeitung vorwerfen konnte, er habe mit Ausnahme des Selbstmordes alle nur erdenklichen Schandtaten auf dem Gewissen. Ernst August war unter anderem so rückschrittlich, daß er gleich nach seinem Regierungsantritt die Verfassung von 1833 kurzerhand widerrief, seine Beamten vom damals geleisteten Eid entband und die weit beschränktere Verfassung von 1819 wiederherstellte. Sieben angesehene Göttinger Professoren erklärten daraufhin, sie fühlten sich als Beamte auch weiterhin durch ihren Verfassungseid gebunden, dessen willkürliche Widerrufung gerade sie als staatlich bestellte Erzieher, die der Jugend ein Beispiel zu geben hatten, nicht billigen konnten. Der König ordnete die sofortige Entlassung an und gab drei von ihnen – den Historikern Dahlmann und Gervinus sowie Goethes Freund, dem Sprachforscher Jacob Grimm – 72 Stunden, innerhalb derer sie das Land zu verlassen hatten. Die öffentliche Meinung in ganz Deutschland stand hinter diesen Männern, und die berühmten Göttinger Sieben wurden andernorts mit offenen Armen empfangen; der königliche Erlaß blieb aber trotz offizieller Proteste beim Frankfurter Bundestag in Kraft. Überhaupt darf man nicht glauben, daß das deutsche Volk, trotz aller freiheitlichen Regungen, mit Ekel überschäumte, nur weil dieser oder jener Lehrer entlassen oder ein oder das andere Buch verboten wurde. So entmutigend solche Eingriffe in die menschliche und geistige Freiheit auch wirkten, sie bildeten doch nur *eine* Masche des Netzes von Kontrollen und Verboten, das bis zum Vorabend der Revolution von 1848 immer straffer gezogen wurde. In welchem Maße dieses Netz das geistige und sogar das bürgerliche Leben fesselte, läßt sich an den Forderungen bemessen, mit denen die Märzkämpfer antraten: Außer manch anderen Vorrechten, die zum Beispiel in den angelsächsischen Ländern schon seit langem selbstverständlich waren, verlangten sie Pressefreiheit, Bürgerwehr anstatt stehender Heere, Schwurgerichte, Aufhebung der patrimonialen Gerichtsbarkeit und der Feudallasten und das allgemeine Wahlrecht.

Mit seiner Gabe für das plastische Wort, das ihm in der Prosa nicht weniger zu Gebote stand als im Gedicht, hat Heine in der *Romantischen Schule* die damals grassierende Goethe-Feindschaft charakterisiert: »... Späterhin spreche ich von den neuen Dichtern, die während der Goetheschen Kaiserzeit hervortraten. Das ist ein junger Wald, dessen Stämme erst jetzt ihre Größe zeigen, seitdem die hundertjährige Eiche gefallen ist, von deren Zweigen sie so weit überragt und überschattet wurden. Es fehlte ... nicht an einer Opposition, die gegen Goethe, diesen großen Baum, mit Erbitterung eiferte. Menschen von den entgegengesetztesten Meinungen vereinigten sich zu solcher Opposition. Die Altgläubigen, die Orthodoxen, ärgerten sich, daß in dem Stamme des großen Baumes keine Nische mit einem Heiligenbildchen befindlich war, ja, daß sogar die nackten Dryaden des Heidentums darin ihr Hexenwesen trieben, und sie hätten gern mit geweihter Axt, gleich dem heiligen Bonifacius, diese alte Zaubereiche niedergefällt; die Neugläubigen, die Bekenner des Liberalismus, ärgerten sich im Gegenteil, daß man diesen Baum nicht zu einem Freiheitsbaum und am allerwenigsten zu einer Barrikade benutzen konnte. In der Tat, der Baum war zu hoch, man konnte nicht auf seinen Wipfel eine rote Mütze stecken und darunter die Carmagnole tanzen.«

Wenn manche unter Heines Zeitgenossen Goethe dergestalt aus moralischen und ästhetischen Gründen angriffen und sein Werk als heidnisch, unanständig oder auch unmännlich verwarfen, so wiederholten sie freilich nur Argumente, die schon zur Zeit des *Werther* und der *Stella* gegen ihn ins Feld geführt worden waren. Jetzt verschärften sich diese Angriffe jedoch, weil beide Konfessionen inzwischen die Aufklärung überwunden und im Laufe der Befreiungskriege sogar erheblichen Kräftezuwachs erhalten hatten. Die Feindschaft der Römischen Kirche gegen die liberalen und naturwissenschaftlichen Tendenzen des Jahrhunderts (die 1871 in der Verkündung der Doktrin der päpstlichen Unfehlbarkeit gipfeln sollte) stellt eine Entwicklung von europäischer Tragweite dar, deren Auswirkung auf Deutschland sich noch vertiefte, als große Teile des katholischen Rheinlandes, darunter die Diözesen Köln und Trier, auf dem Wiener Kongreß zu Preußen geschlagen wurden. Dies wiederum führte zu einer Annäherung zwischen weltlicher und geistlicher Macht in diesem »von Staats wegen« protestantischen Königreich. In Friedrich Schleiermacher hatte der Protestantismus überdies gerade einen besonders kraftvollen Vorkämpfer gefunden: einen einflußreichen Schriftsteller, Philosophen und Prediger, der bei aller ästhetischen Unempfindlichkeit immerhin einen eigenen, parallelen Weg zu der von den Klassikern soeben vorgezeichneten und vorgelebten ethisch-geistigen Vollendung des Menschen gefunden hatte. Die Gründungen der Preußischen Bibelgesellschaft im Jahre 1814 und der Gesellschaft zur Verbreitung des Christentums unter den Juden (1825) waren, wie das berühmte Wartburgfest, weitere Anzeichen dieses Wiedererstarkens auch der lutherischen und reformierten Kirche.

Als Heine die obigen Sätze schrieb, war der einflußreichste unter den Goethe-Gegnern dieser Richtung der frühere Burschenschafter Ernst Wilhelm Hengstenberg, Herausgeber der *Evangelischen Kirchenzeitung* und seines Zeichens Professor der Bibelexegetik. Er nahm an dem Widerspruch Anstoß, den er, besonders in den *Wahlverwandtschaften* und im 1828/29 veröffentlichten Briefwechsel von Goethe und Schiller, zwischen dem literarischen und dem moralischen Format der Klassiker entdeckt zu haben glaubte. Indem er seine Leser davor warnte, sich durch Goethes Dichtergewalt vom Pfad der Tugend abziehen zu lassen, wandte er sich zugleich gegen die »Illusion«, daß die Kunst, oder überhaupt ein ästhetisches Phänomen, je unabhängig von religiösen Wertsetzungen betrachtet werden könne. In diesem Punkt deckte sich die protestantische Goethe-Kritik ganz mit der der *Historisch-politischen Blätter* des ultramontanen Görres-Kreises.

Nun hatte die orthodox-, um nicht zu sagen bigott-protestantische Kritik an Goethe bereits vor Hengstenbergs Ausführungen bedenklich zugenommen. Schon 1823 war eine anonyme Schrift mit dem Titel *Goethe als Mensch und Schriftsteller* erschienen, die in der Hauptsache aus der Übersetzung einer im Juni 1816 im *Edinburgh Review* erschienenen puritanischen Rezension bestand und das scheinbare Fehlen jeglicher moralischer Grundsätze in Goethes Schriften beklagte. Die Übersetzer, Köchy und Vogler (alias »Glover«), hatten das Machwerk lediglich mit einem Vor- und Nachwort versehen. Erheblich wirkungsvoller waren jedoch die sogenannten *Falschen Wanderjahre,* scheinbar die langerwartete Fortsetzung von *Wilhelm Meisters Lehrjahren,* deren tatsächlicher Verfasser jedoch nicht Goethe war (der sein eigenes Werk, die legitimen *Wanderjahre,* erst 1831 fertigstellte), sondern der Pfarrer Johann Friedrich Wilhelm Pustkuchen-Glanzow. Ganz wie Goethes Held, Wilhelm Meister, in den *Lehrjahren* Shakespeare beurteilt, so sitzt Pustkuchens Wilhelm hier über Goethe zu Gericht, dessen Werke ihn, einen ausgemachten Schwächling, eben deshalb anziehen, »weil die bloß formelle Bildung dieses geistreichen Schriftstellers ihm am mühelosesten zu gewinnen und am allgemeinsten anwendbar schien. Er fand hier weder einen bestimmten Glauben noch eine entschiedene Begeisterung für irgend etwas nötig, um die Schriften zu verstehen, wie dies bei Schiller, Klopstock und Herder der

Fall war.«[3] Wie Goethe Shakespeare durch seinen Wilhelm gepriesen hatte, so verdammt Pustkuchen Goethe durch den »falschen« Wilhelm als einen begabten Virtuosen, dessen Werke nur deshalb weiterwirken, weil ihr Verfasser bei jedem Wechsel der literarischen Mode »gleich einem vorsichtigen Parteigänger zur rechten Zeit sich zu einer neu aufkommenden Schule schlug«. Überdies sind sich die Goetheschen Helden, besonders die männlichen, einander viel zu ähnlich in ihrem Wankelmut und ihrem »Mißverständnis des heiligsten Gefühls, der Liebe«, um des Studiums oder gar der Nachahmung würdig zu sein. Vielmehr ist die Tatsache, daß ein Dichter wie Goethe in Deutschland so hochgeschätzt werden kann, an sich schon Vorzeichen einer gottlosen und dekadenten Zeit.

Mit den *Gedanken einer frommen Gräfin* und anderen Hinzufügungen wurden die falschen *Wanderjahre* von 1824 bis 1828 verschiedentlich neu aufgelegt, gewissermaßen in Konkurrenz mit Goethe, dessen eigener Roman im selben Zeitraum stückweise veröffentlicht wurde. Im Laufe dieser Auseinandersetzung stellten sich Goethe einige Schriftsteller zur Seite, die ihm sonst nicht immer freundlich gesinnt gewesen waren. Achim von Arnim, Varnhagen von Ense (schon auf dem Wege, »Goethes Statthalter auf Erden« zu werden), aber auch Heine, Tieck und Immermann erklärten sich für Goethe und verdammten die Anmaßungen seines Widersachers. Auch der damalige Berliner Student Karl Marx tritt 1836/37 mit einigen Epigrammen gegen Pustkuchen zum erstenmal auf den literarischen Kampfplatz – ein weiteres Anzeichen jener eingangs erwähnten Eigengesetzlichkeit des Goetheschen Ruhmes selbst im Nebensächlichen. Oder ist es nur Zufall, daß Marx, dessen Name später in der einen Welthälfte als Zauber- und in der anderen als Fluchwort gelten sollte, sich seine Sporen bei der Verteidigung Goethes gegen jenen längstvergessenen Landprediger verdiente?

Ernster zu nehmen und von nachhaltigerer Wirkung als diese moralistischen Salbadereien, ja zuweilen nahezu verhängnisvoll für das Überleben des Goetheschen Nachruhms, waren die gegen den Dichter aus politischen Gründen erhobenen Einwände. Am wortgewandtesten unter denen, die jetzt darauf bestanden, daß die Literatur eine moralische und vor allem eine soziale Aufgabe zu erfüllen habe (und die nun auch Goethe und sein Zeitalter von diesem Standpunkt aus überprüften), war die Gruppe von Schriftstellern, die gewöhnlich unter der Bezeichnung »Junges Deutschland« zusammengefaßt wird: Heine, Börne, Gutzkow, Laube, Mundt, Wienbarg. Für unsere Zwekke dürfen wir ihnen auch Menzel und Gervinus zugesellen; obwohl der eine den Jungdeutschen alsbald das Wasser abgrub und der andere sich schließlich ganz von ihnen distanzierte, spielten sie eine gewichtige Rolle als Verfasser von Literaturgeschichten, in denen sie ein dem jungdeutschen recht ähnliches Goethe-Bild entwarfen. So sehr sich übrigens die Schriftsteller des Jungen Deutschland an Begabung, Leistung und Ruhm voneinander unterschieden, so hatten sie doch ein gemeinsames literarisches Programm und sogar ein gemeinsames literarisches Schicksal, indem der Deutsche Bundestag in Frankfurt ihre Werke als »antichristlich, gotteslästerlich und alle Sitte, Scham und Ehrbarkeit absichtlich mit Füßen tretend« verdammte. Im Rückblick will uns die Produktion dieser Schriftsteller freilich weniger furchterregend, geschweige denn sittengefährdend erscheinen; wir müssen uns aber in Zeiten zurückversetzen, in denen Aufführungen von *Wilhelm Tell, Macbeth* und *Hamlet* wegen ihres heiklen Themas – Königsmord – verboten werden konnten.

Nach der Meinung der Jungdeutschen lag die vornehmste Aufgabe des Schriftstellers nicht in der Vervollkommnung der eigenen Persönlichkeit, sondern in der Belehrung und Führung des Publikums – des gesamten Lese- und Theaterpublikums, nicht nur des kleinen, obschon einflußreichen Kreises, an den sich die Klassiker und Romantiker vorzugsweise gewendet hatten. So nahm der jungdeutsche Schriftsteller am Leben teil und schrieb »realistisch«, *en homme engagé,* indem er die politischen und gesellschaftlichen Probleme der Zeit in seinem Werke erörterte. Nicht die von Klassikern und Romantikern verherrlichte antike oder auch mittelalterliche Welt, sondern die Gegenwart war Gegenstand dichterischer Behandlung. Innerhalb dieser Gegenwart lag ihnen das Seelen- und Sinnenleben näher am Herzen als die großen zeitgenössischen Gedankensysteme Hegelscher, Feuerbachscher und sonstiger Prägung. So war ihnen auch die Religion Gefühlssache; nicht Doktrin, sondern lebender, wirkender, allen Abstraktionen feindlicher Glaube.

Es ist ohne weiteres klar, daß die Zeittendenzen, mit denen sich die Jungdeutschen am liebsten identifizierten und die sie vorzugsweise in ihren Schriften behandelten, gerade diejenigen waren, denen Goethe nur wenig Sympathie hatte entgegenbringen können: der Kampf gegen französische und sonstige ausländische Bevormundung und die nationalen Einheitsbestrebungen mit hauptsächlich liberalem, ja demokratischem Vorzeichen. Menzel war nicht der einzige, der damals wünschte, daß Goethe sich zu Deutschlands geistigem Führer gegen Napoleon gemacht hätte, anstatt »eine dem äußeren Feind in die Hände arbeitende, innere erschlaffende, auflösende Kraft« darzustellen und ein Mann zu werden, »der uns mit einem phantastischen Egoismus, mit den Genüssen des Scheins und der Selbstvergötterung über den Verlust der Religion, des Vaterlandes und der Ehre täuschte, der da machte, daß wir uns wie der weichliche Narcissus im Quell bespiegelten, währendman hinter uns Ketten und Dolche bereitete; mit einem Worte, der uns zu Schwächlingen machte, während wir des Heldenmuthes an meisten bedurften«[4]. Goethe hatte sich jedoch nicht nur von den Freiheitskriegen ferngehalten, sondern auch den Mut, ja den Wunsch vermissen lassen, sich in den Jahren nach 1815 auf die Seite des Fortschritts zu stellen: Dies warf ihm besonders Börne vor, im Vergleich etwa zu Dante, Alfieri, Montesquieu, Voltaire, Rousseau, Swift, Byron und noch anderen, die sich in ihren Schriften der Armen und Verfolgten angenommen hatten. Diesen scheinbaren Mangel an Patriotismus und sozialem Gewissen glaubte man zum großen Teil aus gewissen Charakterschwächen Goethes ableiten zu können, etwa aus seiner angeblichen Liebedienerei, Selbstsucht und Unmännlichkeit. In der Metternichschen Epoche wog der Vorwurf knechtischer Gesinnung am schwersten. So erhebt zum Beispiel Börne diese Anklage in besonders bissiger Form am Ende eines seiner *Briefe aus Paris*, wo eine Goethesche Tagebucheintragung wörtlich wiedergegeben und mit einem scharfen Aperçu aufgespießt wird: »Hierauf ward mir das unerwartete Glück«, heißt es in den *Tag- und Jahresheften* für 1821, »Ihro des Großfürsten Nicolaus und Gemahlin Alexandra Kaiserl. Hoheit, im Geleit unsrer gnädigsten Herrschaften bei mir in Haus und Garten zu verehren. Der Frau Großfürstin Kaiserl. Hoheit vergönnten einige poetische Zeilen in das zierlich-prächtige Album verehrend einzuzeichnen« – eine Goethesche Reminiszenz im besten Geheimratsstil, die Börne mit den Worten kommentiert: »Das schrieb er in seinem 71. Jahre. Welche Jugendkraft!«

Letzten Endes hatte jedoch die Mißbilligung, mit der die Jungdeutschen Goethe betrachteten, wenig mit dessen Charakter zu tun oder selbst mit dem Charakter, oder wenn man will, der Charakterlosigkeit seiner Helden und Heldinnen. Menzel freilich sah den Dichter nie anders an als mit den Augen eines engbrüstig-teutschen Burschenschafters, dessen Niveau sich schon in seinem Urteil über *Faust* zu erkennen gibt: »Wenn Faust dafür, daß er Gretchen verführte und verließ, den Himmel verdient, so verdient jedes Schwein, das sich in einem Blumenbeet wälzt, der Gärtner zu sein« – ein Grad von Borniertheit, der erst 1929 wieder erreicht wurde, als der kommunistische Schriftsteller Friedrich Wolf befand, daß »die Gretchen-Szene heute von dem

Problem ausgehen müsse, wie das mißbrauchte Volkskind sich von der Frucht des dahinsumpfenden Studenten Faust mit dem Recht auf ihren Körper befreit«[5].

Die eigentlichen Jungdeutschen und ihre Gesinnungsgenossen waren sich jedoch bald darüber im klaren, daß es Goethe weder an Tugenden noch – wie Menzel, Pustkuchen und Glover ebenfalls zu verstehen gaben – an Dichtergaben gefehlt hatte. Im Gegenteil, sie wußten nur zu gut, welch ein Abgrund ihre eigene, recht magere Produktion von seiner Lebensleistung trennte. Ihren gelegentlichen Versuchen, ihn »abzuwerten« (etwa indem sie ihn im Geist der Zeit von einem Genie zum bloßen »Talent« herabsetzten), haften denn auch die Minderwertigkeitsgefühle von Menschen an, die sich gezwungen sehen, ihr Leben im Schatten eines ganz Großen zuzubringen. Zum Teil spielte wohl auch ihre gern zur Schau getragene Bewunderung für das Volk mit, als Publikum, als politischer Wertmesser, als Verkörperung des Fortschrittsgedankens, ja sogar als Geschmacksrichter, aber immer als Gegengewicht zum begnadeten einzelnen. Ihnen allen war die Überzeugung gemein, daß Goethes Tod einen Einschnitt bedeute, das Ende eines Zeitalters, dessen Errungenschaften, so glorreich sie auch gewesen sein mochten, für die nun angebrochene Zeit keine Gültigkeit mehr besaßen. Indem er die soeben vergangene Epoche als »Wolfgang-Goethesche-Kunstperiode« bezeichnete, umschrieb Heine einen vom Jungen Deutschland als für diese Epoche besonders charakteristisch empfundenen Zug – den nun als tadelnswert angesehenen Umstand, daß die Künste damals hauptsächlich um ihretwillen betrieben wurden und der Unterhaltung und Belehrung eines kleinen Kreises auserwählter Geister dienten. Wie schon erwähnt, sollte diesem Zeitalter der »reinen« nun das einer »angewandten« Literatur folgen.

Obwohl seine Einschätzung von Goethe in anderer Hinsicht vielen Schwankungen unterworfen war, scheint Heine nie seine paradoxe Überzeugung abgelegt zu haben, daß dieser zwar Deutschlands größter Dichter gewesen, daß er aber trotz oder vielmehr gerade wegen seiner großen Leistung am Ende doch dem literarischen und politischen Fortschritt im Wege gestanden sei. Ob Heine das Ende der Kunstperiode begrüßt, ob Menzel sich über Goethes mangelnde Vaterlandsliebe beklagt, ob Gervinus in seiner *Geschichte der poetischen Nationalliteratur der Deutschen* dichterische Größe weniger an der Schönheit oder Eigenart eines Werkes als an dessen Wirkung auf das politische Tagesgeschehen mißt (und deshalb Dante, Shakespeare und auch Schiller hoch über Goethe erhebt) oder ob Engels Goethe einen Philister nennt

– der gemeinsame Nenner aller dieser Erwägungen, die eine sonst positive Bewertung Goethes keineswegs ausschließen, bleibt die Stellung des Dichters zur Politik, die Börne mit der einer Maus vergleicht, die »beim leisesten Geräusch sich in die Erde hineinwühlt, und ... alles, alles hingibt, um nur in [ihrem] Loche ungestört am gestohlenen Speckfaden knuppern zu können«. Es scheint keinem dieser Männer aufgegangen zu sein, daß Goethe zwar konservativ, aber ganz und gar nicht rückschrittlich war und daß er schon dadurch seinem Volk einen ungeheuren Dienst erwies, daß er das Deutsche, dessen sich ja auch seine Gegner bedienten, zu einer der führenden Kultursprachen der Erde erhob. Wir haben einige der Prüfungen erwähnt, die das Schicksal den Jungdeutschen im bürgerlichen wie im literarischen Leben auferlegte. Man braucht rein menschliche Beweggründe nicht zu hoch zu veranschlagen, um zur Einsicht zu kommen, daß sich eine unvoreingenommene Beurteilung Goethes weder von Börne im Frankfurter Ghetto erwarten ließ noch von Laube im Gefängnis in Berlin, weder von Heine im Pariser Exil noch von Gervinus auf der Flucht aus Göttingen. Überragte sie Goethe doch alle an Genie, erschien er ihnen doch, fälschlicher- aber unvermeidlicherweise (denn so hatten ihn alle diejenigen beschrieben, die ihn in seinen letzten Lebensjahren gekannt hatten), als der »kluge Kunstgreis« in seinem »kalten Dunstkreis«, als unberührbarer, geradezu herausfordernd harmonischer Olympier, als scheinbar unumstößliche literarische Institution, als Seine Exzellenz der Herr Geheime Rat, allem menschlichen Kampf entrückt und schon zu Lebzeiten zu den Seligen erhoben.

Es ist unter diesen Umständen bemerkenswert, daß einige Jungdeutsche sich zumindest bemühten, ihm Gerechtigkeit widerfahren zu lassen. So suchte etwa Wienbarg in den *Ästhetischen Feldzügen* Goethes politische Gleichgültigkeit aus seiner individuellen Anlage und seiner Stellung am Weimarer Hofe heraus zu erklären. Gutzkow wiederum entkräftete in seinem Aufsatz *Goethe im Wendepunkt zweier Jahrhunderte* andere Vorwürfe, die man dem Dichter gemacht hatte, zum Beispiel, daß er eigentlich ein recht beschränkter, weder für Musik noch Philosophie empfänglicher Mann gewesen sei (wozu Gutzkow etwas oberflächlich bemerkt, daß sich auch hier in der Beschränkung erst der Meister zeige), oder daß er ein vaterländisch orientiertes Schrifttum zugunsten einer wurzellos weltbürgerlichen Literatur vernachlässigt habe (was nach Gutzkows Meinung ebenfalls nicht zutrifft, denn Goethes Erwartung des kommenden Zeitalters der Weltliteratur schließt eine Hochachtung der nationalen Werte nicht aus, sondern beschenkt den Schriftsteller vielmehr mit einem größeren und anspruchsvolleren Leserkreis). Selbst in diesem Frühwerk – im Alter wurde er zum überzeugten Goethe-Gegner – war Gutzkow kein unbedingter Bewunderer des Dichters; aber gerade indem er auf die Kluft zwischen den Klassikern und seinen eigenen Zeitgenossen hinwies, bemerkte er, daß die neuere Literatur dort zu beginnen habe, wo Goethe am Anfang des Jahrhunderts aufgehört hatte, und daß dessen Werk einen für alle zukünftigen Schriftsteller gültigen Maßstab darstellte. Eine ähnliche Ehrenrettung unternahm Laube, der in seiner *Geschichte der deutschen Literatur* und den *Reisenovellen* bei aller Ablehnung Goethes als eines kalten und keiner Begeisterung fähigen Menschen ihm doch keinen Augenblick sein Anrecht auf den Ruhm des größten aller deutschen Dichter verweigerte. Wie schon Heine vor ihnen, leiteten auch Gutzkow und Laube die Heftigkeit der gegen Goethe vorgebrachten Angriffe aus den Geschmacklosigkeiten ab, in denen sich manche Goethe-Anbeter ergangen hatten. Diese Stellungnahme gegen Goethes erste Biographen hatte das Junge Deutschland mit dem Frühmarxismus gemein, dessen Vertreter sich um diese Zeit ebenfalls mit dem Dichter beschäftigten.

In ihren Grundzügen geht die marxistische Auffassung von Goethe auf eine Rezension zurück, die Engels Ende 1847 verfaßte. Diese Rezension einer Neuerscheinung der damals noch kleinen Goethe-Literatur, Karl Grüns *Goethe vom menschlichen Standpunkte*, war ursprünglich für Engels' *Deutscher Sozialismus in Versen und Prosa* bestimmt und gehört zu den wenigen Teilen dieses Werkes, die schon damals in die Öffentlichkeit drangen, das heißt in der von Marx geleiteten *Deutschen Brüsseler Zeitung* abgedruckt wurden (der Rest erschien erst in den 1930er Jahren in Moskau). Durch Überbetonung von Goethes Amtstätigkeit im Dienste der großherzoglich-weimarschen Schul-, Straßen- und Handelsverwaltung hatte Grün den Dichter zum geistigen Vater von Proudhon und Feuerbach gestempelt, zu einem etwas klein-, ja spießbürgerlichen älteren Herrn, dessen Tätigkeit hauptsächlich der Hebung der Lebens- und Arbeitsbedingungen der Weimarer Bevölkerung gewidmet war. Dadurch hatte er unter anderem das dämonische und tragische Element im Leben des Dichters verleugnet. Nach Engels lag jedoch das Tragische an Goethes Leben nicht etwa in der Erkenntnis der Unvollkommenheit des Menschenlebens überhaupt oder im Nebeneinander von so vielen Interessen und Fähigkeiten, deren jede einzelne ihr Recht forderte, oder in der Unzulänglichkeit aller zwischenmenschlichen Beziehungen oder in irgendwelchen anderen dem Genie individuell oder existentiell aufgebürdeten Lasten, sondern vielmehr in einem von den »bürgerlichen« Goethe-Interpreten wie vom Dichter selber nur wenig beachteten Umstand: nämlich in der Diskrepanz zwischen Goethes großen Gaben und der mangelnden Möglichkeit, diese Gaben zu praktisch-tätiger Anwendung zu bringen. »Sein Temperament, seine Kräfte, seine ganz geistige Richtung wiesen ihn aufs praktische Leben an, und das praktische Leben, das er vorfand, war miserabel. In diesem Dilemma, in einer Lebenssphäre zu existieren, die er verachten mußte, und doch an diese Sphäre als die einzige, in welcher er sich betätigen konnte, gefesselt zu sein, in diesem Dilemma hat sich Goethe fortwährend befunden ...«[6] Dieses Dilemma habe auch in den Werken einen Niederschlag gefunden, indem einige *(Götz, Prometheus, Faust)* gewissermaßen literarische Protestkundgebungen gegen die obwaltenden Gesellschaftszustände darstellen, während andere wie *Iphigenie* und die *Italienische Reise* Fluchtversuche aus der sozialen Wirklichkeit sind und noch andere, etwa die Revolutionsstücke, beweisen, daß sich Goethe gelegentlich auch mit der Gesellschaft, in der er leben »mußte«, abzufinden vermochte ... »So ist Goethe bald ... trotziges, spottendes, weltverachtendes Genie, bald rücksichtsvoller, genügsamer, enger Philister. Auch Goethe war nicht imstande, die deutsche Misere zu besiegen; im Gegenteil, sie besiegte ihn, und dieser Sieg der Misere über den größten Deutschen ist der beste Beweis dafür, daß sie ›von innen heraus‹ [das heißt wohl durch die von Goethe erstrebte Vervollkommnung der Einzelpersönlichkeit] gar nicht zu überwinden ist.«

Diese Ansicht von Goethe als einem Mann, dem die »deutsche Misere«, das heißt die Rückständigkeit der sozialen und ökonomischen Verhältnisse im damaligen Deutschland, keine Möglichkeit zur vollen Entfaltung seines aufs Praktische gerichteten Geistes gab, wurde einige Jahrzehnte später von dem Historiker Franz Mehring in die allgemeine vom Marxismus postulierte Kausalbeziehung von Kunst und Wirtschaft einbezogen und zum Dogma erhoben. »[Es] war unsere klassische Literatur nichts anderes«, heißt es in Mehrings *Deutsche Geschichte vom Ausgange des Mittelalters*, »als der beginnende Emanzipationskampf des deutschen Bürgertums. Sich einzubilden, daß in der zweiten Hälfte des 18. Jahrhunderts durch einen glücklichen Zufall oder durch einen unerforschlichen Ratschluß die Vorsehung eine große Anzahl literarisch begabter Köpfe gerade auf deutschem Boden erwachsen ließ, ist haltlos. Vielmehr gab die ökonomische Entwicklung jenes Zeitalters den bürgerlichen Klassen in Deutschland einen starken Anstoß; da aber die

Klassen bei alledem nicht stark genug waren, um wie in Frankreich um die politische Macht zu ringen, so schufen sie sich in der Literatur ein Idealbild der bürgerlichen Welt.«

Dies ist ein Standpunkt, der sich diskutieren läßt, obwohl man dem Rätsel der künstlerischen Schöpfung schwerlich dadurch näherkommt, daß man anstatt der Vorsehung die wirtschaftlichen Zustände bemüht. Wahrhaft ironisch ist aber die Tatsache, daß dem marxistischen Goethe-Bild nicht ein existentielles Dilemma Goethes, sondern ein intellektuelles Dilemma von Karl Marx zugrunde liegt. Der Gründer des modernen Kommunismus kannte und verehrte Goethe wie sonst nur noch Shakespeare und die Griechen und verfaßte selber ein fragmentarisch erhaltenes Trauerspiel, *Oulanem*, das sich sprachlich und inhaltlich auf unzweideutig faustischem Boden bewegt.[7] Andererseits war ihm jedoch der geistig tätige Mensch ein Produzent – Vorgänger des heutigen »Kulturschaffenden« –, dessen Leistung »zunächst unmittelbar verflochten in die materielle Tätigkeit und den materiellen Verkehr der Menschen«, das heißt von wirtschaftlichen Faktoren bedingt ist. Marx hat den Konflikt nie zu lösen vermocht, der in seinem Bewußtsein zwischen dem angeblichen Kausalverhältnis von Kunst und Wirtschaft einerseits und der absoluten Höhe der griechischen, Shakespeareschen und Goetheschen Kunst (bei primitivster beziehungsweise rückständiger Wirtschaftsentwicklung) andererseits bestand. So ließ er diese Blüten letzten Endes auf sich beruhen, das heißt als »Überbau« auf dem Miste einer noch vorkapitalistischen Ökonomie ersprießen, und es wäre oberflächlich, aber keineswegs unzutreffend, wenn man behauptete, Marx habe dieses Dilemma »abreagiert«, indem er es durch Engels Goethe selber aufoktroyieren ließ. Engels freilich kam nicht von der idealistischen Philosophie her, sondern von der Sozialpolitik, auf deren Boden er, der erheblich weniger literarisches Gepäck trug, sich denn auch geschmeidiger zu bewegen wußte als sein großer Freund.

So ist die marxistische Stellung zu Goethe weit davon entfernt, einheitlich oder auch nur konsequent zu sein. Sie trägt vielmehr Züge von Karl Marx' eigener Auffassung von Goethe, wurde dann durch die gelegentlichen Äußerungen von Engels und anderen Frühmarxisten wie Lassalle und Mehring bereichert und schließlich im kanonischen, im Laufe seiner Entwicklung allerhand Schwankungen unterworfenen, mit diesen Entwürfen aber nur lose verbundenen Goethe-Bild des siegreichen russischen und ostdeutschen Kommunismus kodifiziert. Es wird später auf diese Ansichten zurückzukommen sein. Hier sei nur noch erwähnt, daß eine solche Auffassung als Gesamterklärung des Phänomens Goethe natürlich unhaltbar ist, daß ihre Vertreter aber dennoch wichtige Züge ins deutsche Goethe-Bild einzuzeichnen hatten, gerade weil sie, im Vergleich zu vielen konservativen Literarhistorikern, den Dichter nicht als autonome Erscheinung, sondern in seiner Stellung zu einer sozialen Umwelt untersuchten, die sein Leben und Schaffen – wenn auch keineswegs immer im marxistischen Sinne – unzweifelhaft tief beeinflußt hat. Auch das Postulat eines tragischen Untergrunds zu Goethes Leben, das zu einer Zeit aufgestellt wurde, als die Mehrzahl seiner Biographen in ihm noch den glücklichsten aller Sterblichen sah, muß ihnen als Verdienst angerechnet werden, wie schließlich auch der Schwung und Humor, mit dem sie die trägen Gewässer der damaligen Goethe-Interpretation aufwirbelten. »Nicht das Gebelfer Menzels«, schließt Engels seine Kritik des Grünschen Buches, »nicht die beschränkte Polemik Börnes war die Rache der Geschichte dafür, daß Goethe sie jedesmal verleugnete, wenn sie ihm Auge in Auge gegenübertrat. Nein,

›so wie Titania in Feen- und Zauberland
Klaus Zetteln in den Armen fand,‹

so hat Goethe eines Morgens den Herrn Grün in seinen Armen gefunden. Die Apologie des Herrn Grün, der warme Dank, den er Goethen für jedes philiströse Wort stammelt, das ist die bitterste Rache, die die beleidigte Geschichte über den größten deutschen Dichter verhängen konnte.«

Um den Sarkasmus dieser Aussagen zu bewerten, müssen wir in Engels' Fußstapfen folgen und einen Blick in die Goethe-Biographien werfen, die im Zeitraum von 1832 bis etwa 1900 entstanden. Da dies zugleich die Ära ist, die – nicht nur von linken Historikern – manchmal als Höhepunkt der »bürgerlichen« Literaturperiode bezeichnet wird, gestatten wir uns eine kurze Standortbestimmung in Form einer Frage: Von welcher anderen als einer bürgerlichen Literatur sollte in Deutschland von 1750 bis 1950 wohl die Rede sein? Von der geistlichen? Oder der höfisch-feudalen, die seit dem hohen Mittelalter, allerspätestens seit 1789 verstummt ist? Von Science-fiction etwa? Oder von der Arbeiterliteratur, die in China oder Kuba blühen mag, im deutschen Sprachraum aber (sofern nicht ohnehin von Bürgerlichen und Adligen wie Brecht, Seghers, Renn, Wolf oder Becher verfaßt) auch heute noch in den Anfängen steckt?

Durch den summarischen Vorspann »bürgerlich« erhält die deutsche Literatur eine soziologische Komponente, die ihrer Thematik oft fremd ist und sich auf ihre Verbreitung und Beliebtheit – auch die von Goethe als ihres wichtigsten Repräsentanten – schädlich auswirkt. Denn man mache sich nichts vor: Der Stellenwert von »bürgerlich« ist, wenn nicht gerade auf die Küche bezogen, heutzutage überwiegend negativ. Wir gebrauchen das Adjektiv im folgenden also nur sparsam und setzen im übrigen als selbstverständlich voraus, daß die deutsche Literatur (und Literaturforschung inklusive Biographik) seit Goethe im großen und ganzen Sache eines gebildeten Bürgertums war, dem wegen seiner literarischen Interessen hier weder ein Kranz geflochten noch ein Strick gedreht werden soll.

3

DICHTUNG UND WAHRHEIT DER ERSTEN BIOGRAPHEN

»Alle besseren Herren in seiner Nähe bat er in ›Gespräche mit Goethe‹ verwickelt und die entfernteren hat er zu zwei- bis dreibändigen Briefwechseln benützt; und wie er schon ganz alt war und nicht mehr hat schreiben können, hat er sich den Eckermann geholt und hat ihm Löcher in den Bauch geredet, nur damit auch aus dieser Zeit etwas über ihn zu lernen ist!«

EGON FRIEDELL und ALFRED POLGAR, Goethe

Nur wenige Dichter und Schriftsteller sind sich der eigenen geschichtlichen Stellung so bewußt gewesen wie Goethe. Insofern als er mehrere autobiographische Werke sowie Tagebücher, Briefe und andere Lebensdokumente hinterließ, war Goethe selbst der Begründer eines kleinen, aber nicht unwichtigen Genres im deutschen Schrifttum: der Goethe-Biographie. Als er *Dichtung und Wahrheit* schrieb, den Briefwechsel mit Schiller veröffentlichte und seine ersten Biographen unterstützte, handelte Goethe aus einer Überzeugung heraus, die sich im Alter immer mehr verstärkte: nämlich daß er nun selber historisch geworden und letzten Endes nur noch *sub specie aeternitatis* zu betrachten sei. »Darf ach mich [so] ausdrücken«, heißt es in einem späten Brief an Wilhelm v. Humboldt, »so gesteh ich gern, daß in meinen hohen Jahren mir alles mehr und mehr historisch wird: Ob etwas in der vergangenen Zeit, in fernen Reichen oder mir ganz nah räumlich im Augenblicke vorgeht, ist ganz eins, ja ich erscheine mir selbst immer mehr und mehr geschichtlich; und da mir meine gute Tochter abends den Plutarch vorliest, so komm ich mir oft lächerlich vor, wenn ich meine Biographie in dieser Art und Sinn erzählen sollte.«

Trotz der Hilfe, die Goethe seinen Biographen angedeihen ließ, sollten viele Jahre vergehen, bevor eine gute Beschreibung seines Lebenslaufes, geschweige denn seines Werkes, erscheinen konnte. Die außerordentliche Vielseitigkeit und Reichweite seiner Interessen (die sich fast immer von Neugierde zu Anteilnahme, oft auch tätigem Mittun verdichteten), die Unzugänglichkeit vieler in Archiven verborgener Schriftstücke, schließlich auch das Abschwenken der jüngeren Generation von Literatur zu Politik – alles wirkte zusammen, um den ersten Biographen den Weg zu erschweren. Weder die Bücher von Schubarth, Zauper, Eckermann, Varnhagen v. Ense und Nicolovius, die sämtlich noch zu Goethes Lebzeiten erschienen, noch die später veröffentlichten Werke von Falk und Riemer vermochten dem Publikum einen rechten Einblick in das Leben und Werk des Dichters zu geben. Sie waren sämtlich von »guten Leuten und schlechten Musikanten« geschrieben, »bei denen das Wollen dem Können keineswegs entspricht« (Harry Maync). Tatsächlich hat der den meisten dieser Bücher eigene Ton von kniefälliger Anbetung oft gerade die besten unter den Lesern abgestoßen. Man kann den Jungdeutschen ihren Überdruß an Goethe nachfühlen, wenn man in Nicolovius' *Über Goethe; literarische und artistische Nachrichten* liest, daß der (zu allem Überfluß mit dem Dichter verwandte) Verfasser nur günstige Rezensionen aufgenommen hat, weil sein Großonkel über der Kritik stehe, oder wenn man in Eckermanns *Beyträgen zur Poesie mit besonderer Hinweisung auf Goethe* erfährt, daß dieser, hätte er anstatt des Herrn die Welt zu erschaffen gehabt, die Vögel genauso gefiedert und die Bäume ebenso grün gemacht hätte ..., was Heine zu der Bemerkung hinriß, daß Goethe den lieben Gott am Ende gar übertroffen und auch »den Herrn Eckermann viel richtiger, ebenfalls mit Federn und grün« erschaffen hätte!

Johann Peter Eckermann machte die Übertreibungen seines Frühwerks freilich durch ein anderes, nicht weniger lobpreisendes, aber ungleich wertvolleres Buch wieder gut. Seine *Gespräche mit Goethe in den letzten Jahren seines Lebens* (1836, mit späteren Zusätzen) können ebensowenig den Rang einer Biographie beanspruchen wie Bettina v. Arnims *Goethes Briefwechsel mit einem Kinde* oder die Auszüge, die Karl Friedrich Zelter aus seinem Briefwechsel und Friedrich v. Müller aus seinen Unterhaltungen mit dem Dichter veröffentlichte. Trotzdem haben sich alle späteren Biographen von den Vorräten nähren können, die diese Sammler aufgespeichert haben. Der besondere Wert und Reiz der Eckermannschen Sammlung liegt darin, daß sie mit Goethes Zustimmung veröffentlicht wurde und somit eine zuverlässige Niederlegung derjenigen Ideen und Meinungen Goethes enthält, die dieser der Nachwelt überliefert zu sehen wünschte. Zwar hat Eckermanns Heldenverehrung, sein Dem-Großen-Manne-an-den-Lippen-Hängen, auch auf weniger witzige Köpfe denn Heine als rotes Tuch gewirkt (so auf Hebbel, der Eckermann einmal mit Adam vergleicht, leblos, wenn der Gott, als dessen Ebenbild er erschaffen, ihm nicht gerade Atem einbläst). Auch lassen sich einige Geschmacklosigkeiten nicht übersehen, wie die an Nekrophilie grenzende Untersuchung der sterblichen Reste des Dichters, die seltsamerweise oft als Höhepunkt des Buches angesehen wird. Tatsache ist, daß Goethes letzte Jahre uns ohne dieses Werk ebenso rätselhaft geblieben wären, wie sie den Zeitgenossen erschienen. Indem er den Dichter beim Absolvieren seines Tageslaufes und des selbstauferlegten schöpferischen »Pensums« zeigt, läßt uns Eckermann hinter der geheimrätlichen Maske den schaffenden und leidenden Menschen erblicken. Seine völlige Selbstverleugnung und sein »apostolisch schlichter« Lebenswandel (Ernst Beutler) im Dienste eines wahrhaft Großen, die unheimliche Fähigkeit, sich in Goethes Denk- und Ausdrucksweisen hineinzuversetzen, und seine scharfe Beobachtungsgabe haben Eckermann selber ein bescheidenes, aber gesichertes Maß an Unsterblichkeit eingetragen. Im Verlaufe von über hundert Jahren, in denen eine Unmenge Material über Goethe zutage getreten ist, hat sein Buch allen Angriffen standgehalten. Es darf heute noch als eine etwas stilisierte, im großen und ganzen aber zuverlässige Wiedergabe von Goethes Gedanken und Unterhaltungen angesehen werden.

Von dem Buch der zügellos-phantasievollen Bettina von Arnim ließe sich dies freilich nicht behaupten. Immerhin mag die ansteckende Begeisterung, die einem auf jeder Seite von *Goethes Briefwechsel mit einem Kinde* (1835) entgegenleuchtet, ein wertvolles Gegengewicht zur damals grassierenden Goethe-Feindschaft gebildet haben. Der Dichter selber war der jungen Verfasserin gegen sein Lebensende bekanntlich recht kühl entgegengetreten, ja er hatte ihre »Zudringlichkeit« mehr als einmal abweisen müssen.[1] Dennoch trägt ihr Buch in einer Hinsicht eine höhere Weihe als das quasi-offizielle Nihil obstat des Eckermannschen Werkes. Bettina legt eine frühere und tiefere Schicht des Goetheschen Lebens bloß, ja der Dichter hatte selbst von ihr Auskünfte erbeten, als er daranging, seine Jugend in *Dichtung und Wahr-*

heit zu beschreiben. So bleibt *Goethes Briefwechsel mit einem Kinde* trotz allem ein wertvolles Buch, das wichtigste literarische Denkmal jener Berliner Gesellschaftszierden –, Bettina, Henriette Herz, Rahel Varnhagen, in jüngeren Jahren auch Caroline und Dorothea Schlegel –, in deren Salons die Romantiker zweier Generationen mit Goethes Werk vertraut wurden.

Erst acht Jahre nach Bettinas Herzensergießungen sollte das erste wirklich schöpferische Buch über den Dichter erscheinen: *Goethe, zu dessen näherem Verständnis* von Carl Gustav Carus. Der Verfasser, ein Arzt, war Dilettant im besten Sinn des Wortes, musikalisch, ein begabter Schriftsteller und Maler, auch beruflich tüchtig genug, um zum Leibphysikus des Königs von Sachsen aufzusteigen. Er hatte mit Goethe eine »organische« Ansicht von der Natur gemein, denn auch er trachtete, aus der unendlichen Vielfältigkeit der Phänomene gewisse, allem Leben zugrunde liegende Gesetze abzuleiten. Er gehörte somit zu den letzten Vertretern der klassisch-romantischen Epoche der deutschen Naturwissenschaft. Zugleich muß er als Vorläufer der heutigen Psychologie gelten – seine 1926 von Ludwig Klages wieder herausgegebene *Psyche* ist mittlerweile zu einem der klassischen Texte der modernen Gestaltpsychologie geworden –, weil ihm die menschliche Seele kein zu messender und in seine Bestandteile zu zerlegender Gegenstand war, sondern ein organisches, eigenen Gesetzen unterworfenes Ganzes. Wie Goethe und Schelling, aber auch wie die dem wissenschaftlichen Versuch geneigteren Forscher Alexander v. Humboldt und Johannes v. Müller verlor Carus diese Ganzheit selbst in der wissenschaftlichen Kleinarbeit nie aus den Augen. Wie für Goethe war die Natur auch für ihn letzten Endes eine nicht von materiellen, sondern göttlichen oder zumindest geistigen Kräften bewegte Welt. Als Carus seine Arbeiten über Goethe schrieb[2], hatte diese Art von Naturforschung bereits den Höhepunkt ihres Einflusses überschritten. Ihre Neigung zur Spekulation, die nach A. v. Humboldt dazu führte, daß diese Männer gerne Chemie studierten, ohne sich die Hände naß zu machen, wurde bald vom Pragmatismus des späteren 19. Jahrhunderts abgelöst.

Carus schilderte Goethe so, »wie ich als Naturforscher gewohnt bin, irgendein bedeutendes organisches Wesen – eine Pflanze, eine Palme, einen Adler, einen Löwen – zu betrachten und schildernd darzustellen; das heißt, ich habe zu zeigen versucht, was er geworden und wie er gerade das werden konnte«, anstatt eine Erklärung dafür zu suchen, daß Goethe kein Mathematiker, Zeichner oder Jurist wurde oder daß er »kirchlichen Ansichten nicht im Sinne der Theologen zugetan war«. Indem er den Dichter also als einmalige geistige Gestalt betrachtet, hebt Carus gewisse Goethesche Attribute hervor, die auf den ersten Blick wenig mit dichterischer Größe zu tun haben. So widmet er zum Beispiel den damals so vernachlässigten naturwissenschaftlichen Werken ein recht aufschlußreiches Kapitel und definiert anderswo Goethes körperliche Unverwüstlichkeit nicht als zufällige Gabe der Vorsehung, sondern als wichtigen Bestandteil einer Existenz, die er als »wohlgeboren« bezeichnet. Goethe war nicht nur im gesellschaftlichen Sinne des Wortes wohlgeboren zu nennen, sondern vor allem deshalb, weil ihm ein seltenes Gleichgewicht zwischen körperlichen und geistigen Fähigkeiten zu eigen war. Aus diesem Grunde kann er als Abbild des gesunden Menschen schlechthin gelten: nicht, weil ihm physische und psychische Krisen fremd gewesen wären, sondern weil er nach durchlittener Krankheit jedesmal einer fast völligen Regeneration fähig war. Im Kapitel über »Die Individualität Goethes« zieht Carus einen Vergleich zwischen diesem Gesunden und anderen Schriftstellern, etwa Swift und Byron, deren körperliche Unzulänglichkeiten die in ihren Werken ausgedrückte Lebensanschauung bedingten. Goethe hingegen übte nicht nur physische, sondern erst recht seelische Hygiene, und verfügte im übrigen auch über genug praktische Tüchtigkeit, um sich im Alter die lästig gewordene Umwelt mittels »Zugbrücken« und »Fortifikationen« vom Leib zu halten.[3]

In der Abneigung des Dichters gegen persönliche Streitigkeiten, in seiner Selbstbewahrung den Frauen gegenüber, in seiner Weigerung, Weimar zu verlassen, wo er doch zum Beispiel in Rom oder Wien eine äußerlich viel glänzendere Rolle hätte spielen können, und in anderen Zügen dieser Art erblickt Carus Äußerungen der Goetheschen Lebenskunst: der Fähigkeit, die eigene Individualität durch Verwirklichung der ihr durch Geburt und Erbe innewohnenden, aber auch durch die Lebensumstände gegebenen Möglichkeiten zu steigern. In diesem Zusammenhang bemerkte er als erster, daß Goethe nicht nur im gewöhnlichen Sinne des Wortes »Glück hatte«, insofern, als ihm Armut, Krankheit und Obskurität erspart blieben, sondern erst recht, weil er immer dann Freund-Feinde fand, wenn er ihrer zum eigenen Wachstum bedurfte – Behrisch, Merck, Herder, auch Karl August und Schiller, Männer ungleicher Verfassung und Begabung, die ihn anspornten, gerade weil sie ihn mochten und doch zuweilen bekämpften.

In den seit 1843 verflossenen Jahren sollte sich unser Wissen über Goethe ungeheuer vermehren, ohne daß diese Beobachtungen an Gültigkeit eingebüßt hätten. Beim ersten Erscheinen dieses Buches wurde kaum davon Notiz genommen; es hat sich nur ganz langsam einen Weg gebahnt, bis es, vielleicht als Reaktion auf das Gift des Spezialistentums, im Jahre 1948 in drei verschiedenen Ausgaben plötzlich wieder ans Tageslicht trat.[4]

Weniger überzeugend wirkt Carus' Vorliebe für Phrenologie als Schlüssel zur Menschenkenntnis und seine Behauptung, daß die Liebe zu Goethe einen Maßstab für die Bewertung eines Menschen überhaupt darstelle. Goethes Schädeldimensionen haben es ihm angetan, ja er sieht in Schillers eher breiter als hoher Stirn das Kennzeichen eines der spekulativen Philosophie geneigten Mannes, während hoch-, aber »eng«stirnige Männer wie Goethe und Napoleon dem rein Gedanklichen eben deshalb abgeneigt waren ... Anderswo wiederum heißt es, daß »die Gesinnung und die Art eines Menschen unserer Zeit und unseres Landes« an nichts leichter zu erkennen sei als daran, »wie er von Goethe, von seinen Werken und seinem Leben zu denken und zu empfinden pflegt«. Es ist dies ein Ausdruck dünkelhaften Unsinns, der auch von anderen bald übernommen und von Berthold Auerbach schließlich im Eigenschaftswort »goethereif« dogmatisch verwertet wurde zur Kennzeichnung von Menschen, denen eine Offenbarung zuteil geworden, wie sie sonst nur von der Heiligen Schrift auszugehen pflegt. Auch manche völkerpsychologische Verallgemeinerung macht den heutigen Leser stutzig, etwa die Behauptung, daß Goethe vorzugsweise »typisch deutsche« Tugenden besessen habe, als da sind »Streben nach Universalität und Tiefe ... eine besondere Tenazität und ein gewisser Kosmopolitismus der Tat«. Dies sind wohl weniger deutsche oder Goethesche als vielmehr Eigenschaften, die von den Großen anderer Völker – man denke an Leonardo da Vinci oder Shakespeare oder Jefferson – womöglich noch überzeugender verkörpert werden als von Goethe.

Mit seinen großen Vorzügen und kleinen Schwächen ist Carus' Werk letzten Endes doch eher eine Sammlung von Gedanken über Goethe als eine eigentliche Biographie. Dies trifft auch auf eine andere Schrift jener Jahre zu, auf Karl Rosenkranz' *Göthe und seine Werke* (1847). Immerhin versucht auch Rosenkranz der Ganzheit Goethes gerecht zu werden, anstatt sich mit biographischen oder exegetischen Splittern zu begnügen. Auch bleibt er selber bescheiden im Hintergrunde und behandelt sein Goethe-Erlebnis (zu dem damals noch die in diesem Falle allerdings versäumte Gelegenheit einer persönlichen Begegnung mit dem Dichter gehörte) nicht nur als Episode im eigenen Entwicklungsgang. Aber in Anbetracht der im Vormärz so verbreiteten Goethe-Feindschaft wurde das Werk notgedrungen mehr eine Verteidigung des Dichters als eine Einführung in sein Werk. Manchmal bringt es die streitbare Haltung des Verfassers sogar mit sich, daß dieser Goethe ganz aus den Augen verliert und statt dessen mit dessen politisch orientierten Gegnern, besonders Gervinus, »abrechnet«; so schon in der Vorrede, wo Preußens Verhältnis zu den anderen deutschen Staaten so hitzig diskutiert wird, daß sich Rosenkranz schließlich selbst einen Ruck geben muß: »Doch ich breche hier gewaltsam ab und schließe [mit einem Goethe-Wort].«

In einem knapp vor 1848 fertiggestellten Buch dürfen uns Einseitigkeiten dieser Art nicht überraschen. Schwerwiegend sind jedoch die Beschränkungen, die sich aus dem philosophischen Rigorismus des Verfassers herleiten. Rosenkranz war einer der begabtesten Junghegelianer und schrieb sogar eine Biographie des Meisters. Dies erklärt vielleicht seine Überzeugung, daß die Philosophie das zum Verständnis der Dichtkunst geeignetste Organ sei, sowie das Bestreben, den lebensgeschichtlichen und ästhetischen Rohstoff in gedankliche Kategorien einzustufen. So wird Goethes Produktion in ein von den Stangen »Genialer Naturalismus«, »Classischer Idealismus« und »Eklektischer Universalismus« mühsam zusammengehaltenes Korsett gezwängt, und diese wenig ansprechenden Begriffsgerüste zerfallen ihrerseits wieder in kaum weniger abstrakte Unterabteilungen. So stark ist Rosenkranz' Vorliebe für säuberliche Gedankenscheidung und schön ausgewogene Symmetrie, daß *Faust* nur deshalb nicht gründlicher besprochen wird, weil die Tragödie »für uns keinen Umfang einnehmen [darf], der nicht mit dem Maaß, das wir den übrigen Dichtungen eingeräumt haben, im Verhältnis stünde«. Eine andere, in späteren Ausgaben ausgemerzte Eigenartigkeit dieses Werkes geht auf dessen Ursprung zurück. Es wurde aus Vorlesungen an der Universität Königsberg zusammengestellt, was sich in einer gewissen Sprunghaftigkeit zeigt und in Ausrufen wie »Und nun, meine Herren«, was bei der Untersuchung der *Römischen Elegien* sogar mit dem ungalanten, heute würde man sagen: chauvinistischen Zusatz »da ich in der Lage bin, über Göthe nicht vor einem Damenpublikum zu sprechen« im Text wiedergegeben wird.

Trotz seiner überaus dialektischen Anordnung steht Rosenkranz' Werk hoch über *Goethes Leben* (1847/48) von Heinrich Viehoff, das kaum über eine allerdings vierbändige Aufzählung von Ereignissen und Daten hinausgeht. Es war Viehoff nicht gewährt, die große Goethe-Biographie des mittleren 19. Jahrhunderts zu schreiben; er sollte sie nur verkünden. Im Vorwort zum zweiten Band gibt er seiner Enttäuschung Ausdruck, daß die hundertjährige Wiederkehr von Goethes Geburtstag – »der hoffentlich als ein Nationalfest begangen wird« – nicht durch eine Goethe-Biographie von seiten eines oder des anderen führenden deutschen Schriftstellers begrüßt werden sollte. Gerade die Absicht, diese Lücke auszufüllen, bewog Viehoff (der Rosenkranz dieser Ehre vielleicht nicht würdig erachtete), sein Werk nun in die Öffentlichkeit hinausgehen zu lassen, um so mehr, als er erfahren hatte, daß ein Engländer sich rüste, »uns den Ruhm des Erstlingsversuches zu entreißen«. Viehoff irrte sich in der Erwartung, daß der Goethe-Tag von 1849 feierlich begangen werden würde. Seine Prophezeiung jedoch, daß ein Engländer die erste vollgültige Goethe-Biographie schreiben werde, hat sich bewahrheitet.

Mehrere Generationen deutscher sowohl als englischer und amerikanischer Leser verdanken George Henry Lewes' *The Life and Works of Goethe* ihre erste Bekanntschaft mit dem Dichter. Im Urteil einiger namhafter Fachleute gibt es noch heute keine bessere Einführung zu Goethe als dieses 1855 erstmals veröffentlichte Werk. Die erste große amerikanische Biographie, G. H. Calverts *The Life and Works of Goethe* (1875) fußte, wie auch die französischen Goethe-Biographien von Hédouin und Mézières, nicht nur dem Titel nach auf Lewes' Werk, das 1900 bereits seine achtzehnte englische Auflage erreicht hatte und auch ins Italienische und Polnische übertragen wurde sowie mehrere Male ins Deutsche. Jahrzehnte hindurch waren es nicht deutsche Literaturhistoriker, sondern der Engländer Lewes, der Goethes Ruhm in der Welt verbreitete; ein Umstand, der zweifellos auch viele Deutsche bewog, sich mit diesem im Ausland inzwischen so berühmt gewordenen Dichter zu beschäftigen. Noch im 20. Jahrhundert trug die Lektüre dieses Werkes dazu bei, das Goethe-Erlebnis eines Gelehrten wie Josef Hofmiller und eines Dichters vom Range Rainer Maria Rilkes auszulösen.

Lewes' Goethe-Biographie konnte ihren Erfolg nicht verfehlen. Der Verfasser war selbst nicht nur bekannt, sondern dank seiner Gewissensehe mit der Schriftstellerin George Eliot sogar leicht anrüchig. Überdies versah er sein Werk mit einer Widmung an Englands größten Goethe-Verehrer, Thomas Carlyle, und brachte es zu einer Zeit heraus, als die deutsche Goethe-Forschung, wie sich gleich zeigen wird, in eine Sackgasse geraten war. Zu diesen günstigen äußeren Umständen kamen die Vorzüge des Buches selber. Es ist ein gelehrtes, aber nicht »schweres« Werk, gut geschrieben, ohne daß das

Streben zum kraftvollen Ausdruck je zu Effekthascherei ausartet. Lewes besaß eine ungewöhnliche Gabe für das Aperçu, und an Stellen, wo sich diese Gabe mit zwingenden psychologischen und stilistischen Einsichten paart, gelingen ihm Feststellungen von großer Prägnanz: »Die Erfahrung ist die größte Lehrmeisterin, obschon nach Jean Paul das Schulgeld recht teuer ist; aber Goethe zahlte es immer gerne, solange er nur den Unterricht erhielt«, oder »Die meisten Dichter beschreiben Gegenstände mit Hilfe von bildlichen Ausdrücken oder Vergleichen. Goethe jedoch zeigt uns selten, *wie* etwas ist; er zeigt, *was* es ist. In dieser Beziehung sind sich Shakespeare und Goethe sehr unähnlich.«

Obwohl er von Goethes Einzigartigkeit überzeugt ist, bringt Lewes ihn doch dem Leser näher, indem er auf manche menschliche Schwäche des Dichters liebevoll eingeht. So erwähnt er etwa mit resigniert-weltmännischem Achselzucken Goethes Widerstreben gegen das Zurückerstatten gewisser geborgter Gegenstände. (Knebels Dürer-Stiche, Büttners optische Instrumente und eine dem Chemiker Döbereiner vom Zaren verehrte Platinstange kamen sämtlich leihweise in Goethes Haus, aus dem sie die rechtmäßigen Besitzer nur mit Mühe und Not wiedererlangen konnten.) Auch die Tatsache, daß Goethe ein durchschnittlicher Zeichner und Maler und kein großer Kenner von Fremdsprachen war, wird hier nicht verschleiert; in einer charakteristischen Beobachtung stellt Lewes fest, daß der Dichter zu denen gehörte, »die viele Sprachen lernen, ohne je die Grammatik einer einzigen wirklich zu beherrschen«. Lewes scheut sich auch nicht, gewisse Ereignisse in Goethes Leben durch Hinweise auf ähnliche Vorkommnisse in seinem eigenen Erfahrungskreis zu erläutern. Für uns, in deren Ohren noch der schellenlaute deutsche Goethe-Götzendienst späterer Zeitläufte widerhallt, klingt in solchen Hinweisen etwas von *lèse majesté* mit, weil sie die Annahme voraussetzen, daß der »greise Dichterfürst« und »edle Geistesheros« auch aus – Fleisch und Blut geschaffen war. So bezweifelt Lewes zum Beispiel, daß Goethe die während des Siebenjährigen Krieges von den Franzosen in Frankfurt aufgeführten Theaterstücke wirklich verstanden habe, und erwähnt als Beweis eine ähnliche Episode aus seiner eigenen Jugendzeit. Solche Vergleiche, besonders wenn sie wie hier nur in der Form von Anmerkungen gebracht werden, sind oft recht einleuchtend; es kommt einem plötzlich zum Bewußtsein, daß Goethe, der durchaus nicht vollerwachsen dem Haupte des Zeus entsprungen, ganze neun Jahre alt war, als die Franzosen im Januar 1759 in seine Heimatstadt einzogen. Durch Bemerkungen solcher Art baut dieser Biograph wo irgend möglich Brücken des Verständnisses und Mitgefühls zwischen Dichter und Leser. Letzten Endes sind dies Fragen des Geschmacks und der Mode, und es läßt sich nicht bestreiten, daß Lewes, ein viktorianischer Biedermann vom Scheitel bis zur Sohle, die Tiefen der Goetheschen Persönlichkeit und Gedankenwelt mit Hilfe solcher Analogien nicht zu ergründen vermag. Trotzdem bleibt seine Leistung bestehen: Das Werk ist vom Ton des »Und nun, lieber Leser« genauso entfernt wie von jener Art der Literaturbetrachtung, die ihren Lebenszweck in der roboterhaften Entpersönlichung der zu berichtenden Tatsachen sieht.

Für Lewes ist ein Mann wie Menzel »vollständig unfähig, einen Dichter zu verstehen. Man könnte ebenso gut den erstbesten Bauern aus Kent um seine Meinung vom Parthenon befragen.« Obwohl ihm blinde Kritik genauso fernliegt wie blinde Verehrung, führt ihn gerade das Bestreben, vor allem eine ausgeglichene Beurteilung Goethes zu liefern, bisweilen zu unhaltbaren Aussagen. Goethes Verhältnis zu Christiane war gewiß nicht nur die Mésalliance, als die es oft betrachtet wird, und noch weniger war es die »Gewissensehe mit einer Arbeiterin«, die Mehring später darin entdecken zu müssen glaubte. Aber Lewes irrt nicht minder, wenn er diese Beziehung in den Farben einer tiefen Geistesverwandtschaft schildert. Und was auch an den vielfältigen Beweggründen zutreffen mag, aus denen man Goethes plötzliche Abreise nach Italien 1786 hat erklären wollen, sie wogen sämtlich schwerer als die »Unberechenbarkeit des Genies«, die Lewes darin erblickt.

Unheilvoller als diese Verzerrungen, ja selbst als Lewes' Weigerung, Marianne von Willemer auch nur den geringsten Anteil am *West-östlichen Divan* einzuräumen, haben sich seine Bemühungen ausgewirkt, daß Mißverhältnis zwischen dem jungen und dem alten Dichter auszugleichen. Lewes' Vorliebe gilt dem ersteren: »In bezug auf seinen Nachruhm ist es Goethes Unglück, daß er uns meist als besonnener alter Mann gewärtig ist und nur selten als der herrliche Jüngling.« Dadurch aber, daß er sein Buch gegen das Ende zu verkürzt und den alten Goethe vernachlässigt, versäumt er, der Tatsache Rechnung zu tragen, daß die Überbetonung des greisen Dichters damals unvermeidlich und durch willkürliche Ineinanderschiebung der Spätwerke nicht zu beheben war. Hochbetagte Männer, die lange im öffentlichen Leben gestanden haben, erwerben naturgemäß einen proteischen Ruf. Menschen der gleichen Altersstufe, die sich selber gern im Geiste verjüngen, erinnern sich ihrer als Jünglinge; jeder nachfolgenden Generation erscheinen sie älter – in den Augen des Primaners ist der Vierzigjährige bekanntlich ein

Greis –, bis dann die Geschichte, manchmal Jahrzehnte nach ihrem Tod, ihren eigenen Urteilsspruch fällt. Bis zu seinem Tode 1965 war zum Beispiel Winston Churchill ein solcher Mann. Sein öffentliches Leben hat drei Generationen umspannt. Die Männer, die im spanisch-amerikanischen Krieg fochten, sahen in ihm einen forschen Journalisten; ihren Söhnen war er das zur Sühne für Gallipoli geschlachtete Opferlamm; ihren Enkeln, die im Zweiten Weltkrieg standen, erschien er als onkelhafter und dämonischer alter Herr. Ähnlich erging es auch Goethe, der Lewes' Zeitgenossen zwangsläufig uralt vorkommen mußte. Eckermann, Falk, Bettina, Riemer, auch Lewes' Freunde und Landsleute Thackeray und Carlyle sowie alle anderen, die nach 1832 ihre Erinnerungen an Goethe zu Papier brachten, konnten nicht umhin, den ehrwürdigen Geheimen Rat zu beschreiben, der in ihrer Jugend noch am Leben war. Zum Bild des Zeitgenossen ihrer Väter, der mit Napoleon gesprochen, konnten sie wenig hinzufügen; noch weniger zu dem des Zeitgenossen ihrer Großväter, der in Straßburg einst die junge Marie Antoinette dem Dauphin von Frankreich hatte entgegenreisen sehen.

Im Jahre 1855 war dieser Goethe so in die Vergangenheit entrückt, daß er ausdrücklich wiederentdeckt werden mußte. Lewes konnte ihn für seine Generation wiederentdecken, weil inzwischen achtzig Jahre vergangen waren und es sich ergeben hatte, daß *Götz* und *Werther* und andere Jugendwerke sie überdauert hatten; diese Werke konnten nun abgestaubt und auf das Regal der zeitgefeiten Weltliteratur gestellt werden. Die ohnehin weit schwierigere Produktion des alten Dichters hingegen war für eine endgültige Einstufung doch viel zu neu. Jahrzehnte mußten noch vergehen, ehe man zum Beispiel *Faust* und *Wilhelm Meister* wirklich verstand und das Bild des harmonischen Greises durch das eines Menschen ersetzen konnte, der noch als Achtzigjähriger zu kämpfen hatte. Auch aus diesem Grunde war es Lewes unmöglich, dem späten Goethe gerecht zu werden. Diese Schwäche einer sonst tüchtigen Biographie tritt im Kapitel über *Faust* schroff zutage. In seiner Ungewißheit, was mit diesem Drama eigentlich anzufangen sei (als Lewes' Werk herauskam, war der vollständige zweite Teil erst seit zweiundzwanzig Jahren bekannt), verläßt der Verfasser seinen bisherigen Standpunkt, von dem aus er Goethe als selbständige Einheit betrachtet hatte, und versucht sich in der Nacht dadurch zu orientieren, daß er zu vertrauten Sternbildern aufschaut und *Faust* erst mit *Hamlet*, dann mit Calderóns *Wundertätigem Magus* vergleicht.

In den Jahren, die auf die Veröffentlichung dieses Buches folgten, machte die Goethe-Biographie keine Fortschritte. Die Männer, die sich um 1860 und 1870 mit neuerer deutscher Literatur befaßten – Georg Gottfried Gervinus, Friedrich Theodor Vischer, August Koberstein, Otto Ludwig, Karl Goedeke, Hermann Hettner, Julian Schmidt –, betrachteten auch die Klassiker meist vom Gesichtspunkt eines national ausgerichteten und bühnengerechten Dramas. In diesem Genre waren Shakespeare und Schiller Goethe freilich weit voraus. Zwar war der Schiller, zu dem diese Männer emporblickten, nicht der wirkliche Schiller, sondern ein idealisierter Dichter-Philosoph, der sein Volk dem Lichte, der Freiheit und der Einigkeit entgegenführte. Aber obschon kaum besser verstanden, war er doch erheblich beliebter als Goethe, dessen Leben Goedeke damals in einer recht farblosen Biographie erzählte und dessen *Faust* sogar Vischer, trotz seiner sonst so verständnisvollen Goethe-Aufsätze und -vorträge, in einen bewundernswerten ersten und einen gänzlich undurchdringlichen zweiten Teil schied, ja in einem dritten, »treu im Geiste des zweiten ... von Deutobold Symbolizetti Allegoriowitsch Mystifizinsky« hinzugedichteten Teil parodierte. Diese literarischen Geschmacksrichtungen fanden in den großen Schiller-Feiern des Jahres 1859 und in der 1864 erfolgten Gründung der Deutschen Shakespeare-Gesellschaft einen konkreten Ausdruck, nachdem verschiedene Versuche, auch eine Goethe-Gesellschaft ins Leben zu rufen, trotz der Unterstützung von Männern wie Varnhagen von Ense, Liszt und Wagner fehlgeschlagen waren. Es schien damals, als sei Goethe dazu verdammt, als Lieblingsdichter eines kleinen Kreises ausgewählter Geister weiterzuleben; den Deutschen im allgemeinen war er nur noch ein Kapitel vergangener Literaturgeschichte. Damals bürgerte sich der distanzierende Ausdruck »Goethe-Gemeinde« ein zur Bezeichnung der wenigen, die sich noch zu dem Dichter bekannten. Im Jahre 1856 sprach Hermann Markgraff von dem Mut, den man brauche, um seine Zugehörigkeit zu dieser Gruppe öffentlich einzugestehen, und selbst ein so rückhaltloser Goethe-Verehrer wie Gustav v. Loeper erwartete sich nichts Gutes von einer zu gründenden Goethe-Gesellschaft, denn »die Goethe-Kirche besteht wie die christliche in der Gemeinschaft der Gläubigen, mögen sie stecken, wo sie wollen«[5].

Als diese pessimistischen Erwägungen angestellt wurden und Goethe drauf und dran war, zum literarischen Geheimtip zu werden, bereitete sich schon seine Wiederentdeckung vor. Unter den Faktoren, die diese förderten, ist eine Biographie zu erwähnen, die seit ihrer Veröffentlichung im Jahre 1876 nicht aufgehört hat, Fachgelehrte zu beschäftigen und Leser in ihren Bann zu zwingen: Herman Grimms *Goethe*.

Unter den vielen in- und ausländischen Gelehrten, Schriftstellern und Dichtern, die sich in Goethe-Biographien versucht haben, war wohl keiner durch Abstammung und Erziehung der Aufgabe besser gewachsen als dieser Sohn Wilhelm und Neffe Jacob Grimms, der einer ganz der Erforschung der deutschen Sprache und Literatur gewidmeten Familie entstammte. Seine Frau, Gisela, war die jüngste Tochter der Bettina Brentano. In ihrem Elternhaus wie in seinem las und diskutierte man Goethe nicht nur als Dichter, sondern als väterlichen Freund. Außerdem machte Grimm die Bekanntschaft, ja gewann die Freundschaft einer Anzahl von Menschen, die Goethe noch nahegestanden hatten oder sich sonst durch tiefe Bande der Welt von Weimar verbunden fühlten: Goethes Enkel Walther Wolfgang und Wolfgang Maximilian; Marianne von Willemer, die Grimm das Geheimnis ihrer Mitarbeit an Teilen des *West-östlichen Divans* eröffnete; Clara Schumann, die 1831 vor Goethe gespielt hatte; Alexander v. Humboldt; die in Weimar geborene und erzogene Kaiserin Augusta; der Maler Peter Cornelius, der als einer der ersten den *Faust* illustriert hatte. Bei aller Vertrautheit mit dem Goetheschen Lebenskreis stand Grimm dennoch im späten 19. Jahrhundert fest in einer Gegenwart, die ihm sowohl als Fortführung der Klassik galt als auch als Bruch mit ihr – als Fortführung, weil Goethe mit Dante und Shakespeare eine Unsterblichkeit gemein hat, die jede nachfolgende Generation zwingt, ihn zu lesen und sich mit ihm auseinanderzusetzen; als Bruch, weil das dem technischen Fortschritt geweihte Reich von 1871 zwangsläufig anderen Idealen folgte als denen, die einst Goethes Weg erhellt hatten. Für Grimm zerfiel das Jahrhundert in ein Zeitalter Goethes und ein Zeitalter Bismarcks, und nichts bezeichnet die Tragweite seines Geistes so sehr wie die Tatsache, daß er einerseits einen Teil des Bismarckschen Briefwechsels veröffentlichen, andererseits ausgiebig und glänzend über Goethe schreiben und überdies einen Roman verfassen konnte (*Unüberwindliche Mächte*, 1867), in dem er die Frage, ob Goethe auch für die neuangebrochene Epoche Bedeutung haben könne, freimütig stellte und bejahend beantwortete. Trotz eines berlinernden Untertons schrieb er ausgezeichnetes Deutsch; sein *Goethe* ist auch stilistisch eine der besten Biographien des Dichters. Grimm war auch in anderen Sprachen und Kulturen heimisch, in der italienischen Renaissance ebenso wie im puritanischen Neu-England oder im Griechenland Homers, und seine großen biographischen Werke, darunter die Goethe-Biographie, gehören heute noch zu den Glanzleistungen deutscher Gelehrsamkeit.

Wie von einem Schriftsteller von solchen Gaben nicht anders zu gewärtigen, hat Grimm den Stempel seiner eigenen Persönlichkeit auch seiner Biographie eines anderen und größeren Mannes aufgedrückt. Sein Buch enthält viele, vielleicht zu viele, weite Ausblicke auf ganze Geschichtsperioden. Frankfurt wird überaus genau beschrieben; die italienische Reise gibt gleich Anlaß zu einem Abriß der gesamten römischen Geschichte. Aber obwohl Grimm so weit ausholt, beschränkt er sich bei der Behandlung von Goethes Werdegang nur auf die wirklich bedeutsamen Menschen und Begegnungen. Daher findet sich kaum eine Erwähnung gewisser Nebenwerke (nicht ein Wort über *Pandora* und *Unterhaltungen deutscher Ausgewanderten*) oder solcher Personen, die Grimm zu Recht oder Unrecht nebensächlich erscheinen. So werden zum Beispiel die Brüder Stolberg in dem Augenblick fallengelassen, in dem ihre Bedeutung für Goethe erschöpft ist: »Wir lassen hiermit die beiden Grafen auf sich beruhen, die für die Betrachtung des Goetheschen Lebens von keiner Wichtigkeit mehr sind.« Zweifellos eine willkürliche Arbeitsweise; aber sie war wohl angebracht zu einer Zeit, da die Komma-Zähler die Literaturforschung beherrschten, und Heinrich Düntzer es in seiner Goethe-Biographie (1882) für nötig hielt zu bemerken, daß der Vater des jungen Isenburg von Bury, eines recht unwesentlichen Spielkameraden des Dichters, Friedrich Karl Bury geheißen und seine Erdentage als »Isenburg-Birnsteinscher Direktorial-, später Geheimrat und Regierungsdirektor« verbracht habe.

Auf seine Kollegen, die Literaturforscher, die sich hauptsächlich mit Goethe beschäftigten, blickt Grimm mit kaum verhehlter Verachtung herab. Den wohl folgenreichsten Fund in der gesamten Geschichte der Goethe-Philologie, Erich Schmidts Entdeckung des *Urfaust* im Jahre 1887, geruht er überhaupt nicht zur Kenntnis zu nehmen. Nur wenn sich Hinweise auf spätere Forschungsergebnisse gar nicht umgehen lassen, erwähnt er sie mit höflich-müder Gleichgültigkeit in Randbemerkungen wie »So 1874. Heute würde das natürlicherweise anders lauten.«[6] Auch der Titel seines 1899 zur 150. Wiederkehr des Geburtstags des Dichters verfaßten Aufsatzes, *Goethe in freier Luft*, drückt seine Geringschätzung der Bücherwürmer unter den Gelehrten aus. Als geistig, gesellschaftlich und finanziell unabhängiger Mann besaß Grimm überdies eine intime Kenntnis der Orte und Werke, in denen die europäische Kultur ihre schönsten Blüten getrieben hatte. »Wer hat im Frühlinge«, fragt er ganz naiv bei einem Vergleich der Homer-Lektüre mit einem Spaziergang auf blumenbedeckter Heide, »nicht auf den Wiesenflächen der römischen Villen die Anemonen gepflückt, die in unendlicher Fülle da aufsprießen?« Selbst in jenen Glanzzeiten der Bildungsreise mag solch hochherrschaftliche Désinvolture bei einigen Lesern ein Lächeln hervorgerufen haben und Verlegenheit bei anderen, denen das Schicksal nie einen Spaziergang in jenen Zaubergärten gewährte oder ein Teestündchen bei der Kaiserin Augusta und eine Plauderei mit Goethes überlebenden Freunden.

Man hat das Recht, an einen Schriftsteller von solcher Eigenwilligkeit und Exklusivität besonders hohe Ansprüche zu stellen. Man tut es bei Grimm um so lieber, als er sie vollauf erfüllt. Das Goethe-Bild, das er vor uns hinstellt, ist klar umrissen und kräftig gezeichnet, in Einzelheiten hier und dort überholt, aber im wesentlichen doch naturgetreu und mit vielen zutreffenden und originellen, damals neuen Strichen versehen. So werden zum Beispiel die Quellen, aus denen Goethe seine Sprache schöpfte, meisterhaft bloßgelegt und nicht nur die wohlbekannte Dankesschuld der Bibel gegenüber summiert, sondern auch die weniger bekannten Anleihen, die der Dichter auf diesem Gebiet bei Lavater aufnahm. Auch rückt der meist nur flüchtig erwähnte Wilhelm v. Humboldt hier zum Nachfolger Schillers in Goethes Hochachtung und Zuneigung auf. Die italienische Reise betrachtet Grimm nicht nur als Flucht aus Weimar, sondern als Goethes erste Fühlungnahme mit der großen Welt. In diesem Zusammenhang streift er zumindest eines der großen Rätsel im Leben des Dichters, ein Problem, dem die Biographen sonst sorgfältig aus dem Wege zu gehen pflegen: Goethes überraschende, um nicht zu sagen erschreckende Gleichgültigkeit gegenüber den großen Kulturzentren seiner Zeit (außer Rom kannte er nur Berlin, und dieses ganz oberflächlich). Wie war es möglich, daß dieser wohlhabende und unabhängige Mann, mit seinem angeborenen Drang, allen Erscheinungen auf den Grund zu kommen, dieser Dichter mit dem weltumfassenden Geist, der kaum eine Wolke, einen Stein oder einen Knochen sehen konnte, ohne sich gleich in Wetter-, Gesteins- oder Knochenkunde zu vertiefen, daß dieser ewig Lernbegierige, der den Franzosen, Engländern, Russen und sonstigen Nicht-Deutschen seiner Bekanntschaft solches Interesse entgegenbrachte, sich nie bemühte, Paris, London oder auch nur das nahe Wien zu besuchen? Hatten seine Zeitgenossen Voltaire und Byron nicht halb Europa, hatten seine Landsleute Alexander v. Humboldt und Chamisso nicht die Welt bereist?

Grimm beeinflußte das Goethe-Bild seiner Generation besonders dadurch, daß er Frau v. Stein einen wichtigen und ehrenvollen Platz an Goethes Seite sicherte und Schiller als Dichter und Mensch eine untergeordnete Rolle zuwies. Beide Akzentverschiebungen müssen im Licht der Zeit bewertet werden. Kaum war Goethes Briefwechsel mit Charlotte 1848/49 veröffentlicht worden, als man sich auch schon zu fragen begann, ob das Verhältnis nicht doch ehebrecherisch gewesen sei. Angesichts der goethefeindlichen Stimmung jener Tage wären etwaige Beweise einer unerlaubten Beziehung Wasser auf die Mühle der Moralprediger gewesen, die dem Dichter ohnehin schon schwer zusetzten. Dadurch, daß er eine platonische Liebe postuliert und das Thema im übrigen in der ihm einzig angemessenen Sphäre des Privaten beläßt, wendet sich Grimm gegen eine Art von Forschung, deren Belanglosigkeit nur von ihrer Geschmacklosigkeit übertroffen wird. Er tut dies humorvoll und nicht nur aus sittlichen, sondern aus Vernunftgründen. So erklärt er zum Beispiel Goethes Gleichgültigkeit gegenüber Charlotte nach der Bekanntschaft mit Christiane damit, daß der Dichter, »übersättigt an den feineren Saucen des Lebens, bei denen das Herz hungerte, jetzt einen tüchtigen Laib Schwarzbrot unter den Arm nahm, in den man hineinbeißen konnte *ad libitum*, und von dem er fortan sich seine Mahlzeiten zuschnitt«[7].

Grimms (in späteren Ausgaben gemilderte) Zurücksetzung Schillers stellt ebenfalls eine Reaktion auf eine Zeittendenz dar: auf die Schiller-Verehrung der Jahrhundertmitte. Er geht zweifellos zu weit in der Behauptung, daß Schillers Jugendzeit »keinen Prolog gleichsam zu seiner späteren Geschichte [bildet] wie bei Goethe« oder daß sein Verhältnis zu dem älteren Freund durch das Gefühl gekennzeichnet gewesen sei, »zu empfangen, während er nichts dagegen bieten könne«. Diese Herabsetzung Schillers ist auf jeden Fall der schwache Punkt des Buches und im übrigen ein weiteres Anzeichen dafür, daß sich die beiden Dichter nicht zusammen, sondern abwechselnd der Liebe und Hochachtung ihrer Landsleute erfreuten. In Zeiten der Not und Gefahr – in den Befreiungskriegen, in den Jahren 1848-1871, später wieder im Ersten Weltkrieg – stand Schiller obenauf, in ruhigeren Geschichtsperioden hingegen Goethe. Schiller war damals jahrzehntelang als Seher verehrt worden, als Prophet deutscher Freiheit und Größe. Grimms kurz nach der Reichsgründung veröffentlichtes Werk bezeichnet das Ausschlagen des Pendels nach der anderen Seite: Jetzt, da Deutschlands Freiheit und Größe für immer gewährleistet schien, fanden Schillers Ermahnungen nur noch taube Ohren. Dieser Umschwung trat auch anderswo zutage: In der plötzlichen Nachfrage nach Goethes Gesammelten Werken, von denen 1868-1874 nicht weniger als siebenundzwanzig Ausgaben erschienen (gegenüber siebzehn Schiller-Ausgaben)[8]; in der Einführung Goethes und relativen Zurücksetzung Schillers in den Lehrplänen des Gymnasiums; in der Abänderung des Titels einer an der Universität Heidelberg gehaltenen Vortragsreihe, die 1868/69 als *Das Drama Schillers und Goethes*, 1869/70 jedoch als *Das Drama Goethes und Schillers* angekündigt wurde; schließlich auch in Nietzsches ungeduldiger Frage in den *Streifzügen eines Unzeitgemäßen*: »Die Deutschen sagen ›Goethe *und* Schiller‹ – ich fürchte, sie sagen ›Schiller und Goethe‹; *kennt* man noch nicht diesen Schiller?« – Man darf die Aussagekraft solcher Ziffern nicht überschätzen, aber es gibt doch zu denken, daß noch im Dritten Reich Schiller vor allem in den Jahren des nationalen Hochgefühls gespielt wurde und Goethe in denen der Ernüchterung. Oder sollte es bloß auf die Laune einiger Intendanten zurückgehen, daß in der Spielzeit 1938/39 insgesamt 1056 Schiller- und nur 617 Goethe-Aufführungen stattfanden und zur Zeit der größten Expansion, 1941/42, 1764mal Schiller und 1145mal Goethe gespielt wurde, während nach Stalingrad der »Kurs« des einen radikal fiel und der des anderen emporschnellte? Auf jeden Fall werden für die Saison 1942/43 1415 Goethe- gegenüber 1111 Schiller-Vorstellungen verzeichnet, ein Trend, der sich in der letzten Spielzeit fortsetzte, für die wir Unterlagen besitzen (1943/44).[9]

Grimms Goethe-Buch kam in den Gründerjahren heraus, in jener Epoche beispiellosen Wohlstandes und hoffnungsfreudigen Fleißes, da das neue Deutschland im wirtschaftlichen, militärischen, technischen und akademischen Leben eine führende Rolle zu spielen begann. Es ist somit nicht zu verwundern, daß auch diese Biographie Widerspiegelungen des Geistes jener Tage enthält, in denen die Deutschen keinen Grund hatten, ihre individuelle und nationale Existenz anders als wünschenswert zu betrachten, als der Fortschritt (durch Technik, Volkserziehung, koloniale Erwerbungen oder was es immer sei) unausbleiblich schien, als man auf Marx und Nietzsche noch kaum hörte und als Freud und Einstein noch nicht gesprochen hatten. Der liebe Gott war im Himmel, Bismarck im Reichstag, Goethe auf dem Parnaß: Alles war in bester Ordnung im Vergleich zu früher (geschweige denn zu dem, was da kommen sollte). Grimms Goethe ist dementsprechend ein Optimist und vor allem ein Jüngling, hier und dort etwas dämonisch, aber nicht eigentlich problematisch. Den Stürmen des Sinnenlebens ist er zum Beispiel immer gewachsen, und der Name der Ulrike von Levetzow, die das Herz des Vierundsiebzigjährigen noch ein letztes Mal »zu Flammenqualen wieder aufgeschaffen«, wird nirgends erwähnt. Grimms Goethe ist ein Mann, der sich auch im Bismarckschen Reich durchgesetzt hätte, von Faust und Mephisto ganz zu schweigen, famosen Kerlen, die, wenn wir sie uns etwa im Reichstag vorstellen würden, »sofort überblickten, um was es sich im Moment handelte, und den richtigen Augenblick erspähten, um sich mit ein paar durchschlagenden Gedanken aufmerksame Zuhörer zu verschaffen«. Krieg und Revolution, wie Armut und Siechtum, existieren kaum als ferne Gewitterwolken, ja das Leben ist so schön, daß die Kant-Laplacesche Theorie, derzufolge unser ausgebrannter Planet dereinst in die Sonne zurückfallen wird, Grimm in ihrem Fatalismus als »ein Zeichen kranker Phantasie« erscheint, ekelhafter als »ein Aasknochen, um den ein hungriger Hund einen Umweg machte«. Es kündigt sich hier bereits eine Verflachung und Verharmlosung der geistigen Gestalt des Dichters an, der unter den Händen einiger Biographen der spätwilhelminischen Epoche in der Tat nur noch als sanft-edles Idol beweihräuchert wurde.

In dem gegen Ende des Jahrhunderts anschwellenden Chor der Goethe-Verehrung darf eine grell abweichende Stimme nicht überhört werden: die des Jesuitenpaters Alexander Baumgartner, dessen *Göthe. Sein Leben und seine Werke* 1885/86 ausdrücklich mit der Absicht veröffentlicht wurde, dem »Goethe-Kultus der letzten Jahrzehnte« in aller Form entgegenzutreten. Baumgartner befürchtete, daß Goethe als trojanisches Pferd gebraucht werde, in dessen Innerem Spinozismus, Naturalismus, Darwinismus und andere schädliche Einflüsse ins deutsche Heim eingeführt würden. Die Kampfeslust, mit der er gegen diese Geistesrichtungen zu Felde zog, erklärt sich wohl aus seiner eigenen prekären Stellung: der eines Jesuiten, der mitten im Kulturkampf mit eingelegter Lanze auf die Riesen Goethe und Bismarck losreitet und – die Zwerge Düntzer und Geiger aus dem Sättelchen hebt. Dabei waren seine eigenen Methoden auch nicht immer ritterlich.

»Ich bin durchaus nicht der ›Biedermann‹«, schreibt er einmal mit unschuldiger Miene, »der mit pharisäischer Selbstgefälligkeit auf die tollen Sprünge eines großen Genies herabsieht und feierlich spricht: ›Herr, ich danke dir, daß ich nicht bin, wie dieser Göthe da!‹ Noch weniger halte ich es mit dem frivolen Heine, der vor dem Olympier nur seinen Hut zog, um ihn desto schamloser vor ganz Frankreich zu verspotten. Und noch viel, viel weniger halte ich es mit dem wetterwendischen Wolfgang Menzel, der, um ›seinen‹ Christus zu retten, Göthe sein eclatantes Dichtergenie und seine sonstigen glänzenden Geistesgaben abläugnen zu müssen glaubte.« Nachdem der Wolf dergestalt den Schafspelz angezogen und sich als unvoreingenommener Biograph ausgewiesen hat, greift er Goethe als einen »Dilettanten« an, »der sich keine Lebensaufgabe stellt, sondern sich bestens zu unterhalten sucht mit Malerei und Poesie, Lectüre, Tändelei und Spiel, wie die Laune es eingab«, als einen Dichter, dem die Inspiration nur auf erotischem Gebiet lächelt, und als einen Mann, für den das Leben nur den Sinn hat, ihm Rohstoff für Dramen und Romane zu liefern, selbst wenn andere dabei zugrunde gingen ... denn »er war ein viel zu weltkluger und berechnender Mensch, um ehrlich zu lieben und für seine Liebe ein Opfer zu bringen«. Überdies war er Freimaurer, was ihm dieser Biograph, der ihm in Glaubenssachen nur eine »oberflächliche Bierhaustheologie« zuerkannte, natürlich besonders verübelte.

Was Baumgartner zu einem gefährlichen Gegner machte, war seine Waffe – nicht die einst von Menzel und Gervinus geschwungene Keule, sondern ein Florett aus noch besserem Stahl als das Heinesche. Als Beispiel sei die Art und Weise erwähnt, auf die er den armen Heinrich Düntzer aus dem Weg räumt: nicht durch eine Widerlegung von dessen Pedanterien, sondern einfach durch die vernichtende Wiederholung von Gretchens Ausruf »Heinrich! Mir graut's vor dir!« Übrigens war Baumgartner trotz seiner Parteilichkeit ein tüchtiger Gelehrter im Geiste der Schererschen Schule; unter den auch literarisch wertvollen Goethe-Biographien steht sein dreibändiges Werk keinem anderen an Gründlichkeit nach, und einzelne Aspekte des Themas, wie die Beschreibung des menschlichen und gesellschaftlichen Milieus, das Goethe in Weimar vorfand, sind glänzend behandelt. Das Buch enthält auch Neues, darunter die Bewertung der Rolle, die Karl Theodor v. Dalberg in Goethes Leben spielte. Ob diese Einzelheiten nun zufällig sind oder mit einer Nebenabsicht wiedergegeben werden (Dalberg war schließlich Fürstprimas des Rheinbundes und der wohl einflußreichste Katholik unter Goethes Bekannten) – sie gehören zweifellos zum Thema.

Niemand wird Baumgartner das Recht absprechen wollen, Goethes Leben und Werk vom orthodox-katholischen Standpunkt aus zu beurteilen, ja manche Äußerungen und Handlungen des Dichters von diesem Standpunkt aus zu *ver*urteilen. Baumgartner war weder der erste noch der letzte deutsche Katholik, der dies tat, und es gelang Friedrich Muckermann, Carl Muth und anderen erst nach dem Ersten Weltkrieg, aus dieser Sicht eine positive Stellungnahme zu Goethe zu gewinnen. Die Lutheraner und Reformierten hatten es hier leichter; nicht nur war Goethe trotz seines »dezidierten Nicht-Christentums« letzten Endes selber Protestant gewesen, es hatte auch seit den Tagen Schleiermachers, Falks und Vilmars bereits eine Tradition der protestantischen Goethe-Pflege gegeben, die das philiströse Gottesstreitertum eines Menzel und Hengstenberg mehr als aufwog.[10] Baumgartners Voreingenommenheit wirkt aber peinlich, wenn sie sich von ethischen und religiösen zu ästhetischen Bewertungen versteigt, wie in der Behauptung, daß Friedrich Stolbergs *Reise in Deutschland, der Schweiz, Italien und Sicilien* über Goethes *Italienischer Reise* stehe, oder der hämischen Bemerkung, daß »jedem Papierchen und Verschen von [Goethe] eine Ehrfurcht erwiesen [wird], wie sie ein Dante und Görres [!] nicht finden«.

Baumgartners Buch stellt freilich nur ein Rückzugsgefecht dar. Den Vormarsch der Goethe-Bewunderer und ihren völligen Sieg um die Jahrhundertwende konnte es nicht aufhalten. In den Jahren 1894 bis 1909 erscheinen nicht weniger als acht umfangreiche Goethe-Biographien, von Richard Meyer, Heinemann, Wolff, Haarhaus, Witkowski, Geiger, Bielschowsky und Engel. Trotz großer Verschiedenheiten in Gesichtspunkt und Stil – Meyer schreibt das beste Deutsch, Heinemann wirkt oft recht schulmeisterhaft, und Engel muß gewiß einmal bei seiner Goethe-Ähnlichkeit bange geworden sein – weisen diese Werke eine Anzahl Generalnenner auf, die sich wohl am besten durch eine kurze Analyse desjenigen definieren lassen, das die Zeit am besten überdauert hat. Albert Bielschowskys *Goethe. Sein Leben und seine Werke* wurde nach dem Tode des Verfassers von anderen vollendet und erreichte in der späteren Überarbeitung durch Walther Linden eine Gesamtauflage von über 200 000. Die zwei Bände bringen zum großen Teil Zusammenfassungen der Hauptwerke, die nicht aus Pedanterie wiedererzählt werden, sondern weil sich Bielschowsky mit seiner gar zu wörtlichen Auffassung von Goethe als »Konfessionsdichter« verpflichtet fühlt, wo immer möglich Übereinstimmungen zwischen Goethe oder ihm nahestehenden Personen und den Helden und Heldinnen der Werke aufzudecken. Für Bielschowsky und seine Kollegen *ist* Carlos Merck, Iphigenie Frau von Stein und Leonore Sanvitale die Herzogin Anna Amalie (»Gleiches Alter, gleicher Geschmack [Ariosto-Wieland], Freude an der Welt, Freude an der Rolle einer Dichterbeschützerin, klug, fein, etwas egoistisch und doch ehrlich und gütig«). Die Überbetonung solcher Parallelen ist jedoch weniger störend als ein gewisser Mangel an Einfühlungsvermögen, eine seelische Muffigkeit, die sich etwa in dem bezweifelnden Kopfschütteln äußert, mit dem Bielschowsky darauf hinweist, daß Ottilie in den *Wahlverwandtschaften* die Schwächen Eduards so gar nicht zu bemerken scheint. Ottilie ist ein blutjunges Mädchen, zum ersten Mal und in einen älteren, welterfahrenen Mann verliebt. Eine solche, durch Wahlverwandtschaft noch verstärkte Bindung mag selten vorkommen, aber sie wird dem modernen Leser kaum »unglaublich« erscheinen.

Obwohl Bielschowsky einige weniger ansprechende Seiten in Goethes Charakter und Schicksal nicht verborgen geblieben sind (er hält dem Dichter die Vernachlässigung der Mutter vor, tadelt seine Ablehnung der Französischen Revolution und schildert die Verbindung mit Christiane in Farben, die möglicherweise der Wahrheit entsprechen: Als tapfer getragenes Joch), stört doch eine jungmädchenhafte Heldenvergötterung öfters den Ton des Buches. Gleich auf der ersten Seite tritt uns der Säugling Goethe als »der Gewaltige« und »der herrlichste Lichtbringer« entgegen; später liest man von einem chopinesken »kleinen Wolfgang mit den funkelnden schwarzen Augen und dem klugen, bleichen Gesicht«, ja sogar von einem »kleinen Schelm«. Auch unterläuft Bielschowsky manches Fehlurteil, etwa in der Meinung, daß die Fremdsprachen dem Dichter nur so zugeflogen seien; Goethe war wohl der einzige, der es fertigbrachte, »das Lateinische mit großer Fertigkeit [zu] beherrschen, ohne es eigentlich grammatisch erfaßt zu haben«.

Nicht weniger verfehlt ist die Annahme, daß Goethes Vertrautheit mit den großen europäischen Kulturen ein Ergebnis seiner Reisen gewesen sei. Man braucht diese Vertrautheit nicht in Zweifel zu ziehen und den schönen, völkerversöhnenden Gebrauch, den Goethe von ihr machte, nicht zu verkennen, um doch einzusehen, daß sie lediglich seiner Lektüre, seinem Briefwechsel und der persönlichen Fühlungnahme mit Reisenden entsprang, die ihn in Weimar aufsuchten. Es ist somit keineswegs zu bedauern, daß er »über seine Beobachtungen auf dieser Tour [nach Oberschlesien und Polen, 2. bis 10. September 1790] sich weder jetzt noch später eingehender ausgesprochen« habe; man begrüßt vielmehr diesen Beweis, daß Goethe ein viel zu großer Mann war, um, wie Bielschowsky es offensichtlich von ihm erwartete, auf Grund eines so flüchtigen Kontaktes mit diesem Kulturkreis gleich ein summarisches Urteil über die slawischen Völker zu fällen.

Dennoch dürfen wir über diesen Unzulänglichkeiten nicht die großen Verdienste Bielschowskys und der anderen Biographen jener Jahre vergessen. Im Rückblick erscheint ihr Goethe-Bild idealisiert und seltsam unscharf: nicht falsch, aber unvollständig. Sie liebten den jungen und achteten den klassischen Dichter und bemühten sich ehrlich, ihn in der Vollendung seines Alters zu verstehen. Sie neigten dazu, den Denker zu vernachlässigen, den Naturwissenschaftler als dilettantisch und den Staatsmann als rückschrittlich abzutun. In dem rastlosen Mann, der noch als Greis »nichts angelegentlicher zu tun [hatte] als ... [seine] Eigentümlichkeiten zu kohobieren«, sahen sie den passiven Empfänger von Gaben, die ihm die Vorsehung in die Wiege gelegt hatte. Trotzdem zeichneten sie sein Bild mit liebevollem Eingehen aufs einzelne, mit einem tiefen Gefühl für das Einzigartige an diesem Menschen und Dichter und mit enzyklopädischem Wissen. (In den Anmerkungen bemüht sich Bielschowsky, den Leser in die Probleme auch der zeitgenössischen, noch nicht immer zu gesicherten Resultaten gelangten Goethe-Forschung einzuführen; ein Verfahren, das sich von Grimms träger Grandezza ebenso vorteilhaft unterscheidet wie von der Selbstberauschung mancher neuerer Biographen.) Daß er schließlich auch *con brio e con amore* schreiben konnte, beweist Bielschowsky in den folgenden Sätzen, die als Einleitung nicht nur zu dieser, sondern zu allen Goethe-Biographien dienen könnten:

»Goethe hatte von allem Menschlichen eine Dosis empfangen und war darum der ›menschlichste aller Menschen‹. Seine Gestalt hatte ein großartig *typisches* Gepräge. Sie war ein potenziertes Abbild der Menschheit an sich. Demgemäß hatten auch alle, die ihm näher traten, den Eindruck, als ob sie noch nie einen so *ganzen* Menschen gesehen hätten.

Es mag Menschen gegeben haben, die einen schärferen Verstand, andere die eine stärkere Energie, andere, die eine tiefere Empfindung, eine lebendigere Phantasie hatten, aber es hat ganz gewiß nie einen Menschen gegeben, in dem alle diese Seelenkräfte in gleich großem Maßstab wie bei Goethe *vereint* gewesen waren. Und wiederum hat selten in einem seelisch so hoch entwickelten Individuum das Körperliche sich so selbständig geregt und das Geistige so innig durchdrungen. Diese wunderbare, vollkommene Mischung seiner Natur gibt ihr den Charakter des Außerordentlichen und bedingt zugleich ihre gegensätzlichen Erscheinungen. Die Gegensätzlichkeit aber ist es, die es den meisten so erschwerte und noch erschwert, eine sichere, zutreffende Anschauung von ihm zu gewinnen.

Derselbe Mann, der wie ein Physiker Farbenbrechungen beobachtet, wie ein Anatom Knochen und Bänder prüft, wie ein Jurist über eine Konkursordnung Betrachtungen anstellt, der Dinge und Menschen mit ungemeiner Schärfe erfaßt und zergliedert, der frühzeitig mit der Klugheit und Erfahrung eines Weltmannes und Diplomaten auftritt, derselbe Mann schafft Dichtungen von überquellender Phantasie, geht wie ein versunkener Träumer durch die reale Welt, schaut viele Dinge und Menschen, nicht wie sie sind, sondern in einem von ihm selbst erborgten Licht, ist häufig unfähig, Verhältnisse und Gegenstände sich mittels des Verstandes zurechtzulegen, steht mitten in der

Menschen Treiben wie ein naives und manchmal auch hilfloses Kind. Dieser Mann ergreift die Welt bald mit der warmen Empfindung eines Faust, bald stößt er sie von sich mit dem vernichtenden Hohne eines Mephistopheles.«

In den um die Jahrhundertwende veröffentlichten Goethe-Biographien wurden die Ergebnisse der neueren Forschung einem Publikum mitgeteilt, dessen Umfang dank dem allgemeinen Bevölkerungszuwachs in Deutschland, der Verbreitung des öffentlichen Unterrichts und der Einführung des Literaturstudiums als akademischen Faches seit 1871 stark angestiegen war. Für dieses Publikum schrieb auch der vielleicht volkstümlichste aller Goethe-Forscher, Wilhelm Bode, damals eine Reihe von Monographien, die, obschon nicht eigentlich lebensgeschichtlich, dennoch gewissermaßen als Seitenstükke zu den großen neuen Biographien gelesen werden konnten. Anstatt sich als Historiker in Goethes Lebensumstände zu vertiefen, projizierte Bode den Dichter in sein eigenes Zeitalter hinein, in das beginnende 20. Jahrhundert, indem er sich fragte, wie sich Goethe in bestimmten, für den modernen Menschen bezeichnenden Lebenslagen verhalten hätte. Diese Fragen beantwortete er in Werken wie *Goethes Lebenskunst* (1900) und *Goethes Gedanken* (1907), in denen der Dichter uns weniger als schöpferischer Künstler entgegentritt denn als Mann, dessen Stellungnahme zu allgemein-menschlichen Problemen noch heute interessant, lehrreich und bisweilen beispielhaft ist. Nach Bode haben sich auch andere bemüht, Goethe auf diese Art beim breiten Publikum einzuführen, Männer wie Julius Bab *(Goethes Leben in seinen Briefen)*, Edwin Redslob (durch den schön bebilderten Band *Goethes Leben*), Josef Hofmiller (in den als *Wege zu Goethe* zusammengefaßten Arbeiten) sowie Ernst Beutler, dem der Wiederaufbau des Frankfurter Goethe-Hauses nach dem Zweiten Weltkrieg zu verdanken ist, in seinen *Essays um Goethe*. Sie alle verstanden es, ihre großen Kenntnisse mit einem angenehmen Stil und viel menschlicher Wärme auszubreiten. Dieser Vergrößerung des Goetheschen Wirkungskreises wurde auch dadurch Vorschub geleistet, daß einige Verleger nun besonders preiswerte Ausgaben der Werke veranstalteten. Reclams Universalbibliothek wurde 1867 mit Goethes *Faust* als erstem Bändchen ins Leben gerufen; 1889 folgte die Sammlung Göschen. Als Anton Kippenberg 1905 die Leitung des Insel-Verlags übernahm, ließ er sich nicht nur die Förderung zeitgenössischer Dichter angelegen sein, sondern brachte auch den sogenannten »Volks-Goethe«[11] heraus, sowie Max Morris' Überarbeitung von Hirzels *Der junge Goethe*: zwei Veröffentlichungen, ohne die zum Beispiel Rilke den Zutritt zu Goethe überhaupt nicht gefunden hätte. Auch Eugen Diederichs, Karl und Wilhelm Langewiesche und Friedrich Lienhard müssen unter diesen schriftstellernden Verlegern genannt werden, die sich damals auf gemeinverständliche und doch geschmackvolle Weise mit Goethe beschäftigten.

So hatte sich das Blatt völlig gewendet. Das Jahrhundert, zu dessen Beginn Goethe so angefeindet worden war, endete in einem Lobgesang auf den großen »Olympier«. Bevor wir uns mit den Umständen befassen, unter denen diese Ansicht von Goethe durch eine neue, für unsere Zeitläufte bedeutungsvollere ersetzt wurde, ist es angebracht, die anderen Kräfte zu untersuchen – solche, die öffentlich, und andere, die im Verborgenen wirkten –, die die Goethe-Renaissance auslösten.

4

MUSIK, NATURWISSENSCHAFT UND KULTURKRITIK

»Anfangs war es ein Punkt, der leise zum Kreise sich öffnet, Aber, wachsend, umfaßt dieser am Ende die Welt.«

FRIEDRICH HEBBEL, Goethes Biographie

Musik ist zum Spielen und Anhören, nicht zum Zerreden da. Es ist lohnender, Goethes Einfluß auf die großen deutschen Komponisten des 19. Jahrhunderts (und deren Rückwirkung auf das Goethe-Bild) zu verfolgen, als die von seinen Werken inspirierten Kompositionen in einer mit mehr oder minder zutreffenden Eigenschaftswörtern gespickten Liste aufzuzählen.[1] Hier sei also die Vollständigkeit um ihrer selbst willen außer acht gelassen und nur einiges von dem erwähnt, was heute noch fortwirkt.

Goethes eigene Stellung zur Musik ist eine derjenigen Seiten seiner Persönlichkeit, die den verschiedensten Auslegungen unterworfen worden sind. Er hat so viel über so vieles ausgesagt, daß man, mit Geduld und den Gesammelten Werken bewaffnet, die entgegengesetztesten Schlüsse zu ziehen und auch zu belegen vermag. So ist zum Beispiel behauptet worden, daß Goethe überhaupt kein Interesse an Musik gehabt habe, etwa auf Grund seiner Bemerkung »... Sie finden kein Wort über Musik, und zwar deswegen nicht, weil das nicht in meinem Kreise lag«; andere wiederum führen gern den Berufsmusiker Zelter an, der Goethe »den einzigen Menschen« genannt hat, »auf dessen Urtheil in der Musik ich etwas halte«[2], und schließen daraus, daß der Dichter der Musik tiefes Verständnis entgegengebracht habe. In Anbetracht dieser gegensätzlichen Meinungen ist es nötig, Goethes Beziehung zur Musik kurz zu umreißen, um so mehr, als sich seine widerspruchsvolle Stellung zu den Komponisten seiner Zeit am leichtesten aus seinen eigenen musikalischen Erfahrungen und Vorlieben erklärt.

Goethes Kenntnisse und Fertigkeiten auf diesem Gebiet entsprachen durchaus denen des gebildeten Bürgertums der Zeit. Im Elternhaus, wie später in seiner eigenen Familie, wurde regelmäßig musiziert. Er spielte Klavier, wenn auch nur »einigermaßen«; er konnte eine Partitur ohne große Mühe lesen und besaß eine recht umfangreiche, wenn auch lückenhafte Kenntnis des operatischen und symphonischen Repertoires. Seine Anteilnahme ging so weit, daß er – vielleicht als Gegenstück zur Farbenlehre – auch eine Tonlehre plante. Unter seinen Freunden befanden sich viele Musiker. Im Laufe seines langen Lebens hatte er Gelegenheit, viele der bedeutendsten Künstler spielen zu hören: Mozart, Beethoven, Hummel, Maria Szymanowska, Paganini, Mendelssohn, Clara Wieck-Schumann. Gewisse Beschränkungen seiner musikalischen Bildung erscheinen nur als solche. Daß er zum Beispiel die Vokal- der Instrumentalmusik vorzog, war weniger persönliche Idiosynkrasie als Niederschlag einer Geschmacksrichtung, die vor Beethoven stark ausgeprägt war. Seinen Zeitgenossen lag ja überhaupt der musikalische Ausdruck und die Suche nach einer Definition des Wesens der Musik näher am Herzen als technische Fragen. So war denn auch Goethes spätes und recht schwaches Interesse an Johann Sebastian Bach nicht ein Zeichen der Gleichgültigkeit, sondern eine Widerspiegelung der Beliebtheit, der sich andere Mitglieder der Familie Bach, besonders Philipp Emanuel, damals erfreuten. Dennoch scheint es festzustehen, daß Goethe kein tief musikalischer Mensch war. Die Tonkunst hat ihn zu keiner Zeit seines Lebens so intensiv beschäftigt wie etwa einige Bereiche der Naturwissenschaft. Zu gewissen Zeitpunkten wurde seine sozusagen latente Anteilnahme jedoch von Fachleuten belebt, die ihn über die hauptsächlichen Ereignisse im zeitgenössischen Musikleben auf dem laufenden hielten: Philipp Christoph Kayser, den der Dichter als Vertoner von *Jery und Bätely, Scherz, List und Rache*, ja *Egmont* in Betracht zog; Johann Friedrich Reichardt, der *Claudine von Villa Bella* und *Erwin und Elmire* komponierte und so von der Vertonbarkeit der Goetheschen Lyrik überzeugt war, daß er den Plan einer allumfassenden, sechsbändigen *Musik zu Goethes Werken* ins Auge faßte; sowie Karl Friedrich Zelter, wohl weniger begabt als die anderen, aber seinem Duzfreund Goethe menschlich um so näherstehend. Manches Goethesche Werk verdankt seine erste Vertonung einem dieser Männer; heute sind ihre von den Werken größerer Musiker überholten Kompositionen freilich meist vergessen.

Manchmal allein, bisweilen auch unter der Anleitung dieser Freunde, verfolgte Goethe aufmerksam die musikalischen Ereignisse seiner Zeit und nahm an manchen schöpferisch teil. Durch seine Operndramen, die mehr oder minder musikalische Begleitung erforderten, ermutigte er die Komponisten mit Wort und Tat. *Erwin und Elmire, Claudine von Villa Bella, Lila, Jery und Bätely* sowie *Die Fischerin* enthalten einen von Liedern, Duetten und Arien abgelösten Dialog. Das im italienischen Stil verfaßte *Scherz, List und Rache* und die zweite Fassung von *Erwin* und *Claudine* mit ihrer rezitativen Prosa stehen der Operette noch näher. Man kann wohl sagen, daß Goethe mit Ausnahme von Hofmannsthal der einzige große deutsche Dichter war, der die ganze Kraft seines Genies beim Verfassen von Libretti einsetzte und sich somit um ein literarisches Genre bemühte, dessen im allgemeinen geringe Qualität den schwachen Punkt mancher großen Oper bildet. Er nahm überdies fast immer Rücksicht auf die Wünsche seiner Komponisten und verfuhr mit den Musikern viel glimpflicher als etwa mit den Schauspielern. Neben diesen unmittelbaren Beiträgen zum Singspiel ist Goethes Tätigkeit als Theaterleiter zu erwähnen, in der er ebenfalls viel Verständnis für operatische Musik bezeigte. Wollte man die Bedeutung dieser Tätigkeit zahlenmäßig erfassen, so könnte man darauf hinweisen, daß Mozarts Opern allein während seiner Amtszeit (1791-1817) nicht weniger als zweihundertachtzigmal auf den unter seiner Direktion stehenden Bühnen aufgeführt wurden. Goethe hatte auch vor, eine Fortsetzung der *Zauberflöte* zu schreiben und hinterließ Bühnenbearbeitungen von *Don Giovanni* und Glucks *Iphigénie en Tauride*.

Nicht nur die Singspiele, sondern viele andere Goethesche Werke enthalten Abschnitte, für die eine Musik vorgesehen war: Klärchens Lieder und die Schlußapotheose in *Egmont*, Teile des zweiten Aktes von *Des Epimenides Erwachen*, ganze Szenen aus beiden Teilen des *Faust* und andere mehr. Die meisten dieser Stellen sind natürlich lyrischer Natur, wie ja Goethe seiner Lyrik überhaupt eine ganz besondere Auszeichnung verdankt: nämlich die, mehr und bedeutendere Komponisten inspiriert zu haben als irgendein anderer Dichter. Seine kurzen Gedichte, ob in Prosawerken verstreut wie in *Wilhelm Meister* oder zyklisch angeordnet wie im *West-östlichen Divan* oder als unabhängige Schöpfungen konzipiert und vollendet, haben die Komponisten seit fast zweihundert Jahren gefesselt. Manche dieser Gedichte und Lieder sind mehr als hundertmal vertont worden, nicht weil ihr Verfasser berühmt war (obwohl dies bedeutete, daß sie leicht im Druck erhältlich und so vielleicht auch manchem ausländischen Musiker zugänglich waren), sondern wegen sehr spezifischer literarisch-musikalischer Eigenschaften. Sie sind einfach in Form und Stil und besitzen oft einen eigenen, mitreißenden Rhythmus. Ihr Gefühlsinhalt ist meist echt empfunden und leicht übertragbar, und der Strophenbau weist eine außerordentliche Ebenmäßigkeit auf, durch die er der Musik sozusagen auf halbem Wege entgegenkommt. Am Ende seines Lebens konnte sich zum Beispiel Brahms nur eines einzigen Falles entsinnen, in dem ein Goethesches Gedicht durch die Musik »gehoben« wurde – »Sonst kann ich das von keinem andern Goetheschen Gedichte behaupten. Die sind alle so fertig, da kann man mit Musik nicht an.«[3] Die frühesten Kompositionen, die teilweise oder ganz auf Goethe beruhen, reichen bis in die Anfänge seines Schaffens zurück. Noch ist das Ende seines Einflusses auf die Musik nicht abzusehen (unter den von Richard Strauss hinterlassenen Werken befanden sich drei Goethe-Kompositionen), obgleich der Höhepunkt zweifellos im 19. Jahrhundert lag.

Es ist unter diesen Umständen vielleicht überraschend, daß Goethe nicht wie Wagner eine neue, Ton- und Dichtkunst vereinigende Kunstform geschaffen hat. Es genügt nicht zu sagen, er sei kein Komponist gewesen; auch als reiner Dichter hätte er vielleicht ein musikalisches *alter ego* finden können wie Maeterlinck in Debussy oder Hofmannsthal in Strauss. Unglücklicherweise konnte sich jedoch Goethe mit keinem der großen Komponisten der Zeit recht anfreunden. Gluck war damals schon zu alt, als daß seine Bewunderung für den Dichter hätte Frucht tragen können, es sei denn in Goethes Monodrama *Proserpina*, das auf Bitte des Komponisten als Requiem auf dessen Nichte Marianne verfaßt wurde. Mit Ausnahme einer (ihm nicht definitiv zugeschriebenen) Begleitmusik zu *Götz von Berlichingen* besteht kein Grund anzunehmen, daß Haydn, der 1809 starb und somit jahrzehntelang Goethes Zeitgenosse war, viel Interesse für diesen an den Tag gelegt habe. Das gleiche gilt, trotz häufiger Besuche in Weimar und seinem Plan einer *Faust*-Oper, auch für Weber. Mozart starb zu früh, um mehr als das schöne, obschon stark dramatisierte *Veilchen* beizutragen. Auf Beethoven wurde Goethe erst im Alter aufmerksam, als Verschiedenheiten in der geistigen Konstitution eine etwaige Zusammenarbeit, die in der Geschichte wohl einmalig gewesen wäre, bereits unmöglich gemacht hatten. Als Schubert geboren wurde, war Goethe schon fünfzig. So kam es, daß die Musiker, mit denen Goethe verschiedentlich verkehrte – Kayser, der Dirigent Karl Eberwein, Zelter, selbst der begabte Reichardt –, letzten Endes doch nur zweiten Ranges waren. *Faust* mußte auf Schumann warten, bis er eine ebenbürtige musikalische Fassung finden konnte (1844-1853), *Die* [erste] *Walpurgisnacht* auf Mendelssohn (1832-1843), *Harzreise im Winter* auf Brahms (1869) und viele seiner Lieder auf Hugo Wolf (1889).

Unter den großen Komponisten seiner Zeit stand Mozart wohl am höchsten in Goethes Achtung. Der Dichter hatte das siebenjährige Wunderkind einst in Frankfurt gehört und war so von ihm beeindruckt, daß er sich »des kleinen Mannes in seiner Frisur und Degen« nach über sechzig Jahren »noch ganz deutlich« erinnerte. Goethe huldigte ihm in *Hermann und Dorothea*, ließ seine Opern auf der Weimarer und Lauchstädter Bühne aufführen und meinte, daß der Schöpfer des *Don Giovanni* auch ein idealer Vertoner des *Faust* gewesen wäre, mit dem die Oper so viel gemein hat.

Beethoven war jahrelang ein stiller Verehrer Goethes. Er wurde hierin von Bettina Brentano bestärkt, die ihm Goethes Lob sang, während sie bei diesem von Beethoven schwärmte und alles aufbot, um die beiden zusammenzubringen. Dies geschah denn auch in jener berühmten Begegnung im Juli 1812 in Teplitz, bei der sich die gegenseitige Kenntnisnahme allerdings auf den Austausch banaler Höflichkeiten beschränkte. Einer vielberufenen Überlieferung zufolge trafen Goethe und Beethoven eines Tages auf einem engen Gartenpfad die Kaiserin von Österreich nebst Gefolge, woraufhin Goethe ehrfurchtsvoll zur Seite trat, um die erlauchte Gesellschaft vorbeigehen zu lassen, während Beethoven erhobenen Hauptes mitten durch die Hofschranzen hindurchschritt und Goethe später sein »unterwürfiges« Betragen vorwarf. Die wohlbekannte kleine Anekdote zeigt den Unterschied zwischen den Männern blitzlichtartig auf.[4] Nachdem sie sich getrennt hatten, hielten sie denn auch mit ihren Meinungen nicht zurück: Goethe glaubte, daß Beethoven wohl recht haben möge, wenn er die Welt für erbärmlich ungerecht hielt, daß er sich und anderen aber mit seiner Unnachgiebigkeit das Leben unnötig schwer mache; der Komponist hingegen meinte in der höfischen Gewandtheit des anderen eine Geisteshaltung zu erkennen, die sich mit wahrer Dichterwürde nicht vereinbaren läßt. Trotz dieser Vorbehalte bewahrten sie einander jedoch eine Art kühler Hochachtung. Beethoven bewunderte besonders den Lyriker Goethe nach wie vor, und wenn Goethe seinerseits auch das revolutionär Neue an Beethovens Leistung nicht recht verstand, so achtete er ihn doch als vollwertigen Künstler und tüchtigen Pianisten. Beethovens fachliche Stellungnahme scheint jedoch von demselben Gefühl des Versagens und der Enttäuschung durchsetzt geblieben zu sein, das in seinen persönlichen Beziehungen zu Goethe zutage trat. Die Musik zu *Egmont*, die neben der bekannten Ouvertüre und der Siegessymphonie auch zwei Lieder Klärchens sowie *entr'actes* und andere kurze Stücke umfaßt, stellt seinen wichtigsten Beitrag zur Vertonung Goethescher Werke dar. Als Liederkomponist war er weniger erfolgreich, als man im Vergleich mit den Kompositionen anderer Musikschöpfer, die man sonst mit Beethoven kaum in einem Atem nennen darf, erwarten sollte. Das *Mailied* und ein paar andere Lieder sind wohlgelungene Werkchen, aber die meisten dieser Vertonungen beweisen, daß Beethoven nur ein mangelhaftes Verständnis für das aufbrachte, was Goethe im Sinn hatte, als er zum Beispiel *Nur wer die Sehnsucht kennt* niederschrieb. Dieses Gedicht hat Beethoven viermal ohne rechten Erfolg komponiert. Ähnlich unbefriedigend ist das *Bundeslied* (»In allen guten Stunden«); obschon es auch sonst keine Perle ist, hat Reichardt doch eine hübsche Musik dazu geliefert. Beethovens *Rastlose Liebe* und *Erlkönig* blieben unvollendet; eine *Faust*-Symphonie kam nie über die allerersten Anfänge hinaus. Es haftet allen diesen Bearbeitungen ein Element des Zufälligen an, und man wird den Eindruck nicht recht los, daß es Beethoven gleichgültig war, daß der Text von Goethe stammte und nicht von irgendeinem anderen Dichter. (In der Tat hatte er die Musik zum *Mailied* ursprünglich für eine Arie aus Umlaufs *Die schöne Schusterin* komponiert; auch Mozart hatte ja *Das Veilchen* nicht wegen der Goetheschen Fassung vertont, sondern weil er es zufällig in einer Gedichtsammlung fand.)

Zweifellos war Schubert der produktivste unter den musikalischen Goethe-Interpreten. Mit seinen achtzig Liederkompositionen ist er auch rein quantitativ dem heute nur noch als Balladenkomponist bekannten Carl Loewe überlegen. Manche Schubert-Lieder sind weltbekannt: *Das Heidenröslein, Gretchen am Spinnrad, Der König in Thule, Wanderers Nachtlied* und natürlich *Erlkönig* mit dem aus irgendwelchen Gründen nach Italien, von Erlen zu Pinien, verlegten Schauplatz. Im Gegensatz zu vielen anderen bemühte sich Schubert, den Text wortwörtlich beizubehalten und selbst dann nicht der Musik unterzuordnen, wenn diese dadurch zu Schaden kam.[5] Auch war er zu seiner Zeit der einzige, der nicht nur kurze Gedichte vertonte, sondern sich auch an längere Werke metaphysischen Inhalts, wie *Prometheus, Grenzen der Menschheit, Ganymed*, heranwagte. Man könnte sich schwerlich wirkungsvollere Bearbeitungen von *Erlkönig* oder *Gretchen am Spinnrad* vorstellen als die von Schubert. Bei anderen Liedern verliert dieser sich jedoch bisweilen ins Extreme: Sein erstaunlicher Reichtum an melodischen

Einfällen geht ihm manchmal mit dem Thema durch; die Versteilung reißt Strophen auseinander, die sinngemäß zusammengehören; auch werden einzelne Wörter falsch akzentuiert.[6] Einige der längeren Vertonungen, die ein tieferes Verständnis und wahrscheinlich auch eine größere Bildung voraussetzen, sind schwach. Wenn er sich zum Beispiel wirklich in die Lage des Harfners hineinversetzt hätte, so hätte Schubert seine (allerdings im hoffnungsfreudigen Alter von neunzehn verfaßte) Wiedergabe von *Wer nie sein Brot* ... wohl nicht in eine Stimmung fast heiteren Selbstvertrauens ausklingen lassen.

Schubert erhielt nie eine Antwort auf den unterwürfigen Brief, den er mit seiner Vertonung dreier Gedichte (Opus Nr. 19) im Juni 1825 an Goethe sandte. Ebensowenig reagierte dieser auf ein Schreiben Joseph von Spauns, der ihm den Komponisten einige Jahre vorher empfohlen hatte. Dieses Schweigen ist mit dem Hinweis darauf erklärt worden, daß Goethe mit ähnlichen Huldigungen unbekannter junger Musiker überschüttet wurde und daß seine fachmännischen Berater in dieser Epoche, Zelter und Eberwein, vermutlich wenig für Schuberts originelle Behandlung dieser Werke *(An Mignon, An Schwager Kronos, Ganymed)* übrig hatten. Vielleicht war es nur Zufall, daß auch Beethoven keine Antwort bekam, als er sich 1823 an Goethe mit der Bitte wandte, den Weimarer Hof an der Erwerbung der *Missa Solemnis* zu interessieren, und daß Berlioz' Übersendung der *Huit Scènes de Faust* gleichfalls mit Schweigen quittiert wurde. Vielleicht deuten diese Unterlassungen aber auch an, daß Goethe weder diesen Künstlern noch den Vertonungen viel abzugewinnen vermochte. Er konnte nicht wissen, daß Schuberts Lieder bald in ganz Deutschland gesungen werden und dadurch auch viele seiner eigenen Gedichte volkstümlich machen würden.

Der einzige große Komponist, der Goethe auch menschlich etwas bedeutete, war Felix Mendelssohn-Bartholdy, dem wir unter anderem die Vertonung der *Walpurgisnacht* verdanken (Opus Nr. 60). Schon 1803 hatte Zelter den Vater des Musikers, Abraham, mit Goethe bekanntgemacht; die einnehmende Persönlichkeit und die pianistischen Fähigkeiten des Sohnes taten dann das ihre, als er den Dichter 1821 traf. Nach ihrer letzten Begegnung schrieb Goethe die Zeilen, die deutlicher als andere Aussagen über das Thema zu verstehen geben, daß seine Stellung zur Musik letzten Endes doch recht geheimrätlich war: »Mir war seine [Felix'] Gegenwart besonders wohltätig, da ich fand, mein Verhältnis zur Musik sei noch immer dasselbe; ich höre sie mit Vergnügen, Anteil und Nachdenken, liebe mir das Geschichtliche, denn wer versteht irgendeine Erscheinung, wenn er sich von dem Gang des Herankommens [nicht] penetriert? ... Von der Bachischen Epoche heran hat er mir wieder Haydn, Mozart und Gluck zum Leben gebracht, von den großen neuern Technikern hinreichende Begriffe gegeben und ... ist daher auch mit meinen besten Segnungen geschieden.«[7]

Dank seines Stimmungsreichtums, seines wechselnden Versmaßes und seiner allgemeinen Anziehungskraft auf den romantischen Menschen wurde Goethes *Faust* eines der beliebtesten musikalischen Themen des 19. Jahrhunderts. Schumanns *Szenen aus Goethes Faust* stellen nicht nur eine achtbare musikalische Leistung dar, sondern eine bahnbrechende Tat in bezug auf den zweiten Teil der Dichtung, der damals (die als letztes verfaßte Ouvertüre wurde 1853 fertig) nur bei einer Handvoll von Lesern Verständnis fand. Auch heute noch ist der Epilog mit dem Chorus Mysticus wohl die eindrucksvollste Vertonung dieses zweiten Teiles; er gehört, wenn auch in geringerem Maße als der Zyklus *Lieder und Gesänge aus Goethes Wilhelm Meister* (Opus Nr. 98a und 98b, *Requiem für Mignon*), schon seit langem zum üblichen Goethe-Repertoire. Dagegen hat sich die Oper *Hermann und Dorothea* nie über eine ganz von der *Marseillaise* beherrschte Ouvertüre hinaus entwickelt.

Während Schubert (Goethe), Schumann (Heine) und Wolf (Mörike) die Werke bestimmter Dichter bevorzugten, scheint Brahms keinen solchen Lieblingsdichter gehabt zu haben, es sei denn wiederum Goethe, der ihn zu zwei berühmten Chorwerken anregte: der *(Alto-) Rhapsodie* nach der *Harzreise im Winter* und dem *Gesang der Parzen*, einem würdigen Gegenstück zur Vertonung von Hölderlins *Schicksalslied.* Brahms hat auch eine Reihe von Goethe-Liedern hinterlassen und die Kantate Opus Nr. 50, die einzige musikalische Bearbeitung von *Rinaldo.* Die Geschichte von Rinaldo und Armida war schon Gegenstand mehrerer Opern gewesen (Lully, Händel, Gluck, Haydn), als Goethe sie aufgriff und die Betonung von der äußeren Handlung auf die psychologische verlegte, das heißt auf die Schilderung der Seelenqualen des Helden, der die Bande einer unwürdigen Liebe abschütteln will.

Außer dem biederen Robert Franz war Hugo Wolf der am nachhaltigsten von Goethe beeinflußte Komponist in der zweiten Hälfte des Jahrhunderts. Seine Goethe-Lieder sind vergeistigter als die seiner Vorläufer oder auch seine eigenen Vertonungen aus Eichendorff und Mörike. Jeder Vergleich zwischen den zehn Liedern aus *Wilhelm Meister*, die den Zyklus eröffnen, und den Vertonungen von Schubert und Schumann zeigt, daß hier weder die Dichtkunst zur Magd der Musik geworden war noch diese unter dem Übergewicht des Verses zu leiden hatte. Die beiden Kunstformen sind zu einer geworden in einer Verschmelzung, die nicht nur die komponierten Lieder, sondern die ganze Handlung von Mignon und dem Harfner einbezieht. Wolf stellt beide Charaktere so dar, wie Goethe sie vermutlich gesehen hat: das Mädchen einsam und rührend, den Alten düster, geheimnisvoll, an der Grenze des Wahnsinns. So ist Wolfs Harfner einer der ersten Neurotiker in der modernen Musik, und es ist kein Zufall, daß *Kennst du das Land, Wer nie sein Brot* ... und die anderen Lieder Schöpfungen eines Musikers sind, der selber verdüstert am Rande des Wahnsinns schwebte: eines Mannes, der diese Gedichte nicht zufällig entdeckte, sondern eine tiefe Bewunderung für den Dichter empfand, der auch den ganzen Roman in sich aufgenommen und seine Aufmerksamkeit nicht nur auf die Lyrik gerichtet hatte. Wolfs große Belesenheit und Bildung, die seit der Romantik und besonders seit Wagner gemachten musiktechnischen Fortschritte und die Konzentration, mit der diese Lieder in Musik gesetzt wurden, trugen sämtlich zu ihrer Einmaligkeit bei. Wolfs Leistung ist um so bemerkenswerter, als er wußte, daß seine Version dieser oft komponierten Werke sogleich mit denen seiner berühmten Vorgänger verglichen werden würde. Er sah dieser Prüfung frei ins Auge, ja teilte selber Schuberts Vertonungen in zwei Gruppen: eine solche von Liedern, die in Wolfs Meinung vollkommen waren (zum Beispiel *An Schwager Kronos, Geheimes*), und eine andere, die Lieder enthält, in denen Schubert den Dichter mißverstanden zu haben scheint (zum Beispiel *Prometheus, Grenzen der Menschheit*). Wolfs wort- und sinngetreue, intelligente, musikalisch empfindsame Vertonungen trugen dazu bei, Goethes Gedichte zu einer Zeit vor die Öffentlichkeit zu bringen, da der Dichter als solcher gerade erst wiederentdeckt worden war. Es ist das besondere Verdienst dieses Komponisten, den bisher vernachlässigten *West-östlichen Divan* durch seine Vertonungen so lebensnah gestaltet zu haben, daß ihm der Wiener Goethe-Verein, vor dem der Wagnerianer Ferdinand Jaeger diese Lieder sang, dafür ein Dankschreiben übersandte.

Abgesehen von einigen unmißverständlichen Anzeichen dieser Art ist es nicht leicht, die Wirkung, die die Werke dieser und anderer Komponisten auf Goethes Fortwirken ausübten, genau zu bemessen. Selbstverständlich ist ein von Schuberts *Erlkönig* bezaubertes Publikum keineswegs *ipso facto* mit einer Gruppe von Goethe-Kennern gleichzusetzen. Auch der aufmerksamste Zuhörer Schubertscher und Wolfscher Kompositionen wird nur mit einem verschwindend kleinen Ausschnitt aus Goethes Gesamtproduktion vertraut werden, und man möchte kaum annehmen, daß etwa *Die Wahlverwandtschaften* (von anderen, nichtliterarischen Goetheschen Schaffensdimensionen ganz abgesehen) mit Hilfe einer etwaigen Vertonung dem Leser nähergebracht werden könnten. Viel hängt natürlich von dem Ausmaß ab, in dem eine Komposition den wahren Gehalt des ihr zugrunde liegenden Werkes wiedergibt. Gewisse musikalische Schöpfungen, wie zum Beispiel Schuberts und Wolfs Lieder, aber auch Opern wie Spohrs *Faust* und Busonis *Doktor Faust* oder ein Instrumentalwerk wie Liszts *Faust*-Symphonie geben gewiß etwas von Goethes Wesen wieder. Andere, wie Berlioz' *La Damnation de Faust* oder Boitos *Mefistofele*, sind zwar eigenwillige, doch immerhin noch direkte Nachkommen von Goethe. Noch andere sind wie Vettern zweiten Grades im zweiten Gliede und haben mit ihrem erlauchten Vorfahren kaum mehr gemeinsam als den Namen: Liszts symphonische Dichtung *Tasso* und eine Reihe ausländischer Werke wie Gounods *Faust*, Thomas' *Mignon*, Massenets *Werther*.

Trotz dieser Einschränkungen darf man annehmen, daß die Musiker von Mozart bis Mahler, Pfitzner und Richard Strauss Goethes Einfluß verbreitet und sein Fortwirken begünstigt haben, indem sie ihn einem Publikum nahebrachten, das sich nur teilweise mit dem rein literarischen deckt. Dies gilt besonders für die nichtdeutsche Zuhörerschaft, die zu den Werken nur in beschränktem Maße Zugang hat. So trug die Schubertomanie, die sich um 1835 über ganz Frankreich erstreckte, sicher dazu bei, auch Goethe dort bekannter zu machen; in vielen angelsächsischen Familien, deren Wohnungen mehr stereophonische Apparate und Kassetten aufweisen als Bücher, hat sich Goethe zumindest ein Plätzchen neben Lorenzo da Ponte und Beaumarchais erobert als einer von denen, die »irgendwie« die großen Komponisten angeregt haben. (In Wirklichkeit war es freilich umgekehrt: Goethes Lyrik hat manchem talentierten Musiker erst die Gelegenheit geboten, sich selber schöpferisch zu betätigen.) Im Licht dieser Tatsache ist hingegen der Einwand, daß der vielgestaltige »musikalische Goethe« ausgesprochen romantische Züge trägt, eigentlich belanglos: Brahms hatte ganz recht, als er Massenets *Werther* als »Zuckerbäckermusik« abfertigte, aber im Hinblick auf die sonstige Vernachlässigung Goethes war selbst diese entfernte musikalische Huldigung damals ein Kompliment an den Dichter; und sie ist es wohl auch noch in unseren Tagen, in denen diese Oper wieder viel gespielt wird.

Zwei deutsche Komponisten haben jedoch das Goethe-Bild auf eine viel unmittelbarere Art und Weise bereichert: Liszt und Wagner. Sie ragen aus der Gruppe der Musiker hervor, weil ihr Interesse am Dichter weit über beruflich-musikalische Grenzen hinausging. Als Liszt 1848 nach Weimar übersiedelte, war seine Freundin Karoline von Sayn-Wittgenstein auf der benachbarten Altenburg bereits dabei, eine Gruppe von geistvollen Männern um sich zu versammeln, so wie es Goethe einst in Weimar getan hatte und Madame de Staël in Coppet. Unter Karolines Gästen befanden sich zu verschiedenen Zeiten die Maler Schwind, Richter und Menzel, die Musiker Berlioz, Brahms und Schumann, die Dichter Hebbel, Heyse und Freytag sowie der Bildhauer Ernst Rietschel, später der Schöpfer des Weimarer Goethe-Schiller-Denkmals. In den fünfziger Jahren wurde die ruhige kleine Stadt an der Ilm vorübergehend noch einmal zu einem der Brennpunkte europäischen Geisteslebens. Es war somit kein Zufall, daß Liszt in seiner Funktion als Operndirektor die Uraufführung von Wagners *Lohengrin* gerade in Weimar veranstaltete, und zwar am 28. August 1850 zu Ehren der 101. Wiederkehr von Goethes Geburtstag. Zum gleichen Festtag erließ eine Anzahl deutscher Schriftsteller, darunter Alexander von Humboldt und Varnhagen von Ense, in verschiedenen Zeitungen einen Aufruf, in, dem Beiträge für eine zu errichtende Goethe-Stiftung erbeten wurden, die das künstlerische Leben in Deutschland fördern und seinen Einfluß auf die »sittliche Entwicklung der Nation« stärken sollte. Liszt hielt diesen Vorschlag für zu undeutlich und legte in einem Pamphlet sein eigenes Projekt einer Goethe-Stiftung dar, in deren Rahmen jedes Jahr Wettbewerbe in der Musik, Malerei, Skulptur und Dichtkunst veranstaltet werden sollten, und zwar so, daß jede dieser Disziplinen alle vier Jahre einmal zum Zuge kommen würde. Er dachte sich, daß die Stiftung die besten Gemälde sowie Skulpturen erwerben und in einem besonderen Museum ausstellen und die preisgekrönten musikalischen und literarischen Schöpfungen in der Form von Festspielen aufführen solle.

Dieser ehrgeizige Plan, aus Weimar den Sitz einer Art künstlerischer Olympiade zu machen, fand jedoch wenig Anklang. Aus finanziellen und anderen Gründen legte Großherzog Carl Alexander, auf dessen aktive Unterstützung es vor allem ankam, nur wenig Begeisterung an den Tag. Selbst Liszts Intimus Wagner glaubte, daß ein neuer Wettbewerb für Künstler eine Vervielfältigung bereits bestehender Institutionen darstellen würde, und schlug statt dessen die Errichtung eines Deutschen National- oder vielmehr »Originaltheaters« vor, in dem idealistische und experimentelle Stücke ohne Rücksicht auf finanzielle Erwägungen aufgeführt werden könnten. Auch dieser Vorschlag verlief jedoch im Sande, und die Freunde sahen nach einigen Jahren, daß diese Pläne, denenzufolge sie, wie einst Goethe und Schiller, eine neue Weimarer Glanzperiode heraufführen wollten, doch nur Utopien gewesen waren.

Liszts und Wagners Beschäftigung mit Goethe war zeitweise so intensiv, daß sie auch auf ihr Privatleben, ja sogar auf die Beziehungen zu den Frauen abfärbte, mit denen sie liiert waren. Karoline hatte für Goethe so wenig übrig, daß sein Name in ihrer Gegenwart nicht erwähnt werden durfte; zweifellos hat diese Abneigung dazu beigetragen, daß die geplante Goethe-Stiftung sozusagen totgeboren zur Welt kam. In Wagners Fall spielte *Faust*, weniger verhängnisvoll, aber nicht minder dramatisch, etwa die Rolle des Galeotto bei Dantes Paolo und Francesca. – Als Wagner und Minna als Gäste der Wesendoncks in Zürich wohnten und der Komponist die Arbeit an *Tristan und Isolde* in Angriff genommen hatte, erwärmte sich seine Neigung zu Mathilde rasch zur Liebe.[8] Am Morgen des 7. April 1858 übersandte er ihr durch einen Boten den ersten Bleistiftentwurf zum Tristan-Vorspiel mit einem Brief, den die eifersüchtige Minna abfing und Otto Wesendonck zeigte. Es folgten einige peinliche Szenen, nach denen Wagner und Minna das Haus verließen und die Scheidung einleiteten. Das Kernstück dieses fatalen, »Morgenbeichte« betitelten Briefes handelt von Goethes *Faust*, über den Wagner und Mathilde sich am Abend vorher unterhalten hatten. Wagners Argumente sind zu kompliziert und zu tief mit der geliebten Frau und seinem Verhältnis zu ihr verwoben, als daß sie hier wiedergegeben werden könnten. Der Brief stellt aber klar heraus, daß Wagner das Drama gut kannte und bis auf den Schluß bewunderte, bei dem ihm die durch Gretchens Fürbitte gewissermaßen *ex machina* gewährleistete Erlösung befremdend, weil nicht in Fausts Erdenleben begründet, erschien. Auch störte ihn die Tatsache, daß Goethe »für die philisterhafte Accomodation der Welt hergerichtet« wurde, und zwar durch seine »Ausleger und Zurechtmacher«, unter welchem Sammelnamen er, der sich freilich selten eine Gelegenheit entschlüpfen ließ *pour épater le bourgeois* oder auch *la bourgeoise*, die Kommentatoren zusammenfaßte.

Dies war die dramatischste, aber bei weitem nicht die einzige Gelegenheit, bei der Goethe eine wichtige Rolle im Denken und Handeln Richard Wagners spielte. Schon als Schuljunge hatte dieser eine (nicht mehr auffindbare) Tragödie verfaßt, *Leubald und Adelaide*, zu der er starke Anregungen von Shakespeare und *Götz von Berlichingen* empfangen hatte. Der Name Adelaide geht natürlich auf Beethoven zurück, den dritten Leitstern an Wagners Himmel neben Goethe und Schiller. In der Tat begleitet und symbolisiert die Verquickung von Goethe und Beethoven Wagners künstlerische Entwicklung: Als Junge hatte ihn die Vertonung des *Egmont* so überwältigt, daß er einem autobiographischen Fragment zufolge sein »fertig gewordenes Schauspiel [das heißt eben *Leubald und Adelaide*] nicht anders vom Stapel laufen lassen wollte, als mit einer ähnlichen Musik versehen«; das größte musikalische Erlebnis des jungen Mannes war die Aufführung der Neunten Symphonie am Palmsonntag 1849 in Dresden, die ihn so bewegte, daß er einen Kommentar dazu verfaßte, in dem jeder Satz durch ein vorangestelltes Zitat aus *Faust* charakterisiert wird; die bedeutendste Schrift des reifen Künstlers, die Abhandlung *Beethoven*, enthält viele durchdringende Bemerkungen auch über Goethe.

Zwei Quellen speisten Wagners Interesse an Goethe: seine frühe Vertrautheit mit dem Werk und sein Gefühl der geistigen Verwandtschaft mit seinem Schöpfer. Im Unterschied zur großen Mehrzahl der Musiker genoß Wagner zu Hause und auf der Schule eine gründliche literarische Vorbildung, bei der »Griechisch, Lateinisch, Mythologie und Geschichte ... die Hauptsache« und die Musik nur »große Nebensache« war. An den Vater, der kurz nach Richards Geburt starb, konnte er sich selbstverständlich nicht erinnern, aber schon dieser war Theaterliebhaber gewesen und sogar zur Uraufführung der *Braut von Messina* nach Lauchstädt gereist (mit seiner Frau, der er es übelnahm, daß sie nicht wußte, wer Goethe und Schiller waren). Wagners Stiefvater Ludwig Geyer war Schauspieler, sein Onkel Adolf Wagner ein Schriftsteller, dem Goethe einmal einen silbernen Becher als Anerkennung für ein ihm gewidmetes Gedicht geschenkt hatte. Diese Einflüsse wurden auf dem Gymnasium verstärkt; da sich Wagners musikalische Interessen erst mit achtzehn Jahren vertieften, blieb ihm der ungeheure Aufwand an Zeit, Energie und Nervenkraft erspart, der mit dem frühen Bemeistern eines Instrumentes verbunden zu sein pflegt. Er konnte sich somit auf die Literatur konzentrieren, und da seine jugendliche Vorliebe vor allem dem Drama galt, fühlte er sich besonders zu Goethe und Schiller hingezogen. Er kannte die Werke beider so genau, daß er eine Anzahl treffender Beobachtungen über ihre Ähnlichkeiten und Verschiedenheiten anstellen konnte, in seinem Briefwechsel und später in den Aufsätzen *Beethoven* und *Über Schauspieler und Sänger.* So bemerkte er zum Beispiel, daß die Literaturhistoriker zwar Goethe gern als »Realisten« und Schiller als »Idealisten« herausstellen, daß das Gegenteil aber eher zuträfe, zumindest in bezug auf das Theater, wo Goethe idealistischer gewesen sei, indem er sich weigerte, seine Werke dem recht niedrigen Niveau der damaligen Bühne anzugleichen. Für die Musik hingegen habe Schiller ein besseres Verständnis gezeigt als Goethe, der wegen der Frivolität seiner Singspiele zu tadeln sei, bei denen er immer geglaubt habe, seine künstlerischen Ansprüche herabsetzen zu müssen.

Gewisse Übereinstimmungen zwischen seiner eigenen Laufbahn und der Goethes bestärkten Wagner in dem Gefühl einer Verwandtschaft mit dem Dichter. Beide schrieben Werke, die ihrer Zeit weit überlegen waren; beide mußten sich jahrelang plagen, um die Schauspieler beziehungsweise Musiker auf einen diesen Werken angemessenen Stand der beruflichen Ausbildung zu bringen; beide mußten sich auch erst ein Publikum schaffen, das diesen Werken die rechte Aufnahmefähigkeit entgegenbringen könnte – eine Sisyphusarbeit im Falle Goethes, und auch für Wagner bis in die Bayreuther Zeit hinein recht entmutigend. Berührungspunkte dieser Art konnten ihren Eindruck auf Wagner nicht verfehlen; wie der klassische Dichter schrieb auch er seine reifen Werke nicht zur Selbsterleichterung, sondern im Banne der Erkenntnis, daß seine Leistung mehr galt und zu mehr verpflichtete als die eines noch so begabten einzelnen.

Vor allem aber war es *Faust*, der Wagner immer wieder fesselte. Musikalisch versuchte er das Drama in Opus Nr. 5 (fünf Lieder und zwei Instrumentalkompositionen verschiedener Szenen) und einer Ouvertüre zu bewältigen, einem Tongemälde des Helden in seiner Einsamkeit. Was Wagner an der zeitgenössischen Goethe-Kritik besonders aufbrachte, war der weitverbreitete Glaube, Goethe sei ein schlechter Theaterdichter gewesen, weil dieses Stück die Fähigkeiten so vieler Schauspieler übersteigt. Eine Richtigstellung dieser Ansicht lag ihm so am Herzen, daß er in *Über Schauspieler und Sänger* seine eigene Meinung ganz kanonisch formulierte: »Ich zeige in Goethe's ›Faust‹ unseren deutschen Schauspielern ein Stück von allerhöchstem dichterischen Werthe, in welchem sie dennoch jede Rolle richtig zu geben und jede Rede richtig zu sprechen ganz von Natur befähigt sein müssen, wenn sie überhaupt irgendwelche Begabung für das Theater aufzuweisen haben.« Um die Wichtigkeit dieser Stellungnahme zu würdigen, muß man sich daran erinnern, daß Wagner selbst etwas fast Unmögliches erreicht hatte, indem er eine neue dramatische Kunst schuf und erfolgreich zur Aufführung brachte; daß er für Millionen seiner Landsleute ein Halbgott war, nach Bismarck der größte Mann des Zeitalters; und daß diese Worte geschrieben wurden, als der zweite Teil des *Faust* nicht nur keineswegs als Prüfstein für die Fähigkeiten eines Schauspielers angesehen, sondern mit mehr oder minder Nachsicht als Schaumschlägerei eines alten Mannes abgetan wurde. Hatte doch selbst Hebbel einige Jahre vorher seine Besprechung einer Wiener *Faust*-Aufführung mit der Bemerkung abgeschlossen, daß er die Darstellung als solche lieber gar nicht erst erwähnt hätte, »denn der ›Faust‹ ist kaum eine Probe für den mimischen Künstler, er spielt sich theils von selbst und ist zum Theil gar nicht zu spielen«. Kein Zweifel, daß Hebbel hier unrecht hatte und Wagner recht.

In den Augen eines oberflächlichen, von Statistiken beeinflußten Beobachters muß Goethes Stellung im deutschen Geistesleben am Ende des 19. Jahrhunderts wahrhaft unerschütterlich erschienen sein. Der Absatz seiner Werke, von den broschierten Reclam-Heftchen fast jedes einzelnen Dramas bis zu den verschiedenen Ganzleder-Prunkausgaben, war so groß, daß die Druckereien kaum mit der Nachfrage Schritt halten konnten. Daß einige Ausgaben der Gesammelten Werke weniger gelesen als im Glasschrank zur Schau gestellt wurden, war allenfalls mit dem Zeitgeschmack zu entschuldigen, der dem Talmiglanz ja auch in anderen Hinsichten geneigt war. Das etwas unscharfe, aber anheimelnde Goethe-Bild, das die großen positivistischen Biographen soeben gezeichnet hatten, war weit verbreitet. Goethe hatte sich auf der Schule und auf der Universität, im Konzertsaal und auf der Bühne einen Ehrenplatz erworben. Volkstümliche Schriftsteller und ernsthafte Gelehrte zollten ihm Tribut. Es gab zwar auch damals schon ein paar Stimmen, die sich gegen das Idol des verewigten Dichterfürsten wandten, der von irgendwo (peinlicherweise hatte er es ja unterlassen, sich ein Plätzchen im protestantischen oder katholischen Himmel zu sichern ... aber war denn die Klassik nicht auch eine Religion und Goethe ihr Hohepriester?) wohlwollend auf sein Volk herablächelte, das sich nach Niederwerfung des tückischen Erbfeindes inzwischen selber zu solchen Höhen der Macht und des Reichtums erhoben hatte. Baumgartners feindlicher Biographie folgten zum Beispiel zwei kurze Schriften, die 1892 beziehungsweise 1899 das Tageslicht erblickten und die vorherrschende Auffassung von Goethe als eine Verhöhnung des Dichters und auch des Publikums hinstellten: Friedrich Braitmaiers *Goethe-Kult und Goethe-Philologie* und Rudolf Huchs *Mehr Goethe*. Aber trotz ihrer herausfordernden Titel schienen diese Ausnahmen nur die Regel zu bestätigen: daß nämlich Goethe, wie so viele andere im neuen Reich, »arriviert« war. Seine Beliebtheit als Dramatiker blieb unvermindert, als die Hof- und Stadttheater 1871 ihr Monopol verloren und neue Bühnen unter dem Patronat von Geschäftsleuten entstanden. Jeder, der »was war« oder doch sein wollte, gehörte der Goethe-Gesellschaft an oder verbeugte sich auf andere Weise in Richtung Weimar. Im Jahre 1889 hatte der junge Kaiser geruht, das Weimarer Goethe-Haus höchstpersönlich in Augenschein zu nehmen, und auch der Eiserne Kanzler hatte erklärt, daß ihm zwar *Die Wahlverwandtschaften* wegen des Schwächlings Eduard nicht recht zusagten, daß Goethe aber sonst »ganz nach meinem Geschmack« sei. Zehn Jahre später, aus Anlaß der 150. Wiederkehr von Goethes Geburtstag, ergoß sich eine wahre Flut von Goethe-Reden und -Aufsätzen über das Land, und eine Unterlassungssünde wurde nun durch die Enthüllung von nicht weniger als drei Denkmälern (in Leipzig, Straßburg und Wetzlar) gutgemacht. Daß diese Denkmäler den Dichter sämtlich als jungen Mann darstellten, entsprach ebenfalls den herrschenden Ansichten. Hatte Goethe nicht auch den neuesten Ansturm gegen die literarische Überlieferung überstanden, den der Naturalisten und frühen Expressionisten, die mit dem Klassiker nichts hatten zu tun haben wollen, die aber den jungen Draufgänger als Vorläufer ihrer eigenen Programme feierten, als Verfechter ihrer sozialistischen Tendenzen, ihrer wuchtig-ursprünglichen Sprache und ihrer Ungeduld, die Fesseln einer dekadenten Zivilisation abzuwerfen und zur Natur zurückzukehren? In welche literarische Himmelsrichtung unser Beobachter auch geblickt haben mag, überall bot sich ihm ein fertiges Goethe-Bild. Die Naturalisten schilderten den Dichter als jungen Titanen und lasen in Karl Weitbrechts *Diesseits von Weimar, auch ein Buch über Goethe* (1895), daß Weimar und Italien einen Unschuldigen vom Pfad der Tugend weggelockt hatten (eine Auffassung, die später Arno Schmidt vertrat, der den jungen Goethe, »ehe er Frankfurt endgültig verließ«, als den größten deutschen Dichter betrachtete); traditionsgebundene Epigonen wie Paul Heyse konnten sich hingegen auf Otto Harnacks *Goethe in der Epoche seiner Vollendung* (1887) stützen und seine elegante Ausdrucksweise, seine gelegentlichen elegischen Anwandlungen und glatten Konturen bewundern; Impressionisten wie Dehmel und Liliencron witterten in ihm einen Verbündeten im Kampf gegen die Philister; ja sogar die wahrhaft großen Schriftsteller des späteren 19. Jahrhunderts, Grillparzer, Stifter, Hebbel, Keller, Raabe, die ihrerseits bereits im Geruch der Klassik standen, schienen Goethe zwar auf andere, aber kaum weniger zwingende Weise verpflichtet zu sein.

Aber der Anschein trog. Die Mächte, die das deutsche Weltbild des ausgehenden 19. Jahrhunderts und damit auch das damalige Goethe-Bild zertrümmern sollten, waren bereits am Werk. Gerade im Lager der siegreichen Naturwissenschaften begannen sich Zweifel zu regen über den Wert jener mechanistischen Weltansicht, die eben noch solche Triumphe gefeiert hatte. Die Fortschritte in der Medizin, die wachsende Beliebtheit der Evolutionstheorie und ihre erste zögernde Anwendung auch auf nicht-biologische Wissenschaften, die Entdekkung der Röntgenstrahlen und der radioaktiven Elemente, die Verbesserung des Nachrichtensystems, die immer mehr verfeinerte Auswertung der Elektrizität schienen alle zu prophezeien, daß der Tag, an dem die Lebensprozesse selber erklärt, kontrolliert und am Ende gar künstlich nacherschaffen werden könnten, nun nicht mehr fern sein dürfte. Hingegen waren die humanistischen Bereiche im Universitätsbetrieb bei der von Staat und Öffentlichkeit gewährten Unterstützung langsam ins Hintertreffen geraten, ja ihre Repräsentanten und Verteidiger waren selber in den Bann naturwissenschaftlicher Methodik und Terminologie gezwungen worden, so daß sie Geschichte als Sozial-»wissenschaft« zu treiben, zolaeske Romane eines »wissenschaftlichen« Naturalismus zu schreiben und sich mit Literatur»wissenschaft« zu beschäftigen begannen. Indessen hatten sich einige einsichtsvolle Naturforscher bereits die Frage gestellt, ob ihre experimentellen Verfahren einer Erklärung der Grundprobleme des physikalischen Lebens und der menschlichen Existenz tatsächlich näher kämen als die spekulativen Methoden der idealistischen Philosophie ein halbes Jahrhundert zuvor. Im Rückblick ist es klar, daß Einsteins und Plancks Theorien vom Wesen und Verhalten des physikalischen Universums und die etwa gleichzeitig gewonnenen, zum Teil von Freud ausgehenden neuen Ansichten vom Wesen und Verhalten des Menschen lediglich ein schon lange brüchig gewordenes Gedankensystem zum Einsturz brachten. Sie taten dies durch den (meist *implicite* gelieferten) Beweis, daß die Ideologie des wissenschaftlichen Materialismus auf falschen Voraussetzungen aufgebaut und daß weder die physikalische Welt noch die menschliche Seele so gebildet waren, daß man ihr Wirken nur als Produkt einer Kette von Kausalzusammenhängen erklären könnte. Es war eine Folgeerscheinung dieser – hier selbstredend überaus vereinfachten – Entwicklung, daß sich diejenigen deutschen Forscher, die ihren spekulativen Neigungen einige Freiheit ließen, nun in verschiedene Faktionen spalteten. Einige hielten an dem Glauben fest, daß die auf unsere Existenz direkt einwirkenden Phänomene trotz den unserer Wahrnehmung der Natur gesetzten Grenzen dennoch mit der Zeit zu einer Gruppe von formulierten Gesetzen zusammengefaßt werden könnten. Viele dieser Männer, besonders die Anhänger Ernst Haeckels, schlossen sich im Monistenbund zusammen. Ihnen stellte sich der 1907 begründete Keplerbund entgegen, dessen Mitglieder die Möglichkeit, ja Notwendigkeit einer Synthese von christlicher Heilslehre und moderner Technologie befürworteten. Noch andere warben um Anhänger für ihre eigenen Weltansichten. Der 1909 mit dem Nobelpreis bedachte Chemiker Wilhelm Ostwald predigte »Energetik«, derzufolge nicht nur die physikalische Welt, sondern auch unsere Kultur- und Kunstwerte im Grunde nichts anderes sind als Ausstrahlungen einer immanenten Energie. Mit ähnlicher Begeisterung und Einseitigkeit sah Wilhelm Wundt im Studium der Wirkung der Denkprozesse auf das Nervensystem, ja in experimenteller Psychologie überhaupt, ein Allheilmittel für die Probleme des modernen Lebens. Unter den Soziologen wiederum trat der protestantische Theologe Friedrich Naumann für den Ausgleich der sozialen Lasten als erste Aufgabe des Zeitalters ein. In diesen Kämpfen wurde auch der Dichter, und ganz besonders der Naturforscher Goethe verschiedentlich bemüht: In den *Welträtseln* (1899) beanspruchte Ernst Haeckel ihn für die Sache des Darwinismus; zugleich erblickte Naumann in ihm den Vorläufer einer Art von christlichem Sozialismus und Rudolf Steiner einen Protoanthroposophen. Es war jedoch ein Physiologe, der sich am einschneidendsten mit ihm auseinandersetzte: Emil Du Bois-Reymond.

In einer auf der Jahresversammlung Deutscher Naturforscher und Ärzte 1872 in Leipzig gehaltenen Ansprache *Über die Grenzen des Naturerkennens* verglich Du Bois-Reymond den modernen Naturforscher mit einem Alexander oder Caesar, der an einem Ruhetag Rundschau hält über die ihm unterworfenen Länder, um zu entscheiden, was noch zu erobern ist und was sich wohl für immer seinem Zugriff entziehen würde. Du Bois-Reymond kam zu dem Ergebnis, daß trotz aller noch zu erwartenden Fortschritte zwei Probleme außerhalb der Reichweite naturwissenschaftlicher Erkenntnis verbleiben würden: eine philosophische Definition der Materie (im Gegensatz zu einer physikalischen, in der etwa eine bestimmte Materie als Trägerin einer konstanten Menge potentieller und kinetischer Energie zu betrachten ist) und eine Definition des Bewußtseins als eines »aus seinen materiellen Bedingungen unerklärbaren geistigen Vorganges«.[9] Der Vortragende machte es den Zuhörern und Lesern zur Pflicht, diese Tatsachen anzuerkennen und sich damit abzufinden, daß unserer Erkenntnis hier feste Grenzen gesetzt sind, jenseits derer wir immer zum Unwissen, zum Eingeständnis eines »Ignorabimus« gezwungen bleiben würden.

Du Bois-Reymond war einer der einflußreichsten Naturforscher seiner Zeit, Nachfolger Johannes v. Müllers als Professor für Physiologie an der Universität Berlin, Autor eines Standardwerkes über Tierelektrizität und Repräsentant der deutschen Naturwissenschaft auf internationalen Kongressen in Paris und London. Die gelehrte Welt hatte sich kaum vom Schock seiner Behauptungen erholt, als er eine zweite, nicht weniger aufsehenerregende Ansprache hielt, *Goethe und kein Ende* (1882), in der er dem Dichter vorwarf, die deutschen Naturforscher durch sein Beispiel einer graphischen anstatt mechanistischen Interpretation der Naturphänomene irregeführt zu haben. Goethes naturwissenschaftliche Forschungen, vor allem die Farbenlehre, seien wenig mehr als »die todtgeborene Spielerei eines autodidaktischen Dilettanten« gewesen, weil sie auf Untersuchungen beruhten, die ohne Bezug auf das Kausalitätsgesetz durchgeführt worden waren. Dadurch, daß Goethe sich im großen und ganzen auf beschreibende Morphologie beschränkte, habe er die weit ergiebigere Erforschung des Wachstums, der Bewegung und anderer Charakteristika des organischen Lebens (aus denen Gesetze abgeleitet werden können) vernachlässigt. Diese These, die Du Bois-Reymond in seiner Antrittsrede als Rektor der Friedrich-Wilhelms-Universität aufstellte, rief eine Anzahl von Gegenthesen von seiten anderer Wissenschaftler hervor, die darauf bestanden, daß Goethes Naturstudien nicht weniger Gültigkeit besäßen als die anderer Forscher, deren Arbeiten dem Experiment mehr verpflichtet waren als der induktiven Spekulation. Unter diesen Verteidigern Goethes waren Hermann Helmholtz und Rudolf Steiner vielleicht am wirksamsten – ersterer, weil er gerade bei der Beweisführung, daß Newtons Definition des Lichtes rein physikalisch gesehen unwiderlegbar ist, dennoch zu großer Bewunderung für Goethes morphologische und physiologische Gedankengänge und für seine »Vorahnungen kommender naturwissenschaftlicher Ideen« (über die Helmholtz 1892 einen vielbeachteten Vortrag hielt) hingerissen wurde; letzterer, weil er gewissermaßen zum Gegenangriff überging, indem er in der später so berühmten Anthroposophie ein philosophisches System aufbaute, das auf einer gerade anhand seiner Goethe-Studien profilierten Antithese beruhte: der zwischen dem mechanischen Element in der Natur, das in Gesetze gefaßt, und dem organischen, das nur mit Hilfe von Ideen erfaßt werden kann. So tut Steiners spätere Neigung, in Goethes naturwissenschaftlichen Ideen und Methoden eine Gesamtlösung existentieller Probleme zu sehen, seiner Leistung als Herausgeber der wissenschaftlichen Abteilung der Werke im Rahmen der Sophien-Ausgabe und als Vorkämpfer eines naturwissenschaftlich orientierten Goethe-Bildes keinen Abbruch.[10] Er war der erste, der die für Goethe so charakteristische Methode des »Schauens« definierte: jene intuitiv-induktive Betrachtungsweise, die dem Dichter zu fast überall anwendbaren Ideen und Symbolen verhalf – die dann ihrerseits freilich genauer wissenschaftlicher Überprüfung standhalten mußten. Steiner betonte immer wieder, daß dieses Goethesche Schauen von einer nicht-mechanistischen Weltansicht herrühre, in der die Natur als etwas Göttliches oder zumindest dem Ursprung nach Geistiges angesehen wird, und daß ferner eine Kenntnis der Art und Weise, in der Goethes Naturstudien seine Gesamtpersönlichkeit formten, für das volle Verständnis der Werke nicht nur wünschenswert, sondern unerläßlich sei. Das Schauen ist denn auch der Punkt (um der Entwicklung einen Augenblick vorauszueilen), von dem aus der 1976 verstorbene Physiker Werner Heisenberg die Eigenart des Naturforschers Goethe definiert hat. Er beruft sich dabei auf das Vorwort zur *Farbenlehre*, in dem Goethe die Möglichkeit einer folgenlosen Naturbetrachtung verneint und zum Schluß kommt, daß jedes Schauen zwangsläufig in ein Theoretisieren mündet: »Dieses aber mit Bewußtsein, mit Selbstkenntnis, mit Freiheit und, um uns eines gewagten Wortes zu bedienen, mit Ironie zu tun und vorzunehmen, eine solche Gewandtheit ist nötig, wenn die Abstraktion, vor der wir uns fürchten, unschädlich und das Erfahrungsresultat, das wir hoffen, recht lebendig und nützlich werden soll.« Woher stammt aber Goethes Mißtrauen gegenüber der Abstraktion – fragt sich Heisenberg weiter –, das auch die Abneigung erklärt, mit der er der Mathematik begegnete als einem Schlüssel oder Symbol zur Kennzeichnung weitverzweigter Naturgesetze wie der Newtonschen Mechanik? Aus seiner Vermutung, daß sie (wie bei Faust, der der Natur »mit Rad und Kämmen, Walz und Bügel« zu Leibe rückt) böse Resultate zeitigen kann? – Wie dem auch sei, mit eben dieser Abstraktion, vor der der Dichter in seiner eigenen Forschung zurückschreckte, beginnt die moderne Naturwissenschaft, in der, nach Heisenbergs Worten, »die Welt seit Goethe den Weg gegangen [ist], vor dem Goethe gewarnt hat, den er für zu gefährlich hielt. Die Kunst hat sich von der unmittelbaren Wirklichkeit ins Innere der menschlichen Seele zurückgezogen, die Naturwissenschaft hat den Schritt in die Abstraktion getan, hat die riesige Weite der modernen Technik gewonnen und ist bis zu den Urgebilden der Biologie und bis zu den Urformen vorgedrungen, die in der modernen Wissenschaft den Platonischen Körpern entsprechen. Gleichzeitig sind die Gefahren so bedrohlich geworden, wie Goethe es vorausgesehen hat. Wir denken etwa an die Entseelung, die Entpersönlichung der Arbeit, an das Absurde der modernen Waffen oder an die Flucht in den Wahn, der die Form einer politischen Bewegung angenommen hatte.«[11]

Hinzuzufügen wäre allenfalls, daß Goethes Postulat einer Urpflanze, seine Zurückführung aller gestaltenden Kräfte in der belebten Natur auf etwas allen Erscheinungsformen Gemeinsames, gar nicht so weit entfernt ist von der von Crick und Watson entdeckten Doppelkette der Nukleinsäuren, die das gesamte Erbgut eines Lebewesens enthält.

Während Männer wie Du Bois-Reymond, Helmholtz und Steiner Goethes Beitrag zur Naturwissenschaft zu präzisieren trachteten, bemühten sich andere, das Verhältnis der Natur zu den Geisteswissenschaften prinzipiell festzusetzen. Es ist für Goethes Stellung im deutschen Geistesleben bezeichnend, daß die Männer, die nun die grundsätzlichen Unterschiede in Zweck und Methode zwischen diesen Disziplinen aufdeckten, sich ebenfalls oft auf ihn beriefen. Zu ihnen gehörte der Philosoph Wilhelm Windelband, der die Naturwissenschaften als nomothetisch oder gesetzgebend, die Geisteswissenschaften hingegen als idiographisch oder beschreibend und individualisierend bezeichnete, der Faust-Ausleger Heinrich Rickert und vor allem Wilhelm Dilthey, der zu dieser Zeit mehr als irgendein anderer dazu beitrug, in den deutschen Literarhistorikern Stolz und Vertrauen auf ihr Handwerk zu erwecken. In dem epochemachenden, ursprünglich 1877 veröffentlichten und dann 1905 zum Kernstück von *Das Erlebnis und die Dichtung* ausgebauten Aufsatz über *Goethe und die dichterische Phantasie* wandte Dilthey auf Goethe jene beschreibende Psychologie an, mit deren Hilfe er tief in das Geheimnis des künstlerischen Schöpfungsprozesses einzudringen hoffte. Nach ihm lag die große Leistung der sogenannten Deutschen Bewegung, die mit Lessing und dem Sturm und Drang begann und mit Hegel und der Spätromantik endete, in der Befreiung der schöpferischen Phantasie von den Fesseln der Vernunfthörigkeit und des bloßen guten Geschmacks. Goethe stellt den Höhepunkt dieser geistigen Bewegung dar (der bedeutendsten, die je auf deutschem Boden stattgefunden hat), weil bei ihm die künstlerische Phantasie den Lebensquell der Kunst schlechthin bildete. Man darf ihn deshalb noch weniger als andere Dichter mit dem Maßstab des Durchschnittsmenschen messen; er besaß nicht *mehr* von dem, was allen Menschen eigen ist, sondern etwas *anderes*. Wenn es die Aufgabe großer Literaturwerke ist, nicht die Umwelt zu beschreiben, sondern die Erfahrungen und Lebenseinsichten des Dichters zu verlebendigen, dann war Goethe dank seiner inneren Konstitution einer der größten aller Sprachschöpfer: Ihm war es gegeben, die Welt mit besonderer Intensität zu erleben. In der Tat war seine Art des Welterlebens symptomatisch für den Vorgang als solchen, der »intensiv empfunden, nicht nur passiv aufgenommen, sondern tätig verarbeitet werden soll, weil er den ganzen Menschen einbeziehen und beschäftigen muß, die Grundeinheit dessen, was Dilthey Leben nennt«[12]. Die Verwandlung, in der Goethe seine Lebenserfahrungen und -einsichten zu Kunstwerken verdichtete, ging daher auch weit über das mnemonische Wieder-Leisten der Vergangenheit hinaus, dessen wir alle mehr oder minder fähig sind; sie enthielt vielmehr ein Stadium des Denkens-in-Bildern, durch das sie schließlich zu einer Kraft wurde, die sowohl im unterbewußten wie im bewußten Zustand spontan wirkte. Dies erklärt unter anderem Goethes Unfähigkeit, wie Schiller die Muse zu kommandieren, oder umgekehrt den Strom der dichterischen Phantasie abzustellen. Daher die Schöpfung des *Werther* in wenigen Wochen ohne genauen Plan oder vorherige Skizzen und die ähnliche Entwicklungsgeschichte von *Hermann und Dorothea;* daher auch die innere Verbundenheit des Dichters mit der eigenen Schöpfung, die sich zum Beispiel darin äußerte, daß er beim Vorlesen des Epos selbst in Tränen ausbrach.

Durch diese und ähnliche Feststellungen proklamierte Dilthey von neuem die Autonomie des schöpferischen Menschen und dessen Unabhängigkeit gegenüber den meßbar-experimentellen Maßstäben der physikalischen Welt. Er ging noch weiter und entwarf eine ganze Typenlehre des künstlerischen Menschen, derzufolge Goethe nicht nur Bannerträger der Deutschen Bewegung war, sondern der Prototyp dessen, was Dilthey nun die »Goethesche« Form des schöpferischen Individuums nannte und sowohl gegen den »Shakespeareschen« wie den »Rousseauschen« Typ abgrenzte. Shakespeare war vom Leben fasziniert; es war ihm nicht darum zu tun, sein eigenes Leben zu bemeistern oder die Ungerechtigkeiten des *homo homini lupus* seiner Umwelt zu bekämpfen, sondern diese Umwelt zu verstehen und zu beschreiben; er war aktiv und neigte dazu, eher etwas Falsches zu tun als nichts. Rousseau war in vieler Hinsicht sein Gegenpol: der erste große europäische Schriftsteller, dessen Helden oft völlig der eigenen Phantasie entstammten. Zwischen beiden steht Goethe, der sich zwar viel in sich selbst vertiefte und dennoch darauf bedacht war, seine eigene Persönlichkeit in einer Welt und auch gegen eine Welt zu formen, über deren Unzulänglichkeit er keine Illusionen hegte.

Diltheys Verdienst um ein tieferes Goethe- und überhaupt Literaturverständnis läßt sich am besten beurteilen, wenn man sich vor Augen hält, daß er zu einer Zeit wirkte, in der der Künstler selten als autonomes Wesen angesehen und sein Werk nicht als Phänomen *sui generis* betrachtet, sondern mit Hilfe verschiedener pseudowissenschaftlicher Verfahren »gemessen« und etwa als Reaktion auf Impulse aus der literarischen Überlieferung, als Ergebnis von Einwirkungen der Umwelt usw. erklärt wurde. Es dauerte freilich geraume Zeit, ehe Diltheys Postulat der Andersartigkeit der schöpferischen Persönlichkeit (das unter anderem die Aufwertung Hölderlins als eines in überlieferte Rubriken der Literaturkritik nicht »passenden« Dichters auslöste) Wurzeln schlagen konnte. Eines der ersten auf Diltheyschem Boden fußenden literarhistorischen Werke war Georg Simmels *Goethe* (1913), ein genialer Entwurf einer philosophischen Definition des geistigen Typs oder der »Idee« Goethe, die Simmel in seiner dialektischen Art dann mit der Kants verglich. Er betonte vor allem die Goethe innewohnende Harmonie zwischen der objektiven Wirklichkeit der Welt und dem System subjektiver (ethischer, ästhetischer und anderer) Wertungen, nach denen wir leben. Während er seine eigene Persönlichkeit in verschiedenen Lebensepochen vervollkommnete, rannte Goethe nie, wie Kleist oder Hölderlin, gegen die Struktur der äußeren Welt an. Im Gegenteil: Sein Entwicklungsgang stellt eine sich immer mehr verfeinernde Synthese von Geist und Materie dar, eine Synthese, die um so bemerkenswerter ist, weil sie einem normalen, typischen, alle menschlichen Funktionen erfüllenden Wesen gelang.

Auch Simmel war jedoch letzten Endes nur ein Vorläufer in der literarhistorischen Fruchtbarmachung der Erkenntnisse moderner Psychologie und Soziologie. Erst nach dem Ersten Weltkrieg wurde die Geistesgeschichte, und damit auch die literarische Typologie und Morphologie, zum täglichen Werkzeug der Goethe-Forscher vom Schlage Hermann August Korffs und Rudolf Ungers.

So behauptete Goethe im ausgehenden 19. Jahrhundert eine zentrale Stellung bei Freund und Feind. Ehe wir auf die großen Biographien von Chamberlain und Gundolf zu sprechen kommen, in denen die neuen Entdeckungen über das Wesen des künstlerischen Schöpfungsprozesses auf Goethe angewandt wurden, ist es angebracht, dessen Rolle in der Gedankenwelt Friedrich Nietzsches zu bestimmen. Bei seinen Zeitgenossen war dieser Philosoph und Gesellschaftskritiker zwar weniger bekannt und umkämpft als jetzt; sein posthumer Einfluß läßt ihn uns Heutigen aber weit wichtiger erscheinen als etwa Paul de Lagarde oder Julius Langbehn, den Rembrandt-Deutschen. Nicht daß Nietzsches Ansichten über Goethe sich allzusehr von denen Lagardes und Langbehns unterschieden hätten: Ihr Goethe-Bild war wie das seine weitgehend von der Antipathie, Angst und Verzweiflung bestimmt, die die Zeit in ihnen hervorrief.

Als Dichter hörte Nietzsche nie auf, Goethe zu bewundern und von ihm zu lernen. Als Historiker wußte er sich einig mit ihm in der Ablehnung der Ansprüche, die die Fachgelehrten zugunsten einer wissenschaftlichen Geschichtsforschung erhoben. Als Philologe glaubte er gewisse Unzulänglichkeiten in Goethes Stellung zur griechischen Welt gefunden zu haben. Als Kulturkritiker schließlich fühlte er sich ganz als Nachfolger Goethes, besonders in seiner Haltung zu Deutschland und zum Christentum. So kreisten seine Gedanken immer wieder um Goethe als die fast einzige Gestalt der deutschen Vergangenheit, die er nie »umwertete«, sondern zeit seines Lebens als Verkörperung alles dessen betrachtete, was an der europäischen Kultur am wertvollsten war. Wegen Nietzsches Rolle als Mentor einer Anzahl führenden Geister des 20. Jahrhunderts haben seine Ansichten einen nachhaltigeren Einfluß auf das deutsche Goethe-Bild ausgeübt, als ihnen sonst vielleicht zukäme. Bei Thomas Mann sollten Nietzsche und Goethe als die prophetischen Warner gegen das weiterleben, was im modernen und besonders im deutschen Leben problematisch geworden war; bei Stefan George wurden er und Goethe zu Verkündern der Souveränität des formvollendeten Künstlers, bei Oswald Spengler war Nietzsche Herold einer dynamischen Geschichtsauffassung. Bei diesen und anderen Dichtern und Schriftstellern steht Nietzsches Goethe-Bild hinter der zwielichtigen Gestalt des Philosophen selber und überschattet diese in vieler Hinsicht.

Es ist eine der Thesen der Abhandlung *Vom Nutzen und Nachteil der Historie für das Leben*, daß das Erwerben geschichtlicher Kenntnisse an sich wertlos, wenn nicht gar schädlich ist und daß das Studium der Vergangenheit nur dann fruchtbar werden kann, wenn es zur Erhöhung der geistigen Kraft des Lesers beiträgt. In der Regel ist dies jedoch nur bei Menschen möglich, die stark genug sind, ihre Unabhängigkeit gegen den Ansturm historischer Ideen und Ideologien zu behaupten: bei Lesern, die weder die Vergangenheit auf Kosten der Gegenwart verherrlichen, wie etwa die Romantiker, noch ihre Hoffnung auf ein zukünftiges Paradies christlicher, sozialistischer, technologischer oder sonst wunschbildhafter Färbung setzen. Ein solcher Mensch war Goethe, der die pragmatisch-didaktische Geschichtsschreibung seiner Zeit mißbilligte und wenig für historisches oder sonstiges Wissen übrig hatte, wenn er es nicht in eine produktive Kraft für die eigene geistige Existenz verwandeln konnte. Diese Fähigkeit glaubte Nietzsche besonders in Goethes Vertrautheit mit dem klassischen Altertum zu sehen, die weniger gründlich war als die eines Philologen und doch groß genug, »um fruchtbar mit ihm zu ringen«. Somit ist die historische Wahrheit letzten Endes derjenige Teil der Vergangenheit, der so fortwirkt, wie die Griechen in Goethe fortwirkten. (Es ist in diesem Zusammenhang unwichtig, daß Nietzsche, wie Goethe und Carlyle vor ihm und Churchill nach ihm, von zünftigen Historikern ob seiner Überbetonung der begeisterungsauslösenden, »inspirativen« Aspekte der Geschichtsforschung getadelt wurde.)

Obschon er in Goethe einen Verbündeten im Kampfe gegen die positivistische Historiographie witterte und sich im Vorwort zu *Vom Nutzen und Nachteil* ausdrücklich auf ihn beruft, kritisierte ihn Nietzsche doch gerade wegen jener Selektivität, die er selber verfochten hatte. So erschien ihm Goethes Auffassung von der griechischen Welt zu einseitig, weil sie die gefühlsmäßige, sozusagen neurotische Grundlage der griechischen Kunst und Philosophie außer acht ließ, besonders die Freude am Tragischen, die Nietzsche als Kennzeichen nicht nur des vorsokratischen Griechenland, sondern schöpferischer Zeitläufte überhaupt feierte. Als »apollinisch« Denkender habe Goethe die Harmonie der griechischen Bildwerke betont und das »dionysische« Element (in dessen Definition eine der großen Leistungen Nietzsches liegt) als seiner Natur fremd abgelehnt: den orgiastischen Bestandteil der griechischen Psyche, der vom Erlebnis des Leidens und der Lebensangst herrührt und unter anderem auch den eigentlichen Quell des griechischen Schönheitsideals bildet. Den Grund für Goethes eigenwillige Auffassung glaubte Nietzsche in dessen »konziliantem« Begriff des Tragischen zu sehen, das für Goethe bekanntlich nicht ein Weg war, auf dem der Mensch zu größerer Wahrnehmungs- und Empfindungskraft erhöht wird, sondern eine Art Sackgasse, eine unerwünschte und überdies oft vermeidbare Gefährdung des inneren Gleichgewichtes. In *Menschliches Allzumenschliches* sollte dieser Tadel an Goethe in Nietzsches berühmter Faust-Kritik Ausdruck finden: »Eine kleine Näherin wird verführt und unglücklich gemacht; ein großer Gelehrter aller vier Facultäten ist der Übelthäter. Das kann doch nicht mit rechten Dingen zugegangen sein? Nein, gewiß nicht! Ohne die Beihülfe des leibhaftigen Teufels hätte es der große Gelehrte nicht zu Stande gebracht. – Sollte dies wirklich der größte deutsche ›tragische Gedanke‹ sein, wie man unter Deutschen sagen hört? – Für Goethe war aber auch dieser Gedanke noch zu fürchterlich; sein mildes Herz konnte nicht umhin, die kleine Nähterin, ›die gute Seele, die nur einmal sich vergessen‹, nach ihrem unfreiwilligen Tode in die Nähe der Heiligen zu versetzen; ja selbst den großen Gelehrten brachte er, durch einen Possen, der dem Teufel im entscheidenden Augenblick gespielt wird, noch zur rechten Zeit in den Himmel, ihn, ›den guten Menschen‹ mit dem ›dunklen Drange‹: – dort im Himmel finden sich die Liebenden wieder.« Da er die Möglichkeit und auch Erwünschtheit einer metaphysischen Existenz ablehnte, mußte Fausts Errettung Nietzsche unzulässig erscheinen, um so mehr, als er ohnehin ein »konsequentes« Drama vorzog und zum Beispiel Byrons *Manfred* und Kleists *Penthesilea* schon deshalb hochschätzte; man darf wohl annehmen, daß er auch Thomas Manns *Doktor Faustus* gebilligt hätte. Wie Werner Bergengruen in seiner *Rede über Goethe* bemerkt, besteht eine auffallende Ähnlichkeit zwischen dem olympischen Goethe-Bild des späten 19. Jahrhunderts und Goethes eigener Vision einer übernatürlich, gewissermaßen »angeboren« harmonischen griechischen Kultur.

Diese Meinungsverschiedenheiten hatten jedoch auf die große Verehrung wenig Einfluß, die Nietzsche sein Leben lang für Goethe an den Tag legte. Er fand in ihm »eine Universalität im Verstehen, im Gutheißen, ein An-sich-heran-kommen-lassen von jedwedem, einen verwegenen Realismus, eine Ehrfurcht vor allem Thatsächlichen«[13], und wenn Goethe trotzdem ein Ereignis ohne Folgen im deutschen Leben blieb, so lag das nicht an dem Dichter, sondern an seinen Landsleuten, deren eigentliche Bestrebungen nicht von Goethe, sondern von Kotzebue und Schiller verkörpert wurden; diese hatten sich zu Wortführern der moralisch entrüsteten Jugend gemacht, während Goethe zu seinen Lebzeiten über den Deutschen stand: »Wie Beethoven über die Deutschen weg Musik machte, wie Schopenhauer über die Deutschen weg philosophierte, so dichtete Goethe seinen ›Tasso‹, seine ›Iphigenie‹ über die Deutschen weg.« Der wirkliche Goethe würde in Deutschland erst viel später verstanden werden; mittlerweile stelle er genau das Gegenteil dessen dar, worauf die Untertanen Wilhelms des Ersten und auch des Zweiten am stolzesten waren: das Gegenteil ihres spießbürgerlich-geschäftstüchtigen »Kulturbetriebs«, ihrer pragmatischen Wissenschaft, ihrer chauvinistischen Selbstgefälligkeit und religiösen Heuchelei. Es braucht hier kaum darauf hingewiesen zu werden, daß dies eine recht voreingenommene Auffassung von Goethe ist und daß jedes Zitat, mit dem Nietzsche seine Gesellschaftskritik unterbaut, leicht durch eines mit entgegengesetztem Vorzeichen entkräftet werden kann.

Dies trifft auch auf den Kampf gegen das Christentum zu, über welches Goethe weit komplexere und zwiespältigere Ansichten hegte als Nietzsche (der behauptete, daß er und Goethe sich über »das Kreuz« verstünden) ihm zugestand. Auch in seiner Blindheit dem vorweimarischen Goethe gegenüber, den er praktisch über dem Dichter des *Tasso*, der *Iphigenie* und seines Lieblingswerkes, der *Novelle*, aus den Augen verliert, findet man ein Anzeichen dieser Subjektivität. Schon in der Jugend scheint Nietzsches Formgefühl zusammen mit seinem Glauben an die Notwendigkeit dramatischer und epischer Disziplin sowie seiner Verehrung für starke und selbstgenügsame Individuen ihm eine ausschließliche Hochachtung für den Goethe aufgedrungen zu haben, der in Eckermanns *Gesprächen*, »dem besten deutschen Buche, das es gibt«, lebendig wird. Die Kunst dieses formvollendeten, spätklassischen Dichters, den er höher schätzte als Schopenhauer und länger als Wagner, hat Nietzsche einmal wie folgt beschrieben: »Nicht Individuen, sondern mehr oder weniger idealische Masken; keine Wirklichkeit, sondern eine allegorische Allgemeinheit; Zeitcharaktere, Lokalfarben zum fast Unsichtbaren abgedämpft und mythisch gemacht; das gegenwärtige Empfinden und die Probleme der gegenwärtigen Gesellschaft auf die einfachsten Formen zusammengedrängt, ihrer reizenden spannenden pathologischen Eigenschaften entkleidet, in jedem anderen als dem artistischen Sinn *wirkungslos* gemacht; keine neuen Stoffe und Charaktere, sondern die alten längstgewohnten in immerfort währender Neubeseelung und Umbildung: Das ist die Kunst, so wie sie Goethe später *verstand*, so wie sie die Griechen, ja auch die Franzosen *übten*.« Wenn Nietzsche nichts anderes zum Thema beigetragen hätte als diese klassische Definition des klassischen Dichters, so würde er sich damit allein einen Platz in der Entwicklung des deutschen Goethe-Bildes gesichert haben.

5

DIE GOETHE-GESELLSCHAFT UND DER »VOLKS-GOETHE«

»Der alte Fritz, der kategorische Imperativ und unser Exerzierreglement, das macht uns keiner nach! Das und die Klassiker, damit hammer's geschafft in der Welt!«

CARL ZUCKMAYER, Der Hauptmann von Köpenick

In der letzten Phase unserer Untersuchung, von der Goethe-Renaissance bis zur Gegenwart, müssen wir notgedrungen von der chronologischen Berichterstattung abweichen und – auch auf die Gefahr hin, unserer Geschichte gelegentlich vorauszueilen – verschiedene Faktoren berücksichtigen, die auf das moderne Goethe-Bild gleichzeitig einwirkten. Unter diesen ist zunächst eine Körperschaft zu erwähnen, die aus den achtziger Jahren des vorigen Jahrhunderts stammt und in ihrer Art in der Literaturgeschichte einmalig dasteht: die Goethe-Gesellschaft in Weimar. Viele der verdienstvollsten Beiträge zur Goethe-Forschung wurden von Männern geleistet, die mit dieser Körperschaft verbunden und dadurch in die Lage versetzt waren, sich der von ihr bereitgestellten bibliothekarischen und sonstigen Hilfsmittel zu bedienen. Die publizistische Tätigkeit der Goethe-Gesellschaft bildete ihrerseits wiederum den Nachrichtenweg, über den die Ergebnisse dieser Forschungen einen Leserkreis erreichten, dessen Zusammensetzung und geistige sowohl als gesellschaftliche Merkmale nur wenig bekannt sind: Goethes Publikum der jüngsten Vergangenheit.

Dieses Publikum ist wichtig, weil Literatur als organischer Prozeß sozusagen zweimal »stattfindet«: nicht nur in der Konzeption, der Schöpfung durch den Dichter, sondern auch in der Rezeption, der Aufnahme durch den Leser.

Bis vor kurzem haben sich die Goethe-Experten hauptsächlich mit dem *Schöpfer* der literarischen Mitteilung und mit deren Inhalt und Form beschäftigt: mit dem Dichter und seinen Werken. Dadurch, daß sie das Publikum als selbstverständlich voraussetzten – eine Annahme, die sich freilich nur die wenigsten Dichter haben leisten können –, haben sie die Beobachtung des Amerikaners Walt Whitman außer acht gelassen, daß zu einem großen Dichter auch ein großes Publikum gehört. Die Jahre sind jedoch längst verklungen, in denen man in Deutschland (oder irgendwo anders) auf die Anteilnahme, ja das Vorhandensein eines großen Publikums für klassische Literatur rechnen konnte. Es war somit an der Zeit, als man um 1960 begann, auch dem *Empfänger* der literarischen Mitteilung, dem Leser, einige Aufmerksamkeit zu schenken; jenem Leser, ohne den auch das beste Buch nicht mehr ist als eine Anzahl gebundener, mit Schriftzeichen versehener Blätter. Es ist so viel über Goethe geschrieben worden, daß man seine Leserschaft so gut wie vergessen hatte – als ob der Umstand, daß er noch immer gelesen wird, nicht zum Teil vergangenen Generationen zu verdanken wäre, die seine Werke veröffentlicht, kommentiert und uns intakt überliefert haben. Die Frage »Wer liest Goethe?« kann freilich auch mit dem Instrumentarium des Meinungsforschers nicht erschöpfend beantwortet werden. Dies will jedoch nicht besagen, daß wir auf jeglichen Versuch einer Antwort zu verzichten haben; auch der Anthropologe enthält sich ja nicht seiner Mutmaßungen über den Neandertaler, nur weil noch kein vollständiges Skelett gefunden worden ist. Unser Prototyp, der Durchschnitts- oder auch »typische« Goethe-Leser im Kaiserreich und in der Weimarer Republik und vielleicht sogar in der Bundesrepublik läßt sich mittels einer Untersuchung der Goethe-Gesellschaft und ihrer Mitglieder teilweise rekonstruieren.

Walther Wolfgang von Goethe, der letzte Nachkomme des Dichters, starb am 15. April 1885 und vermachte das Goethe-Haus mit seinen Sammlungen testamentarisch dem Großherzogtum Sachsen-Weimar. Die Großherzogin Sophie wurde zum Treuhänder der Goethe-Archive ernannt, das heißt aller Manuskripte und sonstigen Papiere literarischer, naturwissenschaftlicher und persönlicher Natur, die der Dichter und seine Nachfahren hinterlassen hatten. Sie übernahm dieses Vermächtnis unter der Bedingung, daß die Archive den Forschern zum Studium und zur Veröffentlichung zugänglich zu machen seien. Dieses Übereinkommen bildete den unmittelbaren Anlaß zur Gründung der »Goethe-Gesellschaft in Weimar«, die sich als solche am 21.

Juni 1885 konstituierte. Es war ihr bestimmt, zur größten und einflußreichsten Gelehrten Gesellschaft zu werden, die die deutsche Geschichte kennt.

Bereits im Juni 1885 erschien in vielen Zeitungen ein »An alle Verehrer Goethes« gerichteter Aufruf, der die Grundzüge des Programms enthielt, das sich die Gesellschaft gesetzt hatte. Zunächst sollten noch unveröffentlichte Schriften und Lebensdokumente des Dichters gesichtet und die Vorbereitung einer neuen, vollständigen Ausgabe der Werke sowie einer (freilich nie zustande gekommenen) definitiven Biographie in Angriff genommen werden. Weiterhin war geplant, das Weimarer Goethe-Haus in ein ständiges Museum umzubauen und es zu einem Mittelpunkt der bisher über ganz Deutschland zerstreuten Goethe-Studien zu gestalten.[1] Die Leistung einer Jahresgebühr von zehn Mark sollte ein Mitglied zur Teilnahme an der Vorstandswahl auf der jährlich nach Weimar einzuberufenden Generalversammlung, zur unentgeltlichen Benutzung der Gesellschaftsbibliothek und zum Empfang des *Goethe-Jahrbuchs* berechtigen – einer 1880 von Ludwig Geiger ins Leben gerufenen Veröffentlichung, die die Gesellschaft alsbald als Hausorgan übernehmen und bis 1914 fortführen sollte; als *Jahrbuch der Goethe-Gesellschaft* (seit 1936 einfach *Goethe*) hat sie sich bis heute behauptet. Mitglieder konnten auch die anderen Veröffentlichungen der Gesellschaft, wie die geplanten Gesammelten Werke oder die *Schriften der Goethe-Gesellschaft*, das heißt die beabsichtigte jährliche Herausgabe eines Buches, einer Broschüre oder eines Nachdrucks über den Dichter, zu Vorzugspreisen beziehen. Es war zum großen Teil diesem Aufruf zu verdanken, daß bereits Ende März 1886 1660 Männer und Frauen der Gesellschaft beigetreten waren.

Der Rang dieser frühen Förderer der Goethe-Gesellschaft war nicht weniger eindrucksvoll als ihre Anzahl. Angesehene Germanisten wie Vischer, Scherer und v. Loeper stellten sich dem Vorstand zur Verfügung. Erich Schmidt gab seinen Lehrstuhl an der Universität Wien auf, um Archivdirektor und Herausgeber der Veröffentlichungen der Gesellschaft zu werden. Eduard v. Simson, wohlbekannt im öffentlichen Leben als ehemaliger Vorsitzender der Frankfurter Nationalversammlung und später des Leipziger Reichsgerichts, nahm die Präsidentschaft an; der Großherzog Carl Alexander von Sachsen-Weimar-Eisenach übernahm den Ehrenvorsitz. Noch bedeutsamer für die Zukunft war der Beitritt der in Weimar aufgewachsenen Kaiserin Augusta, Großmutter des späteren Wilhelms II. Die Unterstützung dieser hochgestellten Frau war jedoch nicht der einzige gesellschaftliche Erfolg, den die junge Vereinigung verbuchen konnte. In der Tat liest sich die Liste der Mitglieder aus den europäischen Dynastien wie eine Seite aus dem *Almanach de Gotha:*

»Seine K. u. K. Majestät Wilhelm II., Deutscher Kaiser und König von Preußen.

Ihre K. u. K. Majestät Auguste Victoria, Deutsche Kaiserin und Königin von Preußen.

Ihre K. u. K. Majestät Victoria, Königin und Kaiserin Friedrich.

Seine K. u. K. Apost. Majestät der Kaiser von Österreich, König von Ungarn.

Seine Majestät der König von Schweden.

Seine Majestät der König von Württemberg.

Ihre Majestät die Königin von Italien.

Ihre Majestät die Königin von Rumänien.

Ihre Kaiserliche Hoheit die Großfürstin Elisabeth Maurikiewna von Rußland.«

(Es folgen, in protokollarischer Rangordnung, die Namen und Titel von 32 weiteren Herrschaften.)[2]

So erfreute sich die eben gegründete Gesellschaft der Mitarbeit bedeutender Literarhistoriker und des tätigen Interesses der gesellschaftlichen Elite des Kaiserreiches. Sie wurde aber auch von führenden Persönlichkeiten auf anderen Gebieten unterstützt. Unter den Gründern und denen, die früh beitraten, befanden sich Heyse, Storm, Spielhagen, Fulda und andere Schriftsteller; die Mitgliederliste für 1885 führt auch den Historiker Theodor Mommsen an sowie seinen Schwiegersohn, den klassischen Philologen Ulrich v. Wilamowitz-Moellendorff; den Archäologen Adolf Furtwängler (Vater des Dirigenten) und den Zoologen Ernst Haeckel; den Philosophen Rudolf Eukken und den Musiker Joseph Joachim; den Schauspieler Joseph Kainz und den Industriellen Louis Merck; den Physiologen Hermann Helmholtz und den Ägyptologen Georg Ebers.

Die Bedeutung dieser Männer kommt schon darin zum Ausdruck, daß drei von ihnen – Mommsen, Eucken und Heyse – den Nobelpreis erhielten, der erst 1901 instituiert wurde, als viele der obigen schon nicht mehr am Leben waren. (Daß sich die wissenschaftlichen, aber auch gesellschaftlichen und publizistischen Aktivitäten der unter solchen Umständen aus der Taufe gehobenen Vereinigung durchaus in systemerhaltender Richtung auswirken sollten, war – auch vom Goetheschen Vorbild abgesehen – nicht anders zu erwarten.)

Die Gründung der Goethe-Gesellschaft befriedigte sichtlich ein Bedürfnis, das von den gebildeten Schichten Deutschlands und anderer Länder empfunden wurde; 270 Ausländer traten der Gesellschaft gleich im ersten Jahr bei, und eine englische Goethe-Society wurde 1886 ins Leben gerufen (der Wiener Goethe-Verein war schon 1878 gegründet worden). Es war kein Zufall, daß sich dieses Bedürfnis gerade damals so bemerkbar machte. Hatten doch in der Geschichtsforschung, in den Naturwissenschaften und in der soeben eingeführten Literaturwissenschaft exakte und experimentelle Forschungsmethoden die Spekulation früherer Zeiten weitgehend abgelöst und die Philologen und Literarhistoriker das Werk der Philosophen (in neuester Zeit der Hegelianer) fortgesetzt. Als die Goethe-Gesellschaft auf den Plan trat, war ein Großteil der textkritischen Arbeit an den damals zugänglichen Werken bereits geliefert worden. Manches davon, zum Beispiel Scherers Forschungen, war gut und hat heute noch Wert; anderes, etwa die Arbeiten Düntzers – Gustav v. Loeper pflegte von pedantischen Gelehrten zu sagen, daß es bei ihnen »düntzerte« –, zeichnete sich eher durch Bienenfleiß aus als durch Adlerschwingen. Die Goethe-Forscher aller Richtungen waren sich jedoch darüber einig, daß das Material, das sie bearbeiteten, bis zu dem Zeitpunkt unvollständig bleiben müsse, an dem die Archive eröffnet würden. Dies geschah, wie wir sahen, im Jahre 1885. Zur gleichen Zeit erhielt die Goethe-Renaissance als solche Auftrieb durch die Bücher und Vorträge von Grimm, Hehn, Bernays und anderen begabten Dilettanten und Fachmännern, die den Anforderungen geistiger Führerschaft in besonderem Maße gewachsen waren. Doch wäre sowohl die Gründung der Goethe-Gesellschaft wie die Begeisterung dieser Glaubensstreiter wohl vergebens gewesen, wenn ihr Missionswerk nicht in die Glanzjahre des jungen Reiches gefallen wäre. Durch die siegreichen Kriege von 1864, 1866 und 1870/71 geeint und gefestigt, erlebte Deutschland in den folgenden Jahrzehnten einen nie geahnten Aufschwung auf vielen Gebieten des nationalen Lebens, und es war lediglich folgerichtig, daß auch die Goethe-Gesellschaft in den »Gründerjahren« gegründet wurde. Eine starke nationalistische Geistesströmung, die im Ersten (aber nicht Zweiten) Weltkrieg zu einem reißenden Strom anschwellen sollte, machte sich in der Tat schon bei der Geburt der Gesellschaft geltend. »Der Zeitpunkt ist für eine solche Vereinigung nicht blos günstig, sondern auffordernd«, heißt es bereits in dem Aufruf »An alle Verehrer Goethes«, denn »mit dem neuen deutschen Reich ist die Zeit einer großen nationalen und politischen Denkart gekommen, für welche jene Vorurtheile und Befangenheiten nicht mehr sind, die in vergangenen Jahrzehnten die richtige Erkenntniß und Würdigung Goethes bei Vielen gehemmt haben. Ein großes nationales Reich weiß den größten seiner Dichter in seinem vollen Werthe zu schätzen. Die Begründung und Erhaltung der politischen Größe unseres Volkes geht Hand in Hand mit der Pflege und Förderung seiner idealen Güter.«[3] Nur *einem* Mitglied des Ausschusses, der diesen Aufruf der Presse übergab, gaben diese Sätze zu denken. Der Liberale Gustav v. Rümelin bemerkte, daß die Kenntnis und Würdigung Goethes herzlich wenig mit dem neuen Deutschen Reich – das, wie er bissig hinzufügte, immerhin schon fünfzehn Jahre zähle – zu tun habe, und daß auch andere, deren Muttersprache deutsch war, zum Beispiel Schweizer und Österreicher, das Recht hätten, Goethe als »ihren« Dichter anzusehen. Er hielt es nicht für nötig, darauf hinzuweisen, daß das Fehlen eines »großen nationalen Reiches« zu seiner Zeit dem Dichter wenig Herzeleid verursacht hatte.

So verdankte die Goethe-Gesellschaft ihre Gründung im Jahre 1885 hauptsächlich dem Zusammentreffen einer Anzahl günstiger Umstände: dem Tod des letzten Goethe und seiner testamentarischen Verfügung, daß die Archive einer Fürstin von seltener Intelligenz und Tatkraft zu übergeben seien; dem Unternehmungsgeist einer Gruppe besonders begabter Goethe-Forscher; und der Reichsgründung, die nicht nur ein gesteigertes Bewußtsein des deutschen Kulturerbes mit sich brachte, sondern auch einen wirtschaftlichen Aufschwung, der ganzen Bevölkerungsschichten zum ersten Male die Möglichkeit bot, auch an wissenschaftlicher Arbeit fördernden Anteil zu nehmen. Darüber hinaus stellt diese Gründung einen konkreten Ausdruck der Wiederbelebung Goethes in Deutschland dar und bezeichnet das Einsetzen einer jener zyklischen Perioden, die – wie Naturkräfte, deren Ursache nicht restlos aufgeklärt, deren Wirkung aber genau bemessen werden kann – den Nachruhm großer Geister ansteigen und abfallen lassen.

Die unter so günstigen Bedingungen ins Leben gerufene Gesellschaft hat drei getrennte, aber parallele Wege beschritten, um ihr Programm zu verwirklichen. Erstens veröffentlichte sie Werke von Goethe und über ihn; zweitens erwarb und pflegte sie Denkmäler aller Art aus der klassischen Zeit Weimars: Manuskripte, Gebäude, Statuen, Münzen, Sammlungen, Gedenktafeln usw.; endlich übernahm sie, weniger planmäßig als durch die Macht der Umstände (und den Mangel an anderen, etwa der Alliance française zu vergleichenden deutschen Organen der Kulturpropaganda) dazu genötigt, die Rolle eines Vertreters und Förderers der deutschen Literatur im Ausland. Ihre Vorstandsmitglieder haben als Gäste der American Goethe Society im Waldorf-Astoria in New York gespeist und auf Einladung der Universität Kyoto und Nihon Goethe Kyotai, der japanischen Goethe-Gesellschaft, im japanischen Rundfunk gesprochen; sie haben den Deutschunterricht in Addis Abeba unterstützt und eine Goethe-Gedenkausstellung in Buenos Aires eröffnet; sie haben arabische Prinzen, Sowjetgenerale und angelsächsische Industrielle nicht nur mit Goethe, sondern mit Deutschland bekanntgemacht. Bis zur Wiedervereinigung war die von ihnen geleitete Gesellschaft (die nicht mit dem Goethe-Institut in München und seinen ausländischen Zweigstellen zu verwechseln ist) eine der ganz wenigen Organisationen, die noch Verbindungen zwischen Ost- und Westdeutschland aufrechterhielten.

Bevor an solche weitreichenden Unternehmungen auch nur gedacht werden konnte, mußte sich die Gesellschaft einen festen Platz im wissenschaftlichen Leben Deutschlands sichern. Die erste wichtige Aufgabe lag in der Vorbereitung einer textkritisch einwandfreien Ausgabe der Werke, einschließlich der in den Archiven gefundenen Lesarten, Briefschaften, Fragmente usw. Diese Aufgabe wurde durch die Veröffentlichung der »Weimarer Ausgabe«, nach der Großherzogin, die das Patronat übernommen hatte, auch »Sophienausgabe« genannten Edition von 133 Bänden für ihre Zeit gelöst. Ein eigens eingesetzter Ausschuß beaufsichtigte die jährliche Herausgabe von vier bis sechs Bänden, bis nach Verlauf von 32 Jahren Goethes Gesamtwerk 1919 in einer als definitiv angesehenen Fassung vorlag, in vier Abteilungen gegliedert – Dichtungen, Naturwissenschaftliche Schriften, Tagebücher, Briefe – und mit einheitlicher Rechtschreibung und Zeichensetzung versehen. Die russische Besetzung im Jahre 1945 und die Freigabe der Thüringischen Staatsarchive brachte eine Anzahl weiterer, meist aus Goethes ministerieller Tätigkeit hervorgegangener Dokumente ans Licht, die in einer vom Thüringischen Landeshauptarchiv veranstalteten Ergänzungsreihe als »Amtliche Schriften« veröffentlicht wurden. Obwohl sie also eigentlich unvollständig ist und trotz vieler anderer Unzulänglichkeiten, die sich meist aus der Eile erklären lassen, mit der man 1885-1887 die bei der Herausgabe zu bewahrenden textkritischen und redaktionellen Grundsätze definierte, ist die Weimarer Ausgabe heute noch die Grundlage aller weiteren Gesammelten Werke. Die großen Ausgaben unserer Jahre – die volkstümlichen des Cotta- und des Artemis-Verlages, die »Hamburger« sowie die »Leopoldina«, die die naturwissenschaftlichen Werke enthält, und die 1949 von der Deutschen Akademie der Wissenschaften zu Berlin (Ost) begonnene Edition – sie alle beruhen selbst in ihren Auslassungen, Verbesserungen und Ergänzungen letzten Endes auf diesem Vorbild.

Als die Veröffentlichung dieser Serie bereits im Gange war, wurde auf den Jahresversammlungen der Goethe-Gesellschaft der Wunsch nach einer billigen und handlichen Ausgabe der Hauptwerke geäußert. Nach Fühlungnahme mit dem Insel-Verlag beschloß man, eine solche Ausgabe dort in Kommission zu geben, mit einem Zuschuß von 20 000 Mark, um die Diskrepanz zwischen Verlagskosten und Verkaufspreis auszugleichen. *Goethes Werke* (»im Auftrag der Goethe-Gesellschaft ausgewählt und herausgegeben von Erich Schmidt«) erschienen erstmalig im Jahre 1909. Im Unterschied zur Weimarer Ausgabe mit ihrem gelehrten Apparat war die neue, alsbald »Volks-Goethe« getaufte Edition auf den Laien zugeschnitten. Die kartonierte sechsbändige Ausgabe zu sechs Mark fand sofort Anklang: Außer den Bänden, die die Mitglieder der Goethe-Gesellschaft an Stelle der 24. Veröffentlichung der »Schriften« erhielten, war die erste Auflage von 20 000 innerhalb weniger Monate vergriffen; auch die zweite Auflage von 30 000 und eine dritte von 20 000 (1910 beziehungsweise 1914) gingen schnell ab. Die Beliebtheit des »Volks-Goethe« hat sich bis in die Nachkriegszeit erhalten, und eine verbesserte und bereicherte Neuauflage konnte noch 1949/50 veranstaltet werden. Nach dem Ersten Weltkrieg vergab die Gesellschaft, in dem Bestreben, auch den aufwachsenden Generationen den Weg zum Dichter zu ebnen, den »Volks-Goethe« gelegentlich auch an Schulen zur Preisverteilung an tüchtige Abiturienten. So verbanden sich wissenschaftliche Gründlichkeit (die Ausgabe hat ein halbes Jahrhundert Goethe-Forschung gut überdauert), geschäftlicher Wagemut (der Zuschuß an den Insel-Verlag betrug damals ungefähr ein Viertel des Gesamtkapitals der Gesellschaft) und einfallsreiche Werbung (unter Jugendlichen, deren literarischer Geschmack sich noch nicht kristallisiert hatte) hier im Dienste eines Klassikers. Diese Bemühungen stellen ein Ruhmesblatt in der Geschichte der Goethe-Gesellschaft dar, und überdies einen beträchtlichen buchhändlerischen Erfolg: Der Absatz überstieg schon 1951 100 000 in fünf Auflagen. Unter Mitwirkung von Emil Staiger, Walter Höllerer und anderen namhaften Germanisten wurde 1965 eine weitere, erheblich überarbeitete Neuauflage veranstaltet, wiederum in sechs Bänden und im Insel-Verlag, diesmal aber ohne Zuschuß von seiten der Gesellschaft. An den Einführungen lassen sich die mehr als 50 Jahre ablesen, die den »Volks-Goethe« von diesem späten Nachfolger trennen. Schmidt hatte mit: »Johann Wolfgang Goethe wurde den 28. August 1749 in Frankfurt am

Main geboren, einer durch ihre geschichtliche Vergangenheit, ihren blühenden Handel und Wandel, ihre schöne Lage ausgezeichneten Stadt« begonnen und auf derselben Note geschlossen: »Nach kurzer Krankheit starb Goethe am 22. März 1832.« – Staiger, der solches als allbekannt und im übrigen nebensächlich voraussetzt, skizziert statt dessen die Umrisse eines proteischen Künstlers (»kein anderer Dichter hat so wankelmütig begonnen und so lange Jahre, immer wieder zögernd, den Ton, den Stil und die Gattung gewechselt«), an dem bereits die Zeitgenossen vergeblich herumdefinierten (»nicht minder rätselhaft blieb der Mensch«) und der unter anderem auch dem Material, der Sprache, ganz anders gegenüberstand als die Heutigen (»dies alles ist so weit wie möglich von unserem Literatentum und von der feierlich-ängstlichen Stimmung des l'art pour l'art entfernt«).

Verschiedene Verlagshäuser folgten dem Beispiel der Gesellschaft und brachten in den Jahren unmittelbar vor 1914 ihre eigenen Goethe-Ausgaben heraus. In diesen Editionen bemühten sich das Bibliographische Institut in Leipzig (30 Bände), J. G. Cotta und Nachfolger in Stuttgart (die 41bändige Jubiläumsausgabe) und G. Müller & Co. in München (die chronologische Propyläenausgabe von 45 Bänden), in Gründlichkeit, Ausstattung und Preis einen Mittelweg einzuschlagen zwischen der gewichtigen Weimarer Ausgabe und dem anspruchslosen »Volks-Goethe«. Daß ihnen dies ohne Einbuße an redaktioneller und lithographischer Zuverlässigkeit gelang, und daß sie dadurch die bereits imposanten Leistungen des deutschen Verlagswesens jener Jahre noch zu erhöhen vermochten, war wiederum zum Teil der Gesellschaft zu verdanken; fast alle betreffenden Verleger, Redakteure und Mitarbeiter gehörten ihr an und konnten ihr Quellenmaterial benutzen. Dank ihrer Verbindung mit der Goethe-Gesellschaft hat die von 1895 bis 1930 blühende Generation trotz ihrer Dezimierung in Krieg und Inflation wahrscheinlich mehr gute Biographien und Ausgaben veröffentlicht als selbst unser alexandrinisches Zeitalter.

Außer den Werken und dem *Goethe-Jahrbuch* und seinen Nachfolgeorganen hat die Gesellschaft zahlreiche »Schriften« veröffentlicht: Eine Serie von Büchern, Nachdrucken, Alben und Broschüren, die mehr oder minder auf Goethe bezogene Themen behandeln. Sie werden kostenlos an die Mitglieder verteilt und sind im Buchhandel nicht erhältlich. Diese »Extradividenden« sollten ursprünglich jedes Jahr erscheinen; die beiden Weltkriege und der wirtschaftliche Zusammenbruch haben jedoch zur Streichung beziehungsweise verspäteten Herausgabe mehrerer Bände geführt. Mit ihrer künstlich beschränkten Leserschaft und der großartigen Aufmachung besonders der frühen Nummern appellierten die *Schriften der Goethe-Gesellschaft* unter anderem auch an jenes Standesbewußtsein, das im damaligen Verlagswesen – zur Zeit der *Blätter für die Kunst* – so ausgeprägt war.

Neben der publizistischen Tätigkeit stand als zweite Aufgabe der Goethe-Gesellschaft die Pflege von Sammlungen und Gebäuden. Dies ergab sich ganz zwanglos aus den testamentarischen Verfügungen des letzten Goethe, der das großväterliche Haus dem Staat – dem Großherzogtum Sachsen-Weimar – und die Familienarchive dem Staatsoberhaupt – der Großherzogin Sophie – vermacht hatte. Da die Verwaltung von Nachlässen weder praktisch noch juristisch zu den Funktionen eines Staatswesens zählt, sprang die Gesellschaft ein und wurde *de facto* Treuhänder dieser Hinterlassenschaften. Nach gründlicher Renovierung wurde das Haus am 3. Juli 1886 als »Goethe-Nationalmuseum« der Öffentlichkeit zugänglich gemacht und schon in den folgenden fünf Jahren von über 30 000 Besuchern in Augenschein genommen. Es sollte sich später als glücklicher Zufall erweisen, daß man 1914 beziehungsweise 1935 zwei neue Flügel hinzugebaut hatte, in denen die Sammlungen des Dichters (mit Ausnahme der Familienpapiere) untergebracht wurden; ein Fliegerangriff zerstörte am 9. Februar 1945 einen beträchtlichen Teil des Hauptgebäudes. Mit Erlaubnis der russischen Behörden konnte das wiederhergestellte Nationalmuseum zum 196. Jahrestag der Geburt des Dichters im August 1945 neueröffnet werden.

Als das regierende Haus 1918 abdankte, vermachte der Großherzog Wilhelm Ernst die Dornburger Schlösser der Goethe-Gesellschaft, in deren Besitz sie 1922 offiziell übergingen. Diese unweit Jena hoch über der Saale gelegenen Gebäude, zwei Schlösser und ein Landhaus, waren einst ein beliebter Zufluchtsort für Karl August und Goethe gewesen, der hier manches Gedicht geschrieben und an der ersten Fassung der *Iphigenie* sowie der Überarbeitung der *Lehrjahre* gearbeitet hatte. Unter der Aufsicht eines Kuratoriums, dem zeitweise auch Stefan Zweig und Gustav Stresemann angehörten, wurden Gebäude und Gelände in ihrer ursprünglichen Form wiederhergestellt.[4]

Mittlerweile war man in Österreich mit ähnlichen Aufgaben beschäftigt gewesen. Der Wiener Goethe-Verein war ursprünglich im Zusammenhang mit dem Plan gegründet worden, dem Dichter auch an den Ufern der Donau ein Denkmal zu setzen. Dies wurde mit der Enthüllung der Hellmerschen

Statue am 15. Dezember 1900 verwirklicht; sie stellt Goethe sitzend und nachdenklich in die Ferne blickend dar und verewigt so den reflektiven Dichter in der Fülle seiner Jahre – den Mann, den Beethoven, Metternich und Grillparzer gekannt hatten. Außerdem ließ sich der Verein die Gründung eines eigenen, 1907 eröffneten Goethe-Museums angelegen sein sowie die Herausgabe einer weiteren Schriftenreihe, der *Chronik des Wiener Goethe-Vereins* (seit 1886). Im Gegensatz zum *Goethe-Jahrbuch* war es der *Chronik* nicht vergönnt, ihr Erscheinen mit der Veröffentlichung bisher unbekannter Dokumente aus dem Lebens- und Arbeitskreis des Dichters einzuleiten. Sie mußte sich anders legitimieren und tat dies von Anfang an durch weise Beschränkung auf einen bestimmten Themenkreis: Goethes Beziehungen zu Österreich. Hier trat nun allerdings manches Neue zutage, und die *Chronik* ist seit langem unerläßlich zum Verständnis dessen, was Österreich in Land und Leuten dem Dichter bedeutete und wie sich dessen Einfluß in dieser Kultursphäre ausbreitete. Es ist klar, daß sie sich ihm erst verhältnismäßig spät im Leben erschlossen hat und daß sein »Österreicherlebnis« auch aus diesem Grunde weniger augenfällig-dramatisch verlief als die Entdeckung der französischen oder der italienischen Welt. An menschlicher Intensität übertraf dieses Erlebnis jedoch bei weitem die Beziehungen zu Repräsentanten der romanischen Länder. Kaum ein Franzose oder Italiener – von Engländern, Russen und Amerikanern ganz zu schweigen – spielte in Goethes Leben eine Rolle, die sich mit der Ulrike v. Levetzows oder Marianne v. Willemers, Grillparzers oder Beethovens, Metternichs oder der Kaiserin Maria Ludovica vergleichen ließe. Im Laufe der Jahre hat die *Chronik* Goethes Verhältnis zu diesen und anderen Österreichern und Österreicherinnen in lebendigen Farben dargestellt, wie übrigens auch seine Besuche in Karlsbad, Teplitz, Galizien und Tirol sowie Ottilie v. Goethes jahrelangen Aufenthalt in Wien, wo ihre Tochter Alma, die Enkelin des Dichters, 1844 gestorben war.

Seit der Übernahme der Familienarchive hat die Goethe-Gesellschaft in Weimar jahrzehntelang als Verwalter und Treuhänder, bisweilen auch Besitzer, von Goetheana verschiedenster Art fungiert. Sie erwarb oder erhielt Manuskripte, Gedenkmünzen, Statuen, Gemälde usw. und sorgte für ihre Aufbewahrung und gegebenenfalls auch Ausstellung. Seit 1885, als die Bibliothek einen ersten Bücherfonds erhielt, zog sie wie ein Magnet viele literarische und künstlerische Denkmäler der Goethe-Zeit an sich, die sich bis dahin in Privatbesitz befunden hatten. Schon 1886 erwarb sie ihr erstes Goethe-Porträt, Kolbes Gemälde aus dem Jahre 1822. Neun Jahre später brachte sie 15 000 Mark auf zum Erwerb von Goethes Briefen an Frau von Stein, für die deren Erben die unsentimentale Summe von 70 000 Mark verlangt hatten. Der Restbetrag wurde von Mitgliedern aus den »besten Kreisen« gestiftet – von Fürsten wie Wilhelm II. und dem Großherzog von Baden, von Industriekapitänen wie Friedrich Krupp und Verlegern wie Erich Paetel, von Diplomaten wie den Generalkonsuln von Belgien und von Schweden-Norwegen, von Gesellschaftszierden wie einem Mendelssohn-Bartholdy in Berlin und einem Dumba in Wien. In ihrem Namen und in dem weniger gutsituierter Spender konnte die siebenbändige Korrespondenz – die berühmtesten Liebesbriefe der deutschen Literaturgeschichte – der Großherzogin 1896 zur Aufbewahrung in den Archiven übergeben werden.

Noch wertvoller und wohl auch erfreulicher, weil sie nicht von der jeweiligen finanziellen Lage der Gesellschaft abhingen, waren die von Mitgliedern und Gönnern kostenlos erhaltenen Gaben. Weitaus die wichtigste dieser Schenkungen bestand aus Schillers Bücherei und Handschriften, die der Urenkel des Dichters, Karl Alexander v. Gleichen-Rußwurm, der Gesellschaft 1889 vermachte. Durch die Einbeziehung dieser Dokumente wurden die bisherigen Bestände zu einer umfassenden Sammlung erweitert, die nun den Namen »Goethe-und-Schiller-Archiv« erhielt, der bald auch auf das stattliche Gebäude überging, das die Großherzogin 1893-1896 zur Bewahrung dieser bisher auf dem Weimarer Schloß aufbewahrten Schätze hatte errichten lassen. Auch die Bibliothek der Goethe-Gesellschaft wurde in diesem, für Forschungs- und Verwaltungszwecke gut geeigneten Komplex untergebracht, der inzwischen zum Sitz der »Nationalen Forschungs- und Gedenkstätten der klassischen deutschen Literatur in Weimar« geworden ist.

Es ergab sich alsbald, daß die Vergrößerung des Archivs der sachgerechten Aufbewahrung nicht nur des Goetheschen und Schillerschen Nachlasses, sondern auch anderer literarischer Vermächtnisse der deutschen Klassik, ja der neueren deutschen Literatur überhaupt dienen sollte. So konnten dem Archiv auch Herders Briefwechsel mit Karoline Flachsland, Wielands Übersetzung der Briefe Ciceros und andere Hinterlassenschaften dieser Art einverleibt werden. Einen weiteren Zuwachs erhielt die Sammlung durch die Manuskripte auch neuerer Dichter und Schriftsteller; gegen Ende des Jahrhunderts hatte die Großherzogin als rechtmäßige Eigentümerin und die Goethe-Gesellschaft als *De facto*-Verwalter durch Schenkung oder Ankauf Handschriften von Keller, Auerbach, Hebbel, Otto Ludwig, Geibel, Mörike, Immermann unter anderem mehr erworben. Nach Sophies Tod 1897 ging das

Archiv als unveräußerliches Stammgut nominell auf ihren Enkel Wilhelm Ernst über; nach seiner Abdankung 1918 erklärte sich dieser bereit, Eigentumsrechte sowie Unterhaltungskosten mit der Goethe-Gesellschaft und dem Land Thüringen zu teilen und dadurch das Archiv vor der Auflösung und (natürlich mit Ausnahme des Gebäudes) einer möglichen Entfernung aus Weimar zu bewahren. Wie das Nationalmuseum und die Bibliothek, fuhr auch das Archiv eine Zeitlang fort, Schenkungen entgegenzunehmen; so übergaben ihm z. B. im Jahre 1937 drei bekannte Schriftsteller – Agnes Miegel, Börries v. Münchhausen, Johannes Schlaf – eigene Manuskripte.

Die zur Zeit der Gründung als vordringlich angesehenen Aufgaben der Gesellschaft: Veröffentlichung des Gesamtwerkes, Sammlung von Manuskripten und anderen literarischen Unterlagen, Instandhaltung von Goethe-Denkmälern und Gräbern von Personen, die dem Dichter nahegestanden hatten, waren bei Beginn des Ersten Weltkriegs zum großen Teil bewältigt worden. Es lag in der Natur dieser Aufgaben begründet, daß sie zeitlich und räumlich begrenzt, das heißt wesentlich auf die Goethe-Stätten und Verlagszentren Mitteldeutschlands beschränkt bleiben sollten – auf Frankfurt, Wetzlar, Weimar, Leipzig, Stuttgart und Berlin. Dagegen entspricht die weitreichende Werbe- und organisatorische Tätigkeit der Gesellschaft sowohl einem späteren Stadium ihrer Geschichte wie der veränderten geistesgeschichtlichen und politischen Lage der Nachkriegszeit. Nach 1918 neigte die Gesellschaft dazu, ihre wissenschaftliche Arbeit zu konsolidieren und die Ergebnisse dieser Arbeit einem breiteren Publikum zugänglich zu machen. Schon 1917 hatte sich in München eine erste Ortsgruppe gebildet; Berlin folgte 1919, Essen und Hamburg 1920.[5] Diese »Filialen«, die sich ebenfalls eine Verbreitung und Fruchtbarmachung des Interesses an Goethe zum Ziel gesetzt hatten, waren in einigen Fällen sehr rührig. Während der Wintermonate gaben sie gewöhnlich eine Reihe von Vorträgen, Konzerten und Theatervorstellungen zum besten, auf die die Gesellschaft selber hätte stolz sein können. So veranstaltete zum Beispiel die Ortsgruppe Mülheim/Ruhr im Jahre 1921 drei Rezitationsabende, sechs Gastvorträge und mehrere Konzerte. In Anbetracht der Tatsache, daß diese Zweigstelle allein 850 Mitglieder zählte und eine der reichsten Frauen Deutschlands, Frau Hugo Stinnes, zur Vizepräsidentin hatte, ist es nicht überraschend, daß Spannungen entstanden: Die Mutter im kleinen und nicht gerade wohlhabenden Weimar lief Gefahr, von den reichen Töchtern an die Wand gedrängt zu werden. Auch war zu befürchten, daß die Förderung der Goethe-Studien unter Umständen gänzlich vernachlässigt und durch Galafeste und andere gesellschaftliche Veranstaltungen ersetzt werden würde. Aufgrund einer Anordnung, durch die der Vorsitzende der jeweils größten Ortsgruppe alle regionalen Körperschaften beim Vorstand in Weimar vertrat, wurde es der Gesellschaft ermöglicht, dennoch das Ruder in der Hand zu behalten. (Obwohl diese Anordnung nicht mehr in Kraft ist, wird die Arbeit der Ortsvereinigungen auch heute noch fortgeführt. Bei einer Mitgliedschaft von insgesamt 4200 für die Goethe-Gesellschaft als solche existierten im Jahre 1980 achtzehn ostdeutsche und fünfzehn westdeutsche Ortsvereinigungen, die ein aus Vorträgen, Konzerten, Theater- und Filmvorführungen, Museumsbesuchen usw. bestehendes Programm boten. Auch Budapest, Moskau, Prag und Tiflis [Georgien] beherbergen Ortsvereinigungen der Goethe-Gesellschaft.) Inzwischen hatte diese auch wo irgend möglich ihre Querverbindungen zu ähnlichen Organisationen gefestigt. Sie hatte schon 1898 den Antrag der Deutschen Shakespeare-Gesellschaft auf Steuerfreiheit für beide Vereinigungen unterstützt; nun gewährte sie auch der Deutsche-Dichter-Gedächtnis-Stiftung, die sich der Verbreitung guter Literatur widmete, sowie der wohltätigen Schiller-Stiftung beträchtliche finanzielle Zuwendungen. Zugleich wurde auch ein Austausch von Veröffentlichungen mit der Kleist-Gesellschaft, der Herder-Stiftung und dem Wiener Goethe-Verein ins Werk gesetzt.

Im Lauf der Zeit ist die Gesellschaft ferner zu einer letzten Instanz in vielen Fragen der Goethe-Interpretation geworden. Der Grund hierfür ist wohl in ihren überragenden Leistungen auf diesem Gebiet zu suchen. Auf jeden Fall war es sehr zu begrüßen, daß eine allgemein anerkannte Autorität dieser Art existierte, besonders als das von Generationen fähiger und selbstloser Gelehrter gezeichnete Goethe-Bild im Dritten Reich manchen Verzerrungen unterworfen wurde. Zu Beginn der Freimaurerverfolgung verbreiteten einige Nationalsozialisten zum Beispiel das Gerücht, daß »Hochgradbruder Goethe« eben als Freimaurer Schillers frühen Tod verursacht oder zumindest begrüßt habe. Die Gesellschaft sah sich gezwungen, öffentlich gegen diese und ähnliche, hauptsächlich vom Kreis um Mathilde Ludendorff lancierte Schmähungen vorzugehen, denenzufolge der Dichter sich für verschiedene »volksschädliche« Machenschaften der Loge habe gebrauchen lassen. Kurz vor dem Zweiten Weltkrieg ging sie auch mit mehreren deutschen Zeitschriften ins Gericht, die einige sentimentalisierte, in einem verniedlichten Weimar spielende Unterhaltungsromane gebracht hatten. Die akademische Arbeit ging indessen jedoch ihren ruhigen Gang. Eine zusammen mit der Stadt Mainz zu Ehren ihres berühmten Sohnes, Johannes Gutenberg, unternommene »Welt-Goethe-Ausgabe«

stand noch in den Anfängen, als 1939 der Krieg ausbrach. Das gleiche Schicksal ereilte die als Gegenstück zur Weimarer Ausgabe geplante Nationalausgabe der Werke Friedrich Schillers. Im großen und ganzen hat sich die Gesellschaft seit 1918 jedoch mehr der Sicherung und Verbreitung des bereits Erreichten gewidmet als einer Mehrung des Goetheschen Reiches.

Es liegt auf der Hand, daß solche Bestrebungen nur von Mitgliedern ins Auge gefaßt werden konnten, die ganz anderen Geistes Kind waren als diejenigen, die das wissenschaftliche Fundament gelegt hatten. Der deutsche Gelehrte traditioneller Prägung war nicht der Mann, der einem Regisseur als technischer Berater beim Drehen eines Goethe-Films zur Seite gestanden oder eine Radioansprache über den Wert klassischer Literatur gehalten hätte.[6] Betätigungen dieser Art waren vielmehr das Ergebnis, zum Teil auch der Grund gewisser Veränderungen, die sich in der Mitgliedschaft der Goethe-Gesellschaft vollzogen hatten. Sie kommen auf den folgenden Tabellen zum Ausdruck, bei deren Analyse jedoch zu bemerken ist, daß diese Statistiken, so zuverlässig sie in bezug auf die Goethe-Gesellschaft auch sein mögen, das Publikum des Dichters im allgemeinen nur sehr indirekt widerspiegeln. Die Männer und Frauen, die hier nach Stand und Beruf geordnet sind, repräsentieren die führenden Geister und nicht die Gefolgschaft der Goethe-Gemeinde. Gewiß sind am Altar dieses Dichters nicht nur Gebete gemurmelt worden, sondern auch viele leere Worte; aber gerade wenn man dies bedenkt, drängt sich die weitere Frage auf: Wer fand es nötig, Goethe auch nur *diesen* Tribut zu zollen? Auch muß wiederholt werden, daß der Beitritt einem jeden mit Zahlung von 10 Mark offenstand und daß somit von Exklusivität nicht die Rede sein kann. In dieser Hinsicht unterscheidet sich die Goethe-Gesellschaft von der Académie Française oder der Royal Society, deren Zusammensetzung von beruflichen, geistigen, gesellschaftlichen, im ersteren Falle sogar moralischen Gesichtspunkten bestimmt ist. Eine der Verbreitung klassischen Schrifttums geweihte Körperschaft, die über tausend Geschäftsleute in ihren Reihen zählt, ist jedenfalls nicht nur ein literarhistorisches, sondern ein soziologisches Phänomen von einiger Bedeutung.

Tabelle A	1886	1906	1926
Mitglieder in Deutschland	1359	2282	5192
Mitglieder im Ausland	270	486	319
Insgesamt	1629	2768	5511

Prozentuelle Verteilung der deutschen Mitglieder[7]

	1886	1906	1926
Keine Berufsangabe	32,2 %	33,2 %	32,5 %
Geschäftsleute	17,2 %	19,5 %	28,4 %
Mediziner	6,2 %	6,0 %	9,9 %
Juristen	13,2 %	12,7 %	13,2 %
Regierungsbeamte	9,8 %	6,8 %	8,2 %
Hofleute	2,2 %	1,3 %	0,2 %
Militär	2,8 %	1,8 %	1,9 %
Lehrer	34,0 %	28,3 %	22,9 %
Journalisten	1,8 %	1,6 %	1,0 %
Geistliche	1,8 %	1,5 %	1,5 %
Künstler	5,3 %	7,0 %	4,5 %
Bibliotheken und Vereine	5,7 %	13,5 %	8,3 %
	100,0 %	100,0 %	100,0 %

Am auffallendsten ist die Veränderung im Größenverhältnis von Geschäftswelt und Erziehungswesen. Im Jahre 1886 war jedes dritte Mitglied, das überhaupt einen Beruf angab, Lehrer; 1926 betrug deren Anteil weniger als ein Viertel, während der der geschäftlich Tätigen von rund einem Sechstel zu einem Viertel anstieg und der der Mediziner ebenfalls zunahm. Der Prozentsatz der Juristen blieb beständig, während er sich für Regierungsbeamte, Geistliche, Journalisten und Künstler etwas senkte. Hofleute spielen nach 1918 natürlich keine Rolle mehr, aber die andere vom Umsturz direkt betroffene Gruppe, das Militär, bewies auch hier seine Standhaftigkeit: Im Jahre 1926 war die Gesamtzahl zwar kleiner als vierzig Jahre vorher, aber nicht um viel, ja vielleicht gar nicht, wenn man die in Versailles stipulierte Verminderung der Friedensstärke des Heeres auf 100 000 in Betracht zieht. Während der Begriff »Geschäftsleute« in Tabelle A generisch gebraucht wurde, um die Vertreter dieser Gruppe von den Akademikern mit meist humanistischem Lehrgang zu unterscheiden, soll Tabelle B das Verhältnis von Geschäftswelt im engeren Sinne – Industrie und Handel – und einigen verwandten Berufsgebieten aufzeigen.

Tabelle B	1886	1906	1926
Bank- und Finanzwesen	12,5 %	14,1 %	11,9 %
Verlagswesen	41,5 %	26,5 %	16,9 %

Land- und Forstwirtschaft, Bergbau	3,2 %	8,1 %	4,8 %
Architekten und Ingenieure	7,0 %	7,0 %	9,4 %
Chemie und andere angewandte Wissenschaften	0,6 %	0,7 %	2,2 %
Industrie und Handel	35,2 %	43,6 %	54,8 %
	100,0 %	100,0 %	100,0 %

Auch hier hat sich das Verhältnis der beiden größten Gruppen zueinander umgekehrt: Industrie und Handel haben das Verlagswesen vom ersten Platz verdrängt. Für die starke Vertretung des letzteren in der Mitgliedschaft vor 1914 lassen sich zwei Gründe anführen. Unter den deutschen Verlegern gab es damals eine Anzahl hochkultivierter Männer, denen die Goethe-Forschung und auch die Goethe-Gesellschaft viel verdankt: Salomon Hirzel, Eugen Diederichs und vor allem Anton Kippenberg – Freund und Mentor Rilkes und anderer Dichter, Leiter des Insel-Verlags, Besitzer der größten Goethe-Sammlung in privaten Händen, Präsident der Goethe-Gesellschaft von 1938 bis 1950. Zweifellos haben diese Männer dem ganzen zum Teil von ihnen beherrschten Geschäftszweig zeitweise den Stempel ihrer Persönlichkeit aufgedrückt. Als weiteren Grund des großen Interesses der Verlagswelt an der Goethe-Gesellschaft darf man wohl rein wirtschaftliche Betrachtungen anführen: Es war unter anderem auch geschäftlich lohnend, eine Organisation zu unterstützen, die das Interesse an einem Schriftsteller wachhielt, der Bestseller wie den »Volks-Goethe« verfaßt hatte. So trat wohl mancher deutscher Verleger der Goethe-Gesellschaft aus einer Art von aufgeklärtem Eigennutz bei, genauso, wie die heutige pharmazeutische Industrie dem Wohlergehen wissenschaftlicher Verbände etwa auf dem Gebiet der Chemie und Biologie nicht gleichgültig gegenübersteht. Als Deutschland dann mit Goethe-Ausgaben übersättigt war, ließ das Interesse der Verleger merklich nach. Es hatte sich von jeher auf Leipzig als Mittelpunkt des deutschen Buchhandels konzentriert; noch 1926 waren 30 der 246 Mitglieder aus dieser Stadt Verlagshäuser, nicht nur solche, die Goethe-Ausgaben herausgebracht hatten wie der Insel-Verlag oder das Bibliographische Institut, sondern auch andere, die mit schöngeistiger Literatur wenig zu tun hatten, wie zum Beispiel Brockhaus und Baedeker. Der radikale Umschwung von Verlagswesen sowie Handel und Industrie sticht von der Passivität der anderen Rubriken ab: Bank- und Finanzwesen sowie Land- und Forstwirtschaft zeigen mehr oder minder das gleiche Bild, und das langsame Ansteigen des Prozentsatzes der Mitglieder aus den Reihen der Architekten, Ingenieure und Chemiker ist nur ein schwacher Widerschein des ungeheuren Anwachsens der Zahl derer, die sich inzwischen diesen Berufen gewidmet hatten. In dieser Hinsicht beleuchten die Mitgliederlisten weniger die sozialen Umwälzungen des frühen 20. Jahrhunderts als etwa in bezug auf die Frauen: Im Jahre 1886 gaben kaum zwei Dutzend Frauen einen Beruf an (meist Schauspielerinnen), während sich 1926 mehrere Hundert als berufstätig auswiesen.

Daß sich die Mitgliedschaft hauptsächlich aus dem gehobenen Bürgertum ableitete, wird nicht nur in der sozusagen senkrechten Gruppierung der Berufe in beiden Tabellen bestätigt, sondern noch eindeutiger in der waagerechten Verteilung der Mitglieder innerhalb eines gegebenen Berufes. Die Tatsache, daß die Goethe-Gesellschaft von Anfang an eine beträchtliche Anzahl von Ärzten, Juristen und Geistlichen zu ihren Anhängern zählen konnte, wird durch den hohen beruflichen Rang auch solcher Mitglieder unterstrichen, bei denen der Beruf nicht unbedingt als Anzeichen der gesellschaftlichen Stellung gewertet werden kann. Der Chefredakteur und der jüngste Kopist sind beide im Journalismus tätig und fallen hier in diese Rubrik; tatsächlich zählte jedoch weit über die Hälfte der aus diesem Beruf stammenden Mitglieder zum Redaktionsstab – ein in Anbetracht der von der Gesellschaft für nötig befundenen Werbetätigkeit bedeutungsvoller Umstand. Unter den durch Chefredakteure vertretenen Zeitungen und Zeitschriften befinden sich neben zwanzig anderen weitverbreiteten Organen das *Berliner Tageblatt*, die *Vossische Zeitung* und die *Illustrierte Welt*. Ebenso ist der Kassenbeamte nicht weniger im Bank- und Finanzwesen tätig als der Bankdirektor; wiederum finden sich in den Mitgliederlisten mehr bekannte Bankiers als kleine Angestellte. Unter den durch Mitglieder des Aufsichtsrates vertretenen Finanzhäusern ist die Deutsche Bank zu nennen sowie die Dresdner Bank, Bayrische Handelsbank, Reichsbank, Böhmische Sparkasse, Preußische Staatsbank, Darmstädter und Nationalbank und andere mehr. Ähnliches trifft auch auf das Militär zu, aus dessen Reihen in den drei Stichjahren nicht ein einziger Unteroffizier der Goethe-Gesellschaft angehörte; hingegen waren so viele höhere Offiziere beigetreten, daß der durchschnittliche Dienstgrad immerhin auf den Oberstleutnant fällt. Der berühmteste Vertreter aus diesem Beruf ist Admiral Scheer, der am Skagerrak die Hochseeflotte anführte. Unter den Beamten schließlich trifft man auf mehr Oberbürgermeister, zum Beispiel die von Dresden, Hamburg, Nürnberg, Kiel, Leipzig und Bremen, als etwa Polizisten. So liegt auch der Schwerpunkt der im geschäftlichen Leben Tätigen in Tabelle A nicht bei der großen Masse, sondern bei den Wirtschaftsgrößen des damaligen Deutschland. Die meisten Mitglieder aus Industrie und Handel waren Männer in verantwortlicher Stellung, und es fehlen nicht Namen, die in ganz Europa bekannt waren und es zum Teil noch sind: Krupp, Stinnes, Borsig, Siemens.

In der Arbeiterklasse hingegen findet man so gut wie kein Interesse an der Goethe-Gesellschaft – was natürlich nicht besagen soll, daß »der« Arbeiter prinzipiell oder kraft seiner Herkunft kein Interesse an Goethe gehabt hätte: Es bestehen Anzeichen dafür, daß dieser von Männern und Frauen gelesen wurde, die keineswegs »gebildet« oder »bürgerlich« zu nennen waren.[8] Unter den 5192 Mitgliedern im Jahre 1926 befanden sich ein Klempner, ein Autoschlosser, ein Elektriker und zwei Gewerkschaftssekretäre. Die gelegentlichen Versuche der Gesellschaft, Goethe auch und gerade den Arbeitnehmern mundgerecht zu machen, scheinen im hier überblickten Zeitraum recht erfolglos geblieben zu sein. Ein erster Schritt in dieser Richtung wurde bereits im Ersten Weltkrieg unternommen, als sich die Gesellschaft bemühte, den Männern in Schützengraben und Fabrik Freiexemplare des »Volks-Goethe« zukommen zu lassen. Ein zielbewußter geplantes Unterfangen dieser Art waren die Goethe-Festspiele an der Ruhr (Bochum, 20. bis 26. Oktober 1928), bei denen der Ehrengast, Gerhart Hauptmann, darauf hinwies, daß Goethes Beliebtheit viel zu wünschen übrigließe, vor allem im Vergleich zu der Schillers, und daß der Begriff »Goethe der Arbeiter« einen organischen Bestandteil des seelischen und erzieherischen Werdegangs der deutschen Werktätigen bilden sollte. Ein weiteres Experiment in dieser Richtung wurde 1937 unternommen, als die Teilnehmer an dem nach Weimar einberufenen Reichsführerlager der Hitlerjugend unter anderem auch einen regelrechten Goethe-Schulungskurs zu absolvieren hatten. Staatlich unterstützte und geleitete Goethe-Studien vor allem in der DDR durchgeführt. Ein jüngeres, auch aus Angehörigen weniger bevorzugter Gesellschaftsschichten zusammengesetztes Publikum, das sich ungefähr mit dem Dantes in Italien oder Shakespeares in den angelsächsischen Ländern decken würde, wäre wohl nicht nur dem Dichter selber recht gewesen, sondern könnte auch sein Fortleben in einer Welt gewährleisten, die, mit welchem ideologischen Vorzeichen auch immer, sich mit Riesenschritten dem Stadium der Massenkultur nähert.

Wenn wir nun, mit allem vernünftigen Vorbehalt gegen Verallgemeinerungen, jenen Prototyp des Goethe-Lesers definieren, dessen Existenz zu Anfang dieses Kapitels vorausgesetzt wurde, so muß zunächst festgestellt werden, daß dieser nicht mehr wie früher hauptsächlich unter freien Akademikern zu suchen ist, sondern in den Reihen der Angestellten. Er wohnt in den größeren Städten, besonders in Industriezentren, deren demographische Struktur eine wohlhabende »Managerschicht« aufweist – wurden in Orten wie Halle, Leipzig und Dresden, Bremen, Hamburg und Stuttgart, die 1980 sämtlich Ortsvereinigungen der Goethe-Gesellschaft aufwiesen (im Gegensatz zu den Universitätsstädten Tübingen, Erlangen und Freiburg). Eine vorsichtige Auswertung von Namen, Berufen und Ortsangaben würde zu dem Schluß führen, daß der einigermaßen ernsthafte Goethe-Leser wohl immer noch vorwiegend protestantisch (vor 1933 auch jüdisch), seltener jedoch katholisch ist. Im Gegensatz zu dem (als »typisch« postulierten) Rilke-Leser finden wir weit mehr Goethe-Leser unter den Männern als unter den Frauen, obgleich diese ihr Interesse am Dichter nicht verloren, als sie nach 1918 und erst recht 1945 ihr Heim verließen und beruflich tätig wurden. Im Gegensatz zu dem (als »typisch« postulierten) Schiller-Leser ist der Goethe-Leser selten Student und noch seltener Arbeiter. Er ist vielmehr vorzugsweise ein Mann in reifen Jahren mit vielen bürgerlichen und beruflichen Pflichten. Wenn das Wort nicht so abgetragen wäre, würde man versucht sein, ihn als eine »Führergestalt« zu bezeichnen: Der Kern der Goethe-Leser – gleichgültig, ob sie seine Werke erwerben, ob sie ihn wirklich lesen oder ob sie ihn »erwerben, um ihn zu besitzen« – deckt sich mit den lokal und national tonangebenden Männern innerhalb verschiedener Berufe. Zweifellos trat und tritt mancher der Goethe-Gesellschaft bei, weil dies zum guten Ton gehörte. Dennoch scheint der heutige Goethe-Leser weniger von akademischen, gesellschaftlichen oder gar nationalistischen Beweggründen beeinflußt zu sein, als sein Vater oder Großvater es waren. Die hochwürdigen Herren Professoren, die sich einst gefragt hatten, ob man die allgemeine Öffentlichkeit die heiligen Hallen der Goethe-Forschung solle betreten lassen, die *jeunesse dorée* der Potsdamer Gardeleutnants, die ihren Goethe wohl kaum je aufschlug, die Pangermanisten, denen Goethe in erster Linie Deutschlands Antwort auf Shakespeare war – diese und andere Überbleibsel vergangener Zeiten sind aus der Goethe-Gesellschaft womöglich noch gründlicher verschwunden als aus anderen Gebieten des deutschen Geisteslebens der Gegenwart. Im Sinne von Walt Whitmans Forderung nach einem großen Publikum für einen großen Dichter darf man wohl sagen, daß sich Goethes Publikum seit Ende des 19. Jahrhunderts nicht nur quantitativ verändert hat.

Die historische Leistung der Goethe-Gesellschaft liegt allerdings nicht in dem

Umstand begründet, daß sich aus ihrer Zusammensetzung ein (freilich nur mit Vorbehalten zu verwertendes) Bild des modernen Goethe-Lesers ableiten läßt. Sie liegt heutzutage nicht einmal mehr in der redaktionellen oder administrativen Arbeit; die Weimarer Ausgabe ist veraltet, die einst von der Gesellschaft verwalteten Gebäude sind zum Teil zerstört und wiederaufgebaut, zum Teil auch verstaatlicht worden. Insofern als diese Leistung noch aktuelle und zukünftige Bedeutung hat, beruht sie vielmehr auf der im Jahrbuch verkörperten wissenschaftlichen Forschung. In ihr wird man letzten Endes die Daseinsberechtigung dieser Organisation zu suchen haben, die ja vor allem eine »gelehrte« Gesellschaft ist.

Die erste Nummer des *Goethe-Jahrbuchs* erschien 1880. Die Veröffentlichung kann also auf ein Leben von einem Jahrhundert zurückblicken. In Anbetracht der Zeitläufte ist man versucht, dies allein schon als Leistung zu werten: Weder physisch noch geistig steht noch viel von dem, was damals erschaffen wurde. Aber das Jahrbuch hat den Aufstieg und Fall nicht nur verschiedener Regierungsformen, sondern auch mehrerer, einander oft spinnefeind befehdender Schulen der Goethe-Forschung durchlebt und somit auch wissenschaftlich manches überdauert. Die Männer, deren Untersuchungen in diesem Organ erschienen, zählten zu den angesehensten Gelehrten ihrer Zeit, und ihre Aussagen sind so gültig, wie literarhistorische, exegetische, stilkritische und andere derartige Aussagen überhaupt nur sein können. Wenn wir nun den labyrinthischen Pfaden der Goethe-Forschung, wie sie sich uns auf den Seiten des Jahrbuchs eröffnen, eine Zeitlang folgen, so soll dies weder im Sinne eines geistlosen Wiederkauens des längst Verdauten geschehen noch im Hochgefühl, daß wir's »zuletzt so herrlich weit gebracht«. Unser Ausgangspunkt sei vielmehr die pragmatische Feststellung des anglo-amerikanischen Dichters T. S. Eliot, daß ein europäischer Dichter, der heute noch Beachtung beansprucht, nicht nur jemand zu sein hat, der eine bestimmte geschichtliche Rolle spielt, sondern daß seine Werke auch »fortfahren müssen, nachfolgenden Generationen Vergnügen und Nutzen zu bieten«, ja daß »die Geschichte dessen, was über das Werk eines solchen Mannes geschrieben wurde, die Geschichte des europäischen Geistes sein wird«[9]. Die deutsche Goethe-Forschung der letzten Jahrzehnte bildet freilich nur einen verschwindend kleinen Teil der europäischen Geistesgeschichte, aber Eliot hat dennoch recht: Die Geschichte dessen, was über *diesen* europäischen Dichter geschrieben wurde, ist tatsächlich mit gewissen Eigengesetzlichkeiten zumindest des deutschen Geisteslebens eng verknüpft.

Als Ludwig Geiger das *Goethe-Jahrbuch* im Jahre 1880 begründete, bezeichnete er es im Vorwort zur ersten Nummer als ein »Repertorium der Goethe-Literatur, welches das bisher sehr zerstreute und nicht leicht zugängliche Material dem Gebildeten in einer leicht zugänglichen Sammlung vereinigt darbieten und welches alle diejenigen, welche der Erforschung, Erklärung und Verbreitung von Goethe's Werken ihre Thätigkeit widmen, zu einer gemeinsamen Arbeit verbinden soll. Um diesen Zweck zu erfüllen«, fuhr er fort, »wird das Jahrbuch in 4 Abtheilungen zerfallen müssen. Es wird
1) *Ungedrucktes Material* bringen: Briefe und Aktenstücke, welche von Goethe geschrieben oder an ihn gerichtet sind ...
2) *Abhandlungen, Vorträge, Aufsätze,* in denen allgemeine auf Goethe bezügliche Fragen erörtert, über den Stand der Goethe-Forschung Bericht erstattet und namentlich dem größeren gebildeten Publikum, das noch immer an eine oberflächliche Art der Literaturbehandlung gewöhnt ist, durch formvollendete und inhaltsreiche Aufsätze die Möglichkeit gewährt werden soll, in das Getriebe der ernsten Arbeit hineinzublicken.
3) *Kritische Untersuchungen ...*
4) *Bibliographie,* das heißt ein genaues Verzeichnis aller in dem vom Jahrbuch umfaßten Zeitraum erschienenen Aufsätze, Abhandlungen und Bücher ...«

Wenn man sich in die Zeiten zurückversetzt, in denen dieses Programm entworfen wurde, und es mit dem in den vierunddreißig von 1880 bis 1913 erschienenen Jahrbüchern tatsächlich Erreichten vergleicht, so ist man zunächst von der übersichtlichen Anordnung des Materials beeindruckt und von dem ehrlichen Wunsch des Herausgebers, dieses erschöpfend zu behandeln. Als es sich später als unmöglich erwies, das mit so guten Absichten vom Stapel gelassene Schiff durch die reißend ansteigende Flut des Goethe-Schrifttums hindurchzusteuern, mußte freilich dieses oder jenes über Bord geworfen werden (zeitweise zum Beispiel die Bibliographie der Neuerscheinungen); es ist jedoch nicht zu bezweifeln, daß Geiger und seine Mitarbeiter dem Jahrbuch nicht nur die Muße ihrer Freizeit widmeten, sondern ihre volle Arbeitskraft.

Ebensowenig läßt es sich aber bestreiten, daß das Jahrbuch im Geiste eines ungebrochenen, noch an nichts irregewordenen Positivismus entworfen wurde. Es finden sich kaum Hinweise in den ersten Bänden auf die Möglichkeit, daß Goethe *nicht* unbedingt einen Mechanismus darzustellen habe, dessen Funktionieren früher oder später – oder vielmehr nicht früher oder später, sondern nach Verausgabung eines genau bemessenen Zeit- und Arbeitsaufwandes auf eine Formel gebracht werden könnte. Nicht viele Forscher fragten sich, ob es wünschenswert, und nur die wenigsten zweifelten daran, daß es möglich sei, diese »Goethe-Formel« zu entdecken und mit ihrer Hilfe die Geheimnisse des künstlerischen Schöpfungsprozesses ein- für allemal zu entschleiern. Noch weniger zerbrach man sich über die beiden Wege den Kopf, die bei dieser Suche einzuschlagen waren: Wenn man einerseits von der Erforschung des Goetheschen Lebens ausging und andererseits von einer textkritischen Untersuchung der Werke, mußte man schließlich zu einer Kreuzung kommen, an der, einer Lichtung nach langem Waldspaziergang gleich, der Kausalzusammenhang von »Erlebnis« und »Dichtung« ins Gesichtsfeld treten würde. Die wenigen, die die Existenz dieses Kausalzusammenhanges in Frage zogen oder, wie Dilthey, gar seinen Wert bestritten, kamen im Jahrbuch nur selten zur Sprache. Erst im Jahre 1905 erschien ein erster Beitrag – Rudolf Lehmanns *Goethes Lyrik und die Goethe-Philologie* – von eindeutig methodologischer Problemstellung.

Nicht weniger zeitbedingt erscheinen dem Rückschauenden einige andere Kennzeichen des Geistes jener Vorkriegsjahre: etwa der Seitenhieb auf die »oberflächliche Art der Literaturbehandlung« im Vergleich zur »ernsten Arbeit« des Goethe-Forschers oder der mit Daten getriebene Fetischdienst. So sandte Geiger zum Beispiel das Rundschreiben, in dem er die Kollegen zur Mitarbeit aufforderte, am 130. Jahrestag der Geburt des Dichters aus, am 28. August 1879, und kündigte das Erscheinen des Jahrbuches für den 22. März des nächsten und der folgenden Jahre an; auch das Vorwort zum ersten Band trägt das Datum des 22. März 1880. Geradezu peinlich hingegen, schon wegen der salbungsvoll-ungoetheschen Geisteshaltung, die darin zum Ausdruck kommt, wirken die vielen, zu Arabesken süßlicher Prosa gewundenen Hinweise auf Goethe als mythologisches Wesen, als Prometheus und Heros, die sich gelegentlich mit dem chronologischen Fetischismus zu Hyperbeln wie der folgenden verbinden: »Gerade an demselben Monatstage, an welchem ein Jahr später der größte Dichtergeist unseres Volkes dieser Erde entschwebte, am 22. März 1831, war ich zum letztenmal bei Goethe ...«[10]

Eine zweite Phase setzte 1914 mit dem Erscheinen des ersten Nachfolgeorgans, des *Jahrbuchs der Goethe-Gesellschaft,* ein. Es handelte sich nun nicht mehr darum, unsere Goethe-Kenntnis durch Hinzufügung dieser oder jener biographischen oder exegetischen Kleinigkeit zu vermehren, sondern sie dadurch zu verlebendigen, daß man den Dichter als menschliche (und seine

Werke als künstlerische) Einheit profilierte und ihre Bedeutung für die Gegenwart zu bestimmen suchte. Im Jahrzehnt 1910-1920 wurde der Hausgoethe Meyers, Heinemanns und Bielschowskys vom metaphysisch grundierten Goethe Chamberlains, Simmels und Gundolfs abgelöst: eine Verschärfung sowohl des Gesichtswinkels wie der Sehkraft, die natürlich auch im Jahrbuch Ausdruck fand, in dem im übrigen eine gewisse Resignation spürbar zu werden begann. Nicht nur der Dichter selber, auch seine Epigonen – diejenigen, die ihn und sein Weimar in der Jugend noch gekannt hatten wie Herman Grimm und Kaiserin Augusta – waren indessen längst verstorben; es hatte sich nun auch, zum ersten Male seit dem Sturm und Drang, im literarischen Leben Deutschlands eine Gruppe von Schriftstellern durchgesetzt, denen das Goethe-Erlebnis, wenigstens in der Form, in der es bisher geleistet worden war, so gut wie nichts bedeutete und denen es deshalb auch nicht im Rilkeschen Sinne »Auftrag« werden konnte wie noch für ihre Zeitgenossen Hauptmann, Hesse und Hofmannsthal: Männer wie Brecht, Kafka und Ernst Jünger (um drei der bedeutendsten und ungleichartigsten zu nennen), die zwar ihren Goethe gelesen hatten, aber Kinder eines ganz anderen Geistes zu sein schienen und dennoch eine geistige Statur besaßen, die zu Aufmerksamkeit und Stellungnahme zwang. Es ist nicht zu verwundern, daß die (tatsächliche oder postulierte) Harmonie des Goetheschen Weltbildes gerade in diesen Krisenjahren nach 1918 noch einmal betont wurde. In einer dieser etwas elegischen Abhandlungen, v. d. Schulenburgs *Unsere Zeit im Spiegel der Weltbetrachtung des alten Goethe,* heißt es denn auch klipp und klar: »Daß gegen die Hölle heutiger Kultur die Kultur des aufgeklärten Absolutismus ein Paradies war, wird jeder zugeben, der eine Ahnung davon hat, was Kultur bedeutet. Aber jeder von ihnen weiß auch, daß es eine Rückkehr nicht gibt.« Als dies im Jahrbuch gedruckt wurde, schrieb man gerade das Jahr 1933.

Die letzte und zeitgenössische Phase des Jahrbuchs begann im Jahre 1936, als das Format wiederum verändert und der Titel zu *Goethe* vereinfacht wurde. In auffallendem Gegensatz zum bereits erwähnten Chauvinismus des Jahrbuchs im Ersten Weltkrieg hat *Goethe* das Dritte Reich, den Krieg 1939-1945 und die Teilung mit bemerkenswertem Gleichmut ertragen. Wenn das Pendel manchmal in der Richtung von Blut und Boden ausschlug, wie in Tröges Abhandlung über *Goethes Ahnenschaft in landschaftlicher und ständischer Gliederung* (1937), so schwang es auch wieder weit genug zurück, um sogar die Zensur zu interessieren, die in Bertrams *Goethe als Gestalter deutscher Geschichte und Former deutschen Wesens* (1944) einige Zeilen mittels aufgeklebter Papierstreifen unlesbar zu machen suchte. Der Zensor ging – absichtlich? – so stümperhaft vor, daß man kein Sherlock Holmes zu sein braucht, um die betreffenden Stellen mit Hilfe einer gegen die Rückseite gehaltenen Taschenlampe zu entziffern. Die erste betrifft Goethes Überzeugung, daß ein Herrscher fähig sein müsse, sowohl seine Untertanen zu beschützen wie Heere anzuführen; zwei andere zensierte Stellen handeln von Goethes Ablehnung des heraufziehenden Zeitalters der Maschinenwelt und seinen Befürchtungen darüber, was ein eventueller russischer Einmarsch in Deutschland bedeuten würde.[11]

Wenn wir nun die von 1880 bis 1980 im Jahrbuch veröffentlichten Abhandlungen einer kurzen Musterung unterziehen, dann ergibt sich bei einer zunächst rein statistischen Anordnung, der eine Teilung zwischen Goethes Werk und seiner Persönlichkeit zugrunde gelegt wurde, folgendes Bild:

	1880-1913 *Goethe-Jahrbuch*	1914-1935 *Jahrb. d. Goethe-Ges.*	1936-1960 *Goethe*	1961-1980 *Goethe*
Insgesamt	230	156	309	310
Miszellen	27	31	92	43
Restbetrag	203 (100 %)	125 (100 %)	217 (100 %)	267 (100 %)
A) Goethes Werke				
Drama	27,6 %	20,0 %	15,1 %	14,9 %
Lyrik	6,9 %	7,2 %	10,6 %	10,2 %
Epik	7,4 %	4,8 %	7,4 %	8,6 %
Stilist. u. ästhet. Studien	8,9 %	8,0 %	5,1 %	4,7 %
Epigramme, kleine Prosa, Briefe und Tagebücher	3,5 %	3,2 %	1,4 %	5,7 %
	54,3 %	43,2 %	39,6 %	44,1 %
B) Goethes Wesen und Wirken				
Der Naturforscher	4,9 %	7,2 %	12,1 %	9,6 %
Goethe und die Nachwelt	3,9 %	9,6 %	7,8 %	9,7 %

Goethe und das Ausland	2,9 %	10,4 %	1,4 %	6,1 %
Goethe u. d. Bildende Kunst	3,5 %	4,8 %	6,9 %	2,3 %
»Goethe und ...«[12]	13,8 %	6,4 %	15,2 %	7,7 %
Biographisches	16,7 %	18,4 %	17,0 %	6,4 %
Neuansätze	–	–	–	14,1 %
	45,7 %	56,8 %	60,4 %	55,9 %

Einige der hier wiedergegebenen Akzentverschiebungen kommen auch anderswo, etwa in den im betreffenden Zeitabschnitt verfaßten Biographien, zum Ausdruck: so der Wandel von Werk- zu Wesensanalyse und die Erforschung des Goetheschen Einflusses auf das ausländische Schrifttum, die 1932 einen Höhepunkt erreichte, als die gesamte Jubiläumsnummer nichtdeutschen Forschern zur Verfügung gestellt wurde, von denen jeder einzelne über Goethes Stellung im Geistesleben seines Heimatlandes schrieb. Weniger bekannt ist die auffallende Veränderung im Verhältnis von Drama und Lyrik. Am aufschlußreichsten für die Entwicklung des Goethe-Bildes insgesamt sind jedoch die hier unter »Miszellen« zusammengefaßten Abhandlungen.[13]

Vor dem Ersten Weltkrieg handelte rund jeder neunte Beitrag von peripheren Themen wie *Leonardo da Vincis Abendmahl,* über das 1898 eine Goethes eigene Ansichten über das Werk kaum streifende Abhandlung erschien, oder *Die Streitigkeiten der Frankfurter Geistlichkeit mit den »Frankfurter Gelehrten Anzeigen« im Jahre 1772,* eine 1889 veröffentlichte Arbeit, in der der Aufwand an verschossener literarhistorischer Munition schon in gar keinem Verhältnis mehr zur Wichtigkeit des Zieles stand. In den zwanziger Jahren wurde diese positivistische Mosaiklegerei allmählich von Forschungen verdrängt, die einen direkteren und phantasievolleren Weg zu Goethe und zur Goethe-Zeit darstellen. Beiträge wie die ursprünglich als Festvorträge gehaltenen Aufsätze von Erich Marcks über *Karl August,* von Heinrich Wölfflin über *Goethes Italienische Reise* und von Max Wundt über *Goethes Gestalt im Wandel deutscher Weltanschauung* (1925 beziehungsweise 1926 und 1927) sind zwar Miszellen im Sinne obiger Statistiken, aber bedeutungsvoll vor allem als meisterhafte Behandlungen dieser Themen und als Anzeichen des erweiterten Kreises derer, die damals am Jahrbuch und an Goethe-

Studien überhaupt mitzuarbeiten begonnen hatten. Dabei gingen sie ihre Arbeit zumeist mit einer Bescheidenheit an, die wohltuend gegen die schulterklopfende Jovialität abstieht, mit der man bisweilen diesem Dichter begegnet war, der sich zum Beispiel in *Dichtung und Wahrheit* nicht immer so genau an Fakten und Daten hatte erinnern können wie die mit allerlei gelehrtem Gepäck befrachteten Literaturwissenschaftler, die ihm auf seinem Lebensweg nachgestapft waren. Nicht nur Goethe-Forscher – wie es bisher meist der Fall gewesen –, sondern auch Kunsthistoriker wie Wölfflin, Geschichtsforscher wie Marcks, Philosophen wie Wundt, aber auch Dichter wie Hofmannsthal und Sprachwissenschaftler wie Voßler und noch andere meldeten sich nun zum Wort, zum Beispiel Ärzte, Juristen und Soziologen, deren meist aus ihren Spezialinteressen hervorgegangene Beiträge den Rahmen der traditionellen Leben-und-Werk-Betrachtung so sprengten, daß Abhandlungen dieser Art im Zeitraum 1914-1935 bereits ein volles Fünftel der im Jahrbuch veröffentlichten Artikel ausmachten.

Im Jahrbuch der Kriegs- und Nachkriegszeit (1936-1960) hat sich das Verhältnis um ein weiteres verschoben: Fast jeder dritte Beitrag handelt jetzt von Themen, die außerhalb der gängigen Rubriken stehen. Es gibt hierfür neben verschiedenen zufällig-zeitgebundenen Gründen (wie der Tatsache, daß Abhandlungen wie *Goethes Gedanke der olympischen Erziehung* und *Körperschulung als Erziehungs- und Volksaufgabe in Goethes Leben und Werk* gerade im Jahre der Berliner Olympiade 1936 oder daß verschiedene Arbeiten über Schiller 1959 zur Veröffentlichung gelangten) auch eine Erklärung, die das heutzutage so akute Problem der Auflösung überlieferter literarhistorischer Formen tangiert. In der Goethe-Forschung wie auf anderen geisteswissenschaftlichen Arbeitsgebieten gibt es im Grunde genommen zwei verschiedene Betrachtungsweisen, die man *faute de mieux* als systolisch und diastolisch bezeichnen kann. Die systolische Goethe-Forschung bemüht sich, Goethe aus der Verklammerung mit seiner Zeit herauszuschälen und ihn als einmaliges, eigenen (oder zumindest nicht aus dem vielberufenen »Zeitgeist« abgeleiteten) Gesetzen unterworfenes Phänomen zu erfassen: als Menschen und Dichter, der gewissermaßen zufällig im Deutschland des ausgehenden 18. und beginnenden 19. Jahrhunderts lebte. In der Biographik wird diese Richtung unter anderem von den Namen Carus, Chamberlain, Gundolf und Fairley repräsentiert. Die von Lewes, Grimm, Bielschowsky und Staiger vertretene diastolische Goethe-Forschung, die weit über die sogenannte Ideengeschichte hinausgeht, erfaßt ihn hingegen weitgehend aus den Gegebenheiten seiner Zeit heraus und sieht in ihm unter anderem einen Menschen und Dichter, der nur im Deutschland des ausgehenden 18. und beginnenden 19. Jahrhunderts leben und schaffen konnte. Selbstverständlich läßt sich diese Scheidung nie so glatt durchführen, wie sie hier postuliert wird; auch handelt es sich ja um Begriffe, die erst in der Anwendung auf ein konkretes Thema Leben gewinnen. Dennoch ist der Unterschied etwa zwischen Gundolfs systolischem *Goethe* und Korffs diastolischem *Geist der Goethe-Zeit* ebenso unverkennbar wie die Tatsache, daß bestimmte Arten der Goethe-, ja der Literaturforschung sich der einen oder anderen Methode zu verpflichten haben. So wird zum Beispiel die psychoanalytische Untersuchung eines Dichters oder Werkes immer systolisch, eine vom Standpunkt einer politischen Bewegung her unternommene Arbeit letzten Endes diastolisch begründet sein. In unseren Tagen, in denen immer wieder neue Verbindungslinien von Disziplin zu Disziplin gezogen werden, ist die diastolische Arbeitsweise beliebter, weil sie sich vorzugsweise zur Erforschung derjenigen Aspekte Goethes eignet, denen heute das größte Interesse entgegengebracht wird. Man kann weder vergleichende Literaturwissenschaft treiben, noch die Bedeutung des Naturforschers Goethe in der Entwicklung zum Beispiel der modernen Biologie definieren, noch auch die gesellschaftskritischen Stellungnahmen des Dichters auf einen ideologischen Nenner zu bringen versuchen, ohne diastolisch vorzugehen, das heißt ohne Goethe einen Gegenpol beizugeben und das so entstehende Kraftfeld zu bemessen. Als das Jahrbuch im Jahre 1880 ins Leben gerufen wurde, steckten die vergleichende Literaturwissenschaft, die molekulare Biologie und die sozialpolitischen Ideologien unserer Zeit noch in den Kinderschuhen. Um den Weg zu veranschaulichen, den die im Jahrbuch veröffentlichte Spezialforschung gerade auf diesen drei Gebieten zurückgelegt hat, seien hier je zwei Abhandlungen zusammengestellt, die diese Wandlung von Goethe-Bezogenheit zur Polarität, von Systolik zu Diastolik, schon im Titel ausdrücken: *Goethes literarischer Einfluß auf Frankreich* (1887) und *»Manon Lescaut« und die Gretchen-Episode in »Dichtung und Wahrheit«: Quellen, Parallelen, Kontraste* (1957); *Goethe als Anatom* (1892) und *Goethe und Geoffroy Saint-Hilaires anatomische Studien und deren Bedeutung für die Entwicklung eines naturwissenschaftlichen Denkens* (1960); *Goethes »Egmont«, die Tragödie des versagenden Bürgertums* (1925) und *Über Goethes Humanismus. Materialismus und Dialektik im Menschenbild Goethes* (Sammelband *Kolloquium über Probleme der Goethe-Forschung*, 1960).

Es lohnt sich, zum Schluß einige in den letzten Jahrzehnten veröffentlichte und in der Tabelle als »Neuansätze« zusammengefaßte Arbeiten kurz zu beleuchten, wobei darauf hingewiesen sei, daß diese Neuansätze durchweg thematischer und nicht methodologischer Natur sind. Von Einbrüchen der »Makro-« oder »Metaforschung« in den friedlichen Mikrokosmos der im Jahrbuch gepflegten Goethe-Forschung ist wenig zu verspüren: etwa von Vorstößen in das (relative) Neuland der strukturalistischen Textanalyse oder der Kommunikationstheorie.

Bei den Versuchen, Goethe zu aktualisieren und ihn vor allem der jungen Generation nahezubringen, spielt die Politik eine größere Rolle als je zuvor. Auf diesem Gebiet hat sich wohl Wilhelm Girnus, damals Staatssekretär für das Hoch- und Fachschulwesen der DDR, am weitesten vorgewagt in seiner (1962 in *Goethe* abgedruckten) Festrede auf der Hauptversammlung der Goethe-Gesellschaft. Sie trägt den Titel *»Des Menschen Kraft, im Dichter offenbart«. Dichter und Gesellschaft im Spiegel Goethes.* Girnus sieht in Goethes *Tasso* nicht eine »metaphysisch-absolute« Kollision von Dichter und Gesellschaft, sondern den »Zusammenstoß der dichterischen Potenz, der Kraft des menschlichen Traums und seines unumstößlichen Ethos mit *dieser* Gesellschaft«. *Diese* Gesellschaft ist für Girnus die der »Feudalität auf absteigendem Ast, tief und unwiderstehlich ergriffen bereits von jenem eiskalt rechnenden Geist, durch den das Geld alle menschlichen Beziehungen vergiftet«. Zusammenfassend stellt der Redner fest, daß die Dichtkunst nur in einer sozialistischen Gesellschaftsordnung gedeihen könne: »Die Ludendorff und Stinnes, die Krupp und Thyssen, Hitler und Keitel und deren Adepten, meine Damen und Herren, hatten bisher bedauerlicherweise eben mehr Macht über unsere Geschichte als Lessing, Goethe, Heine, Beethoven oder Thomas Mann. Hier liegt das Tasso-Problem unserer gesamten neueren nationalen Geschichte.« Immerhin schließt Girnus mit einer versöhnlichen Geste gegenüber den mehr als 400 (von insgesamt rund 1300) Gästen, die aus der Bundesrepublik und West-Berlin nach Weimar gekommen waren: »Mancher von Ihnen wird anderer Meinung sein. Warum nicht. Wenn der Wille zur Verständigung vorhanden ist und der Wille zur Erneuerung der Nation, sollte sich dann nicht auch ein Weg zur Gemeinsamkeit finden?«

Eine weitere Möglichkeit zur Aktualisierung Goethes liegt in der Einbeziehung moderner Autoren durch das Hervorheben ihrer Berührungspunkte mit dem Dichter, in Beiträgen wie *Goethes Sekretär Ernst Carl John. Sein Bild in der Forschung und bei Thomas Mann* (1962) oder *Harry Hallers Goethe-Traum. Vorläufiges zu einer Szene aus dem »Steppenwolf« von Hermann*

Hesse (1980). – Auch die Übersetzungstätigkeit *(Probleme bei einer bulgarischen »Faust«-Übersetzung* [1964] oder *Notizen eines »Faust«-Übersetzers* [1972]) sowie die Bühnengeschichte einzelner Werke *(Goethes »Faust« auf dem tschechischen Theater* [1970] oder *Goethes »Egmont« in der Inszenierung von Fritz Bennewitz am Deutschen Nationaltheater Weimar 1979* [1980]) gehören zu den Kategorien, die es früher im Jahrbuch praktisch nicht gab; sie widerspiegeln die Zunahme der Übersetzungen und die unverminderte Häufigkeit von Goethe-Aufführungen (in der Spielzeit 1977/78 waren es über 1000 auf deutschsprachigen Bühnen).

Da es über Goethe und Lessing, Goethe und Schiller usw. kaum noch Neues zu berichten gibt, wird der Kreis um Goethe (bisher unter »Goethe und ...« subsumiert) jetzt so weit gezogen, daß auch Menschen, die mit ihm kaum in Berührung kamen und an der äußersten Peripherie seines Dunstkreises angesiedelt sind, mit ausführlichen Untersuchungen bedacht und, weil fast unbekannt, schon im Titel identifiziert werden *(Franz Oberthür, ein häufiger Gast zur Goethe-Zeit in Weimar* [1961] oder *Goethes »werter Freund« Bürgermeister Hermann in Leipzig* [1965]).

Im Bestreben, Goethes Weiterwirken als lebendigen Vorgang aufzuzeigen, wurde 1980 eine Kurzgeschichte veröffentlicht: *Der Geheimrat im Gewitter,* eine Parabel zu Goethes *Schatzgräber,* von Marianne Bruns. Es ist das erste Mal, daß »Literatur« im Gegensatz zu »Literaturwissenschaft« im Jahrbuch berücksichtigt wurde.

Stellt die Aufnahme eines belletristischen Beitrags einen vielversprechenden Schritt in die Zukunft dar, so weisen andere Neuansätze paradoxerweise zurück in die Vergangenheit; so zeigen rezeptionsgeschichtliche Arbeiten wie *Vom Wandel des Goethe-Bildes* (1960) oder *Das Goethe-Bild Heinrich Heines* (1968), daß sich die Goethe-Forschung inzwischen selbst historisch geworden ist. Zur Geschichte, quasi zur Autobiographie der Goethe-Philologie gehören übrigens auch Abhandlungen über editorische Probleme wie *»Späne« aus der Werkstatt einer neuen Gesamtausgabe von Goethes Tagebüchern und Briefen* (1965) oder *Fünfte Abteilung der Weimarer Ausgabe. Die Briefe an Goethe, Regestausgabe* (1967). Völlig im obigen Sinne systolisch, um nicht zu sagen: der Nabelschau gewidmet, sind schließlich Beiträge wie *Die Dornburger Schlösser und ihre Wiederherstellung* (1963) oder gar *Zu einem geplanten Register der Goethe-Jahrbücher* (1968). – In künftigen Studien der hier vorliegenden Art werden diesen und anderen neuen Aspekten der Goethe-Forschung eigene, über die traditionellen weit hinausführende Kategorien einzuräumen sein.

Unsere Aufgabe ist jedoch nicht Prophezeiung, sondern Berichterstattung. Wir müssen uns nach diesem kurzen Rundgang durch die kleine Welt des Goethe-Jahrbuchs auf die Reise durch die große Welt des modernen Goethe-Bildes machen und die Kräfte untersuchen, die es vornehmlich geprägt haben: die Schule, die Dichtung und die biographische Literatur.

6

DIDAKTIK IN STEHKRAGEN UND BLUE JEANS

> *»Mei wißt's wol: Der Goethe ist halt a Fack g'wöst und was ist dös an der Iphigenie? Der Thoas hat sie halt heiraten wöll'n, sie hat'n aber nit g'mögt und nachher hat er a Weil brummelt und hat sie endlich laffen lassen. Ist lei nix dahinter als a narret's G'röd.«*
>
> TIROLER DEUTSCHLEHRER, um 1840
> (ADOLF PICHLER, Aus meiner Zeit)

Wie die anderen großen Klassiker seiner und früherer Zeiten, hat auch Goethe nie Deutschunterricht im heutigen Sinne »genossen«. Es mag dahingestellt bleiben, ob er trotzdem oder deswegen ein – Goethe geworden ist. Tatsache ist jedoch, daß er seit etwa einem Jahrhundert im Deutschunterricht gelesen wird und daß es trotzdem noch keine größere, das Thema auch nur annähernd erschöpfende Arbeit gibt über die Behandlung, die sein Werk und seine Persönlichkeit auf der deutschen Schule erfahren haben.[1] Eine seltsame Unterlassung in Anbetracht der sonst schon längst ins Unermeßliche angewachsenen Goethe-Literatur! War und ist die Schule denn nicht der Ort, auf dem Goethes große Nachfolger, seine Widersacher und auch wir, sein Publikum im allgemeinen, eine erste Kenntnis seiner Art und Eigenart erhielten? Dürften die Umstände dieser ersten Bekanntschaft nicht oft genug fürs ganze Leben ausschlaggebend gewesen sein? Und hat Goethe selber die Wichtigkeit gerade des dichterischen Schulerlebnisses nicht hoch genug angesetzt, als er in den *Wahlverwandtschaften* schrieb, daß »ein Lehrer, der das Gefühl ... an einem einzigen guten Gedicht erwecken kann«, mehr leistet als einer, »der uns ganze Reihen untergeordneter Naturbildungen der Gestalt und dem Namen nach überliefert?« – Diesen Worten können freilich andere entgegengesetzt werden, etwa diejenigen, mit denen der um den Deutschunterricht besonders verdiente Rudolf Hildebrand in seinem Buch *Vom deutschen Sprachunterricht* (1867) den damaligen Schulbetrieb charakterisierte: »Der Unterricht im Deutschen gilt den Lehrern ... nicht als der leichteste und angenehmste, ja vielen wohl als der schwerste und lästigste, und lästig, nicht selten geradezu langweilig, selbst sterbenslangweilig, nicht den Lehrern bloß, auch den Schülern, und nicht an Volks- und Bürgerschulen bloß, ebensogut, ja besonders an Gymnasien.«

Diese beiden Äußerungen, die idealistische des Dichters und die realistische des Schulmannes, umschreiben unser Thema, dessen bisher so lückenhafte Behandlung noch befremdender erscheint, wenn man bedenkt, daß die Schulzeit ein deutsches »Urerlebnis« genannt zu werden verdient. Schiller, Keller, Mann, Rilke, Hesse und viele andere große Deutsche, die nicht Dichter waren, haben darüber eigene Erfahrungen mitgeteilt von einer Gefühlsdichte und bisweilen Tragik, die in diesem Maße in anderen Kulturen unvorstellbar sind. Dies berechtigt uns zu einer Frage, die in bezug auf andere Klassiker wie Dante, Shakespeare, Racine oder Tolstoi recht belanglos wäre: Wieweit hat gerade die Schulbehandlung des größten ihrer Dichter das Bild beeinflußt, das sich die Deutschen von diesem Dichter gemacht haben? Eine völlig zufriedenstellende Antwort kann auf diese Frage wohl nicht mehr gegeben werden, weil zu viele Quellen durch Vernachlässigung, Krieg und Kompetenzüberschneidungen (etwa zwischen verschiedenen Schulbehörden und Kultusministerien) verschüttet worden sind. Aus dem noch erhaltenen Material sei hier einiges mitgeteilt, in der Überzeugung, daß auch ein auf große Züge beschränktes Bild des deutschen Schul-Goethe helfen wird, diese Lücke auszufüllen.

Über die Goethe-Lektüre an deutschen Schulen im Zeitalter der Aufklärung, Klassik und Romantik, also zu Lebzeiten des Dichters selber, lassen sich heute keine verbindlichen Aussagen mehr machen. Die noch vorhandenen Unterlagen sind zu spärlich und ungenau. Gewiß gibt es manches Zeichen, daß Goethe schon damals hier und dort fleißig gelesen wurde. So studierte zum Beispiel der spätere Lehrer Adalbert Stifters, Ignaz Reischl, bereits 1822-1824 *Hermann und Dorothea* auf dem Gymnasium zu Kremsmünster. Im Jahresbericht der Danziger Petri-Schule für 1829 werden *Götz von Berlichingen* und *Egmont* unter den gelesenen Werken angeführt, und die Bibliothek des Archigymnasiums zu Soest konnte im Jahre 1826 das Geschenk einer Goethe-Ausgabe zum Schulgebrauch verzeichnen. Laut dem *Allgemeinen Normativ der Einrichtung der öffentlichen Unterrichtsanstalten in Bayern* von 1808 wurde eine Auswahl Goethescher, Schillerscher und Herderscher Lyrik damals schon in den unteren, *Hermann und Dorothea* in den mittleren Klassen des Gymnasiums gelesen. Derartige Einzelheiten, die man noch vermehren könnte, sind jedoch nicht genau oder vollständig genug, um Rückschlüsse zuzulassen auf die Einbürgerung Goethes an der deutschen Schule im allgemeinen. Es kann sich um Zufälle, Ausnahmen, vereinzelte Sonderfälle handeln, was um so wahrscheinlicher ist, als Einzelheiten solcher Art anderen Aussagen entgegenstehen, aus nicht minder glaubwürdigen Quellen, denen zufolge mancher Student jener Jahre »niemals ... ein Wort über Lessing, Schiller oder Goethe vernommen« hat, denn »es lag nicht im Schulplan« (der Wiener Musikschriftsteller und Professor Eduard Hanslick über seine Gymnasiastenzeit im Prag von 1840)[2] oder gar deutsche Literatur überhaupt verboten war, wie Leopold v. Ranke aus Schulpforta berichtete, wo selbst die deutsche Sprache erst 1808 eingeführt wurde.

Mit Ausnahme einiger weniger Schulen wurde Goethe selbst geraume Zeit nach 1832, wenn überhaupt, wohl nur oberflächlich im Unterricht behandelt, im Vergleich nicht nur zu antiken und ausländischen Schriftstellern, sondern auch zu Klopstock, von dem an einer Berliner Schule 1827/28 nicht weniger als sechzehn Oden in Prima durchgenommen wurden, oder Schiller, dessen Schulbehandlung diejenige Goethes noch ein Jahrhundert lang überschatten sollte. Wie und wann und mit welchen Werken Goethe in den Deutschunterricht aufgenommen wurde, geht jedoch zum Teil aus Statistiken hervor, die das im Deutschen geleistete Pensum an einer der ältesten, angesehensten, vor allem auch repräsentativsten aller deutschen Schulen wiedergeben: am 1602 begründeten Berlinischen Gymnasium Zum Grauen Kloster. Es ist reizvoll, die Jahresberichte gerade dieser Anstalt auf unser Thema hin zu untersuchen, denn hier wurde 1734 das Deutsche zuerst als Schulfach auf preußischem Boden eingeführt. Das Graue Kloster hat nicht nur einen Mann wie Bismarck hervorgebracht, der 1832 mit mäßigem Erfolg die Prima absolvierte, sondern auch und gerade Lehrer und Schüler ausgebildet, die sich später auf literargeschichtlichem Gebiet weiten Ruf erworben haben – Forscher vom Schlage Wilhelm Diltheys und Eduard Sprangers. (Am anderen Ende des Spektrums wiederum steht Turnvater Jahn, der als Lehrer am Grauen Kloster dort das Turnen zuerst als regelrechtes Fach einführte; man sieht: eine vielseitige und doch auch »typische« Anstalt.)

Bei Betrachtung der folgenden Tabelle darf nicht übersehen werden, daß die Hauptaufgabe des Deutschunterrichts noch bis ins späte 19. Jahrhundert nicht darin bestand, den Schüler mit deutschsprachiger Literatur bekanntzumachen, sondern ihn in Rechtschreibung, Briefstil, Deklamation, Aufsatz, selbstzuverfertigender Poesie, ja sogar handschriftlicher Fertigkeit zu unterweisen. Selbst dieser aufs Praktische gerichtete Deutschunterricht nahm noch um die Mitte des Jahrhunderts an den meisten Schulen kaum ein Zehntel der im Gesamtlehrplan vorgesehenen Wochenstunden ein. Im allgemeinen stand Deutsch dem numerischen Anteil der erteilten Stunden nach an fünfter Stelle, nach Latein, Griechisch, Französisch und Mathematik. Erst die spätere Verzweigung des Höheren Schulwesens, die schließlich zur Dreiteilung Humanistisches Gymnasium – Realgymnasium – Oberrealschule (nebst weiteren Verzweigungen) führte, verschaffte dem Deutschunterricht eine weniger periphere Stellung in der Schule. Ein Bindestrich bezeichnet in dieser Tabelle also nicht das Fehlen jeglicher Unterweisung im Deutschen, sondern nur eine Einschränkung des Deutschunterrichts auf rein sprachlich-pragmatische Übungen. Auch ist zu bemerken, daß die Tabelle keinen Aufschluß geben kann über ein menschlich-individuelles Faktum, dessen Wichtigkeit in der Entwicklung des Deutschunterrichts sonst nicht zu unterschätzen ist: die Aufgeschlossenheit mancher Lehrer gegenüber dem Neuen – damals auch gegenüber dem nun längst klassisch gewordenen Werk Goethes – und der Konservatismus anderer, sonst vielleicht nicht weniger tüchtiger Kräfte. Statistisch schwer zu erfassende Unterschiede dieser Art liegen zum Beispiel der »Lesung Klopstockscher Oden« zugrunde, die der langjährige Rektor des Gymnasiums, Prof. Theodor Heinsius, seinen Primanern als ausschließliche literarische Nahrung zuführte ... während der Lehrer Karl Giesebrecht, einstiger Schüler Friedrich August Wolfs und Übersetzer Guicciardinis und Camões', in denselben Jahren 1829/30 bereits *Iphigenie* und *Die Braut von Messina* las. Das literarische Pensum im Deutschen im Gymnasium zum Grauen Kloster ist im folgenden wörtlich, wenn auch in gedrängter Form, in jeweilig zehnjährigem Abstand für den Zeitraum 1832-1912 wiedergegeben.

O I	U I	O II	U II	O III	U III	IV	V	VI
1832 Lesung Klopstockscher Oden	–	Erklärung deutscher Klassiker	–	Erklärung deutscher Klassiker	–	–	–	–
1842 Vortrag über deutsche Literatur von Ulfilas bis zum Verfall des Minnegesangs. Erklärung einiger Klopstockscher Oden	–	wie oben	Geschichte d. deutsch. Literatur bis zum 15. Jahrhundert und Mitteilung v. Proben aus den bedeutendsten Schriftstellern	–	Vorlesung ausgewählter Gedichte von Voss, GOETHE und Schiller	–	–	–
1852 Lesen klassischer Schriftsteller	–	wie oben	Erklärung GOETHESCHER Dichtungen	–	Lektüre Schillerscher Dramen	Deklamation und Lektüre Schillerscher Dramen		
1862 Erklärung GOETHESCHER u. Schillerscher Gedichte. Literaturgesch. Opitz bis Wieland, Lessing bis GOETHE	Lektüre GOETHESCHER und Schillerscher Gedichte. Literaturgeschichte von 1624 bis 1786	Erklärung von GOETHES *IPHIGENIE*	Lektüre GOETHESCHER und Shakespearescher Dramen	Lesung u. Eklärung Schillerscher Gedichte	Lektüre Schillerscher Gedichte; *Turandot, Wilhelm Tell*	–	–	–
1872 Lessing *Laokoon*. Philosoph. u. ästhetische Abhandlungen Schillers. Schwierige Gedichte GOETHES (*Zueignung, Euphrosyne, Harzreise, Prometheus* u. a. m.)		Lektüre ausgewählter prosaischer Abhandlungen, z. B. Lessings Abh. über die Fabel und das Epigramm, Schillers kleine histor. Abhandlungen	Ausw. aus GOETHES *HERMANN U. DOROTHEA, GÖTZ, IPHIGENIE*. Lyr. Ged. Schillers u. GOETHES. *Wallenstein, Die Braut von Messina; Minna von Barnhelm*	Lektüre Schillerscher u. Uhlandscher Dramen. *Nibelungenlied* u. *Gudrun* in Übersetzung	Lektüre und Erklärung Schillerscher u. Uhlandscher Balladen nebst Biographie beider Dichter	–	–	–
1882 Gesch. d. dt. Literatur. GOETHES *FAUST*	Gesch. d. dt. Literatur. Gedichte von GOETHE u. Schiller und einige Oden Klopstocks. Lessings *Laokoon*	GOETHES *TASSO*. Schillers Abhdlg. üb. Universalgeschichte. Lessing üb. die Fabel	Hauptgattungen der dt. Poesie in ihrer Blütezeit. Auswahl lyrischer Gedichte. GOETHES *GÖTZ, IPHIGENIE. HERMANN U. DOROTHEA; Minna v. B.; Wallenstein*	Schillers *Tell* u. *Jungfrau von Orleans*. *Nibelungenlied* in Simrucks Übersetzung	Schillers und Uhlands Balladen	–	–	–

O I	U I	O II	U II	O III	U III	IV	V	VI
1892 Literaturgeschichte. GOETHE, Schiller	Ausgew. schwierigere Gedichte GOETHES und Schillers	GOETHES *IPHIGENIE, Gudrun; Parzival*	Hauptgattungen der dt. Poesie. *Wilhelm Tell, Wallenstein; Minna v. Barnhelm; GÖTZ*	Ausgew. Gedichte von Schiller und Uhland	wie oben	–	–	–
1902 GOETHES Leben u. Werke. *IPHIGENIE, DICHTUNG UND WAHRHEIT.* Schillers Leben u. Werke. *Macbeth.* Leben und Werk neuerer Dichter	GOETHES Leben und Werke. *IPHIGENIE* und große Anzahl Gedichte; *EGMONT;* Teile von *DICHTUNG UND WAHRHEIT. Macbeth.* Schillers Leben u. Werke. *Br. v. Messina,* Gedichte, Jugenddramen. Shakespeares *Richard III.* Leben und Werke neuerer Dichter.	*Wallenstein. HERMANN UND DOROTHEA. Nibelungenlied.* Ausblick auf nordische Sage u. d. großen Sagenkreise d. Mittelalters *(Gudrun),* auf d. höfische Epik u. Lyrik; Walther v. d. Vogelweide. Gedichte von Schiller und GOETHE	*Minna v. B.; Maria Stuart; GÖTZ; Prinz Friedrich von Homburg.* Schwierigere Gedichte Schillers	*Jungfrau v. Orleans, Wilhelm Tell.* Gedichte	Gedichte von Uhland, Arndt, Geibel, Kerner, Rückert u.a.m. Kein Goethe			
1912 GOETHES Leben u. Werke. *IPHIGENIE, TASSO, EGMONT,* Stücke aus *DICHTUNG UND WAHRHEIT,* Gedichte. *König Lear; Hamlet.* Schillers Leben u. Werke. *Br. v. Messina,* Antrittsvorlesung. Rückblick auf Gesch. d. dt. Lit. Leb. u. W. neuerer Dichter	Schillers Leben und Werke. *Braut v. Messina,* Gedankenlyrik. *Macbeth.* Von Luther bis Klopstock; Wiederholung der Lit. d. Mittelalters. Leben u. Werk neuerer Dichter.	wie oben	*Minna v. B.; Jungfrau v. Orleans; Prinz von Homburg; GÖTZ;* Dichtung der Befreiungskriege	Uhlands *Herzog Ernst* od. *Ludwig d. Bayer.* Schillers *Tell.* Gedichte	wie oben			

Dieser kurze Überblick über Goethes Stellung im literaturgeschichtlichen Teil des damaligen Deutschunterrichts wird ergänzt durch folgende Liste, die das Verhältnis der einzelnen Goethe-Werke zueinander wiedergibt. Stellt man sich alle in den Annalen des Grauen Klosters von 1832 bis 1914 aufgezählten Goetheschen Werke als Einheit von 100% vor, den 290 Erwähnungen Goethes in den Stundenplänen entsprechend, so entfallen auf die

Gedichte	23,6%	(1842),
auf *Iphigenie*	17,2%	(1856),
auf *Götz von Berlichingen*	16,0%	(1872),
auf *Hermann und Dorothea*	14,4%	(1849),
auf *Tasso*	9,6%	(1854),
auf *Dichtung und Wahrheit*	7,2%	(1886),
auf *Egmont*	5,2%	(1884),
auf *Faust*	2,8%	(1854),
auf *Werther*	2,0%	(1905),
auf *Die Italienische Reise*	1,2%	(1904),
auf *Clavigo*	0,4%	(1905),
auf den Briefwechsel mit Schiller	0,4%	(1905),

dieser Einheit von 100,0%, wobei die auf den Prozentsatz folgende Jahreszahl die Einführung des betreffenden Werkes in die Klassenarbeit bezeichnet.

Auffallend sind zwei wohl kausal verknüpfte Tatsachen: In markantem Gegensatz zu Schiller wurde Goethe schon von Anfang an nur den reiferen Klassen zu lesen gegeben; und der so von Primanern und Sekundanern gelesene Goethe war nicht der junge Goethe, wie man allenfalls meinen sollte, sondern der »Olympier«, der nachitalienische Klassiker Grimms, Meyers und Bielschowskys. Dabei ist es nur folgerichtig, daß die Lyrik (hier unter der Rubrik »Gedichte« zusammengefaßt) allen anderen von Goethe gepflegten Audrucksformen in der Schule vorgezogen wurde. Nicht nur war die Lyrik natürlich überhaupt eine Hauptdimension Goetheschen Schaffens; sie war auch die der damaligen Musik – die Schüler waren ja Zeitgenossen Schuberts, Schumanns, Brahms', Wagners, Wolfs – bei weitem zugänglichste. Überdies ließ sich die Lyrik auch biographisch am leichtesten »unterbringen«. Daher die häufige Zusammenstellung von »Leben und Werke« in der Tabelle, nicht nur in bezug auf Goethe. Sie ist, unter anderem, Ausdruck des positivistischen

Glaubens, daß jeder »Dichtung« ein »Erlebnis« zugrunde liegen müsse, und daß es Aufgabe der Forschung sei, diese Zusammenhänge aufzuspüren (und Aufgabe der Schule, sie auch dem Lernenden klarzumachen). Mit ihrer Zweigleisigkeit folgte die Schule hier lediglich der akademischen Forschung, die ja auch ihre biographischen Erzeugnisse mit Untertiteln wie »Leben und Werke«, »Der Mann und das Werk« usw. zu versehen pflegte, etwa in den Goethe-Biographien von Karl Rosenkranz, George Henry Lewes, Alexander Baumgartner, Albert Bielschowsky, Ludwig Geiger, Eduard Engel. So gab die Lyrik, besonders beim »Gelegenheitsdichter« Goethe, dem so veranlagten oder ausgebildeten Lehrer eine Reihe idealer Anhaltspunkte in die Hand für die Behandlung des Goetheschen Lebenslaufes. Ganz abgesehen davon, ist natürlich der Entwicklungsgang, der vom *Heidenröslein* zu *Urworte, Orphisch* führt, auch künstlerisch und weltanschaulich weit genug, um es manchem Gymnasiasten zu erlauben, ihn hier und dort, der eigenen Empfindsamkeit und Reife gemäß, ein Stückchen zu begleiten.

Weniger verständlich und weniger dem heutigen pädagogischen Gefühl entsprechend, ist jedoch die einseitige Bevorzugung der *Iphigenie* und die häufige Lektüre des *Tasso,* wobei darauf hingewiesen sei, daß der Lehrplan des Grauen Klosters auch in dieser Beziehung durchaus typisch war; am Altstädtischen Gymnasium zu Königsberg, am Bonner Königlichen Gymnasium, am Städtischen Gymnasium zu St. Elisabeth in Breslau und an vielen anderen, im Laufe dieser Arbeit untersuchten Schulen ging es ähnlich her. Haben wir es hier mit einem Ausläufer des vielbewunderten, dann vielgescholtenen, heute nur noch belächelten Oberlehrergriechentums zu tun? Die überaus große Beliebtheit der Schillerschen *Braut von Messina* macht dies glaubhaft ... aber wo bleibt dann Hölderlin, und wo, vor allem, der zweite Teil des *Faust* mit dem Kernstück des Helena-Aktes?[3] Auf jeden Fall ist ein frappanter Unterschied zu verzeichnen zwischen der damaligen Behandlung der *Iphigenie* und späterer Praxis, wie sie etwa in Martin Havensteins *Die Dichtung in der Schule* (1925) zum Ausdruck kommt: »Wer ... Goethes ›Iphigenie‹ so liebt ..., daß er von ihr ›mit Zungen zu reden‹ und mit seiner eigenen Begeisterung die Schüler anzustecken vermag, der lese in Prima getrost die herrliche Dichtung, so unzugänglich sie auch Primanern zu sein pflegt. Jedem anderen ist es zu widerreden.« Inzwischen ist gerade dieses, auf den Gymnasien Nordrhein-Westfalens bis 1963, in Niedersachsen noch 1965 als Pflichtlektüre eingestufte Drama zu einem Prüfstein geworden, an dem sich die Geister scheiden.[4]

Jeglicher Gebrauch neuen Lesestoffes muß ein Wagnis gewesen sein in Anbetracht der erschreckenden Sturheit, mit der zum Beispiel an diesem zweifellos »fortschrittlichen« Gymnasium das Deutschpensum für Obersekunda fast zwanzig Jahre lang (1896-1914) unverändert gelassen wurde. Nicht nur blieb die zeitgenössische Literatur noch um die Jahrhundertwende unbeachtet, trotz der großen Erfolge von Hauptmann und Sudermann, trotz Rilkes *Weise von Liebe und Tod,* trotz Manns *Buddenbrooks;* auch die großen Klassiker des nachgoetheschen 19. Jahrhunderts erscheinen höchstens hier und dort als »neuere Dichter«, und man durchschaut die Lehrpläne vor dem Ersten Weltkrieg vergebens nach Namen wie Grillparzer, Hebbel, Heine, Keller, Raabe – obwohl der Pädagoge Paul Goldscheider sich 1906 bereits zur Erkenntnis durchgerungen hatte, daß auch Kleist, Grillparzer, Hebbel und Otto Ludwig Dramen geschrieben hatten, die auf der Schule gelesen werden könnten, allerdings nur »soweit es die Zeit gestattet«[5]!

Es will uns heute fast unmöglich erscheinen, daß der Schul-Goethe des ausgehenden 19. Jahrhunderts je als »lebendiger« Dichter empfunden wurde. Außer *Götz,* der überraschend spät (1872) eingeführt wurde (dann aber, wie auch *Hermann und Dorothea,* schon aus patriotischen Gründen aus dem Schulunterricht nicht mehr wegzudenken war), wurden die hier vertretenen Jugendwerke recht selten behandelt. *Faust I* taucht in den Lehrplänen von 1900 bis 1910 nicht häufiger auf als in denen von 1860 bis 1870; *Werther* und *Clavigo* wurden erst nach 1900 auf der Schule gelesen. Selbst wenn man Auslassungen wie die der *Stella* oder – um von den Jugendwerken abzusehen – der *Wahlverwandtschaften* und vor allem des *Wilhelm Meister* wohl auf die damals so gern berufenen »sittlichen« Beweggründe zurückführen muß, so ist es doch seltsam, daß die kleinere Epik, die Naturwissenschaft, die Kunstgeschichte in Goethes Produktion nirgends zu Worte kommt. *Die Belagerung von Mainz* ist kein großes Werk, aber sie ist dem Siebzehnjährigen wahrscheinlich doch zugänglicher als Schillers *Geschichte des Dreißigjährigen Krieges,* die verschiedentlich im Lehrplan erscheint. Freilich war Goethe kein zünftiger Historiker und überhaupt akademisch nicht »vom Bau«; mag sein, daß ihm dies geschadet hat. Aber man vermißt doch manches Stück schöner Prosa, vom Aufsatz *Von deutscher Baukunst* zum *Sankt-Rochus-Fest zu Bingen.* Daß schließlich der Naturforscher so ganz übersehen wird, in völligem Gegensatz zur heutigen Praxis, geht wohl auf die damalige Ablehnung aller wissenschaftlichen Leistungen Goethes zurück, wie sie Emil Du Bois-Reymond in den siebziger und achtziger Jahren mit großem Eklat verkündete. Man sollte meinen, daß gerade die Überbetonung des Autobiographischen (*Dichtung und Wahrheit, Italienische Reise,* auch der Briefwechsel mit Schiller) zu einer gerechteren Einschätzung dieser Seite des Dichters geführt hätte, den doch die Optik und die Morphologie länger und tiefer beschäftigten als etwa der schnell hingeworfene und dann fast vergessene *Götz.* Man ist versucht, den Kopf zu schütteln über diese einseitige Schulbehandlung des vielseitigsten aller Deutschen, bis man sich die Behandlung Schillers vergegenwärtigt, bei der das ängstliche Vermeiden eines jeglichen Hinweises auf *Die Räuber* geradezu grotesk anmutet.

Dieser Überblick über Goethe in der Schule des späteren 19. Jahrhunderts soll dadurch vervollständigt werden, daß wir uns kurz zwei anderen Gymnasien zuwenden und damit auch geographischen und administrativen Unterschieden Rechnung tragen. Eine der angesehensten Anstalten im Osten des Landes war die Petri-Schule (später Realgymnasium und Realschule erster Ordnung) in Danzig. Die in den Annalen dieser Schule als gelesen angeführten Goethe-Werke stimmen der Auswahl und relativen Betonung nach fast genau mit denen des Grauen Klosters überein, aber es mag sich lohnen, diesmal eine andere Rückspiegelung der geleisteten Goethe-Arbeit zu erfassen: Die in der Abiturprüfung gestellten Fragen im Deutschen.

Im allgemeinen haben die Problemstellungen für diese Abituraufsätze bis in die siebziger Jahre des verflossenen Jahrhunderts hinein wenig spezifisch literarisches Gewicht. Später wurden diese Themen hier wie anderswo in Deutschland nach verschiedenen, sich einander ablösenden Gesichtspunkten gewählt: Moralische Sentenzen, deren Gültigkeit es durch literarische Beispiele zu erhärten galt (zum Beispiel *Die Macht der Wahrheit, im Anschluß an Goethes »Iphigenie in Tauris«,* 1881), Lokalgeschichte *(Welche Bedeutung für Westpreußen haben die Jahre 1772 und 1793?,* 1893*),* Nacherzählung oder Exegese des im Deutschen durchgenommenen Lesestoffes (*Die Rolle des Wachtmeisters in Lessings »Minna von Barnhelm«,* 1889), Vaterlandsliebe und Bürgertugend, oft im Wilhelminischen Sinne (*Schön ist der Friede! Aber der Krieg hat auch seine Ehre!* 1905.)[6] Unter den von 1875 bis 1914 so behandelten und zum Teil auch ausgeschlachteten Goethe-Werken erscheinen *Iphigenie, Tasso, Hermann und Dorothea, Egmont* und die Lyrik. Kein Zitat aus *Faust* (im Gegensatz zur Universität wurden diese Zitate auf dem Gymnasium erst nach 1918 unerläßlich), dafür aber in vier verschiedenen Jahren Fragen, die sich auf Schillers *Braut von Messina* beziehen und zur Beantwortung eine recht genaue Kenntnis des Stückes voraussetzen! Auch an dieser

Anstalt, die 1897 eine Realschule wurde und den Lateinunterricht einstellte, finden sich kaum Spuren nachgoetheschen Schrifttums. Typisch für die Petri-Schule hingegen, wie für Real- und Oberrealschulen überhaupt, ist der Unterschied zwischen der ganz in der Überlieferung befangenen Behandlung deutscher Literatur und dem fremdsprachlichen Unterricht, der durchaus auf der Höhe der Zeit stand. So las etwa die Prima 1863 im Deutschen noch die Oden Klopstocks und Auszüge aus Herder, im Französischen jedoch schon Thiers, Dumas, Hugo und andere Zeitgenossen. Bisweilen führte die Verknöcherung des Deutschunterrichts zu seltsamen Kontrasten mit der viel wendigeren Geisteshaltung der neusprachlichen Kräfte, die nicht selten in deutschkundliche Bereiche übergriffen, während die eigentlich dazu berufenen Deutschlehrer noch selig im Meer der Gemeinplätze herumschwammen. Die Abiturienten schrieben zu Ostern 1869 im Englischen über »Frederick William, the Great Elector« und im Französischen 1873 über »Quelle influence Lessing a-t-il exercée sur la littérature allemande?«, während die Prüfungsaufsätze im Deutschen noch der Erläuterung allgemeingültiger Sätze dienten: Rückerts »Sei wahr zu jeder Zeit« und Senecas »Vivere est militare«.

Ähnliche Zustände wie im Nordosten des Reiches herrschten im Südwesten, zum Beispiel in Goethes Vaterstadt. Die Jahresberichte des Frankfurter Gymnasiums sind besonders ausführlich und gestatten einen Einblick in ein weiteres Gebiet der Schultätigkeit, das neben Lehrplänen und Prüfungsfragen über die damalige Goethe-Pflege Aufschluß gibt: die anläßlich der jährlichen Progressionsfeierlichkeiten gehaltenen öffentlichen Ansprachen von Lehrern und Musterschülern. Die erste dieser Reden, die nicht moralische oder geschichtliche Themen behandelt, sondern sich mit Frankfurts großem Dichter befaßt, wurde im Jahre 1844 von einem Primaner gehalten: »Über die Verhältnisse, unter welchen Shakespear und Göthe dichteten und über den Einfluß ihres Zeitalters auf sie.« Eine intelligente, dem damaligen Stand der Goethe-Kenntnis allerdings weit vorauseilende Problemstellung – und Anlaß zur beschämenderweise allerersten Nennung des Goetheschen Namens in den Annalen dieser Anstalt, in deren Lehrplan der Dichter erst 1854 mit *Hermann und Dorothea* und *Iphigenie* Einzug hielt. Nach weiteren acht Jahren folgte dann die zweite, diesmal einem Sekundaner anvertraute Ansprache über ein Goethe-Thema, die *Iphigenie.* Schiller allerdings war schon vorher besprochen worden, wie zu erwarten »Über die Grundidee und den Chor in Schillers ›Braut von Messina‹«. Wie überall in Deutschland fand übrigens auch in diesem Gymnasium 1859 eine große Schiller-Feier statt, nachdem der Goethe-Tag 1849 sang- und klanglos vergangen war. Ein Teil dieser Gleichgültigkeit darf wohl den Frankfurter Lehrern zugeschrieben werden, von denen einer, Dr. Kriegk, es noch 1856 fertigbrachte, eine längere Arbeit über *Die thessalische Ebene* im Jahresbericht abdrucken zu lassen, sogar mit einem besonderen Kapitel über »Quellen und oberer Lauf des Peneus« versehen, in welchem man vergeblich nach den Wörtern »Faust« oder »Goethe« sucht oder überhaupt nach dem geringsten Hinweis auf den Frankfurter Dichter, dem jene Himmelsstriche ihre größte künstlerische Gestaltung verdanken.

Die Festsetzung des Klassenpensums in Lehrplänen von oft jahrzehntelanger Gültigkeit macht notgedrungen einen Eindruck von Erstarrung, der aber nur bedingt den Tatsachen entspricht. Eine Anzahl hervorragender Pädagogen hat sich im späteren 19. Jahrhundert mit Zielsetzung und Methodik des Deutschunterrichts befaßt und dabei auch den Anteil des literarisch bedeutsamen Lesestoffes beeinflußt. Zunächst erschienen einige Lesebücher, die weit über die bisherigen Sammlungen von »Lesefrüchten« hinausführten. Sicher nicht durch Zufall waren ihre Verfasser – Pischon, Hiecke, Wackernagel; dem Geiste nach ist ihnen auch Schleiermacher zuzuzählen, mit seiner freilich erst im Nachlaß veröffentlichten Erziehungslehre – bekennende Protestanten, unterschieden sich somit grundsätzlich von den Jesuitenpatres Denis und Weitenauer, die bereits im josephinischen Österreich Chrestomathien mit Erzählungen zeitgenössischer Autoren herausgegeben hatten. Sicher hat die protestantische Kirche damals, wohl schon seit der Aufhebung des Jesuitenordens 1773, in der Pflege des Deutschunterrichts wie in der sonstigen Förderung des Höheren Schulwesens die katholische abgelöst ... ein Vorgang, der wenigstens in bezug auf Schulliteratur mit bemerkenswerter Toleranz vor sich ging; viele protestantische Anstalten benutzten die Anthologien von Denis und Weitenauer, während andererseits die Grammatik des Protestanten Gottsched an namhaften katholischen Gymnasien (zum Beispiel Breslau und Trier) Eingang gefunden hatte.

Der *Grundriß zur Geschichte der deutschen Nationalliteratur* des Literarhistorikers August Koberstein erschien erstmalig 1827 und blieb längere Zeit die einzige nach wissenschaftlichen Grundsätzen besonders für Gymnasiasten verfaßte deutsche Literaturgeschichte, die nicht nur Daten, Titel und Zitate wiedergab, sondern auch kulturgeschichtliche Fakten berücksichtigte wie die sozialen und politischen Zeitumstände, Beeinflussungen vom Ausland und anderes mehr. Hier wurde auch erstmalig eine saubere Scheidung der literarischen Gattungen getroffen und Goethe, den Koberstein kannte und verehrte, eine überragende Stellung zugewiesen. Manches allzu persönliche Urteil muß sich schon damals als Vorurteil herausgestellt haben, wie zum Beispiel Kobersteins Bemühungen, nicht Schiller, sondern Tieck Goethe an die Seite zu stellen; dennoch erhielt sich das Buch fast bis zur Jahrhundertwende einen Platz im deutschen Gymnasium. Kaum weniger langlebig und ebenso gründlich fundiert war der *Der Leitfaden zur Geschichte der deutschen Literatur* des Konsistorialrates Friedrich Pischon, der von 1830 bis 1887 nicht weniger als fünfzehn Auflagen erreichte.

Einen Schritt weiter ging Robert Heinrich Hiecke, zuletzt Gymnasiallehrer in Greifswald, der erst Theodor Echtermeyers *Auswahl deutscher Gedichte für die unteren und mittleren Klassen gelehrter Schulen* fortsetzte und sich dann mit mehreren von ihm selbst kommentierten Anthologien klassischer deutscher Dichter besonders an die jüngeren Schüler wandte, denen er nicht mehr Kindermärchen vorsetzen wollte, sondern »die von der Begeisterung geschaffenen und deshalb mit unvergänglichem Leben erfüllten Werke, welche das geistige Eigentum der Völker bilden«, darunter auch eine Anzahl Goethescher Gedichte. Ebenso radikal wie Hiecke, der die Lektüre in den Mittelpunkt des gesamten Deutschunterrichts stellen wollte und sich von ihr auch eine staatsbürgerlich-patriotische Festigung der Schüler versprach, ging sein Kollege Philipp Wackernagel vor, ein hervorragender Sammler und Herausgeber deutscher Kirchenlieder und Verfasser eines vielgelesenen dreibändigen *Deutschen Lesebuches*, das ebenfalls Goethesche Prosa und Lyrik enthielt (1842). In einem oft wiederaufgelegten, nur für Lehrer bestimmten vierten Band veröffentlichte er eine Untersuchung *Über den Unterricht in der Muttersprache*, mit Hieckes *Der deutsche Unterricht auf deutschen Schulen* eine Unterbauung der Wünsche vieler praktisch tätiger Schulmänner, die damals auf Vermehrung der Deutschstunden drangen, eine enge Verknüpfung von Deutschunterricht und protestantischer Religionslehre befürworteten und sich bemühten, auch die jüngeren Jahrgänge der vorgymnasialen Schulen (im Falle Wackernagels schon die Achtjährigen) ins deutsche Schrifttum einzuführen. Die Empfehlungen dieser Männer, der neueren Literatur mehr Geltung in der Schule zu verschaffen, wurden von einer Reihe tüchtiger Verwaltungsbeamter unterstützt, wie August Ferdinand Bernhardi, dem Leiter des Berliner Friedrich-Wilhelm-Gymnasiums; Friedrich Thiersch, der in einer Abhandlung *Über geleehrte Schulen, mit besonderer Rücksicht auf Bayern* ebenfalls die Lektüre einheimischer Schriftsteller wenigstens in der Oberschule empfahl; und Rudolf von Raumer, dem die Einführung einer einheitlichen deutschen Rechtschreibung auf der Schule zu verdanken ist. In gewissem Sinne übersprang Raumer ein ganzes Jahrhundert, indem er schon damals alles erklärende Beiwerk aus dem Unterricht entfernen und nur das Lesen der Werke selber zulassen wollte.

Diese Reformatoren hatten mit zwei Schwierigkeiten zu kämpfen: Einerseits war die Lektüre deutscher Schriftwerke zwar nicht mehr untersagt, wurde in der Schule aber doch meist als Freizeitbeschäftigung getrieben und mußte erst einmal so fest ins Gefüge des Unterrichts eingebaut werden, daß daran nicht mehr zu rütteln war; andererseits galt es, die herkömmliche Rolle des Gymnasiums ganz allgemein den Forderungen des modernen Lebens anzupassen. Giesebrecht und andere wiesen schon in den fünfziger Jahren ausdrücklich darauf hin, daß das Gymnasium nicht mehr lediglich als Ausbildungsstätte zukünftiger Ärzte, Pfarrer und Richter zu betrachten sei, sondern auch andere Kategorien von Schülern zu berücksichtigen habe, die sich nicht auf die Universität vorbereiteten und es dennoch nötig hatten, ein gepflegtes Deutsch zu lernen und auch einen Einblick in die Literatur zu gewinnen. Unter seinen früheren Studenten fand Giesebrecht zum Beispiel so viele »Nichtbeamte, Gutsbesitzer, Fabrikherren, Kaufleute, Schiffskapitäne, Gewerbetreibende von mancherlei Art«[7], ganz abgesehen von preußischen Subalternen und Zivilbeamten, deren Bildungsgang ebenfalls mit dem Abitur abschloß, daß der Deutschunterricht auf dem Gymnasium unmöglich als bloße Vorstufe zur Hochschule angesehen werden konnte. Die Stellung des Deutschen innerhalb der sich wandelnden Struktur des Höheren Unterrichtswesens war dann auch eines der von Rudolf Hildebrand in dem grundlegenden Werk *Vom deutschen Sprachunterricht in der Schule* (1867) angeschnittenen Probleme, wie auch die bereits damals kritisierte Diskrepanz zwischen literargeschichtlicher Wichtigkeit und künstlerischer Größe eines Werkes einerseits, andererseits der Häufigkeit, mit der es im Stundenplan erschien – ein Dilemma, mit dem Paul Goldscheider noch vierzig Jahre später kämpfte, als er glaubte, Kleists *Der zerbrochene Krug* als für die Schule »natürlich ausgeschlossen« verwerfen zu müssen, und zugleich Körners damals oft gelesenen *Zriny* wegen seines geringen literarischen Wertes so verachtete, daß er sich fürchtete, die Schüler möchten ihm anmerken, »wie wenig ich von diesem Werke halte«[8]. Ein weiterer namhafter Pädagoge der Zeit, Ernst Laas, faßte schließlich die Funktion des Deutschunterrichts als die eines Bindeglieds auf: In Verbindung mit Philosophie oder zumindest philosophischer Propädeutik sollte das Deutsch sowohl der Vorbereitung auf die Universität wie der Einführung ins praktische Leben gerecht werden.

So wie er damals betrieben wurde, konnte der Deutschunterricht diese Aufgabe freilich nicht erfüllen. Zum Teil auch aus diesem Grunde wurden die Höheren Schulen in der zweiten Hälfte des Jahrhunderts bekanntlich zwei- und dreigeteilt, indem sich vom traditionellen Gymnasium zunächst die sogenannten »Höheren Bürgerschulen«, Realschulen, Gewerbeschulen usw. abzweigten, die sämtlich den aus der Antike abgeleiteten Lehrstoff zugunsten der neuen Sprachen verminderten und sich schließlich nach mancherlei Experimenten zur Form des heutigen Realgymnasiums durchrangen. Ihnen stellten sich als weitere Gruppe die Oberrealschulen an die Seite, die das Latein ganz fallenließen und sich auf die Naturwissenschaften konzentrierten. Diese Entwicklung wurde 1900 durch einen kaiserlichen Erlaß abgeschlossen, der zum Teil bestimmte, daß humanistische Gymnasien, Realgymnasien und Oberrealschulen als gleichwertig anzusehen seien und etwaige für besondere Berufe erforderliche Sprachkenntnisse auf der Universität nachgeholt werden könnten. Dieser für die preußischen Lehrpläne bis 1925 richtunggebende Erlaß sanktionierte gewissermaßen die nun nicht mehr aufzuhaltende numerische Schwächung des einst alleinseligmachenden traditionellen Gymnasiums gegenüber den neugeschaffenen, »realistisch« ausgerichteten Anstalten, wobei die Frage offengelassen werden muß, wieweit der tatsächliche Aufschwung von Handel, Wirtschaft und Technik den entscheidenden Impuls gab und der damals noch nicht angeschlagene Optimismus derjenigen deutschen Erzieher eine Rolle spielte, die wie der Großteil des Volkes einfach *Post hoc, ergo propter hoc* an die Perfektibilität des menschlichen Daseins durch materiellen Fortschritt glaubten. Auch bei dieser Entwicklung folgten übrigens die anderen Staaten bald dem preußischen Vorbild, bis auf Bayern und Württemberg, wo das humanistische Abitur nach wie vor allein den Zugang zum Studium der Geschichte, klassischen Philologie und Theologie eröffnete.

In Verbindung mit der bald nach 1900 einsetzenden sogenannten Deutschen Bewegung führte die Verzweigung der Höheren Schule zu einer Erstarkung des Deutschen an Realgymnasien und Oberrealschulen, im Vergleich zu dem am humanistischen Gymnasium gebotenen Pensum. Dies drückt sich nicht nur im Anteil der Deutschstunden am Gesamtlehrplan aus, der vor dem Krieg 1914-1918 etwa 23 am humanistischen, 27 am Realgymnasium und 31 an der Oberrealschule betrug, sondern besonders in der Gründlichkeit der in den neuen Schulen geleisteten Arbeit. Bei Durchsicht der Lehrpläne dieser Anstalten eröffnen sich Perspektiven auf vorher kaum erwähntes oder bestenfalls am Rande gestreiftes Kulturgut, zum Beispiel das Kirchenlied, und auf bisher wenig behandelte Zeitläufte wie Barock oder Romantik. Man trifft sogar auf gelegentliche Vorstöße in die nahe Gegenwart, etwa in den auf Seite 186/87 reproduzierten Annalen des Königstädtischen Realgymnasiums zu Berlin, dessen Programm für die Jahre 1890 und 1900 leicht mit dem des humanistischen Grauen Klosters für 1892 und 1902 verglichen werden kann.

Man sieht, daß der Deutschunterricht nicht als Kitt gedient hat, der, im Sinne der Forderungen von Ernst Laas, die gefährdete Einheitlichkeit der Höheren Erziehung gewährleisten konnte; statt dessen hat das Deutsch einfach die durch die Minderbetonung der Antike entstandene Lücke ausgefüllt. Freilich ging es dabei im Stil der Zeit etwas umständlich zu mit allerlei durch Lektüre vermittelten Übersichten (der Stehkragen-Pädagoge »vermittelte« Literatur so gern, wie sein Enkel in Blue jeans sie »erarbeitet« oder gar »hinterfragt«) und Kostproben aus den Werken dieses und jenes Schriftstellers. Immerhin wagte sich das Realgymnasium und erst recht die Oberrealschule, im Gegensatz zum humanistischen Gymnasium, schon ins nachgoethesche Zeitalter vor, zu Freytag und Immermann und Hebbel, wenn auch bei den letzteren die Titel diskret ohne Nennung der Autoren erscheinen.

Von einer Um- oder gar Aufwertung Goethes ist bei alledem freilich wenig zu verspüren. Im Gegenteil: Sein Anteil an der Gesamtlektüre hat sich vermindert, wenn auch gelegentlich früher nicht behandelte Werke im Lehrplan auftauchen, wie zum Beispiel die Schriften über Kunst in dem von 1910. Im übrigen wurden dieselben Werke gelesen, denen wir schon auf dem humanistischen Gymnasium begegneten: *Hermann und Dorothea, Götz, Egmont, Tasso, Dichtung und Wahrheit, Iphigenie,* in anderen als den hier gewählten Stichjahren auch *Faust* und die Gedichte.[9] Ein ganz ähnliches Bild ergibt sich bei der Oberrealschule, bei der jedoch die im Abitur gestellten Fragen mehr auf Sprachbeherrschung ausgingen als darauf, die Literaturkenntnis des Kandidaten zu prüfen. Um einer großzügigeren Einschätzung Goethes an der Schule den Weg zu ebnen, bedurfte es noch einiger Anstöße von außen.

In dem Jahrzehnt 1910-1920 wurde die Vorherrschaft des positivistischen Goethe-Bildes endgültig gebrochen und an die Stelle des allem Erdentrubel entrückten Olympiers ein vom Individuellen her erfaßter dynamischer, bisweilen auch schon dämonischer Dichter gesetzt. In ihren bezeichnenderweise nur mehr *Goethe* überschriebenen und allem Parallelismus von Leben und Werk fremden Biographien suchten Houston St. Chamberlain, Georg Simmel und Friedrich Gundolf das menschliche und künstlerische Phänomen Goethe zu erklären, wobei sie ihn, jeder auf seine Art, vom Hintergrund der Zeit (seiner sowohl als ihrer eigenen) loslösten und die äußeren Lebensumstände nur wenig berücksichtigten. Von unserem Blickpunkt aus ist es hierbei gleichgültig, ob und wieweit Chamberlains Herausstellen vor allem der Goetheschen Persönlichkeit – oft zuungunsten des Werkes, ja des Dichters – oder das Simmelsche Postulat einer »Idee« Goethe oder auch Gundolfs glänzende, aber eigenwillige Definition von Goethes innerer Gestalt anfechtbar bleiben. Tatsache ist, daß diese Biographien und die kurz darauf einsetzende geistesgeschichtliche Richtung, die in bezug auf Goethe hauptsächlich mit den Namen Hermann August Korff, Franz Schultz, Fritz Strich und Eugen Kühnemann verknüpft ist, auch die Schulbehandlung des Dichters beeinflußt hat; eine Entwicklung, bei der das Gymnasium, nicht zum ersten und nicht zum letzten Mal, der akademischen Forschung im Abstand von ein bis zwei Jahrzehnten folgte. Selbstverständlich wurde Goethes äußeres Leben auch weiterhin im Deutschunterricht durchgenommen, nur mit dem Unterschied, daß es allmählich als Werdegang eines Menschen *sui generis* betrachtet wurde und nicht mehr in erster Linie als Eselsbrücke zur Erklärung dieser Stelle im *Faust* oder jener im *Tasso*. Gewiß hing auch hier viel von Lehrer und Schule ab; mancher Gymnasiast der zwanziger und dreißiger Jahre wird sich noch eines recht trostlosen »Durchpaukens« der Frankfurter Zeit oder der Reise nach Sizilien erinnern. Im allgemeinen ist jedoch die Abkehr vom Biographischen als exegetischem Hilfsmittel unmißverständlich. Sie wurde verstärkt durch die damals so einflußreiche Kunsterziehungsbewegung, die allen rationalistischen Positivismus ablehnte und bei ihrer Betonung der im Wachstum des Individuums stets wiederholten Eigengesetzlichkeit der Kulturen sich schon im Werke des Rembrandtdeutschen auf Goethe selber berufen konnte. Ihr geistesverwandte Germanisten wie Wilhelm Dilthey, Oskar Walzel und Emil Ermatinger machten denn auch das Goethesche Sprachkunstwerk wieder zum Hauptgegenstand ihrer Forschung und ließen Entstehungsgeschichte, Textkritik usw. in den Hintergrund treten.

O I	U I	O II	U II	O III	U III IV V VI
1890 Literaturgeschichte: Übersicht über d. Entwicklungsgang d. Lit. von der Thronbesteigung Friedrichs d. Großen bis zur Sturm-u.-Drang-Periode, vermittelt durch d. Lektüre ausgew. Stücke aus Hallers *Alpen*, aus den Dichtern d. sächsischen u. d. preuß. Schule, aus Klopstocks *Messias* (i-iv), durch ausgew. Oden Klopstocks u. ausgew. Abschnitte aus Herders Abhandlung *Über die Verbindung der deutschen Völker und Provinzen zur Humanität.* Übersicht üb. d. Entwicklung d. Lit. von der Sturm-u.-Drang-Periode bis zum Tode GOETHES, vermittelt durch d. Lektüre von ausgew. Liedern Höltys u. Stolbergs, dem *70. Geburtstage* von J. H. Voss, ausgew. Balladen Bürgers, GOETHES, Schillers, Schillers *Künstlern* und Abhdlg. *Über naive u. sentimentalische Dichtung* u. ausgew. Abschnitten aus *DICHTUNG UND WAHRHEIT.* Platos *Apologie. Wie haben die Alten den Tod gebildet? Laokoon; Emilia Galotti*	Literaturgeschichte: Übersicht über den Entwicklungsgang der Lit. v. d. Anfängen bis zur Reformation, vermittelt durch d. Lektüre des *Hildebrands-* u. d. *Waltherliedes*, ausgew. Abschnitte aus dem *Nibelungen-* u. d. *Gudrunliede* u. ausgew. Lieder Walthers v. d. Vogelweide. Übersicht ü. d. Entwicklung d. Lit. von d. Reformation bis zur Thronbesteigung Fr. d. Großen, vermittelt durch d. Lektüre von Opitz (Gelegenheitsgedichte) und Flemming (Lieder), ausgew. Epigramme u. Gnomen Logaus, ausgew. Szenen aus dem *Peter Squentz* des Gryphius, zum Vergleich mit Sh.s *Sommernachtstraum*, v. Liedern d. bedeutendsten Kirchenliederdichter (Heermann, Gerhardt, Neumark, Rodigast, Rinkart, Scheffler, Luise Henriette v. Brandenbg.), von Luther (ausgew. Lieder; *An den Christlichen Adel*) u. Ulrich v. Hutten (aus der *Klag' und Vermahnung wider die Gewalt des Papstes*). Lessings *Über die Fabel; Hamburgische Dramaturgie. Antigone; König Oedipus.*	*Minna von Barnhelm.* A. v. Humboldt, *Ansichten der Natur. Maria Stuart. DICHTUNG UND WAHRHEIT*	*Gudrun. HERMANN U. DOROTHEA.* Freytag: *Die Geschwister. Wallenstein; Die Braut v. Messina.* [Hebbels] *Nibelungen.* [Immermanns] *Oberhof*	*Ilias, Odyssee. Mich. Kohlhaas.* Hauff: *Der Ritter v. Marienburg*	Schillersche und Uhlandsche Balladen

O I	U I	O II	U II	O III	U III	IV	V	VI
1900 Literaturgeach.: 1) Sturm-u.-Drang-Periode. Kurze Würdigung Wielands; der junge GOETHE; Herder; GOETHE in Frankfurt u. Weimar, Reise nach Italien u. Jahre nach d. Rückkehr bis zur Freundschaft mit Schiller. 2) Schiller. Die Dioskuren; kurze Übersicht über die Romantik u. über GOETHES Alter. Ausblick über die spätere Literaturentwicklung. Lebensbilder bedeutender neuerer Dichter. Lektüre: *TASSO. Emilis Galotti.* Auswahl aus der *Hamburgischen Dramaturgie. Don Carlos. Prinz v. Homburg; Hermannsschlacht*	Übersicht über d. Neuzeit: Luther u. d. Reformation, die Zeit bis Klopstock (erste Periode d. Kirchenliedes, Hans Sachs, Fischart, der 30jähr. Krieg; d. schlesischen Schulen, bes. Opitz; die zweite Periode d. Kirchenliedes, die Königsberger; Aufklärung u. Pietismus; Gottsched u. Bodmer), die sächs. u. d. preuß. Schule. Eingehendere Würdigung Klopstocks. Übersicht über d. Einführung d. klassischen Literatur: eingehendere Würdigung Lessings; Anfänge gegensätzlicher Bewegungen. Auswahl aus Klopstocks Oden; *Nathan;* Sophokles' *Antigone* und *König Oedipus;* Lessings Abh. üb. die Fabel; *Laokoon.* Auswahl aus Klopstocks *Messias*	Übersicht über d. Literaturgesch. d. Mittelalters b. z. Reformation. *GÖTZ, EGMONT; Jungfrau v. Orleans, Wallenstein. Nibelungenlied; Gudrun*	Literaturgesch. *Herzog Ernst v. Schwaben. Minna v. Barnhelm.* Ausw. aus Freytag, *Bilder aus d. deutschen Vergangenheit. Wilhelm Tell. HERMANN U. DOROTHEA*	*Ilias, Odyssee. Mich. Kohlhaas*	–	–	–	–

In anderem Sinne, aber noch nachhaltiger als die neuere Biographik und Kulturkritik, beeinflußte eine andere Zeitströmung die Schulbehandlung Goethes. Die deutschkundliche Bewegung setzte es sich bekanntlich zum Ziel, das aus der Antike abgeleitete Kulturgut in der sprachlichen, aber auch literarischen, kunstgeschichtlichen und sonstigen Erziehung nach Möglichkeit zu beschränken und statt dessen verschiedene Gebiete der Wissenschaft – Geschichte, Soziologie, Sprach- und Literaturgeschichte, Philosophie, gelegentlich auch Naturwissenschaften wie die später so beliebte »Rassenkunde« – so zu pflegen, daß die spezifisch deutschen Beiträge und Nachwirkungen herausgestellt wurden. Mit besonderem Nachdruck wurde dieses Programm von den Mitgliedern des 1913 begründeten Deutschen Germanisten-Verbandes (seit 1920 Gesellschaft für Deutsche Bildung) vorgetragen. In der Weimarer Republik schufen sich diese Pädagogen nicht nur ein eigenes Sprachrohr, die *Zeitschrift für deutsche Bildung*, sondern auch einen eigenen Prüfungsgrund zur Erprobung ihrer Theorien: die Deutsche Oberschule. Letztere war eine erweiterte, den Gymnasien gleichgestellte Form des einstigen Lehrerseminars mit neunjährigem Lehrgang. Zusammen mit der gleichfalls in jenen Jahren erfolgten Gründung der sogenannten »Aufbauschule« sowie den inzwischen in Altona, Frankfurt a. M. und anderswo eingerichteten Reform- und Reformrealgymnasien, auf denen eine Anzahl allen Höheren Schulen gemeinsamer Fächer länger fortgeführt wurde, um den Zeitpunkt der endgültigen Schulwahl herauszuschieben, führte die Gründung der Deutschen Oberschule zu einer fast unübersehbaren Vervielfältigung der Höheren Schule. In den 1924 und 1925 herausgegebenen *Richtlinien für die Höheren Schulen Preußens* suchte Hans Richert, der damals viel zitierte »Vater der preußischen Schulreform«, den drohenden Kompetenzüberschneidungen dadurch Herr zu werden, daß er den Lehrstoff in eine allen Schulen gemeinsame Gruppe aufteilte (Deutsch, Religion, Geschichte, Erdkunde, Turnen) und außerdem jedem Zweig ein eigenes Studiengebiet zuwies: dem Gymnasium das klassische Altertum, dem Realgymnasium die westeuropäischen Sprachen und Kulturen, der Oberrealschule die Naturwissenschaften einschließlich der Mathematik usw. Bei dieser Arbeitsverteilung fiel der Deutschen Oberschule die »völkische« Bildung zu, innerhalb derer nun auch Goethe eine neue Rolle zugeteilt wurde.

Das von den Hauptvertretern der deutschkundlichen Bewegung wie Friedrich Panzer, Ulrich Peters, Klaudius Bojunga propagierte Bildungsideal umfaßte nicht nur die Formung des Intellekts, wie jenes des ausgehenden 19.

Jahrhunderts, sondern die Förderung der Gesamtpersönlichkeit. Die Deutschkundler beriefen sich auf Nietzsche, Lagarde, Langbehn und andere Kulturkritiker der unmittelbaren Vergangenheit, indem sie darauf hinwiesen, daß die Gelehrsamkeit noch kein Beweis von Kultur oder auch nur gutem Geschmack sei und daß demnach auch die Arbeit der Schule sich nicht auf die Übertragung von bloßem Wissen beschränken dürfe. Ihr Ziel war weniger die Beherrschung von Fachgebieten als das intuitive Erfassen, auf dem Wege der sogenannten Zusammenschau, einer (meist »volkhaft« bedingten) Ganzheit. »Wir bekennen uns«, schrieb Peters, »zu der synthetisch-geisteswissenschaftlichen Arbeitsweise, in der alles Besondere eingebettet ist in den großen Strom des Allgemeinen und Volkhaften und deren letztes Ziel es ist, alle Kultur eines Zeitalters im Sinne Herders als Ausdruck eines Seelentums zu begreifen.«[10]

Das Verdienst der deutschkundlichen Bewegung um die Schularbeit an Goethe war zweifach: Im Methodischen bestand es aus der Erweiterung des Blickfeldes von bloßer Weitergabe mosaikartiger Wissensteilchen etwa über den biographischen Hintergrund eines Werkes oder über dessen Textgeschichte zum »Kunsterleben« des Gesamtwerkes; im rein Fachlichen bedeutete es die Ausklammerung Goethes aus dem Begriff einer antik orientierten Klassik. In einer Reihe von Schriften bemühten sich Männer wie Sprengel, Deckelmann und Schmidt, die Verknüpfung von Klassik und Antike aufzulösen und ihr sozusagen eine andere Wahlverwandtschaft entgegenzusetzen, nämlich »Klassik« und jene Blütezeit deutscher Literatur, Musik und Philosophie, die seit Dilthey als »Deutsche Bewegung« bezeichnet wurde. Indem Goethe zum Klassiker in diesem spezifisch deutschen Sinn erhoben wurde, sah man in seiner klassizistischen Periode nur mehr eine der von ihm durchlaufenen Phasen, so daß zum Beispiel der »gotische« erste Teil des *Faust* nun des öfteren der *Iphigenie* als Pendant an die Seite gestellt wurde. Hatte Goethe früher zum Teil gerade deshalb als erster unter Deutschlands Dichtern gegolten, weil er wie kein anderer die Antike nachzufühlen und nachzuschaffen vermochte, so wurde er jetzt gerne zum Repräsentanten ausgesprochen deutscher Reaktionen und Wesenseigenheiten gestempelt, etwa in seiner Stellung zur Französischen Revolution oder der Abneigung gegen die rationalistische Erziehungslehre Pestalozzis. Wie aus nachfolgender Gegenüberstellung ersichtlich, hatte dies nicht nur eine Werkverlagerung, sondern eine »Altersverlagerung« des Schul-Goethe der Zwischenkriegsepoche zur Folge: Der gereifte Mann, der die *Iphigenie*, den

Tasso und *Hermann und Dorothea* schuf, trat zurück zugunsten des Stürmers und Drängers einer-, des Weimarer Greises andererseits. Die folgende Liste gibt das Verhältnis der am Grauen Kloster in den Jahren 1922-1940 von Sexta bis Prima gelesenen Goethe-Werke wieder, wobei die gesamte Goethe-Lektüre wiederum einer Einheit von 100 % entspricht. Die Prozentsätze in Klammern geben die entsprechenden Anteile für den Zeitraum 1832-1914 wieder.

Gedichte	17,2 %	(23,6)
Götz	16,4 %	(16,0)
Faust[11]	10,1 %	(2,8)
Dichtung und Wahrheit	9,1 %	(7,2)
Iphigenie	8,2 %	(17,2)
Tasso	7,2 %	(9,6)
Naturwissenschaftliches	6,4 %	(–)
Egmont	5,4 %	(5,2)
Werther	5,4 %	(2,0)
Wilhelm Meisters Lehrjahre	4,5 %	(–)
Hermann und Dorothea	3,6 %	(14,4)
Reineke Fuchs	2,7 %	(–)
Briefwechsel mit Schiller	1,8 %	(0,4)
Italienische Reise	1,0 %	(1,2)
Clavigo	1,0 %	(0,4)
	100,0 %	(100,0 %)

In den Jahren um 1930 erfreute sich das Deutsche als Unterrichtsfach in fast allen Zweigen des Höheren Unterrichtswesens einer zentralen Stellung. Es war das Kernstück der Deutschkunde und hatte als solches auch – nach 1933 vor allem – eine politische Aufgabe zu lösen als Anreger und Förderer des staatsbürgerlichen Bewußtseins der jungen Generationen.[12] Das numerische Verhältnis zu den anderen Schulfächern hatte sich ebenfalls radikal zugunsten des Deutschen geändert. So betrug zum Beispiel nach dem *Amtsblatt des Württembergischen Kultusministeriums* (bis 1918: *Württembergischen Ministeriums des Kirchen- und Schulwesens*) die Stundenverteilung an den dortigen Höheren Knabenschulen in den Jahren

	1912	1928	1939[13]
(Gymnasium)			
Deutsch	25	32	33
Latein	70	60	15
Mathematik	32	30	25-29[14]
(Realgymnasium)			
Deutsch	24	32	33
Latein	56	51	23-17
Mathematik	49	33-41	25-29
(Reformrealgymnasium)			
Deutsch	31	32	33
Latein	38	31	23-19
Mathematik	44	36	25-29
(Oberrealschule)			
Deutsch	31	32	33
Französisch oder Englisch	49	40	24-20
Mathematik	56	49	25-29

– ein Verhältnis, das mit minimalen Abweichungen für ganz Deutschland zutraf. Innerhalb des dergestalt in den Vordergrund gerückten Deutschunterrichts wurde die Behandlung Goethescher Werke weitgehend den verschiedenen Altersgruppen angepaßt, indem man im Sinne der damals noch neuen Jugendpsychologie versuchte, die Lektüre dem jeweiligen Fassungsvermögen der Klasse entsprechen zu lassen. Nachdem Goldscheider dieses Problem bereits 1906 untersucht und dabei auch festgestellt hatte, welche Goetheschen Stükke und Gedichte sich für verschiedene Reifegrade am besten eigneten, brachten die Fachzeitschriften nun eine große Anzahl von Erfahrungsberichten über die Klassenbehandlung dieses oder jenes Werkes, wie etwa Simons *Wilhelm Meister in Unterprima,* Meissingers *Der Gott und die Bajadere* (»Darbietung in einer Unterprima«)[15] und vor allem die bereits erwähnte grundlegende Untersuchung von Havenstein, *Die Dichtung in der Schule* (1925), wo das Problem als Frage ganz kurz zusammengefaßt gestellt und auch beantwortet wird: »Tun wir ... gut daran, den achtzehnjährigen Stürmern und Drängern auf den Schulbänken vorwiegend klassische Dichtungen darzubieten?«[16]

Zugleich wurde die Goethe-Lektüre aber auch den verschiedenen Anstaltstypen angepaßt. So wurde zum Beispiel vorgeschlagen, die humanistischen Gymnasiasten Goethes Bericht über Pompeji sowohl mit den von Moltke und

Hebbel hinterlassenen Beschreibungen des Vesuvs wie auch mit denen antiker Schriftsteller vergleichen und sie gewisse antikisierende Goethesche Eigenheiten, wie den Gebrauch des Hexameters, untersuchen zu lassen, während die Realgymnasiasten in Anwesenheit des Französisch-Lehrers Goethes Übersetzungen von Diderot, die Oberrealschüler mit Hilfe des Physiklehrers die Zuverlässigkeit der Goetheschen Beobachtungen über Wolkenbildung nachprüften.[17] Da es sich bei diesem Plan um einen Stichtag handelte, nämlich um die Feier des 22. März 1932, sollte auch der fremdsprachliche Unterricht in den Dienst dieser »Tatsacheneroberung vom Anstaltstyp aus« gestellt werden, zum Beispiel durch die Übersetzung, seitens der Englisch-Klasse, von Emersons Goethe-Aufsatz. (Die pseudo-militärische Formulierung dieses Projektes ist nicht zufällig. Viele jugendpsychologische und deutschkundliche Programme lesen sich wie Generalstabskarten des in Angriff zu nehmenden Geländes.) Es muß dahingestellt bleiben, wieweit solche Vorschriften tatsächlich ausgeführt wurden. Immerhin beweisen sie, mit welch feinen Nuancierungen das Problem Goethe in der Schule manchmal durchdacht wurde, wobei noch zu bemerken ist, daß um diese Zeit alle Pläne dieser Art von der löblichen Idee des Vor-allem-Goethe-selbst-LESENS ausgingen.

Der Deutschen Oberschule war nur ein Leben von etwa einem Jahrzehnt beschieden, denn sie geriet, wie die ganze deutschkundliche Bewegung, bald ins Fahrwasser des Nationalsozialismus. Es bedarf hier keiner Beweisführung, daß der Nationalsozialismus Goethe im Grunde genommen feindlich gegenüberstand oder daß zumindest die »offizielle« Auffassung von Goethe, wie sie wohl am ausführlichsten in Kurt Hildebrandts *Goethe. Seine Weltweisheit im Gesamtwerk* (1942) niedergelegt wurde, dem Goethe-Bild der schließlich doch nicht ganz umsonst nach Weimar benannten Republik radikal zuwiderlief, ja daß den Nazis letzten Endes die ganze Klassik als »anstößig« galt.[18] Trotzdem darf der große Unterschied nicht übersehen werden, der in dieser Hinsicht unter den Führern der Bewegung waltete (unter den schriftgewandteren war Baldur v. Schirach der goethenaheste und Joseph Goebbels, dem der Dichter immer ein »fragwürdiger Charakter«[19] blieb, der goethefernste) und der, wie mancher Leser sich aus eigener Erfahrung erinnern wird, auch unter der damaligen Lehrerschaft in Stellungnahmen von erstaunlicher Spannweite und Buntscheckigkeit zum Ausdruck kam. August Raabe, Adolf Menzel, Hans Friese und andere Pädagogen haben sich damals mit der Frage beschäftigt, ob und wieweit Goethe in die neue, dem Nationalsozialismus verhaftete Schule mit herübergerettet werden könne. Durchaus charakteristisch für die ganze schwierige Zeit war die Einstellung eines vom Werte der »Bewegung« überzeugten und dennoch vielfach um Goethe verdienten Germanisten, Walther Linden, der ausdrücklich davor warnte, einerseits Goethe aus dem Stegreif als für die neue *mystique* untauglich zu verwerfen oder ihm andererseits nationalsozialistisches Gedankengut zu unterschieben, was keinen Goethe-Kenner und übrigens auch keinen überzeugten Nationalsozialisten täuschen würde. Der Dichter könne jedoch mit Fug und Recht als »eine der größten nordischen Führergestalten« betrachtet werden, besonders als »Träger nordisch-germanischen Geistes« in jenen Sturm-und-Drang-Werken, die auf die Formel Seele-über-Vernunft vereinfacht werden können, und in bezug auf das Lob staatsbürgerlicher Tugenden in Werken wie *Götz* oder *Egmont* und völkischen Zusammengehörigkeitsgefühls in den *Wanderjahren* und im Zweiten Teil des *Faust.* Goethes Bildungsideal des auf sich selbst gestellten, sich selbst vollendenden Menschen habe zwar für die herangebrochene eiserne Zeit keine Geltung mehr, sei aber zu wichtig, um aus der Schule ausgemerzt zu werden, und ließe sich im übrigen gut mit dem des Nationalsozialismus vergleichen.[20] Immerhin blieb Goethe manches erspart. Er mußte sich nicht, wie Hölderlin, im Grabe umdrehen bei Landser-Reminiszenzen wie: »Bloße Worte wurden wohl nicht sagen können, was mir gerade Hölderlin bedeutet. Auch als SS-Mann und Soldaten begleitete mich seine Dichtung in den langen Monaten des russischen Winterfeldzuges.«[21]

Abgesehen vom rein Organisatorischen wie der Zentralisierung des Unterrichtswesens, der strengen Scheidung von Jungen- und Mädchenerziehung und der Herabsetzung des Gymnasiallehrganges von neun Jahren auf acht, läßt sich der nationalsozialistische Einfluß auf das Goethe-Studium an der Schule wohl am gerechtesten bemessen, wenn man feststellt, daß die Behandlung Goethes sich relativ wenig änderte (wenn überhaupt, dann im Sinne Lindens, indem Werke und Stellen betont und überbetont wurden, die den Gedanken der Volksgemeinschaft ausdrückten oder auszudrücken schienen), daß aber Goethes Anteil am Gesamtlesestoff merklich verringert wurde im Vergleich zu zwei anderen Stoffgruppen: der Bewegung genehmeren Mit- und Nachklassikern wie Schiller, Hölderlin und Nietzsche sowie zeitgenössischen Schriftstellern vom Schlage Hans Grimms, Walter Flex', Hans Friedrich Bluncks. Dies geht aus den Lesebüchern der Zeit hervor, aus den Bestimmungen des Reichs- und Preußischen Ministeriums für Wissenschaft, Erziehung und Volksbildung sowie aus den Lehrplänen jener Jahre, aus denen man unschwer die verschiedenen Wellen ablesen kann – die kunsterzieherische, die deutschkundliche, die innenbiographische, die nationalsozialistische –, die in der Zeit vom Ersten zum Zweiten Weltkrieg gegen das nun festgefügte Gebäude des Deutschunterrichts anliefen. Um die Linie der Tradition zu wahren und einen zwingenden Vergleich mit der Praxis früherer Zeitläufte zu ermöglichen, wollen wir zum letzten Mal die Lehrpläne des (im Krieg zerstörten) Grauen Klosters untersuchen, die bei der zunehmenden Zentralisierung des damaligen Unterrichtswesens mehr denn je als typisch gelten können. Die Lektüre der oberen Klassen dieses Gymnasiums ist auf Seite 195 in fünfjährigem Abstand wiedergegeben, vom Jahre 1922, als die Lehrpläne zuerst wieder gedruckt erschienen, bis 1940, als der Zweite Weltkrieg die weitere Veröffentlichung unterband.

Auch im höheren Schulwesen hat der Zusammenbruch des Hitler-Reiches und der Wiederaufbau in zwei streng getrennten Zonen tiefe und untilgbare Spuren hinterlassen. Über die Entwicklung in der DDR wird später zu berichten sein; aber auch in der Bundesrepublik darf die scheinbare Rückkehr zur alten *Form*, mit der Dezentralisierung des Verwaltungsapparats, nicht den neuen *Inhalt* des Deutschunterrichts verdunkeln. Mehr denn je stand die Lektüre in den unmittelbaren Nachkriegsjahren im Mittelpunkt der Arbeit im Deutschen: »Die vornehmste Aufgabe des Deutschunterrichts ist die Einführung in das Schrifttum.«[22] In bezug auf die Deutschlektüre hat das westdeutsche Gymnasium (von anderen Anstalten sei hier abgesehen, aber auch von ihnen wäre ähnliches zu berichten) überdies die Fesseln der Überlieferung gesprengt. Zunächst zeitlich, indem der Lesestoff neben Klassik und jüngerer Vergangenheit nun auch die zeitgenössische Dichtung entschieden mitberücksichtigte, anfangs vor allem im Bestreben, politische Gegensätze zu überbrücken. Hierbei wurde den Schülern manchmal der Eindruck einer Harmonie mitgeteilt, die in der modernen deutschen Literatur in dieser Form nie existiert hatte und die somit einen in die Vergangenheit hineinprojizierten Wunschtraum darstellte. Diese Tendenz kam naturgemäß am stärksten in den Jahren unmittelbar nach dem Krieg zur Geltung, als die Deutschlektüre in verschiedenen Ländern provisorisch in sogenannten Übergangslehrplänen festgesetzt und im übrigen dem einzelnen Lehrer ein erhebliches Maß an Wahlfreiheit eingeräumt wurde. Damals unterschieden die Kultusministerien einiger Länder zwischen »verbindlichem« Lesestoff, dem die klassischen oder zumindest traditionellen Werke zuzuzählen waren, und einer »empfohlenen« Gruppe, in die manches aufgenommen wurde, was dem einen oder dem anderen Deutschland an der zeitgenössischen Literatur seit 1933, oder auch schon seit 1918, anfechtbar geschienen hatte. So stand etwa

O I	U I	O II	U II
1922 Laokoon, Nathan; IPHIGENIE, TASSO; Braut von Messina; Agnes Bernauer; Sappho. Lyrik GOETHES und Schillers	Luther, Hans Sachs u.s.w. in Auswahl. Klopstocks Oden u. *Messias; Laokoon, Hamb. Dramaturgie, Philotas, Emilia Galotti*	*HERMANN U. DOROTHEA; Wallenstein,* Walther v. d. Vogelweide, *Nibelungenlied,* Minnesangs Frühling	*Minna von Barnhelm; Kabale und Liebe; GÖTZ; Der Erbförster. Die Judenbuche*
1927 DICHTUNG U. WAHRHEIT, WERTHER, EGMONT, IPHIGENIE, TASSO, Auswahl aus GOETHES Gedichten. Schillers Jugenddramen, *Don Carlos, Braut v. Messina,* Antrittsvorlesung, Auswahl aus seiner Gedankenlyrik *Macbeth; Sappho; Agnes Bernauer; Die Weber*	*Nathan, Laokoon, Hamb. Dramaturgie; Hamlet; Don Carlos,* Schillers *Über den Grund des Vergnügens ..., Über das Pathetische, Über das Erhabene, Über die tragische Kunst. Die Künstler. Ideal u. Leben. DICHTUNG U. WAHRHEIT,* besonders i-xv, Gedichte aus dem Leipziger Liederbuch, der Straßburger Zeit und *HANS SACHSENS POETISCHE SENDUNG,* Shakespeares *Richard III.*	Althochdeutsche, altniederdeutsche Stücke; *Edda;* mittelhochdeutsche Stücke (nach dem Lesebuch); *Hildebrandslied;* Das Vaterunser aus verschiedenen Zeiten; Merseburger Zaubersprüche; aus Otfrieds *Evangelienbuch;* aus dem *Heliand;* Anfang des *Nibelungenliedes;* Gedichte d. Minnesänger, bes. Walthers: Volkslieder. Gutzkow: *Uriel Acosta.* Hebbel: *Nibelungen. Julius Caesar. Michael Kohlhaas. Gudrun*	*Der Erbförster. Der Oberhof. Jungfrau von Orleans* und Überblick über Schillers Balladen
1932 Schillers und GOETHES weltanschauliche Dichtung; *GOETHES* Lyrik *u. WM. MEISTERS LEHRJAHRE. Maria Magdalena. Ein Volksfeind, Die Wildente; Die Weber, Hanneles Himmelfahrt. Der Tor und der Tod. Gas, Die Bürger von Calais.* Werfel: *Die Troerinnen*	Lustspieltypen: *Frösche; Bramarbas; Was ihr wollt; Der Geizige, Der Misanthrop; Horribilicribifax; Minna von Barnhelm; Der zerbrochene Krug; Leonce und Lena; Die deutschen Kleinstädter; Die Journalisten; Der Biberpelz.* Der Humanitätsgedanke: *Nathan, Don Carlos, IPHIGENIE; Laokoon, Hamburg. Dramaturgie. Hamlet.* Literaturgeschichtliche Übersicht von Günther, Gottsched u. d. Schweizern bis zum Sturm und Drang. Besonders: Klopstock, Lessing, Der junge GOETHE, Schiller *(Die Räuber)*	*Nibelungenlied;* Hebbels *Nibelungen* (i-iii). Minnesangs Frühling, Walther v. d. Vogelweide, *Meier Helmbrecht. Aquis Submersus, Viola Tricolor, Auf der Universität, Der Schimmelreiter, Immensee*	*GÖTZ; Jungfrau von Orleans, Lied von der Glocke; Prinz von Homburg, Michael Kohlhaas,* Kleists Gedichte. *Minna von Barnhelm.* Freiheitsdichter: Arndt, Körner, Schenkendorf, Rückert, Körner: *Zriny,* Mann: *Das Wunderkind, Schwere Stunde, Ein Glück, Beim Propheten, Wie Joppe u. Don Escobar sich prügelten. Das Fähnlein der sieben Aufrechten*
1937 Nathan der Weise, Minna von Barnhelm. Schiller: philosophische Gedichte, *Anmut und Würde, Räuber, Kabale und Liebe. Hamlet.* Sturm und Drang (Vorträge). *GÖTZ, TASSO FAUST, Das Käthchen v. Heilbronn, Prinz v. Homburg. Maria Magdalena*	*König Lear; Minna von Barnhelm; Agnes Bemauer;* Schillers Jugenddramen und *Wallenstein; FAUST*	Auswahl aus gotischen und althochdeutsch. Literaturdenkmälern. Minnesangs Frühling, Walther. *Der arme Heinrich. Wallenstein.* Vorträge: *Parzival, Tristan und Isolde, Gudrun, Meier Helmbrecht. Nibelungenlied. Prinz v. Homburg. Ein Volksfeind. Coriolan. Laokoon, Hamb. Dramaturgie* (Auswahl)	Hoffmann: *Ritter Gluck, Don Juan.* Mörike: *Mozart auf der Reise nach Prag.* Meyer: *Die Hochzeit des Mönchs.* Storm: *Hans und Heinz Kirch.* W. v. Scholz: Novellen. Dwinger: *Der Zug durch Sibirien.* Müller-Guttenbrunn: Balladen, Teile aus *Der große Schwabenzug.* Hebbels *Nibelungen*

im Übergangslehrplan für die Höheren Schulen Nordwürttembergs vom Herbst 1945 (ergänzt November 1949) Hans Carossa in schöner Eintracht neben Stefan Zweig und Thomas Mann neben Hans Grimm. Selbstverständlich bezog sich diese kulturelle »Wiedergutmachung« auch auf traditionelle oder verbindliche Werke, wie zum Beispiel auf *Nathan der Weise,* den die NS-Schule oft fallengelassen hatte (weniger übrigens wegen der rassischen Abstammung des Helden als wegen Lessings »Humanitätsduselei«, wie das damals genannt wurde, in der berühmten Frage »Wir haben uns beide unser Volk nicht auserlesen. Sind wir unser Volk? Was heißt denn ›Volk‹?«).

Auch in kulturgeographischer Hinsicht erfuhr die Lektüre des westdeutschen Gymnasiums eine Erweiterung. Waren die in Übersetzung gelesenen Werke bisher meist Produkte von Dichtern gewesen, die wie Dante, Shakespeare und Racine deutsche Klassiker beeinflußt hatten und die sich deshalb besonders gut für die biographisch-genetische Betrachtungsweise dieser Klassiker eigneten, so brach nun das zeitgenössische, nicht-traditionelle ausländische Schrifttum plötzlich über das Gymnasium herein, ohne Rücksicht darauf, ob die betreffenden Werke etwa auch deutschen Schriftstellern etwas zu sagen gehabt hatten. Es läßt sich nicht leugnen, daß zur vollen Kenntnis Goethes auch ein Begriff dessen gehört, was Shakespeare ihm bedeutet und wie er ihn sich angeeignet hat; bei welchem deutschen Schriftsteller ließe sich aber zum Beispiel ein »Conraderlebnis« dieser Art verzeichnen, etwa auf Grund des jetzt in manchem westdeutschen Gymnasium gelesenen Romans *Taifun*? Daß es sich hier um eine prinzipielle Horizonterweiterung handelt und nicht mehr um die Unterbauung des Wissens um einheimische Literatur, geht ebenfalls aus Empfehlungen hervor wie »Auch ein Werk des amerikanischen Schrifttums« (O I, Nordwürttemberg 1945-1955), die wohl mehr dem Drang nach Völkerversöhnung entspricht als einer kritisch fundierten Kenntnis amerikanischer Literatur.

Neben zeitlichen und geographischen wurden im Gymnasiallesestoff auch die moralischen Grenzen erheblich verschoben. Im Altstädtischen Gymnasium zu Königsberg hatte 1820 die »Förderung der Seelenthätigkeit« zu den Aufgaben des Deutschunterrichts gehört. Noch im Jahre 1906 hatte Goldscheider festgestellt, daß die Handlung des Goetheschen *Faust* nicht von der Art sei, »daß sie für die Zwecke unseres Faches verwertet werden könnte«, und ähnliche Bedenken waren von Zeit zu Zeit gegen andere Werke und Dichter (Grimmelshausen, Wieland) erhoben worden. Solche Bedenken sind aus den neueren Lehrplänen nicht ganz verschwunden; in der 6. Gymnasialklasse (früher U II) Nordrhein-Westfalens wurde zum Beispiel Hauptmanns *Biberpelz* vor einigen Jahren zwar gelesen, der Lehrer aber gewarnt, dies nicht ohne »ethische Verarbeitung« zu unternehmen! Dennoch ist von moralischer Engstirnigkeit um ihrer selbst willen, wie sie früher auch das dem Schüler nahegebrachte Goethe-Bild in wichtigen biographischen Einzelheiten verzerrt hatte, heute nur mehr wenig zu verspüren.

Die Schullektüre wurde damals nicht nur diesen erweiterten Begriffen von Literaturbetrachtung überhaupt angepaßt. Sie wies auch eine der Vergangenheit gegenüber stark erhöhte Artikulation auf im Sinne der Anpassung des Stoffes an Alter, Geschlecht, bisweilen auch soziale Herkunft der Schüler. Schon in früheren Jahrzehnten hatte die einschlägige Literatur manchen Erfahrungsbericht über die Goethe-Arbeit in dieser oder jener Klasse gebracht, aber es gab wenige darunter, die sich an Goethe-Kenntnis einerseits, an Einfühlungsvermögen in die psychologische Grundsituation der Jugend andererseits mit den Abhandlungen vergleichen ließen, die in der von Robert Ulshöfer herausgegebenen Zeitschrift *Der Deutschunterricht* erschienen. Ob Lore Ketzler die Sprache des jungen Goethe untersuchte und sich dabei bemühte, aus einer Stilanalyse gewisser Goethe-Briefe aus dem Zeitraum 1767-1779 ohne Aufgabe ästhetischer Gesichtspunkte zur Definition der »Gestalt« Goethes vorzudringen, oder ob Ernst Busch dem *Egmont* gerade vom erzieherischen Standpunkt aus sowohl psychologisch als auch existenzphilosophisch gerecht zu werden versuchte – der Unterschied zur trockenen oder auch mit Moralsentenzen gewürzten halb-biographischen Exegetik früherer Jahre war augenfällig. Man fragt sich nur bisweilen, ob diese Behandlung eben nicht doch zu große Anforderungen an die Schüler stellte, auch wenn diese relativ bei weitem »älter« gewesen sein mögen, als die Achtzehnjährigen es vor vierzig oder zwanzig Jahren waren. Immerhin war das ihnen übermittelte Goethe-Bild schon das illusionslose der ersten Nachkriegsjahre, wie es uns bei Karl Jaspers und Hans Egon Holthusen entgegentritt oder in Wilhelm Stutz' Sammelband *Goethe in unserm Leben* (»Niederschriften junger Menschen aus den Jahren 1942-1946«). Es beruhte bekanntlich nicht mehr auf dem Postulat einer (freilich schon seit Jahrzehnten verwässerten) Goethe-Ähnlichkeit des modernen Menschen, sondern auf dem Bewußtsein seiner Andersartigkeit. Auch auf der Schule trat an die Stelle des »heiteren Olympiers« und »greisen Dichterfürsten« ein Goethe, der nicht nur Dichter war, sondern vor allem ein Mensch, der alle Schrecken des Daseins kannte und dennoch, wie man damals gern zitierte, »über Gräber vorwärts« geschritten war. Als Beispiel des Geistes, in dem er der Jugend der späten fünfziger Jahre nahegebracht wurde, sowie der getroffenen Werkauswahl, mögen folgende Lehrplan-Richtlinien dienen: »Die Behandlung in O I soll zeigen, wie sein Dichtwerk dem Kunstwerk seines Lebens entspricht. Daß dieser Mensch den Abgrund von Welt und Zeit kannte, daß er gegen ihn die einfachen Kräfte der Arbeit und Redlichkeit, der Freude und der Liebe beschwor, die zur ruhigen Frömmigkeit wurde, das sollen die jungen Menschen, deren geistige Führung uns anvertraut ist, wenigstens in Ahnung und Ehrfurcht erfaßt haben, wenn sie uns verlassen. Die Arbeit an dieser Aufgabe führt an die Grenze dessen, was Schüler und Lehrer der Höheren Schule zu leisten vermögen. Neben die Gedankenlyrik der Weimarer Zeit mögen die Bekenntnisgedichte treten (›Seefahrt‹, ›Warum gabst du uns die tiefen Blicke‹, ›Zueignung‹). Einigen Stücken aus der ›Italienischen Reise‹ folge ›Iphigenie‹ oder ›Tasso‹. Bei der Besprechung von Goethes Freundschaft mit Schiller (von dem *ein* Drama, ›Don Carlos‹ oder ›Wallenstein‹, gelesen werden muß) soll der Schüler erkennen, welche seelische und geistige Erhöhung für beide aus der Verbindung mit fast antipodischen Kräften entsprang. ›Faust I‹ wird vollständig zu lesen, von ›Faust II‹ mindestens ein Durchblick (unter Lektüre von I,I und V) zu geben sein. Wenn es die Klasse irgend leisten kann, lese man noch einiges aus dem ›West-östlichen Divan‹ (›Ach, um deine feuchten Schwingen‹, ›Volk und Knecht und Überwinder‹, ›Wunderlichstes Buch der Bücher‹ unter anderem) und die ›Marienbader Elegie‹.«[23]

Eine genauere Untersuchung der Goethe-Arbeit an den dem Gymnasium entsprechenden Schulen der Deutschen Demokratischen Republik und Ost-Berlins wird dadurch erschwert, daß sich dem westlichen Besucher nur selten Gelegenheit bot, den praktischen Schulbetrieb von Anstalt zu Anstalt und Unterrichtsstunde zu Unterrichtsstunde zu verfolgen, und daß ferner die parteipolitischen Erdbeben im fernen Moskau ihre Wellen auch nach Deutschland schickten, wo sich die ideologische Landschaft dementsprechend von Zeit zu Zeit veränderte.

Auf jeden Fall begann nach 1945 das eigentliche Literaturstudium in der DDR im achten oder letzten Jahre der Grundschule, das heißt für die Vierzehnjährigen, deren deutscher Lesestoff zwecks leichterer Bewältigung und auch zu Prüfungszwecken in sogenannte Stoffkomplexe aufgeteilt war, die das Ministerium für Volksbildung für 1958 wie folgt festsetzte: (1) Deutsche Dichter der Vergangenheit: Lessing, Goethe, Schiller, Heine. (2) Deutsche Dichter der Gegenwart: Vom Leben und Wirken Johannes R. Bechers, Erich Weinerts, Friedrich Wolfs. (3) Inhaltsangaben und Hauptgedanken literarischer Texte: Ringparabel, *Wilhelm Tell, Das Fähnlein der sieben Aufrechten, Die Mutter, Fern von Moskau.* (4) Charakteristiken literarischer Gestalten: Tell, Gessler, Gertrud, Hedwig, der alte und der junge Hediger, Tatjana.

Eine für westliche Begriffe etwas seltsame, für einen selbstbewußten »Arbeiter- und Bauernstaat« vielleicht nicht so sonderbare Akzentverteilung – so etwa wäre man versucht zu sagen, in der hoffnungsvollen Annahme, daß der liebe Gott schon dafür sorgen würde, daß die Bäume auch im Osten nicht in den Himmel wachsen und daß dem individuellen Lehrer einige Freiheit zur Modifikation dieses Programmes verbleiben werde, wie dies im Westen der Fall ist. Gerade hier zeigte sich jedoch der Kontrast zwischen der Schulpraxis hüben und drüben, denn der Ostdeutsche Lehrer war eben *nicht* frei. »Es ist unbedingt erforderlich«, hieß es damals in den offiziellen Bestimmungen, »daß auch die Stoffe aus dem literarischen Erbe so behandelt werden, daß sie ebenfalls der sozialistischen Erziehung dienen. So wird der Lehrer zum Beispiel bei der Behandlung von Lessings ›Ringparabel‹ und von Heines Gedicht ›Die Weber‹ herausarbeiten, welche Stellung der sozialistische Mensch zur Religion einnimmt. Damit wird ein wichtiger Beitrag zur weltanschaulichen Erziehung geleistet.«[24] Um welche Stellung es sich handelt, geht aus der zweiten Strophe von Heines Gedicht klar genug hervor: »Ein Fluch dem Gotte, zu dem wir gebeten / In Winterskälte und Hungersnöten. / Wir haben vergebens gehofft und geharrt / Er hat uns geäfft und gefoppt und genarrt – / Wir weben, wir weben.«

Nach acht Jahren solcher Grundschulerziehung kam der Zögling, sofern er nicht zur Berufsschule oder auf die polytechnische Mittelschule ging, sondern sich auf die Universität vorbereitete, auf die vierjährige Oberschule, die somit der Altersstufe nach (14-18) den höheren Klassen des Gymnasiums entsprach und im übrigen die Reihenfolge der Grundschulklassen weiterführte, so daß das erste Jahr Oberschule mit dem neunten Schuljahr übereinstimmte. Diese Oberschule war in einen neusprachlichen, einen mathematisch-naturwissenschaftlichen und einen altsprachlichen Zweig (hier A, B, C) gegliedert, bei denen die nachfolgend gegebene, auch über unser Thema hinaus aufschlußreiche Stundenverteilung waltete.

Fach	9. Klasse			10. Klasse			11. Klasse			12. Klasse		
	A	B	C	A	B	C	A	B	C	A	B	C
Deutsch	5	5	5	4	4	4	4	4	4	4	4	4
Geschichte	3	3	3	2	2	2	3	3	3	3	3	3
Russisch	4	4	4	4	4	4	3	3	3	3	3	3
Zweite Fremdsprache[25]	5	–	6	4	3	4	5	3	4	5	3	4
Dritte Fremdsprache	–	–	–	4	–	4	4	–	8	4	–	8
Mathematik	3	5	3	3	4	3	3	6	3	3	5	3
Physik	2	3	2	2	3	2	2	3	2	2	3	2
Chemie	1	2	1	1	3	1	1	3	1	1	3	1
Biologie	2	3	2	2	3	2	2	3	2	2	3	2
Erdkunde	2	2	2	2	2	2	1	1	–	1	1	–
Staatsbürgerkunde, Zeichnen/Kunstgeschichte, Gesang/Musik	je eine Wochenstunde pro Klasse und Zweig											
Turnen	zwei Wochenstunden pro Klasse und Zweig.											

Der den Schülern in diesem Deutschunterricht (der sich der Stundenzahl nach nicht sehr von dem des früheren gesamtdeutschen Gymnasiums unterscheidet) vorgeführte Goethe war einerseits der Lyriker, besonders der des Sturm und Drangs, andererseits ein politischer *homme engagé,* hinter dessen Maske man Goethe nur mit einiger Schwierigkeit wiedererkennt. Wenn man aus dem Wust von Goethe-Worten im ostdeutschen Schrifttum eines herausgreifen sollte, das auch und besonders in Schulbüchern immer wieder zitiert wurde, so stünde an erster Stelle jener (vom Dichter allerdings ganz und gar nicht politisch gemeinte) Satz aus der *Einleitung in die Propyläen,* »Wem um die Sache zu tun ist, der muß Partei zu nehmen wissen, sonst verdient er nirgends zu wirken«, der in einem weitverbreiteten ostdeutschen Schulbuch wie folgt kommentiert wurde:

»Warum haben die großen Dichter aller Zeiten gewirkt? Weil sie wußten, wofür sie Partei zu nehmen hatten, und mit aller Leidenschaft diese Partei nahmen. Wir brauchen nur einige Namen zu nennen: Die großen griechischen Tragiker, Walther von der Vogelweide, Dante, Cervantes, Dickens, Balzac, Zola, Tolstoi, Ibsen, Gorki, Heinrich und Thomas Mann – sie alle nahmen in ihren Werken oft geradezu leidenschaftlich Partei.«[26]

Es liegt auf der Hand, daß *dieser* Goethe mit dem unsrigen nur mehr wenig gemein hat. Selbst dieser entfernten Ähnlichkeit des westlichen Schul-

Goethe mit dem östlichen ist jedoch ein Ende gesetzt, denn die Deutschlektüre wies in der DDR schon in den fünfziger und sechziger Jahren eine mit jedem Jahr verschärfte Linksschwenkung auf, ein plötzliches, in der zeitlichen Folge des behandelten Materials immer früher beginnendes Herausspringen des Unterrichts aus den Geleisen der Tradition. So waren zum Beispiel die folgenden Werke seit 1957 aus der Oberschule verschwunden: Zwei bis dahin gelesene Abschnitte aus der *Odyssee, Reineke Fuchs, Kleider machen Leute,* Storms Gedicht *Ostern* und Thomas Manns *Schwere Stunde;* neu eingeführt hingegen wurde Brechts *Leben des Galilei.* Auch Goethes Anteil am Pensum wurde ständig beschnitten, etwa durch die Bestimmung, daß »noch mehr als bisher ... die Einführung in Goethes ›Faust‹ auf das Allerwesentlichste zu beschränken« sei. Wie früh die Linksschwenkung schon einsetzen konnte, geht unter anderem aus dem Programm hervor, das den Lesestoff für die 10. Klasse Oberschule für 1958/59 enthielt:

Goethe:	*Willkommen und Abschied; Prometheus; Egmont*
Schiller:	*Kabale und Liebe*
Heine:	*Das Sklavenschiff; Hymnus*
Bredel:	*Die Vater* (Ausschnitte), oder
Marchwitza:	*Meine Jugend* (Ausschnitte), oder
Scharrer:	*Die Maulwürfe* (Ausschnitte)
Weinert:	*An einen deutschen Arbeiterjungen*
	Der Idiot
Brecht:	*Die Teppichweber von Kujan-Baluk ehren Lenin*
Seghers:	*Das siebte Kreuz*
Becher:	*Kinderschuhe aus Lublin*
	Deutschland
	Stimmt an ein neues Lied.

Es ist ein weiter Weg von *Willkommen und Abschied* zu den Teppichwebern, die in Kujan-Baluk Lenin ehrten!

Viele Aspekte des Problems »Goethe und die deutsche Schule« müssen noch untersucht werden, bevor das Thema geklärt ist. Einige zusammenfassende Bemerkungen lassen sich jedoch schon jetzt machen: Trotz einiger früherer Ansätze und obwohl manche seiner Zeitgenossen (Klopstock, Herder, auch einige Anakreontiker) bereits zu ihren Lebzeiten auf der Schule gelesen wurden, hat Goethes Einbürgerung im Gymnasium bis nach seinem Tod, eigentlich bis zur Mitte des 19. Jahrhunderts, auf sich warten lassen. Werkauswahl in der Schullektüre, Lesebücher und die biographisch-exegetische Behandlung in der Klassenarbeit waren sämtlich auf den »greisen Dichterfürsten« zugeschnitten, der trotz gelegentlicher Vorstöße in die Jugendzeit (von seiten Weitbrechts, Weißenfels', auch mancher Naturalisten) ebenso das akademisch-wissenschaftliche Goethe-Bild im Zeitalter des Positivismus beherrschte. Als das Deutsche, und innerhalb des Deutschunterrichts die Lektüre, nach dem Ersten Weltkrieg eine zentrale Stellung im Höheren Unterrichtswesen errang, wurde nicht *mehr* Goethe gelesen, denn die damals vorherrschende deutschkundliche Bewegung verehrte ihn zwar als Höhepunkt deutscher Kultur, forderte im übrigen aber eine stärkere Betonung des nachgoetheschen Schrifttums; es wurde aber ein *anderer* Goethe gelesen: der Stürmer und Dränger (daneben auch weiterhin der abgeklärte Weise).

Der Goethe, der dem heutigen Gymnasiasten nahegebracht wird, ist nicht nur der lyrische Dichter, sondern auch der Epiker, der Naturwissenschaftler und vor allem der Mensch Goethe, der Wirklichkeitskenner, der auch uns etwas zu sagen hat. Dabei sind die Erschütterungen, die das deutsche Gymnasium in den letzten Jahren und besonders nach Einführung der sogenannten Reformierten Oberstufe erlitten hat, in ihrer endgültigen Wirkung noch zu schwer abzuschätzen, als daß sich verbindliche Aussagen darüber machen ließen. Obwohl die im Stundenplan institutionalisierte Klassikerlektüre fast überall stark zurückgegangen ist, gibt es Anzeichen dafür, daß gerade die Infragestellung Goethes von seiten hemdsärmeliger junger Lehrer und Schriftsteller, die sich in Buchtiteln wie *Goethe als solcher. Etwas außerhalb von Dichtung und Wahrheit* (1969) und *Von Goethe lernen?* (1974) ausdrückt, eine fruchtbarere Begegnung mit ihm darstellt als die Praxis früherer Jahre, als der Pennäler Alfred Döblin – er steht hier stellvertretend für zahllose andere – am Abend heimlich Dostojewski las, denn »bei Tag wurde Goethe und Schiller gepaukt. Der Widerwille gegen die disziplinscharfe versklavende Schule war außerordentlich ... In die Atmosphäre der Abneigung wurde Goethe mit eingeschoben.«

In den Schulen der DDR verlief mit der durch Mauerbau und wirtschaftlichen Aufschwung erzielten Konsolidierung des Regimes jetzt auch die »Aneignung des klassischen Erbes« in ruhigeren Bahnen, als die Hektik der ersten Nachkriegsjahre erwarten ließ. Das Ziel des Literaturunterrichts wurde als »die Herausbildung sozialistischer Persönlichkeiten, die Erziehung fähiger, gebildeter und überzeugter Erbauer des Sozialismus«[27] definiert, wobei es den Deutschlehrern natürlich auf die gesellschaftliche Dimension und Funktion der Literatur ankam, im Gegensatz zu einer »bürgerlichen« Kunstauffassung, die als subjektiv, elitär und fragmentarisch empfunden wurde. Obwohl sich DDR-Pädagogen mit dem Unterfangen schwertaten, Goethe nahtlos in das Koordinatensystem einer materialistischen Weltsicht einzufügen – indem sie etwa versuchten, die von ihm postulierten »Urformen der Poesie« mit der marxistischen Vorstellung von wissenschaftlich gesteuerten Formen der literarischen »Produktion« in Einklang zu bringen –, spielte die klassische deutsche Literatur noch eine beträchtliche Rolle in den Lehrplänen. So wurde für die Klassen 1 bis 7 die Lektüre von Gedichten und Fabeln empfohlen (*Erlkönig* und Lessings *Der Hamster und die Ameise*), für Klasse 8 Spruchdichtung und der Osterspaziergang aus dem *Faust,* für Klasse 9 *Nathan der Weise,* Auszüge aus der *Hamburgischen Dramaturgie* sowie *Willkommen und Abschied, Heidenröslein* und *Prometheus,* für Klasse 10 eine Einführung in den *Faust,* eine Auswahl aus der Naturlyrik und das Gedicht *Das Göttliche.* Mit vergleichbaren Werken war auch Schiller vertreten.

In einem anderen Programmentwurf wurde dem Lehrer nahegelegt, *Willkommen und Abschied* in Klasse 12 noch einmal zu lesen, zusammen mit dem ebenfalls bereits durchgenommenen Brecht-Gedicht *Als ich nachher von dir ging ...,* und zwar zur Demonstration der »dialektischen Aufhebung des klassischen Humanitätsideals in der sozialistischen Dichtung«. Die Zusammenstellung, um nicht zu sagen Konfrontation von Goethe und Brecht war nicht von ungefähr; besonders das Kontrastpaar *Faust* und *Das Leben des Galilei* erfreute sich großer Beliebtheit in den dortigen Lehrplänen und Lehrplan-Modellen. Weniger plausibel sind andere Parallelen zwischen klassischer und sozialistischer Literatur wie der in vollem Ernst unternommene Vergleich von Hölderlins *An die Parzen* mit dem *Epilog* des Arbeiterdichters Louis Fürnberg, unter besonderer Berücksichtigung der Zeitumstände, unter denen die beiden Gedichte entstanden (1797 beziehungsweise 1950). Überhaupt feierte ja der Positivismus unter umgekehrtem Vorzeichen fröhliche Urständ in der DDR: Verdeutlichte man in seinem Geiste und mit seiner Methodik auch nicht mehr biographische Einzelheiten aus dem Leben eines Dichters, so bediente man sich seiner um so lieber zur Definition der Folgerungen, die sich möglicherweise aus der Klassenzugehörigkeit des betreffenden Dichters ziehen ließen.

Daß die Praxis auch in der DDR nicht immer mit der Theorie einherging, veranschaulichen Erfahrungsberichte wie *Jugend und Goethe,* ein Referat von Dieter Görne über eine anläßlich der Hauptversammlung der Goethe-Gesellschaft abgehaltene Diskussion von 180 Jugendlichen über die Bedeutung der klassischen Literatur in ihrem Leben. »Es gibt eine Russisch- und eine Mathematik-Olympiade«, klagte dabei eine Facharbeiterin aus dem AEW Eisenach, »es gibt allerlei naturwissenschaftliche Zirkel, doch Literaturzirkel sind in den Schulen selten. Ich frage mich, warum wir noch keinen Goethe- oder Schiller-Abend zustande brachten, wo man Gedichte vorträgt, auch solche mit viel Gefühl und Liebe«, während einem anderen Teilnehmer, einem Lehrling aus dem VEB Weimar Kombinat, die ideologische Verbrämung mißfiel: »Wir mußten in jedem klassischen Werk einen revolutionären Kern suchen, so zum Beispiel auch in dem Goethe-Gedicht ›Willkommen und Abschied‹. Gefühlswerte gingen meist verloren.«[28]

So stellte der Schul-Goethe beiderseits der deutsch-deutschen Grenze eine verspätete, mit allen Mitteln der pädagogischen Kunst projizierte Widerspiegelung des akademischen Goethe-Bildes dar; beiderseits der Grenze war Goethe nicht mehr unerreichbares Vorbild und Muster, sondern lebendes Beispiel.

7

DER OLYMPIER ALS KRONZEUGE UND WAHLVERWANDTER

»Wenn Gerhart Hauptmann in Berlin war, liebte er es, in den Morgenstunden barhauptig durch die Stille des Tiergartens zu spazieren. Einmal achtete er dabei nicht des Weges, und so kam es, daß er über einen Rasen wanderte, der deutlich mit dem Schild ›Betreten verboten!‹ für Fußgänger gesperrt war.
Ein Parkwächter näherte sich ehrfürchtig, grüßte und sagte: ›Sie, Meesta! Det Jehen abseits de Weeje is hier nich jestattet.‹
Hauptmann schrak aus seinen Gedanken auf und fragte erstaunt und unwillig: ›Wissen Sie denn nicht, wer ich bin?‹
Der Parkwächter salutierte und sagte dann: ›Jewiß, ick weeß: Sie sind Jöthe. Aba det hat nischt damit zu tun, uff'n Weech müssen Se trotzdem bleiben.‹«

BERLINER LUFT (Gütersloh, 1959)

Goethes Einfluß auf die deutschen Dichter und Schriftsteller, die nach ihm kamen, ist allgegenwärtig und doch zu wenig faßbar, als daß er im Rahmen dieses Buches erschöpft werden könnte. Unter den unmittelbaren Epigonen lassen wir zunächst diejenigen unberücksichtigt, die hauptsächlich als Lyriker weiterleben, ob sie ihm nun wie Rückert, Mörike und Platen eher im allgemeinen verpflichtet waren oder auch in spezifischen Werken, wie zum Beispiel Lenau in jenem *Faust*-Versuch, anläßlich dessen er einmal bemerkte, daß ihm das Goethesche Vorbild »durchaus nicht geschadet« habe. Aber auch andere müssen hier ausgelassen werden: Raabe, der sich in *Abu Telfan* ausdrücklich, und Stifter, der sich in *Nachsommer* stillschweigend zu Goethe bekannte, sowie Fontane und Freytag, die sich in ihren Essays zur Hundertjahrfeier von 1849 mehr kritisch als schöpferisch mit ihm auseinandersetzten. Alle diese Männer und viele, die hier nicht einmal dem Namen nach erwähnt werden können, haben Goethe ein oder das andere Mal »erlebt«. Dieses Goethe-Erlebnis sei hier nur in wenigen, besonders aufschlußreichen Fällen beschrieben, um die Tatsache zu unterstreichen, daß der Dichter auch in den Jahrzehnten, in denen sich das Publikum im großen und ganzen von ihm abgewandt hatte, als Schwerpunkt der deutschen Literatur und fortwirkende geistige Macht empfunden wurde. Die Tiefe dieses Fortwirkens wurde zwangsläufig von der Empfänglichkeit des betreffenden Lesers bestimmt; der Breite nach erstreckte es sich vom Erhabenen bis zum Lächerlichen, vom Glauben an Goethe als Führer durch das Leben bis zur Berufung auf ihn, wenn es sich darum handelte, das Rauchen aufzugeben.[1]

Franz Grillparzers Bekehrung zu Goethe war plötzlich und unwiderruflich. Der achtzehnjährige Autor der *Blanka von Kastilien* schien zum Verfasser historischer Dramen in Schillers Nachfolge bestimmt. Aber im Frühjahr 1810 dünkte ihn Schillers »Anspruch« plötzlich unhaltbar, »unter die Matadors seiner Nation gezählt zu werden«; er protestierte gegen dessen »lächerliche, patzige Sucht ... den Philosophen spielen zu wollen«, und gab vor, in der *Braut von Messina* nur noch »bombastischen Wortschwall« zu sehen. Was war geschehen? Grillparzer hatte Faust entdeckt, den »kühnen, interessanten Mann, in dem ich so oft mich wiederfand oder doch wiederzufinden glaubte«, und noch einen anderen Goetheschen Helden: »Ich selbst glaubte es zu sein, der als Tasso sprach, handelte, liebte, nur Worte, so schien es mir, hatte Goethe *meinen* Gefühlen gegeben ...« Er reagierte auf die Dramen, wie die empfindsamen Leser des *Werther* einst auf den Roman reagiert hatten: Weniger von der künstlerischen Vollendung als von der seelischen Dichte überwältigt. Grillparzers Selbstwiderspiegelung in Tasso und Faust verstärkte seinen Hang zur Schwermut, um so mehr, als Tasso am Ende des Schauspiels in den Qualen der Unschlüssigkeit schweben bleibt und Faust erst viel später, nach der Veröffentlichung des zweiten Teils, eindeutig gerettet wurde. Diese Werke *sind* bedrückend, wenn man, wie der junge Grillparzer, versäumt, es sich vor Augen zu halten, daß Goethe in Antonio und Mephisto auch eine entgegengesetzte Weltansicht darstellte, deren Wert durch ihre Vernunft- und Wirklichkeitsnähe nicht geschmälert wird. Die Heftigkeit, mit der Grillparzer Schiller zurückstieß und sich Goethe »nun erst recht« in die Arme warf, hat etwas Weibliches an sich, um so mehr, als diese Wandlung, wie die meisten Erfahrungen seines Lebens, von Gefühlen eigener Unzulänglichkeit begleitet wurde. Der junge Dramatiker erkannte, daß er in Schillers Manier schreiben konnte und vielleicht auch in der des *Götz von Berlichingen;* aber seine eigene *Blanka von Kastilien* erschien ihm jetzt vorlaut und unfertig. Er war ehrgeizig in der Jugend und wußte um seine außerordentlichen Gaben. Zugleich war er unvoreingenommen genug, um zu sehen, daß *Iphigenie* und *Tasso* einen unerreichbaren Gipfel im Drama darstellten. Er konnte noch nicht wissen, daß seine eigenen Fähigkeiten, im Aufbau seelischer Spannungen, in der Darstellung liebender Frauen, in der Bühnentechnik, ihn dereinst selber zu großen Leistungen befähigen würden. Erschwerend wirkte der Umstand, daß seine zwei besten Freunde ihn in verschiedenen Richtungen zu beeinflussen suchten. Georg Altmütter war ein Schiller-Verehrer und machte Grillparzer glauben, daß ein tieferes Goethe-Studium auf eine fatale Schwächung seines ohnehin gefährdeten dichterischen Selbstvertrauens hinauslaufen würde. Joseph Schreyvogel hingegen hatte Goethe gerade im *Sonntagsblatt* beim Wiener Publikum eingeführt (1807-1809) und damit jener Wiener Goethe-Pflege den Boden bereitet, die dann so ungleichartige Männer wie Beethoven und Gentz, Stifter und Schubert, Metternich und Grillparzer vereinigen sollte.

Die Krise erreichte ihren Höhepunkt und ihre Lösung bei Grillparzers Besuch in Weimar 1826. Er hat uns selbst darüber berichtet in jener posthum erschienenen Autobiographie, die eines der wenigen Werke dieser Art geblieben ist, die nicht mit der Absicht niedergeschrieben wurden, den eigenen Nachruhm in den Augen der Welt zu sichern: Ein Umstand, der den furchterregenden Eindruck, den Goethe auf seinen Besucher machte, noch verstärkt. Der immerhin fünfunddreißigjährige, bereits als Verfasser der *Ahnfrau* und *Sappho,* des *Goldenen Vließes* und *König Ottokars Glück und Ende* berühmte Dichter, der längst seinen eigenen »Ton« gefunden, befand sich unter den Gästen, die sich zu einem Empfang bei Goethe versammelt hatten, als dieser eintrat, »schwarz gekleidet, den Ordensstern auf der Brust, gerader, beinahe steifer Haltung ... wie ein Audienz gebender Monarch«. Enttäuscht und durch das geheimrätliche Zeremoniell aus dem Konzept gebracht, zog sich Grillparzer alsbald zurück. »Ich gestehe«, fährt sein Bericht fort, »daß ich mit einer höchst unangenehmen Empfindung in mein Gasthaus zurückkehrte. Nicht als wäre meine Eitelkeit beleidigt gewesen, Goethe hatte mich im Gegentheile freundlicher und aufmerksamer behandelt, als ich voraussetzte. Aber das Ideal meiner Jugend, den Dichter des ›Faust‹, ›Clavigo‹ und ›Egmont‹ als steifen Minister zu sehen, der seinen Gästen den Thee gesegnete, ließ mich aus all meinen Himmeln herabfallen. Wenn er mir Grobheiten gesagt, und mich zur Thüre hinaus geworfen hätte, wäre es mir fast lieber gewesen. Ich bereute fast, nach Weimar gegangen zu sein.« Am nächsten Tag führte Goethe jedoch seinen jungen Gast persönlich zu Tisch, ein Zeichen der Anteilnahme, das Grillparzer zu Tränen erschütterte. Dieser zweite, berichtigende Eindruck von Goethe als von einem Mann, der sich bei näherer Bekanntschaft nicht weniger rücksichtsvoll als groß erwies, wurde noch durch Goethes Lob der *Sappho* verstärkt, durch das Interesse, mit dem er sich über die literarischen Zustände in Österreich erkundigte, und durch die kaum verhüllte Aufforderung an Grillparzer, sich doch in Weimar niederzulassen. In einem erneuten Anfall von Minderwertigkeitsgefühlen versäumte dieser, einer Einladung auf den nächsten Abend Folge zu leisten, an dem er Goethe allein finden würde.

Es ist unzählige Male bemerkt worden, daß Schiller jungen Menschen zusagt und Goethe dem reiferen Alter, daß der eine ein genialer Dramatiker war und der andere ein großer Dichter auf vielen Gebieten, oder daß Schiller »idealistisch« ist und Goethe »realistisch«. Es waren nicht die vom Schiller-Haß verblendeten Romantiker, sondern Grillparzer, der diese und ähnliche Kontrast- und Berührungspunkte zuerst formulierte. Viele Absätze seiner *Studien* und Briefe sind einer vergleichenden Analyse dieser beiden Dichter gewidmet, die bei ihm von der Jugendzeit an, da er Adolf Müllner in einem Schreiben als »Stammhalter der deutschen Tragödie seit Schillers physischem und Goethes literarischem Tode« begrüßte, bis zum Alter ineinander verschränkt waren, als er Goethe den größeren Dichter, Schiller aber ein »größeres Besitztum der Nation« nannte. Zweifellos leiden die Beobachtungen des früh verbitterten Mannes oft an einer sarkastischen Überspitzung; es mag witzig sein, aber es ist auch ungerecht zu behaupten, Goethe hätte mit dreißig Dichter bleiben und mit sechzig Minister werden sollen, anstatt es umgekehrt zu machen. Trotz dieser galligen Laune und obwohl ihm die Spätwerke wenig bedeuteten, hat Grillparzer Goethe verschiedentlich als sein Vorbild bezeichnet und ihn zum Beispiel gegen diejenigen verteidigt, die ihm Mangel an Vaterlandsgefühl vorwarfen. Obschon er unter Metternichs Zensur schwer zu leiden gehabt hatte, war Grillparzer wohl der einzige Dichter von europäischem Ruf, der sich nicht nur von der Julirevolution fernhielt, sondern sich damals und noch später, zum Beispiel in dem berühmten Ergebenheitsschreiben an Franz Joseph vom Jahre 1856, öffentlich zur bestehenden Ordnung bekannte. Abgesehen von Übereinstimmungen in der Motivbehandlung und stilistischen Gepflogenheiten, die billig der Spezialforschung überlassen werden müssen, war es wohl auf politischem Gebiet, im Glauben an den friedlichen Ausgleich von Gegensätzen und der Abneigung gegen Radikale jeglicher Art, daß der österreichische Patriot dem Weimarer Weltbürger am nächsten kam. Tatsächlich sind Grillparzers politische Gedichte und Aperçus aus den 1840er und 1850er Jahren (*Deutsche Bewegung, Der liberale Journalist* unter anderem mehr) in Ton und Form den *Venezianischen Epigrammen* so ähnlich, daß man sie in einer Sammlung genauso schwer auseinanderhalten könnte wie etwa Goethes und Schillers Anteil an den *Xenien.*

Wenn die Politik eine Brücke zwischen den Konservativen Goethe und Grillparzer bildete, so stand sie zugleich als Mauer zwischen Goethe und dem Liberalen Gottfried Keller. Im *Grünen Heinrich* findet der Held auf der Rückkehr von einer Reise ein während seiner Abwesenheit abgeliefertes Bücherpaket vor: Goethes Gesammelte Werke. Er verbringt die nächsten vierzig Tage mit dieser Lektüre und verläßt schließlich das Zimmer mit einer neuen Welt- oder zumindest Kunstanschauung, mit einer »hingebenden Liebe an alles Gewordene und Bestehende, welche das Recht und die Bedeutung jeglichen Dinges ehrt und den Zusammenhang und die Tiefe der Welt empfindet«. Er fragt sich dann, ob und wieweit ein Künstler an den Problemen des zeitgenössischen Lebens Anteil zu nehmen habe und findet, daß der schöpferische Mensch, obwohl von Natur aus eher aufnehmend als handelnd (»wer in einem festlichen Zuge mitzieht, kann denselben nicht so beschreiben wie der, welcher am Wege steht«), sich schließlich doch zur Handlung gezwungen sehen wird, gerade weil er dank seiner Beobachtungsgabe weiß, wann der Augenblick gekommen ist, an dem Taten und nicht Worte vonnöten sind.

Keller teilte mit Goethe eine Art Verschämtheit, die ihn das Autobiographische in seinen Werken manchmal zugeben und zu anderen Malen verleugnen ließ. Ob Heinrich Lee nun Meister Gottfrieds Zwillingsbruder ist oder nur ein entfernter Verwandter, es besteht kein Zweifel, daß das obige Zitat Kellers innerste Überzeugung ausdrückt. Es wurde nicht nur unverändert beibehalten, als der Verfasser den Roman für die endgültige Fassung überarbeitete; es entspricht auch ganz dessen Glauben an die Heiligkeit der staatsbürgerlichen Pflichten des Individuums und stimmt dem Sinn nach außerdem mit einer Tagebucheintragung aus der Zeit überein, da Keller, auf dem Höhepunkt seiner liberalen Inanspruchnahme, auf die Seite Goethes stieß, die vielen seiner Generation den Zugang zum Dichter zu versperren drohte. »Börne ist ein ordentlicher Goethe-Feind«, schrieb er am 15. August 1843. »Von der Seite, wie *er* ihn angreift, muß man ihm freilich vieles zugeben. Es ist Goethen aber auch von keiner andern Seite beizukommen. Ich weiß nicht, was mich eigentlich an ihm ärgert. Ob, daß einer, der den ›Faust‹, ›Tasso‹, ›Iphigenie‹ etc. geschrieben, so ein egoistischer Kleinkrämer sein kann, oder daß ein solcher Hamster den ›Faust‹, ›Tasso‹ etc. mußte geschrieben haben? Ich weiß nicht, schmerzt es mich mehr, daß Goethe ein so großes Genie war, oder daß das große Genie einen solchen Privatcharakter oder vielmehr Privatnichtcharakter hatte.«

Erst in seinen Berliner Jahren rang sich Keller zu einer ausgeglichenen Ansicht von Goethe durch. Damals gewann er die Überzeugung, daß die ästhetischen und sozialen Glaubenssätze der Klassik viel an ihrer Gültigkeit eingebüßt haben und daß der moderne Dichter nicht Lessing, Goethe, Schiller oder (wie in einem Brief an Hermann Hettner noch hinzugefügt wurde) Tieck nachzuahmen, sondern den Bestrebungen seiner eigenen Zeit Ausdruck zu geben habe. Nachdem er seine Bedenken auf diese Art beschwichtigt hatte, entdeckte Keller manchen künstlerischen und menschlichen Zug, der ihn mit Goethe verband, von einer im Grunde pantheistischen Weltansicht, in der die Natur vor allem auch Trösterin ist, bis zur Malerei, in der er von Goethes Fähigkeiten nicht allzuviel hielt.[2] Kein Goethesches Werk scheint ihn so aus den Angeln der eigenen Persönlichkeit gehoben zu haben wie Schillers *Tell* den Eidgenossen Heinrich Lee; aber die Goethe-Ablehnung der Frühzeit wandelte sich doch zu einer wenn auch kühlen Bewunderung, und im *Apotheker von Chamounix* erscheinen Goethe und Schiller schließlich trotz der parodistischen Umstände (Heinrich Heine träumt von seiner Himmelfahrt) als olympische Götter von unerreichbarer Weisheit und Würde.

Friedrich Hebbel hatte in der Jugend nur wenig Gelegenheit zum Lesen. Als er dennoch einmal ein Goethesches Werk in die Hand bekam, durfte er es nur wenige Stunden behalten. Ein Kamerad, der das Buch aus der Bibliothek des gefürchteten Hauptpastors von Wesselburen »entliehen« hatte, gab es Hebbel unter der Bedingung, daß dieser ihn zum Haus eines Mädchens begleite, das er sich allein nicht zu besuchen traute. Hebbel spielte also drei Stunden lang Anstandsdame und erhielt sodann seine Belohnung in Gestalt des *Faust*, den er verschlang, ehe der Geistliche zurückkommen und das Fehlen des Bandes bemerken konnte. Es ist nicht anzunehmen, daß diese flüchtige Bekanntschaft Hebbels jugendliche Vorliebe für Schiller, Uhland und Jean Paul beeinträchtigte. Auch als er einige Jahre später die Arbeit eines Bekannten, die *Ideen zu den Ideen des Herrn Otto Krabbe über die Idee des Götheschen Faust* zu rezensieren hatte, war ihm der zweite Teil noch unbekannt (es ist bezeichnend für Hebbel, daß er dies in seiner Kritik auch erwähnte, mit dem Zusatz, daß seine Bemerkungen deshalb unvollständig bleiben müßten). Erst in den Heidelberger und Münchner Studentenjahren, in denen er sich trotz erschreckender Armut manchen Goethe-Band zulegte, begann seine eigentliche Stellungnahme zu dem Dichter. Im gleichen Maß, in dem sich seine Kenntnisse vertieften – durch wiederholte Lektüre, durch Rezensionen von Neuerscheinungen in der einschlägigen Literatur, später bei der Formulierung seiner eigenen ästhetischen Grundsätze in Briefen, Tagebucheintragungen und Essays –, erwuchs ihm Goethe zu immer größerer Statur. Im Jahre 1849 beteiligte er sich, als selber schon berühmter Dichter, an der Hundertjahrfeier im Theater am Kärntnertor zu Wien und bekannte seine Liebe zu Goethe in einem eigens verfaßten Prolog.

Was Hebbel an Goethe imponierte, war zunächst dessen Streben nach Harmonie und Universalität. Es mußte ihn schon deshalb beeindrucken, weil seelisches Gleichgewicht für ihn selber »schwer zu gewinnen und selten gewonnen«[3] und seine eigene Bildung außerdem so lückenhaft und autodidaktisch war, daß er Goethe gelegentlich beneidete als einen, auf den »alle Lebensblüthen ... herabgeworfen worden [waren], er hat sich ganz nach Belieben damit bekränzen ... können«, während ein anderer, »dem doch auch Keime in die Seele gelegt worden ... die Existenz schleppen [muß], wie eine blinde Spinnerin ihren Faden zieht«. Bei der Entscheidung, die Rechte aufzugeben und sich ganz der Literatur zu widmen, fand er in Goethes Vorbild und in dem Gedanken Trost, daß auch er nur seinem Studium und nicht dem Wissensdrang als solchem den Rücken kehre. Als ein Freund ihn mit der Bemerkung aufzuheitern suchte, daß die Büchergelehrsamkeit noch keinen zum Dichter gemacht habe, pflichtete der junge Schriftsteller bei, machte aber geltend, daß gerade der literarisch tätige Mann seine Kenntnisse stets vermehren müsse, denn »Goethe war eine Encyclopädie und Shakespeare ist eine Quelle der englischen Geschichte«. Ähnliche Gedanken über die Vielseitigkeit der Goetheschen Interessen und Fähigkeiten ließen ihn den Dichter gegen den Vorwurf verteidigen, daß sein Interesse an Naturphänomenen und sein Vertrauen auf die Wahrnehmungskraft der eigenen Sinne ihn die Philosophie und andere rein gedankliche Schöpfungen des Menschengeistes habe vernachlässigen lassen.

Hebbel hat jedoch Goethe nicht nur bei dem Entschluß vor Augen gehabt, selber Schriftsteller zu werden. Er ließ sich von ihm auch zu anderen Zeiten stärken, ja er war wohl der erste bedeutende deutsche Dichter, der in Goethes Lebensleistung nicht nur ein ästhetisches und literarisches Richtmaß erblickte, sondern auch einen Leitstern, nach dem er seinen eigenen Kurs durchs Leben steuerte. So war es denn auch unter dem Einfluß von *Dichtung und Wahrheit*, daß er 1842 und 1856 an seiner unvollendet gebliebenen Autobiographie arbeitete, die ebenfalls keine photographische Wiedergabe der eigenen Jugend und kein Sammelsurium von Anekdoten bilden sollte, sondern eine Darstellung derjenigen Erfahrungen, die seine eigene Entwicklung als schöpferische Persönlichkeit bedingt hatten. Und als er die Gründe zu Papier brachte, die ihn zum Bruch mit der jahrelangen Gönnerin Amalie Schoppe führten, berief er sich wiederum auf Goethe, der in *Dichtung und Wahrheit* zwischen mehreren Arten des Undanks unterschieden hatte. Wie Goethe in bezug auf Herder, so kam auch Hebbel im Rückblick auf die eigene Jugend zu der Einsicht, daß er an den von Freunden und Förderern auferlegten Verpflichtungen schwer zu tragen gehabt hatte.

Als Dramatiker war sich Hebbel seiner Stellung zu Goethe natürlich besonders bewußt. Nicht daß seine Werke viel mit denen Goethes gemein hätten; in ihrem philosophischen Kern ähneln sie vielmehr den Schillerschen, und in ihrer dialektischen Folgerichtigkeit den Dramen Kleists. Wie letzterer und wie auch Grillparzer fühlte Hebbel zunächst den Druck, ja Alpdruck der Goetheschen Stücke auf sich lasten, im Bewußtsein, daß seine Werke notgedrungen mit denen des Älteren und Größeren verglichen und für zu leicht befunden werden könnten ..., ein Gefühl, das auch Goethe vertraut war, als er sich glücklich schätzte, nicht in England und somit in der direkten Nachfolge Shakespeares geboren zu sein.[4] Man versteht, warum Hebbel bitter vom Weihrauch sprach, den einige unter Goethes Verehrern an dessen Altar verbrannten, und sich über diejenigen lustig machte, die sich dem »Dalai Lama« blindlings zu Füßen warfen. Als das Bewußtsein seines eigenen Wertes solche Anwandlungen dann in den Hintergrund drängte, kam Hebbel zur Überzeugung, daß zwei Zeitalter die höchste dramatische Kunst hervorgebracht haben: das alte Hellas, an dem Punkt, an dem die unbefangene Weltsicht der Griechen vom Gift der Reflexion gefährdet zu werden begann, und das England der Königin Elisabeth. Im *König Oedipus* ist der Mensch noch Spielzeug des Schicksals; im *Hamlet* ist er frei geworden, so daß der tragische Konflikt nicht mehr zwischen Mensch und Schicksal ausgetragen wird, sondern im Menschen selber. Im *Faust* und in den »mit Recht dramatisch genannten ›Wahlverwandtschaften‹« ging Goethe einen Schritt weiter, indem er die dem Werk zugrunde liegende Idee selbst zum dialektischen Schlachtfeld machte, wenn auch weniger konsequent als Hebbel es gewünscht und in seinen eigenen Stücken unternommen hatte. Der erste Teil des *Faust* ist somit der Höhepunkt des modernen Dramas. Fausts geistiger Vater ist weder Marlowes Doktor Faustus noch Calderóns Wundertätiger Magus, sondern Hamlet; der Zauber des Goetheschen Werkes liegt zum Teil in der Spiegelung des mittelalterlichen Lebens; es ist überdies ein ausgesprochen deutsches Werk, so daß man sich bei der Lektüre oder im Theater sagen kann, »das Alles liegt in Deinem Volk und also auch in Dir«. Der zweite Teil der Tragödie ist jedoch enttäuschend und kann bestenfalls »kalten Respect« erwecken, denn »wenn wir uns mit Räthseln beschäftigen wollen, gehen wir nicht in's Theater, nehmen wir nicht einmal auf unserem Zimmer dramatische Werke in die Hand«. Vom zweiten Teil, »diesem wunderlichen Gefäß, worin Goethe seine geistige Nothdurft verrichtete, das heißt sich seiner aufgespeicherten Gedanken und Meinungen über Dies und Das entledigte, was nur durch einen Spinnwebsfaden mit dem Gedicht zusammenhängt«, kann man nicht einmal mit Varnhagen v. Ense sagen, er sei wertvoll, weil er zum Teil aus Goethes besten Stunden stamme. Wie *Der Bürgergeneral* und *Der Groß-Kophta* beweisen, hatte Goethe auch auf der Höhe seiner Schaffenskraft einige »sehr schlechte Stunden«.

So sind Hebbels Beiträge zum Goethe-Bild seiner Zeit von recht unterschiedlichem Wert. Sie entspringen jedoch fast immer einer tiefen Ehrfurcht und sind mit einem Bilderreichtum ausgedrückt, der in der Goethe-Kritik seinesgleichen sucht. Ob er den ersten Teil des *Faust* ein »wunderbares Gedicht« nennt, »das alle Eigenschaften unseres Nationalcharakters abspiegelt und alle Töne unserer reichen und starken Sprache wiedergibt, wie die Orgel die Harmonien aller Instrumente umschließt«, ob er von sich selber hofft, daß er nicht darauf verfallen wird, »Männchen aus Käserinde zu schnitzen, wie der alte Goethe, und [sich] einzubilden, daß [er] das Geschäft fortsetze«, oder ob er seufzend fragt: »Wer gedenkt nicht mit Entsetzen dieses Brief- oder richtiger Zettelwechsels zwischen Goethe und der Frau von Stein, aus dem man erfährt, was der Gott an dem Tage gegessen und getrunken, und ob er das Compot zum Diner selbst geliefert hat oder nicht?« – der eigene, aus Hochachtung, Humor und männlicher Aufrichtigkeit zusammengesetzte Hebbelsche Ton klingt immer durch. Er hat sich sein Leben lang mit Goethe auseinandergesetzt, dessen Einfluß auf ihn sich sozusagen »überall und nirgends« bemerkbar macht. Denn obschon eigentlich kein einziges Hebbelsches Drama als solches auf Goethe zurückgeht, entspringt doch seine ganze Produktion dem Bedürfnis, das Schauspiel aus der untragischen, gelegentlich sogar undramatischen Sackgasse herauszuführen, in der der andere es gelassen hatte. Wie Hebbel selbst berichtet, stand Goethe nicht nur in Weimar vor seinem geistigen Auge, sondern auch vor dem Straßburger Münster und in Rom. Sein ganzes Leben spielte sich in Goethes Schatten ab, vom Augenblick der Selbstverleugnung, als er Adam Oehlenschläger einige angeblich Goethesche Gedichte vorlas und, als der andere sie lobte, bekannte, daß sie aus der eigenen Feder stammten, bis zum Augenblick der Selbstbewahrung, der in Italien gewonnenen Einsicht, daß er ganz anderen Geistes Kind war, weil ihm die bildenden Künste, die Goethe nach Rom gelockt hatten, recht wenig bedeuteten.

Hebbel hat einmal geschrieben, daß ein Dichter nur so viel wert ist, als er über seiner Zeit steht, »denn nur dies ist sein Eigenthum«. Man darf den Satz getrost verallgemeinern und feststellen, daß nicht nur Hebbel, sondern auch Grillparzer und Keller (und ihre ganz anders gearteten Ranggenossen Heine und Stifter) teils in ihrer Zeit standen und teils über ihr. In bezug auf Goethe teilten sie mit ihren Zeitgenossen einige charakteristische Überzeugungen. Mit der nötigen Rücksicht auf individuelle Unterschiede lassen sich diese als Verständnislosigkeit gegenüber dem spätklassischen Dichter bezeichnen und eine entsprechende jugendliche Begeisterung für Schiller auf dem Gipfel der Rhetorik; als Gleichgültigkeit gegenüber Goethes philosophischen, religiösen und naturwissenschaftlichen Ansichten und ein brennendes Interesse an seinen politischen Meinungen. Sie hatten mit ihrer Generation eine ablehnende Haltung gegenüber dem zweiten Teil des *Faust, Wilhelm Meisters Wanderjahren* und der Alterslyrik gemein und glaubten, daß der späte Goethe, den man »nach den ›Wahlverwandtschaften‹ [hätte] hängen sollen« (Hebbel), an Verkalkung der schöpferischen Arterien gelitten habe. Sie erhoben sich hingegen über Menzel, Börne, Gervinus und deren Parteigänger kraft ihrer (individuell und unter widrigen Umständen erworbenen) Erkenntnis, daß Goethe zu den vier oder fünf wirklich unsterblichen Dichtern der Weltliteratur gehört, daß das ganze mit seinem Namen verbundene Zeitalter eine künstlerische Leistung darstellt, die, gleichgültig ob und inwieweit sie einer spezifischen Generation etwas zu bedeuten habe, als solche absolut und indiskutabel ist, daß Goethe ein ethisches sowohl als literarisches Wertmaß verkörpert und daß diese Wahrheiten Gefahr liefen, von den »Goethe-Pedanten« und »Goethe-Philistern«, über die Keller seinen Spott ergoß, verzerrt zu werden.

Auch die deutschen Dichter des 20. Jahrhunderts lassen sich nach ihrer Goethe-Nähe oder -Ferne gruppieren wie nach anderen, in der Literaturwissenschaft gängigeren Maßstäben. Eine solche Anordnung wäre mit einem Spektrum zu vergleichen, an dessen einem Ende diejenigen zu finden sind, die sich direkt oder indirekt, in ihren Werken oder durch *ad hoc* verfaßte Essays, Briefe und Reden zu Goethe bekannt haben. Die Gruppe der »Goethe-Nahen« umfaßt Epiker wie Thomas Mann und Hermann Hesse, Dramatiker wie Hauptmann und Hofmannsthal, Lyriker wie George und Dehmel. Sie umfaßt einige, die ihr Debüt bereits im vergangenen Jahrhundert machten, wie Hauptmann und George, und andere, die sich erst in diesem zu Wort meldeten, wie Carossa und Musil; Dichter von Weltruhm wie die Nobelpreisträger Hauptmann, Mann und Hesse und weniger bekannte wie Beer-Hofmann, Bahr, Stehr. Trotz individueller Unterschiedlichkeiten, die den Rahmen jeder anderen Gruppierung sprengen würden, sind alle diese Dichter letzten Endes den humanistischen Überlieferungen des Abendlandes verbunden: einer Ästhetik, die, selbst wenn ausdrücklich verworfen, ohne ihre Verwurzelung im Boden der Antike undenkbar wäre; den ethischen Postulaten des Christentums und der idealistischen Philosophie; und den gesellschaftspolitischen Programmsetzungen, von der Reformation über die Französische Revolution zur sozialen Gesetzgebung unserer Tage, die die großen Etappen zur Emanzipation des Einzelmenschen bezeichnen. Sie alle erblickten, wenn auch in bisweilen sehr unterschiedlicher Beleuchtung, in Goethe die neueste und vielleicht letzte dichterische Verkörperung dieses Entwicklungsganges. Sie haben ihn alle erlebt und »geleistet«, einige recht kühl, andere mit einer ans Ekstatische grenzenden Intensität, deren Ausdruck wir billigerweise einer Dichterin überlassen: »Wenn man sich seiner Beziehungen zu Goethe bewußt werden will«, sagte Ricarda Huch einmal, »so ist das, wie wenn man seinen Beziehungen zur Luft und zum Licht, zu den Elementen, in denen wir leben, nachgehen wollte. Es gibt Kräfte und Güter, die so allverbreitet sind, daß man nicht überblicken kann, wie vielfach man mit ihnen zusammenhängt, von ihnen abhängt.«[5]

Am anderen Ende des Spektrums stehen Männer wie Kafka oder Brecht, die aus ganz anderen Richtungen kamen und sich Goethe zunächst im Geist einer protestierenden Infragestellung näherten. Ihr Goethe-Erlebnis (wir kommen auf Brecht zurück) hat in seiner Haßliebe etwas vom Ausschlagen eines Pendels an sich, wie in der Reaktion des jungen Franz Kafka auf ein Bild des Dichters: »Goethes schöne Silhouette in ganzer Gestalt. Nebeneindruck des Widerlichen beim Anblick dieses vollkommenen menschlichen Körpers, da ein Übersteigen dieser Stufe außerhalb der Vorstellbarkeit ist und diese Stufe doch nur zusammengesetzt und zufällig aussieht. Die aufrechte Haltung, die hängenden Arme, der schmale Hals, die Kniebeugung.«[6]

Man sollte meinen, daß Gerhart Hauptmann einer der repräsentativsten Vertreter der ersten Gruppe gewesen sei. Seine Vertrautheit mit Goethe erstreckte sich praktisch über sein ganzes Leben, vom Alter von acht Jahren, da er zuerst einige Szenen aus *Faust* auf der Bühne sah, bis zum zweiundachtzigsten Lebensjahr, als er *Mignon* vollendete, ja bis zum Frühjahr 1945, da der durch die Zerstörung von Dresden zutiefst betroffene Greis in einem seiner letzten Gedichte einen Bannfluch gegen die Welt schleuderte, die ihm der andere verkörpert hatte:

> »Entschuldige, Goethe,
> ich nenne nicht mehr deine Historie ein Wunder,
> sondern Plunder.
> Die Welt ist zu blutig und zu dumm:
> wir kommen um diesen Punkt nicht herum ...«

Hauptmanns Verhältnis zu Goethe hat in Werken Ausdruck gefunden, die – obschon in ganz ungoetheschem Geiste – Goethesche Motive weiterführen wie etwa die *Iphigenie*-Tetralogie, in anderen, die der Produktion des Älteren sozusagen parallel laufen (*Florian Geyer* mit *Götz, Anna* mit *Hermann und Dorothea*) oder vergleichbare Stadien im Entwicklungsgang beider Dichter bezeichnen (*Griechischer Frühling* und die *Italienische Reise, Das Abenteuer meiner Jugend* und *Dichtung und Wahrheit*) sowie in drei Reden über Goethe, zwei Vorworten zu dessen Werken und der Mitarbeit an einem Goethe-Film. Aber obwohl seine scheinbare Goethe-Nähe sogar Imponderabilien wie einen Lebenslauf von fast gleicher Struktur und Länge und eine Ähnlichkeit in der körperlichen Erscheinung einbezieht, ist sein Beitrag zur Diskussion über den Dichter recht gering anzusetzen. Wir verdanken ihm weder neue Einsichten, wie etwa Manns und Hofmannsthals Herausarbeitung des Dämonischen bei

Goethe, noch neue Formulierungen altbekannter Befunde wie Rilkes hübsche Beobachtung, daß der alte Goethe manchmal zu dichten »geruht« habe. Hauptmanns Stellung in der Nachfolge Goethes liegt weniger im Geistigen begründet als in der Persönlichkeitswirkung, und es ist durchaus denkbar, daß Hauptmanns Imitatio Goethis manchem Zeitgenossen den toten Goethe auf dieselbe amüsante und doch auch imposante Weise nahegebracht hat wie Mynheer Peeperkorn den lebendigen Hauptmann.

Hingegen haben einige weniger bedeutende Dichter, die aber schärfere und behendere Denker waren als Hauptmann, unter anderem die Frage nach Goethes Bedeutung für ihre – und unsere – Zeit bindend beantwortet. So warnte etwa Hans Carossa in seiner 1938 gehaltenen Ansprache *Wirkungen Goethes in der Gegenwart* davor, die damals schon in die Bande der Massensuggestion verstrickte deutsche Jugend zwei wichtige Züge des Dichters vergessen zu lassen: ein Mißtrauen gegenüber dem, was lediglich gut ausgedrückt ist, und jene Ehrfurcht vor den Geheimnissen des Lebens, die in Fausts Worten

»Doch im Erstarren such' ich nicht mein Heil,
Das Schaudern ist der Menschheit bestes Teil«

zum Ausdruck kommt. Ebenso mutig und ebenso notwendig, weil der Nationalsozialismus dem Selbstgefühl der Jungen so geschickt schmeichelte, war Carossas Feststellung, daß Goethe dem Begriff des alten Mannes eine neue und positive Bedeutung verliehen habe, weil sein Beispiel uns lehrt, an den Greis zu glauben, »der das Unbefriedigtsein, die Grämlichkeiten, die Verbitterungen, die Erstarrungen, die das männliche Hochalter heimzusuchen pflegen, immer wieder sinnend und schaffend überdauert, an den Achtzigjährigen, auf dessen Wort sich noch der jugendlichste Feuergeist berufen kann, weil es ihn fühlen läßt: Hier ist Anfang, nicht Ende, an den alten Hellseher, der ungebrochen, ungebeugt, noch spät für alle wacht, wenn so mancher nach ihm Geborene schon wieder schlafen gegangen ist.«

Unter Carossas Zeitgenossen haben zwei andere Epiker ähnlichen Gepräges Goethes Maßgeblichkeit nicht weniger zwingend bezeugt. Indem er den von Carus geprägten Begriff des »gesunden« Dichters abwandelte, fand Werner Bergengruen, daß Goethesche Lieblingsausdrücke wie »rein, reinlich, tüchtig, fruchtbar, wohlgebildet, artig, tätig, beständig, dauerhaft, ja zuletzt gar bedeutend« die Idee des Gesunden miteinbegreifen, und daß diese Goethesche Gesundheit, das heißt »das erfüllte Gleichgewichtsverlangen aller Funktionen und zugleich ... eine Kraft zur Selbsterneuerung und die fortwährende Identität mit sich selber« denjenigen Bestandteil seiner inneren Gestalt darstellt, der uns Heutigen vor allem nachstrebenswert erscheinen muß.[7] Denn was jetzt nottut, führt Bergengruen weiter aus, sind nicht neue Offenbarungen über Goethe oder eine Rückkehr zu Zuständen, die die Ausbildung recht vieler Goethe-Experten begünstigen, sondern die Kraft, seinem Beispiel zu folgen. Untersucht Bergengruen dergestalt Goethes gegenwärtige Bedeutung vom individuellen, so betrachtet Frank Thieß sie vom ethnischen Standpunkt. Es ist kein Zufall, schreibt er in *Goethe als Symbol* (1947), daß die Chinesen K'ungfutse als Ausbund ihrer nationalen Tugenden verehrten oder die Griechen Plato und die Römer Caesar, obwohl auch die Chinesen und Griechen große Feldherren besaßen und die Römer berühmte Dichter und Philosophen. Goethes sinnbildliche Bedeutung für *sein* Volk liegt darin, daß er in seiner Person, als Verkörperung der hervorragendsten Eigenschaften des deutschen Menschen, stellvertretend die »unaufhaltsam sich vollziehende innere Geschlossenheit Deutschlands« repräsentierte, wobei es kaum ins Gewicht fällt, daß ihn seine Landsleute so oft mißverstanden haben. Was ihn zum Symbol machte, war vielmehr der Umstand, daß sie in ihm sich selber, »ihr höheres Selbst ... das von ihnen nie zu Verwirklichende, aber durch ihn Verwirklichte« spürten.

Man könnte sich leicht verirren und vom Hundersten ins Tausendste verlaufen, wenn man die zum Thema gehörigen Aussagen dieser Schriftsteller und anderer von ähnlicher Geisteshaltung zusammenstellen wollte. Das literarische Goethe-Bild unserer Zeit ist eine Landschaft, aus der hier und dort ein Berg hervorragt, während der Nebel noch manches Tal verhüllt. In einer solchen Landschaft jedoch, von der wir noch keine genaue Karte besitzen, ist eine Skizze besser als gar kein Wegweiser. Eine solche Skizze muß hier in erster Linie die Position derjenigen Dichter verzeichnen, deren Werk auch zukünftig Rang zu haben verspricht – also das Goethe-Bild nicht nur Stefan Georges[8], sondern auch das Rilkes, Hofmannsthals, Thomas Manns und Hesses. Darüber hinaus ist ein Koordinatensystem vonnöten, in das die ungefähre Stellung einiger Autoren eingezeichnet werden kann, deren Werk entweder noch nicht abgeschlossen oder noch nicht in dem Maß zum Allgemeinbesitz geworden ist wie im Fall dieser Dichter. So sei am Ende dieses Kapitels Musils, Brochs, Jüngers und auch Schweitzers Stellung zu Goethe skizziert – sowie die von Brecht und Hacks, denn es ist uns um den Beweis zu tun, daß es sich bei dem vielberufenen Goethe-Erlebnis nicht nur um ein historisches Faktum handelt, sondern auch um eine gegenwärtige und zukünftige Verpflichtung.

Rainer Maria Rilke wurde 1875 geboren, und der Goethe, den er auf der Schule kennenlernte, war der Olympier, »der sich in anderen Regionen bewegt«[9]. Die Reaktionen, die diese einigermaßen furchterregende Gestalt in ihm wachrief, scheinen durchweg schablonenhaft gewesen zu sein, wie etwa die Absicht, seine Eindrücke von *Wilhelm Meister* zu Papier zu bringen oder die obligate Lektüre der betreffenden Kapitel in der *Italienischen Reise* vor dem eigenen ersten Besuch in Venedig. Der einzige in persönlicherem Ton gehaltene Hinweis aus der Frühzeit betrifft *Die Wahlverwandtschaften*, über denen der Siebzehnjährige einen tränenvollen Abend verbrachte; die Begleitumstände lassen es jedoch wahrscheinlich erscheinen, daß der Roman eher den Anlaß als den Grund zu dieser Erschütterung bildete. Rilkes Auseinandersetzung mit Goethe beginnt eigentlich erst mit den *Aufzeichnungen des Malte Laurids Brigge* (1910), wo der (dem Namen nach nicht genannte) Dichter wegen seiner herablassenden Höflichkeit gegenüber der liebenden Bettina ins Gebet genommen wird: »Diese Liebende ward ihm auferlegt, und er hat sie nicht bestanden. Was heißt es, daß er nicht hat erwidern können? Solche Liebe bedarf keiner Erwiderung, sie hat Lockruf und Antwort in sich; sie erhört sich selbst. Aber demütigen hätte er sich müssen vor ihr in seinem ganzen Staat und schreiben, was sie diktiert, mit beiden Händen, wie Johannes auf Patmos, knieend. Es gab keine Wahl dieser Stimme gegenüber, die ›das Amt der Engel verrichtete‹; die gekommen war, ihn einzuhüllen und zu entziehen ins Ewige hinein. Da war der Wagen seiner feurigen Himmelfahrt. Da war seinem Tod der dunkle Mythos bereitet, den er leer ließ.« Anstatt Bettinas Liebe in Demut hinzunehmen, antwortete Goethe geheimrätlich, daß ihre Briefe ihm immer Freude machten und die Erinnerung an die eigene Jugendzeit heraufbeschworen, an die Zeit, »wo ich vielleicht so närrisch war wie Du ...«

Das Argument – *ne despice amantem* – ist nicht recht überzeugend, wiewohl Rilke es in einem Brief an seine Frau Clara wiederholte und die Stelle auch später unverändert und unkommentiert ließ, als ihm der Unterschied zwischen der Malte erschienenen Vision und der wirklichen Bettina, einer »jungen, außerordentlich gescheiten Leichtsinnigen«, längst bekannt war. Verständlich wird diese Einstellung erst im Zusammenhang mit Rilkes Überzeugung, daß die Liebe der Frau – die vereitelte, unerwiderte Liebe, die dadurch an Intensität gewinnt, daß ihr keine Erfüllung werden kann – tiefer und wertvoller ist als die des Mannes. So nimmt Bettina im Rilkeschen Sternbild der Frauen, deren Liebe den Kern ihres Wesens und Schicksals bildet, ihren Platz ein neben Marianna Alcoforado, Louize Labé und Gaspara Stampa. Und so erklärt sich wohl auch Rilkes Begeisterung, nach seiner Bekehrung zu Goethe, für dessen Requiem für eine andere junge Unerfüllte: für das Gedicht *Euphrosyne*.

Diese Bekehrung begann im Januar 1910, als Rilke erstmalig im Hause seines Freundes und Verlegers Anton Kippenberg zu Gast war. Kippenberg und seine Frau Katharina führten ihn in die Werke des jungen Goethe ein, so erfolgreich, daß Rilke bald selber um die Zustellung des »Volks-Goethe« bat, »denn es ist jetzt Zeit, daß ich mehr von dem Goethe jener Jahre [1775-1780] lese«. Die 1911 auf einer Reise entdeckten *Reisebücher* und *Tag- und Jahreshefte* entlockten ihm die überraschte Bemerkung »von da aus ... komm ich ihm überaus nah, und er duldet mich dann, gleich als sollte es so sein« – eine seltsame und doch so Rilkesche Formulierung, die wohl besagen soll, daß er hinter der olympischen Fassade den lebendigen Dichter entdeckt hatte. Trotz einiger Rückfälle in seine anfängliche Verschlossenheit und trotz des kühlen Tons vieler seiner diesbezüglichen Aussagen hat Rilke schließlich eine große, durch die Biographien von Lewes und Gundolf vertiefte Achtung vor Goethe erworben.

Das Auffallende an dieser Wandlung ist ihre eklektische Natur. Im Gegensatz zu Mann, Hofmannsthal und Hesse ist Rilke die Vertrautheit mit Goethe nicht von selber zugeflossen als etwas, was man in Haus und Schule erbt; oder vielmehr blieb der Goethe, den er solchergestalt erbte, totes Bildungsgut, das im schöpferischen Grund der Persönlichkeit keine Wurzel schlug. Rilke mußte sich erst selber den Weg zu Goethe bahnen. Als Mann und Hofmannsthal ihren eigenen Platz in der deutschen Literatur einnahmen, zogen sie, zuerst unmerklich und wohl auch ihnen selbst unbewußt, das überlieferte Goethe-Bild in Zweifel und fingen an, es schließlich nach eigenen Einsichten abzuwandeln. Rilke lehnte das überlieferte Goethe-Bild ab, er stand außerhalb dieser wie so vieler anderer Einflüsse aus der literarischen Tradition Deutschlands. Er orientierte sich nach den Skandinaviern und Russen, nach den Worpsweder Malern, nach Rodin, und kam erst nach vielerlei Umwegen zum deutschen Schrifttum zurück. Das »offizielle« Goethe-Bild der Jahrhundertwende (der große Weise, der Meister der Form, der Anwalt der Selbstzucht, das letzte Universalgenie usw.) bedeutete ihm so gut wie nichts. So erleuchtet sein Goethe-Erlebnis noch einmal die Tatsache, daß sich nicht nur jede Generation, sondern jeder bedeutende Einzelne von Goethe nimmt, was ihm zusagt, und das übrige beiseite läßt. Wenige haben mehr beiseite gelassen als Rilke: Nämlich alles, was etwa Bielschowsky und dessen Publikum am meisten zusagte. Obwohl man annehmen darf, daß Rilkes Goethe-

Kenntnis erheblich gründlicher war als seinen vereinzeiten Bemerkungen zu entnehmen wäre, ist die Unergiebigkeit dieser (überdies meist in Briefen verstreuten) Bemerkungen doch frappierend. *Faust* und *Iphigenie* werden kaum erwähnt; unter den anderen Dramen wird eigentlich nur *Pandora* lobend hervorgehoben; Jacobsens *Niels Lyhne* war für Rilke zweifellos ein größeres Erlebnis als *Werther, Die Wahlverwandtschaften* und *Wilhelm* Meister zusammen; mit verschwindenden Ausnahmen haben ihn auch die Gedichte zu keiner irgend verbindlichen Aussage bewegt. Auch kann von einem direkten Goetheschen Einfluß, mit Ausnahme einiger Bilder und Wörter, kaum die Rede sein.

Trotzdem fand auch Rilke in Goethe manches ihm Wesensverwandte. Sein unbeugsames Hinausstreben über die der Sprache gesetzten Grenzen hinweg und seine Selbstbehauptung als Künstler *kat' exochen* in einer vom Künstlertum damals schon abgewandten Welt sind im Grunde genommen »faustischer« als Goethes eigener, würdevoller Rückzug in die Resignation.[10] Letzten Endes hat aber das, was Rilke fehlte und was er zum Teil von Goethe lernte, wenig mit faustischem Streben zu tun. Obwohl seine Stellungnahmen zu Goethe so unzusammenhängend sind und, wie ja auch seine beste Lyrik, oft keine Zwischenstufe aufweisen, auf der man ihm den Weg von der gedanklichen Empfängnis zur Geburt des Wortes nachgehen könnte, so steht es doch fest, daß Goethes Briefe an Auguste zu Stolberg, jene »Strahlung dieses Jungseins«, ihm zeigten, daß auch die höchste Kunst den Menschen der Umwelt nicht zu entfremden und seine gesellschaftliche Funktion nicht zu verknöchern braucht. So beruht wohl auch Rilkes Bewunderung für *Harzreise im Winter* und, umgekehrt, seine Ablehnung des *Tasso* – »ein mißvergnügtes, übellauniges Buch«, in dessen Helden er wohl ein potentielles Abbild seiner selbst erblickte – auf Goethes Warnung, daß ein Rückzug aus der Welt notwendigerweise zur Vereinsamung und Menschenverachtung führen müsse.

Ein noch tieferer Abgrund scheint Hugo v. Hofmannsthal, der von sich gesagt haben soll, er habe nie eine große Freude oder einen großen Schmerz empfunden, von dem Dichter zu trennen, dem die Götter alles gaben, »alle Freuden, die unendlichen, / alle Schmerzen, die unendlichen, ganz«. Man sollte meinen, daß der frühreife Loris mit seinem *déjà vu* und seiner mystischen Kunde des im eigenen Leben noch Unerlebten mit dem »Konfessionsdichter« Goethe noch weniger gemein haben könne als etwa Rilke, um so mehr, als die Übereinstimmungen, die sich zum Beispiel zwischen *Der Tor und der Tod* und *Faust* oder *Die Frau ohne Schatten* und *Das Märchen* aufdecken lassen, schließlich doch formeller, um nicht zu sagen oberflächlicher Natur sind. Der Kontrast verschärft sich noch bei der Betrachtung der Hofmannsthalschen Nachdichtungen aus Sophokles und Euripides, die ihn deutlich in die Nachfolge nicht Winckelmanns und Goethes, sondern Nietzsches und Bachofens setzen. Dennoch hat dieser Dichter, nachdem er einmal den Ästhetizismus seiner Frühzeit überwunden, eine so fruchtbare Beziehung zu Goethe gewonnen, daß man sie, nicht zuletzt wegen der dialektischen Form der daraus hervorgegangenen Werke, als ein »Zwiegespräch mit Goethe« bezeichnet hat. Gerade die Erkenntnis der eigenen Andersartigkeit hat Hofmannsthal befähigt, auch anderen den Weg zur Bemeisterung der Schwierigkeiten zu zeigen, die sich dem modernen Menschen bei der Goethe-Lektüre entgegenstellen. »Wer sich eines seiner Werke aufs neue aneignen ... will«, heißt es im Essay über *Balzac*, »muß sich mit schon gereinigten Sinnen dem Buche nähern. Er muß viel von sich, von der Atmosphäre seines Lebens draußen lassen. Er muß die Großstadt vergessen. Er muß zehntausend Fäden seines augenblicklichen Fühlens, Denkens und Wollens durchschneiden. Er muß sich auf seinen ›verklärten Leib‹ besinnen, ich meine: auf sein Ewiges, sein Rein-Menschliches, sein Unbedingtes. Er muß der ewigen Sterne gedenken und sich durch sie heiligen. Dann freilich ist es beinahe gleichgültig, welches von Goethes Werken er aufschlägt: Überall empfängt ihn die gleiche gesteigerte und verklärte Wirklichkeit ... Aber dieser Arm, der zu den Sternen heben kann, umschlingt nicht jeden. Auch der lebendige Goethe gab sich nur wenigen, und diesen nicht zu jeder Stunde. Wer mit unruhiger Hand danach greift, dem verschließt sich ein Gebilde wie ›Die Wahlverwandtschaften‹, wie eine Muschel sich zuklappt.«

Dieses Problem einer Erleichterung des Zutritts zu Goethe hat Hofmannsthal verschiedentlich beschäftigt: In den Aufsätzen *Die Briefe des jungen Goethe* und *»Wilhelm Meister« in der Urform* und besonders in einem der Höhepunkte seines Zwiegesprächs mit dem Dichter, der Einführung zum *West-östlichen Divan*, wo in Erwägungen, die sich von der Exotik des Titels bis zur Feststellung erstrecken, daß dieses so vergeistigte Werk einen Leser erfordert, der sich selber im Zustand der Exaltation befindet, alle gegen diese Dichtung vorgebrachten Einwände erfaßt und beseitigt werden.

Nicht weniger feinfühlig ist die *Unterhaltung über den »Tasso« von Goethe*, deren Schwerpunkt nicht beim zwielichtigen Ende des Dramas liegt oder der Wesensverschiedenheit von Tasso und Antonio, sondern in der Erschließung der am wenigsten »handelnden« Person: der Prinzessin, die so edel und – einfach ist. »Man hört so viel von Einfachheit reden«, stellt Hofmannsthal in einem für dieses Bestreben, den uns von Goethe trennenden Abgrund der Jahre und Lebensformen zu überbrücken, typischen Gedankengang fest, »zur Einfachheit wollen alle Eltern ihre Kinder erziehen, aber wie selten gibt man sich Rechenschaft, was für ein äußerster, was für ein bedenklicher Zustand die vollendete Einfachheit ist. Sie ist determinierte Vornehmheit; sie ist Verzicht auf jedes Trachten; neben ihr erscheint leicht jeder, der etwas tut und etwas sucht, als ein Aventurier oder ein Snob; es liegt ein Triumph des ganzen Wesens, ein Triumph guter Rasse darin – aber ein gefährlicher, leicht ein bedauernswerter Triumph.« Es ist diese »äußerste« und »bedenkliche« Einfachheit der Prinzessin, die Tassos Umarmung zu einem solchen Vergehen macht, zu einem Vergehen gegen ein Wesen, dessen einziger Schutz in einer sozusagen aprioristisch gewährten Unantastbarkeit liegt. Diese fiktive Unterhaltung zweier Paare, die von einer Vorstellung des *Tasso* zurückkehren, in der Kainz die Hauptrolle spielte, ist so gemeißelt und geglättet, so sehr in Geist und Form ein später Ableger des klassischen Idealismus, daß sie an gewisse Alterswerke Goethes selbst gemahnt, schon weil die Personen, die im spätgoetheschen Stil einfach als Dichter, Hausfrau, Major und Baronin auftreten, sowohl einmalige Individualitäten darstellen wie Verkörperungen von Kräften und Ideen, die weit über das Thema hinausreichen.

Das *Buch der Freunde*, eine Sammlung aphoristischer Bemerkungen, enthält Hofmannsthals Gedanken über Leben und Literatur in ihrer unmittelbarsten Schicht. Auch hier läßt sich aus der gedrängten Formulierung die Liebe zu Goethe und Sehnsucht nach dessen Welt heraushören, in Aperçus wie »Wir haben keine neuere Literatur. Wir haben Goethe und Ansätze«, »Von Goethes Sprüchen in Prosa geht heute vielleicht mehr Lehrkraft aus als von sämtlichen deutschen Universitäten« oder »Goethe ist nicht der Quell von diesem und jenem in unserer neuen Literatur, sondern er ist ein Bergmassiv und das Quellgebiet von all und jedem in ihr«. Zur Zeit des *Brief des Lord Chandos* ist der junge Dichter bekanntlich in Gefahr gewesen, an der Unvereinbarkeit des eigenen Selbst und einer Außenwelt zugrunde zu gehen, die er durch das bedeutungslos gewordene Wort nicht mehr erreichen konnte. Gerade indem er, nicht zuletzt durch Goethes Vorbild, lernte, daß Polaritäten auch überwunden und fruchtbar gemacht werden können, schärfte sich Hofmannsthals Blick auch für die dunklen und gefährlichen Täler im Bergmassiv Goethe, für das Dämonisch-Hintergründige, dessen Kündung er dem so bewunderten Balzac in einer Analyse von solcher Sprachgewalt auftrug, daß sie hier wörtlich wiedergegeben sei. »Ich könnte meinen, ihn gekannt zu haben: Sein Auge muß unheimlicher gewesen sein als das Klingsors, des Magiers, unheimlicher als das Merlins, von dem es heißt, es habe wie ein bodenloser Schacht in die Tiefen der Hölle geführt, unheimlicher als das der Medusa. Er konnte töten, dieser ungeheure Mensch, mit einem Blick, mit einem Hauch seines Mundes, mit einem Zucken seiner olympischen Schultern: Er konnte das Herz eines Menschen zu Stein erstarren lassen, er konnte eine Seele töten und dann sich abwenden, als ob nichts geschehen wäre, und dann hingehen zu seinen Pflanzen, zu seinen Steinen, zu seinen Farben, die er die Leiden und Taten des Lichtes nannte und mit denen er Gespräche führte, stark genug, um die Sterne des Himmels zum Wanken zu bringen. Es waren Zeiten, in welchen man ihn verbrannt hätte, und es waren auch andere Zeiten, in denen man ihn angebetet hätte ... Was Napoleon seinen Stern nannte, das nannte er die Harmonie seiner Seele. Und dieses leuchtende Zauberschloß, das er aufbaute aus unvergänglichem Material, meinen Sie, es hätte keine Verliese, in denen Gefangene einem langsamen Tode entgegenwimmerten? Aber er geruhte, sie nicht zu hören, weil er groß war. Ja, wer hat denn Heinrich von Kleists Seele getötet, wer denn? Oh, ich sehe ihn, den Greis von Weimar ...«[11]

Von den ersten Novellen bis zu den *Betrachtungen eines Unpolitischen* enthält Thomas Manns Werk keine Stellungnahme zu Goethe, die sich an Einsicht und Sympathie mit seinen Bemerkungen über Schopenhauer, Wagner, Nietzsche oder auch nur Lessing, Kleist und Eichendorff vergleichen ließe. Etwaige Goethesche Einflüsse auf Thematik und Stil des jungen Mann verblassen neben der Dankesschuld an die großen französischen und russischen Romanschriftsteller des 19. Jahrhunderts. Selbst in den *Betrachtungen*, dieser diagnostisch und therapeutisch unbestechlichen Untersuchung des geistigen Erbes Deutschlands, erscheint der Dichter weniger als Sprachschöpfer denn als Verkörperung der Scheidung von Kultur und politischem Tagesgeschehen, die das Buch befürwortet. Thomas Manns Auseinandersetzung mit Goethe setzt in der Hauptsache erst mit dem Essay *Goethe und Tolstoi* ein (1922), um dann im Roman *Lotte in Weimar* zu gipfeln und sich bis zum Tode Manns fortzusetzen.

Die antithetische Natur dieses Goethe-Bildes tritt bereits in jenem Essay zutage, in dem der »europäische Humanist und ausgemachte Heide« und der ihm wesensverwandte »anarchistische Urchrist des Ostens« mit ihren Antipoden Schiller und Dostojewski verglichen werden. Diese sind »Lieblinge des Geistes«, jene »Lieblinge der Natur« – eine Unterscheidung, die mehr oder minder mit der zusammenfällt, die Schiller selbst einst zwischen dem sentimentalischen und dem naiven Künstler getroffen hatte. Die »Lieblinge der Natur« Goethe und Tolstoi weisen sich als solche durch gewisse Kennzeichen aus, die hier erstmals definiert und in Manns späteren Ausführungen verschiedentlich abgewandelt werden. Vor allem ist es eine Anekdote, die Mann immer wieder zitiert und die ihm eine Anzahl Goethescher Idiosynkrasien versinnbildlicht, die er nicht nur bewunderte, sondern auch weitgehend teilte: »Da ist der Sömmering gestorben, ... kaum elende fünfundsiebzig Jahre alt. Was doch die Menschen für Lumpe sind, daß sie nicht die Courage haben, länger auszuhalten als das! Da lobe ich mir meinen Freund Bentham, diesen höchst radikalen Narren; er hält sich gut, und doch ist er noch einige Wochen älter als ich.« – Eckermann, an den diese Bemerkung gerichtet war, gab zu verstehen, daß auch Goethe, wäre er Engländer gewesen, ein Radikaler geworden wäre. »Wofür halten Sie mich«, entgegnete Goethe, »... In England geboren, wäre ich ein reicher Herzog gewesen oder vielmehr ein Bischof mit jährlichen dreißigtausend Pfund Sterling Einkünfte.« – Das sei alles recht hübsch, erwiderte der Famulus, aber was wäre geschehen, wenn Goethe in der Lebenslotterie nicht das große Los, sondern eine Niete gezogen hätte? – »Nicht jeder, mein Allerbester, ... ist für das große Los gemacht. Glauben Sie denn, daß ich die Sottise begangen haben würde, auf eine Niete zu fallen? ... Ich hätte in Reimen und Prosa so lange und so viel geheuchelt und gelogen, daß meine dreißigtausend Pfund jährlich mir nicht hätten entgehen sollen. Und dann, einmal zu dieser Höhe gelangt, wurde ich nichts unterlassen haben, mich oben zu erhalten.«[12]

Warum hat diese Geschichte Mann so imponiert, daß er sie nicht nur hier wiedergab, sondern auch in *Goethe als Repräsentant des bürgerlichen Zeitalters, Lotte in Weimar, Phantasie über Goethe* und *Goethe und die Demokratie*? Da ist zunächst Goethes harmlose Prahlerei mit der eigenen Langlebigkeit und das gespielte Herabschauen auf einen, der die Frechheit besessen, sich schon mit fünfundsiebzig davonzustehlen; dies ist jedoch nur Ausdruck einer häufigen und eigentlich recht ansprechenden Greisenlaune. Spezifisch Goethesch ist hingegen die Begriffsverbindung von Alter, Narrheit und Radikalismus. Ob radikale Überzeugungen närrisch zu sein haben, muß letzten Endes Sache der persönlichen Überzeugung bleiben; aber der Radikalismus wird zweifellos häufiger der Jugend zugeschrieben als dem Alter. Überdies drückt die gemütlich-geringschätzige Bezeichnung »radikaler Narr«, besonders in ihrer Anwendung auf einen sozialen Reformer, einen toleranten Konservatismus aus, der Goethe und Mann nicht weniger gemeinsam war als die in solchen Gedankenverbindungen ausgedrückte Freude am Paradoxen. Was Mann aber an dieser Anekdote am meisten ansprach, war wohl Goethes Überzeugung, daß ihn das Schicksal auch unter ganz anderen Umständen als denen, unter welchen er lebte, bevorzugt hätte. Diese Überzeugung hat Goethe in einem anderen von Mann gern zitierten Paradox ausgedrückt – daß es nämlich »angeborene Verdienste« gäbe, als Mitgift derer, die zum Erfolg ausersehen sind. Diese in unserem Zeitalter so »undemokratisch« anmutende Idee ist eine aufs Praktisch-Gesellschaftliche zielende Abwandlung des Carus'schen Begriffs des Wohlgeboren-Seins: Eine geheimnisvolle, aber unmißverständliche Eigenschaft von Menschen, die ein aristokratisches Schicksal erwartet. Mit gewöhnlichem »Glück« oder den meßbaren Aristokratien der Geburt, des Geldes oder selbst der Begabung hat sie wenig zu tun. Goethe, dessen »metaphysisch-aristokratisches Bewußtsein, niemals und unter keinen Umständen anders als bevorzugt und bevorteilt, niemals anders als wohlgeboren werden zu können« Mann auch anderswo hervorhebt, und der ähnlich veranlagte Tolstoi unterscheiden sich auf jeden Fall von Schiller und Dostojewski durch diesen wie manchen anderen Zug: ihre körperliche Unverwüstlichkeit, ihren heiteren und gelegentlich priapischen Hedonismus, ihre Antäus-artige Vertrautheit mit der Erde als eigentlichem Quell der Schöpferkraft, ihre befremdende Mischung von Freundlichkeit und eisiger Verschlossenheit. Bei dieser Gegenüberstellung bedient sich Mann des Goetheschen Prinzips der Polarität, indem er das anvisierte Phänomen – den Dichter als psychologischen Typ – zu den ihm gegebenen Extremen ausdehnt und es so abgrenzt und »einklammert«; er bedient sich aber auch des komplementären Prinzips der Steigerung, indem er beide Gruppen erst dadurch ihre Existenzmöglichkeiten verwirklichen läßt, daß sie sich mit der von ihren Gegenspielern ausgehenden Anziehung auseinandersetzen (diese Gegenspieler brauchen nicht in denselben Antipoden verkörpert zu sein: In einer der hier gezogenen Parallelen sind es nicht Schiller und Dostojewski, sondern Merck und Turgenjew, die in den Minister Goethe beziehungsweise den Friedensrichter und Volksschullehrer Tolstoi dringen, sich doch ganz der Literatur zu widmen).

Eine andere Antithese beherrscht die zum Jubiläumsjahr 1932 erschienenen Essays *Goethe als Repräsentant des bürgerlichen Zeitalters* und *Goethes Laufbahn als Schriftsteller.* Am Anfang des erstgenannten Aufsatzes hat Mann in Worten, die den Schlüssel zu seinem gesamten Goethe-Erlebnis enthalten, seine tiefe und unmittelbare Vertrautheit mit dem Goetheschen

Dunstkreis bezeugt. »Ich kann von Goethe nicht anders sprechen«, beschließt er seine Erinnerungen an seinen ersten Besuch im Frankfurter Goethe-Haus, »als mit Liebe, das heißt: aus einer Intimität, deren Anstößigkeit durch den lebendigsten Sinn fürs Inkommensurable gemildert wird. Von seinen Gipfeln zu künden, überlasse ich bescheidentlich historisch-kommentatorischen Geistern und Bildungsnaturen, die sich dem Höchsten rein erkenntnismäßig gewachsen fühlen – was etwas ganz anderes ist, als teilzuhaben an seiner Substanz und nur hierin, nicht im Geistigen also, sondern im Menschlichen, Natürlichen eine Art von Recht, eine Art von Möglichkeit des Mitredens zu finden. Nur aus der eigenen Substanz und dem eigenen Sein, aus einer gewissen familiären Erfahrung also, der kindlich-stolzen Verbundenheit des ›anch'io son pittore‹, weiß meinesgleichen von Goethe zu reden – und warum ein Wiedererkennen, ein Recht auf Zutraulichkeit verleugnen, das weit ins Überpersönliche, ins Nationale reicht?«[13] Nachdem er sich dergestalt seinen Platz in der Nachfolge Goethes gesichert, wendet sich Mann einem ganzen Komplex Goethescher Charakterzüge, Gewohnheiten und Praktiken zu – denjenigen, die die gesellschaftliche und berufliche Lebenshaltung des Dichters bedingt haben. Hier finden wir denn einerseits eine Vorliebe für die Freuden der Tafel und für andere materielle Annehmlichkeiten des Lebens, eine »Nettigkeit und Reinlichkeit all dessen, was von seiner Hand ging«, aber auch eine geschäftliche Tüchtigkeit und ein Bestreben, das einmal in Angriff Genommene zu vollenden, die sämtlich als Anzeichen einer ›gutbürgerlichen Kinderstube‹ zu werten sind, in der sich Männer wie Johann Buddenbrook, Tonio Kröger und Hans Castorp gewiß würden zu Hause gefühlt haben. Dennoch scheint bei allem liebevollen Verständnis, das Mann diesem Goethe *en bourgeois* entgegenbringt, auch manche Ahnung von dessen »eigentümlicher Kälte, Bosheit, Medisance« durch und von seiner »Blocksberglaune und naturelbischen Unberechenbarkeit«. Mit Augen, die durch den Kampf gegen die nihilistischen Unterströmungen im eigenen Leben geschärft wurden, sieht Mann in Goethe Neigungen, die, hätte dieser ihnen freien Lauf gelassen, ihn in eine furchterregende Persiflage eines genialen Künstlers verwandelt hätten: eine dämonische Selbstsucht, einen zersetzenden Mangel an Gott-, Welt- und Selbstvertrauen, ein rücksichtsloses Verwerfen all derer, die sich ihm unter ihren und nicht seinen Bedingungen zu nähern suchten.

Dieses Bild eines gefährdeten, immer wieder gegen die Versuchung zur Selbstaufgabe ankämpfenden Dichters hat Mann im Roman *Lotte in Weimar* verewigt. In seinem Mittelpunkt steht Goethe selber, der die unendliche Vielfalt von Gedanken und Empfindungen bloßlegt, die ihn an einem äußerlich ganz gleichgültigen Morgen durchfluten. Zu diesem zentralen siebten Kapitel werden wir auf Umwegen geführt, auf denen wir zunächst einigen Nebenfiguren begegnen, die gleichsam um diese Sonne kreisen, deren Strahlen so stark sind, daß selbst Menschen, die wie Lotte und ihre Tochter weit von ihr entfernt wohnen oder die wie das Faktotum Mager wenig spezifisches Eigengewicht besitzen, Goethesche Sprachgewohnheiten angenommen haben. In diesem Sternbild treffen wir auf die treffliche Schottin Miss Cuzzle, die partout eine Zeichnung der würdigen Matrone anfertigen will, die einst »Werthers Lotte« gewesen, sowie auf den plumpen Riemer, Goethes »Wissenslieferanten«, der zu ehrgeizig ist, um sich dem Großen frei unterzuordnen, und doch menschlich zu unbedeutend, um aus dem Kraftfeld auszubrechen, das ihn in Weimar gefangenhält. Wir treffen auch Johanna Schopenhauer, die mit dem schonungslosen Scharfblick des klugen und häßlichen Mädchens die häuslichen Leiden Seiner Exzellenz zergliedert, sowie ihre Freundin Ottilie v. Pogwisch, die gerade vor ihrer Vermählung mit August, dem nicht unwürdigen und doch so gänzlich ungenügenden Sohne des Dichters steht. Aber vor allem begegnen wir diesem selbst, erst dem jungen Goethe, über den Lotte sich in Erinnerungen ergeht, und schließlich dem Greis, mit dem sie zweimal zusammentrifft. In ihrem unbestechlichen Auge zeichnet er sich als Mensch gigantischen Gepräges aus, großartig selbst in seinen kleinlichen Zügen, der bald als so temperamentgeladen geschildert wird, daß man in seiner Jugend beim Berühren einen Schlag erhalten zu haben vermeinte, bald als Halbgott, der zur vergänglichen Sphäre von Lotte und Kestner herabsteigt, um seinen Seelenhunger parasitär an ihnen zu stillen, weil er sich nie ganz selber geben kann; bald auch als ein Wesen, das seine Größe in Schweiß und Kummer bezahlen muß.

So hübsch die Erzählung ist, man kann bisweilen nicht umhin, zu wünschen, daß ein minderer Schriftsteller sie verfaßt hätte. Gerade Manns intime Kenntnis der Goetheschen Lebenssphäre und die kunstvolle Verschmelzung seiner eigenen Ausdrucksweise mit dem geheimrätlichen Altersstil verwischt die Linie zwischen dem Autor und seinem Helden so vollständig, daß der ironische Ton des Buches gelegentlich ins Parodistische abrutscht. So wird etwa die Schilderung der Morgentoilette des Dichters, mit ihrem Hinweis auf die physiologischen und psychologischen Folgen des Ausdrükkens eines mit eiskaltem Wasser vollgesogenen Schwammes über dem Nakken, eher die Schatten überzeugter Masochisten vom Schlage Detlev Spinells (in der Erzählung *Tristan*) heraufbeschwören als den Goethes.

Mit Ausnahme dieses Romans, dessen Held aus guten epischen Gründen gegen die Umwelt insuliert wird, zeigen Manns Arbeiten über Goethe den von den Überlieferungen der Vergangenheit beeinflußten und seinerseits die geistigen Strömungen der Neuzeit mitbestimmenden Dichter. Dies erklärt sich sowohl aus der außerordentlichen Bewußtseinsdichte des schöpferischen Prozesses bei Mann wie aus der Tatsache, daß seine Stärke in der Analyse nicht etwa von Kriegs- oder Liebes-, sondern von Bildungserlebnissen liegt. Solche Erlebnisse oder, um mit Tonio Kröger zu sprechen, solche »Abenteuer des Gedankens« – eines seiner eigenen in den verschiedenen autobiographischen Aufsätzen oder das eines Kröger, Castorp oder Leverkühn – bilden recht eigentlich sein Lieblingsthema, und er vermag dabei, als sehr bewußt arbeitender Schriftsteller, nicht nur die von den »Abenteurern« Schopenhauer, Nietzsche und Wagner ausgehende Wirkung zu schildern, sondern sogar die äußeren Begebenheiten, unter denen sie sich ihm erschlossen haben. Dies ist bei den *Betrachtungen eines Unpolitischen* der Fall, wo die Entdeckung oder Wiederentdeckung Richard Wagners inmitten der profanen römischen Volksmenge beschrieben wird, bei den oben zitierten Sätzen aus *Goethe als Repräsentant*, bei der Erwähnung Goethes unter denen, die sich von der biblischen Josephs-Geschichte angesprochen fühlten, und bei der scheinbar arglosen Feststellung, daß sich »eine nachdenkliche Erzählung, ja ein Roman« über Lottes Besuch in Weimar schreiben ließe. (»Vielleicht findet sich der Dichter, der es unternimmt«, bemerkte er schalkhaft, als er bereits selber am Roman zu arbeiten begonnen hatte.) Auch die wohlüberlegte Kühnheit, mit der er das *Faust*-Thema wieder aufgriff und ins Tragische zurückbog, verrät diese Geisteshaltung.

Diese und andere Berührungspunkte mit Goethe haben einige Kritiker Manns eigenem Postulat einer »unio mystica« mit Goethe Glauben schenken lassen; andere sehen hingegen in seinem Goethe-Bild eine Maske, hinter der Mann selber in einer Art von parodistischem Selbstbildnis erscheint. Wie dem auch sei, dieser wohl hellsichtigste Goethe-Kenner unter den Schriftstellern unseres Jahrhunderts hat sich immer wieder bemüht, Goethes Bedeutung im deutschen Geistesleben zu definieren. Ob er in Goethes Ablehnung der Französischen Revolution eine Übereinstimmung mit Erasmus' Haltung der Reformation gegenüber erblickt, oder in Goethes Künstlertyp eine Synthese des Nordischen und Mittelländischen und eine Verquickung von Dämonie und Artigkeit, oder in seiner Weltanschauung ein positives und bürgerliches, vielleicht sogar demokratisches Gegengewicht zu jener romantischen, Wagnerschen und aristokratischen Todessehnsucht, die ihm als typisch und tragisch deutsch erschien: Sein Ausgangspunkt war immer der des Psychologen und Kulturkritikers. Trotz der Vielfältigkeit dieser Perspektiven (die obigen stellen nur eine Auswahl dar) hat sich sein Goethe-Bild im Grunde genommen wenig gewandelt. Manns Goethe ist der Weimarer Greis, ein »guter Deutscher«, aber kein großer Patriot, mit Ausnahme des *Faust* eher ein Romanschriftsteller als ein Lyriker, ein schöpferischer Geist, dem die Dichtkunst weniger Selbstausdruck war als ein Mittel zur Vervollkommnung der eigenen Persönlichkeit, ein Mensch, der weder vor dem Nichts zurückschreckte noch auf die Gnade von oben wartete, und vor allem eine höchst problematische Natur, deren Bezähmung wohl als Steigerung großer Geistes- und Charaktergaben der Nachwelt zum Beispiel dienen soll.

Weit mehr als bei Mann lassen sich bei Hermann Hesse biographische Übereinstimmungen mit Goethe finden. Man kann Hesses pietistische Erziehung mit Goethes früher Vertrautheit mit dieser Geistesrichtung vergleichen, Ähnlichkeiten in den Umwegen aufdecken, auf denen beide Männer zur Dichtkunst gelangten, oder Hesses Beschäftigung mit indischer und orientalischer Philosophie als Parallele zu ähnlichen Interessen des alten Goethe betrachten. Man könnte hinzufügen, daß Hesse und Mann mit Goethe nicht nur Erfahrungen teilten, die auch von unzähligen anderen Deutschen gemacht wurden (zum Beispiel das nachwirkende Trauma des institutionalisierten Erziehungswesens), sondern auch solche, in denen sie sich von ihren Landsleuten öffentlich distanzierten wie Goethe in den Jahren 1813-1815, Mann 1933-1945 und Hesse in beiden Weltkriegen (im Ersten bezeichnete Romain Rolland den Pazifismus seines Freundes geradezu als »Goethesche«). In bezug auf Hesses künstlerische Entwicklung läßt sich eine Gemeinsamkeit an Problemen und Motiven zwischen *Peter Camenzind* und *Werther*, zwischen *Steppenwolf* und *Faust, Glasperlenspiel* und *Wilhelm Meisters Wanderjahre* feststellen, ja eine ausdrücklich anerkannte Verpflichtung gegenüber Goethe, der ihn »unter allen deutschen Dichtern ... am meisten beschäftigt, bedrängt, ermuntert, zu Nachfolge oder Widerspruch gezwungen hat«[14].

Von Hesses zahlreichen Äußerungen über Goethe sei hier jedoch nur eine erwähnt, nicht nur weil der Verfasser ihr augenscheinlich selber große Bedeutung zulegte – sie steht an zentraler Stelle im *Steppenwolf* –, sondern weil sie eine Stellungnahme repräsentiert, die im 19. Jahrhundert häufiger war als heutzutage. Anstatt wie Rilke und Mann, die auch in bezug auf Goethe auf ihre eigene Fasson selig zu werden trachteten, die gängigen Auffassungen vom Dichter stillschweigend beiseite zu lassen und zu eigenen Einsichten vorzustoßen, greift der gereizte Hesse, wie vor ihm schon Engels und Keller, hier weniger den Matador Goethe an als das von dessen Bewunderern zur Unzeit geschwenkte rote Tuch.

Bei seinem letzten Versuch, eine Verbindung mit den gutbürgerlichen Kreisen aufrechtzuerhalten, denen er selber entstammt, nimmt der Steppenwolf Harry Haller eine Einladung zum Abendessen an. Als er in den Salon geführt wird, fällt sein Auge auf ein »kleines gerahmtes Bild ... es war eine Radierung und stellte den Dichter Goethe dar, einen charaktervollen, genial frisierten Greis mit schön modelliertem Gesicht, in welchem weder das berühmte Feuerauge fehlte noch der Zug von leicht hofmännisch übertünchter Einsamkeit und Tragik, auf welche der Künstler ganz besondere Mühe verwandt hatte. Es war ihm gelungen, diesem dämonischen Alten, seiner Tiefe unbeschadet, einen etwas professoralen oder auch schauspielerischen Zug von Beherrschtheit und Biederkeit mitzugeben und ihn, alles in allem, zu einem wahrhaft schönen alten Herrn zu gestalten, welcher jedem Bürgerhause zum Schmuck gereichen konnte ... Diese eitle und selbstgefällige Darstellung des alten Goethe ... zeigte mir, daß ich hier nicht am richtigen Orte sei. Hier waren schön stilisierte Altmeister und nationale Größen zu Hause, keine Steppenwölfe.« Als Haller nach dem Essen mit seinem Gastgeber, einem jungen Professor und seiner Frau, in den Salon zurückkehrt, platzt er heraus: »Hoffen wir, daß Goethe nicht wirklich so ausgesehen hat! Diese Eitelkeit und edle Pose, diese mit den verehrten Anwesenden liebäugelnde Würde und unter der männlichen Oberfläche diese Welt von holdester Sentimentalität! Man kann ja gewiß viel gegen ihn haben, auch ich habe oft viel gegen den alten Wichtigtuer, aber ihn so darzustellen, nein, das geht doch zu weit.« – Nachdem die Hausfrau mit einem »tief leidenden Gesicht« aus dem Zimmer geeilt war, eröffnete der Professor seinem Gast, daß das Bild seiner Frau gehöre und von ihr sogar besonders geliebt werde. Der Steppenwolf entschuldigt sich daraufhin wegen seiner Angewohnheit, sich immer kraß auszudrükken – »was übrigens Goethe in seinen guten Stunden auch getan hat« –, und bittet, sich empfehlen zu dürfen.

Die kleine Episode ist in der Ökonomie der Erzählung recht wichtig; Hallers Verwerfung des verfälschten Goethe-Bildes ist nicht nur Sinnbild, sondern auch Anlaß seiner eigenen Verwerfung der bürgerlichen Lebenssphäre. So wird denn auch das Goethesche Symbol bei dem nächsten Wendepunkt im Leben des Helden noch einmal verwendet: in dem Alptraum, den Haller nach seiner ersten Begegnung mit Hermine erleidet, jenem weiblichen Mephisto, der ihn alsbald ebenfalls vom »Kribskrabs der Imagination« erlösen wird.

Obschon die Stellung Robert Musils, Hermann Brochs und Ernst Jüngers zu Goethe weit vielschichtiger ist als die der bisher untersuchten Schriftsteller, ist sie doch auch aufschlußreicher, weil diese Männer in ihrer Lebenshaltung und in Gehalt und Form ihres Werkes nicht in bereits verklärte Zeitläufte zurückweisen, sondern in die unmittelbare Vergangenheit – und der Natur ihres Goethe-Erlebnisses nach auch in die Zukunft. Der Erste Weltkrieg, den ihre Quasi-Zeitgenossen Hauptmann und George, Hofmannsthal und Rilke, Mann und Hesse als gefestigte Künstler erlebten, und das Heraufziehen autoritärer Gesellschaftsformen hat Musil, Broch und Jünger aus der Bahn geschleudert und ihnen Einsichten gewährt, die auf den ersten Blick nicht nur un-, sondern anti-goethesch erscheinen. Von einem als selbstverständlich betrachteten Goethe-Erlebnis, wie es Ricarda Huch noch 1931 hatte feiern können, ist bei ihnen nicht mehr die Rede, und sie haben auch nicht versucht, den Weg zu ihm zurückzufinden. Sie haben vielmehr, jeder auf seine Art, entdeckt, daß er ihnen in vielem vorausgegangen ist. So handelt es sich hier nicht mehr um Nachzeichnungen vergangener, sondern um Andeutungen künftiger Konturen des deutschen Goethe-Bildes.

Musil, Broch und Jünger ... irgendwie passen die drei Namen nicht recht zusammen, und diejenigen, die es lieben, ihre Schriftsteller fein säuberlich in Rubriken eingeteilt zu sehen, mögen den Kopf schütteln bei dieser scheinbar willkürlichen Zusammenstellung der Gläubigen Broch und Jünger mit dem Ungläubigen Musil, der Kulturkritiker Musil und Jünger mit dem Metaphysiker Broch, der Österreicher Musil und Broch mit dem Deutschen Jünger. Wenn man noch hinzufügt, daß Musil an der Politik gar keinen Anteil nahm, während Broch jüdisch war und Jünger eine Zeitlang ins Fahrwasser des Faschismus geriet und daß Broch formvollendete Romandichtungen schrieb, während Musil es nur zu einem (allerdings gewaltigen) Romantorso brachte und Jünger wohl gerade als Romancier am schwächsten ist ... und daß schließlich Musils Werk fast vollständig, Brochs zum größten Teil und Jüngers noch unabgeschlossen vor uns liegt, so ist ziemlich alles gesagt, was einer Zusammenfassung wie der obigen scheinbar im Wege steht. Und doch nur scheinbar, denn es gibt ja auch andere Gesichtspunkte als diejenigen, nach denen Literaturgeschichten geschrieben werden. Man kann etwa vom philosophischen Standpunkt ausgehen, der bei diesen Schriftstellern einen längeren Aufenthalt auf dem toten Punkt der Weltverzweiflung, ja des Nihilismus einschließt; man könnte auch die Wirkung und den Ruhm der drei untersuchen, wobei man auf die Tatsache stoßen würde, daß Broch in Deutschland, Jünger im Ausland und Musil in Deutschland *und* im Ausland noch nicht lange entdeckt oder wiederentdeckt worden sind. In ihrem Verhältnis zu Goethe ist das Gemeinsame an diesen Schriftstellern stärker als das Trennende in der Politik, im Lebenslauf und im Werk.

Musil, Broch und Jünger kennzeichnen sich als Schriftsteller zunächst durch ihre Vertrautheit mit den Naturwissenschaften und durch die Einbeziehung dieser Wissenschaften in ihr Weltbild und Werk. Wenn Jünger bei der Lektüre von Aldous Huxleys Roman *Kontrapunkt des Lebens* vermerkt: »Der gute Stil setzt heute naturwissenschaftliche Bildung voraus, wie einstmals theologische«, so erwähnt er damit lediglich eine Bedingung, die er, der Botaniker und Zoologe, ebenso selbstverständlich erfüllt wie der Mathematiker und Psychologe Broch oder der Ingenieur und Erfinder Musil. Aus diesem Sachverhalt erklärt sich unter anderem der Wille zur stilistischen Akribie und Präzision des Ausdrucks, der sich zum Beispiel in Brochs Bestreben zeigt, die Wiederholung desselben Wortes auf einer Seite zu vermeiden, in Jüngers Tagebuchnotiz, daß man ein Buch gar nicht oft genug abschreiben könne, und in Musils zehn-, zwölf-, ja zwanzigmaliger Überarbeitung gewisser Kapitel des *Mann ohne Eigenschaften*. In der naturwissenschaftlichen Grundierung von Weltbild und Arbeitsmethode kann man diese Schriftsteller übrigens als stellvertretend betrachten für eine ganze Reihe ähnlicher Männer, nicht nur für die Ärzte Carossa, Benn und Döblin (drei große Verehrer des Naturforschers Goethe), sondern auch für andere Autoren, die die versäumte naturwissenschaftliche Schulbildung später nachholen mußten, weil sie in ihrem Werk an eine Grenze gestoßen waren – etwa in der Erkenntnistheorie –, die sie anders nicht hätten überschreiten können. Ob diese Schriftsteller nun tatsächlich eine Epoche einleiten, in der Literatur ohne Vertrautheit mit naturwissenschaftlichen Denk- und Arbeitsweisen nicht mehr möglich ist, oder ob es sich hier nur um ein Merkmal der Zeit handelt wie etwa bei der Durchdringung mit religiösen Gefühlswerten in der Romantik: Tatsache ist, daß Goethe auch hier allen Späteren vorausging und daß sich bei diesen Schriftstellern nicht nur viele Hinweise auf seine naturwissenschaftlichen Interessen finden, sondern auch Formulierungen, die die Intensität und darüber hinaus die spezifisch Goethesche *Art* ihrer eigenen Naturschau bestätigen.

Die Bemerkung: »Was nützen Lupen und Mikroskope – die wahren Vergrößerungsgläser sind die Blumen selbst. Wir müssen sie betrachten, bis sie wie Linsen durchsichtig werden, dann werden wir im Brennpunkt des Strahlenbüschels hinter ihnen ein Leuchten schauen: den Glanz des geistigen Samenkornes, das keine Ausdehnung besitzt. Das ist die wahre Urpflanze«, stammt nicht, wie man allenfalls annehmen möchte, von Goethe, sondern von Ernst Jünger.[15] Zwischen ihnen gibt es so viele Berührungspunkte – hier sei nur die spezifische Art der Naturschau und das politische Gegen-den-Strom-Schwimmen erwähnt –, daß man in Goethe geradezu einen der »Lehrer« Jüngers gesehen hat.[16]

Ein weiteres Band, das diese Schriftsteller miteinander und mit Goethe verknüpft und sie sowohl von den »bürgerlichen« wie von den marxistisch orientierten Zeitgenossen trennt, ist ihr Wissen um das Untergründige der menschlichen Natur gerade in Zeiten raschen technischen Fortschrittes. Es handelt sich hier nicht mehr ausschließlich um die Erkenntnis, daß Böses heraufzieht oder heraufgezogen ist und daß die gesellschaftliche Struktur dieses oder des anderen Landes ausgehöhlt und sterbensreif ist. Mann und Rilke haben dies ebenso erkannt wie Hesse und vor ihnen allen schon Nietzsche. Bei ihnen wird die Untergangsstimmung jedoch durch das Wetterleuchten verklärt, das von anderen, räumlich und zeitlich entfernten sozialen und geistigen Lebensformen ausgeht: Bei Mann – zumindest vorübergehend – von der Demokratie amerikanischen oder schweizerischen Gepräges, bei Rilke vom einfachen russischen Menschen, bei Hesse vom Morgenland, bei Nietzsche vom Postulat des Übermenschen. Bei denjenigen Schriftstellern hingegen, die wie Musil, Broch und Jünger dem Nichts ins Auge geschaut haben, fehlen solche sozial, kulturell oder theologisch tragfähigen Alternativen. Es kann demnach nicht verwundern, daß manche Männer dieses Schlages – Musil, Jünger, Benn – auch den weltanschaulichen Kämpfen der letzten Jahrzehnte im Grunde genommen gleichgültig gegenüberstanden. Dies ist ein weiterer Berührungspunkt mit Goethe, wobei wir die Frage auf sich beruhen lassen wollen, ob selbst ein Goethe sich aus *diesen* Kämpfen hätte heraushalten können oder wollen. Immerhin hätte Musils stolzes Wort: »Ich bin von der Untauglichkeit des Kapitalismus oder des Bürgertums überzeugt, ohne daß ich mich für seine politischen Gegner entschieden hätte«, *mutatis mutandis* wohl von Goethe, aber keinesfalls von Thomas Mann oder Bert Brecht gesprochen werden können.

In der sozial gänzlich verdunkelten Innenlandschaft von Musil, Broch und

Jünger wächst der Roboter, der vertierte Massen- und Maschinenmensch unserer Tage, überlebensgroß an und verstellt sowohl den Rückblick auf musischere Zeiten wie den Ausblick auf entfernte Utopien. Bei Jünger sind es die Mauretanier und die Lemuren, wie sie mit einem bezeichnenderweise durch Goethes *Faust* bedeutungsvoll gewordenen Ausdruck genannt werden; bei Musil sind es die Kleinbürger wie Moosbrugger und Hans Sepp, die plötzlich aus der Kultur ausbrechen und sich in reißende Tiere verwandeln; bei Broch sind es Typen wie Esch, der »Mann impetuoser Haltungen«, und Marius und der Studienrat Zacharias. Bei ihnen allen verbirgt sich im Schafspelz der »*Empor*menschlichung«, wie Musil es in einer Vorwegnahme der später zum Regierungsprinzip erhobenen Aufnordung ausdrückt, der Wolf der *Ent*menschlichung. Bei allen dreien erscheint der heutige Massenmensch als ein dem Dämonischen verhaftetes Waldtier, wobei es kaum eine Rolle spielt, ob er in braunem, schwarzem oder rotem Hemde auftritt oder nur im Geschäftsanzug. Im Blutbad der Weltkriege ist dieser Menschenschlag in weiten Gegenden in politisch, kulturell und gesellschaftlich leitende Stellungen emporgespült worden, ein Vorgang, der sich in einer Atmosphäre abgespielt hat, die der Zivilist Broch übrigens plastischer vorausgeahnt hat als die verwundeten, mit hohen Orden ausgezeichneten Frontoffiziere Musil und Jünger: »In der Wirtsstube war es kühl«, heißt es am Anfang von Brochs »Bergroman« *(Der Versucher)*, »... der säuerliche Geruch nach Küche und Bier und Wein, nach Schweiß und halbgarem Fleisch, dieser Ritter- und Landknechtsgeruch, in dessen Dunst das Abendland eine ganze Welt erobert hat und der jetzt nur mehr in Wirtshäusern ein kleinbürgerliches und haustierhaftes Dasein fristet, freilich immer bereit, hervorzubrechen und über Schlachtfelder sich zu legen« – dieser Geruch hat sich inzwischen tatsächlich nicht nur über Schlachtfelder gelegt, sondern über ganze Kontinente. Man denkt unwillkürlich an Goethesche Vorausahnungen dieser Art, zum Beispiel in den Revolutionsstücken und in *Wilhelm Meisters Wanderjahren.* Der täglich wachsende Herrschaftsanspruch von nicht zum Herrschen berufenen Menschen und Ideen, der durch den Selbstsicherheitsverlust derjenigen Schichten ausgelöst wurde, die sich in der Kultur nicht mehr wohlfühlen und die ihnen gestellten Aufgaben nicht mehr lösen können, ist ein Hauptanliegen dieser Schriftsteller. Sie haben sich mit ihm in einer sehr persönlichen und für die Umrisse eines zukünftigen Goethe-Bildes bezeichnenden Weise beschäftigt. Musils noch zu untersuchende Persiflage des »Großschriftstellers« Goethe, Brochs scheinbare Goethe-Fremdheit in den großen Romanen und die antihumanistische Haltung des jungen Ernst Jünger dürfen nicht über die Tatsache hinwegtäuschen, daß alle drei sich an Goethe festgeklammert haben zu Zeiten, in denen nicht nur die Außenwelt, sondern auch ihr Glaube an das eigene Werk zu wanken drohte. Musil und Broch haben sich unter identischen Umständen direkt auf Goethe berufen: als sie dazu schritten, vorher vereinzelt erschienene Prosawerke in Buchform zu veröffentlichen. In der »Vorbemerkung« zum *Nachlaß zu Lebzeiten* (1936), bei Beantwortung der Frage »Hat sich der Dichter deutscher Nation nicht schon längst überlebt?«, begründet Musil seinen Entschluß, dieses Werk trotzdem in die Öffentlichkeit hinausgehen zu lassen, mit dem folgenden Gedankengang: »Ich habe den Mut, den ich in die Zeitbeständigkeit dieser kleinen Satiren setze, schließlich aus einem Satz von Goethe geschöpft, der zu diesem Zweck sinngemäß verändert werden kann, ohne an Wahrheit einzubüßen; er lautet dann: ›In dem Einen, was schlecht gethan wird, sieht man das Gleichnis von Allem, was schlecht gethan wird.‹« Als Broch die Geschichten sammelte und durch Hinzufügung einiger neuer vervollständigte, die jetzt den Romen *Die Schuldlosen* (1949) bilden, da wies er in einem »Entstehungsbericht« dreimal auf Goethes *Faust* hin als Beispiel eines Werkes, in dem die Kunst durch Vermittlung von Läuterung zu ihrer »bis ins Metaphysische reichenden« sozialen Bedeutung gelangt. Dies ist, beiläufig gesagt, der springende Punkt der gesamten schriftstellerischen Tätigkeit Hermann Brochs, und es war sicher kein Zufall, sondern entsprang einem tiefen Gefühl der Geistesverwandtschaft, daß der Dichter sich bei dieser Betrachtung der sozialen Funktion der Literatur, ihres »wesentlichsten Problems«, nicht auf Proust oder Joyce oder auf den vielzitierten Franz Kafka berief, sondern auf Goethe. In ganz ähnlicher, durch den Wegfall der äußeren publizistischen Gelegenheit noch eindrucksvollerer Weise steht Goethe auch in Ernst Jüngers Werk als Leuchtturm auf dunkel wogender See: in *Strahlungen* und *An der Zeitmauer* etwa als vorbildlicher, vom Erdball als Ganzem geprägter Weltbürger oder als Prototyp des mantisch-erdsichtig begabten Menschen. An der Goethe-Kenntnis und -nähe dieser Männer ist um so weniger zu zweifeln, als diesen – Jünger würde sagen: theologischen – Berufungen auf den Dichter auch ganz präzise Beobachtungen entsprechen, in denen Goethe zum Beispiel auf stilistischer und morphologischer Ebene in Anspruch genommen wird. So maß Musil an ihm den Verfall der modernen Dichtkunst und Jünger den »Nomosschwund«; Broch führt ihn bei der Diskussion des Wertverfalls der modernen Architektur ins Feld: »So [das heißt als auf etwas Gutes und Natürliches] sah noch Goethe auf die Bauwerke seiner Zeit.«[17]

Diese Bemerkungen und Stellungnahmen zum Thema Goethe sollen nun keineswegs den Eindruck erwecken, daß Musil, Broch und Jünger ganz und gar Goetheschen Geistes seien. Ihrer oben angedeuteten Goethe-Nähe entspricht vielmehr ein nicht weniger ausgeprägter Gegenpol der Goethe-Ferne. Musil, Broch und Jünger stehen in Goethes Nachfolge kraft ihrer Überzeugung, daß die Dichtung eine autochthone Macht ist, die der göttlichen und menschlichen Wirklichkeit nähersteht als das äußere Leben, dem sie allein Deutung und Bedeutung verleihen kann. Musils Behauptung, daß er es für wichtiger und auch für schwieriger halte, ein Buch zu schreiben als ein Reich zu regieren, trifft nicht nur ebenso auf Broch und Jünger zu, sondern erst recht auf Goethe, der in beidem Bescheid wußte.

Aus ganz anderen Welten als der Goetheschen stammt hingegen das bei diesen Schriftstellern so starke Gefühl dem Entwurzelung und Vereinsamung des heutigen Menschen, der den Glauben an die Vernunft verloren und den an Gott noch nicht wiedergefunden hat. Bewußtsein und Wirklichkeit stimmen für uns nicht mehr überein, und eine unüberbrückbare Kluft hat sich aufgetan zwischen dem, was ist, und dem, was sein sollte. Dies kann sich im Traum ausdrücken wie bei Jünger, in jenen Tagebüchern, die eigentlich »Nachtbücher« sind, in denen das Geträumte die Wirklichkeit des Tages nicht mehr, wie einst in der Romantik, vertieft und verdichtet, sondern verdrängt. Es kann sich auch im Rückzug aus dem Leben ausdrücken und im Eintauchen in verbotene Gebiete wie bei Ulrich, dem Mann ohne Eigenschaften. Es kann sich schließlich auch als das Bewußtsein einer Unzulänglichkeit denen gegenüber ausdrücken, die wie Brochs Mutter Gisson oder Imker noch der Erde und damit einem den Tod als Stufe zur Wiedergeburt enthakenden Leben angehören. Die Vereinsamung und das Wehrlos-dem-Leben-ausgeliefert-Sein erscheint hier sogar in identischen Bildern, etwa in dem der Brükke, oder vielmehr der fehlenden Brücke von Mensch zu Mensch und Mensch zu Gott. So erklingt das Adjektiv »brückenlos« leitmotivartig in Brochs *Schlafwandlern*, und ähnlich heißt es bei Jünger: »Mein Ort ist an der Spitze einer Brücke, die über einen dunklen Strom geschlagen wird. Die Existenz auf diesem vorgeschobenen Bogen wird mit jedem Tag unhaltbarer, der Absturz drohender, falls nicht von drüben spiegelbildlich ihm die Entsprechung, die Vervollkommnung entgegenwächst. Aber das andere Ufer liegt in dichtem Nebel – und nur zuweilen dringen unbestimmte Lichter und Töne aus der Dunkelheit, Das ist die theologische, die psychologische, die politische Situation.« Und so drückte es schließlich auch Musil aus, als er seinen großen Roman, den *Mann ohne Eigenschaften*, als eine in den Raum hinaus geschlagene Brücke bezeichnete. Die weiteren Verzweigungen dieses Grundgefühls von Vereinsamung und »Geworfensein« gehen über unser Thema hinaus; kurz gestreift seien nur zwei charakteristische Abwandlungen, die die Intensität und zugleich die ungoethesche Natur dieses Gefühls bezeichnen: die im Wahnsinn endende Persönlichkeitszersplitterung und die Beziehung zum Tier. Es gibt im Goetheschen Werke – trotz Orest, der überdies vor unseren Augen geheilt wird – keine Figuren wie Brochs Landwehrmann Gödicke mit seiner »in Atome zerrissenen und zerstäubten Seele, die wieder in die Einheit gezwungen wird«, oder wie Musils Clarisse oder wie die weniger tiefen, aber um so zahlreicheren Irren bei Jünger, etwa jenen Dr. Zerner, der dem Schriftsteller ein Projekt mit den Worten empfiehlt: »Sehen Sie, der Plan ist, schon rational gesehen, außerordentlich. Wenn ich mich aber noch mit meiner Schizophrenie dahintersetze, gibt es keinen Widerstand.« Es gibt im Goetheschen Werk, in dem die zwischenmenschliche Verbindung noch nicht zerschnitten und die zum Tier noch nicht aktiviert ist, trotz der Vögel auch keine Tiere wie den Hund Trapp im *Versucher*, wie die Ameisen, Katzen und Schlangen bei Jünger oder wie Musils lachendes Pferd und die Hunde in *Mädchen und Helden*: das heißt Tiere mit starker metaphysischer Eigenbewegung. Wie beim Pol der Goethe-Nähe entspricht übrigens auch bei diesem Pol der Goethe-Ferne eine morphologische Komponente der philosophischen, zum Beispiel in der Auflösung der Romanform und Verkümmerung der Erzählung zugunsten von Essay, Monolog und Tagebuch. Hier, wo sie nicht nur den Geist, sondern auch die Formen der klassischen Literatur verleugnen, stehen diese Schriftsteller am Punkte ihrer größten Entfernung von Goethe.

Nur bei einem von ihnen hat sich das Verhältnis zu Goethe zu einem scharf konturierten Goethe-Bild verdichtet: bei Musil. Er ist auch der einzige, der sich das ganze Leben hindurch mehr oder minder gleichmäßig, wenn auch nie sehr intensiv, mit dem Dichter beschäftigt zu haben scheint. Bevor wir uns ihm zuwenden, soll noch darauf hingewiesen werden, daß Broch und Jünger erst verhältnismäßig spät anfingen, sich für Goethe zu interessieren. In Jüngers mehr oder minder allegorischen oder utopischen Werken – *Das abenteuerliche Herz, Auf den Marmorklippen, Heliopolis, Gläserne Bienen* – finden sich kaum Hinweise auf Goethe oder Spuren seines Geistes, und dies trifft erst recht auf die frühen autobiographischen und politischen Arbeiten zu. Mit den Tagebüchern aus dem Zweiten Weltkrieg setzt dann plötzlich eine Beschäftigung mit Goethe ein, die sich seither immer mehr verstärkt und in *An der Zeitmauer* zu einer Durchdringung mit Goetheschem Gedankengut geführt hat, in diesem Falle mit dem Motiv des »Gesetzes, nach dem du angetreten«.

In Brochs Beschäftigung mit Goethe zeichnen sich ebenfalls verschiedene, jeweils an Intensität zunehmende Stadien ab. Schon in den frühen Romanen gibt es manche Aussage über die Verwebung Goethes in die moderne Bildungswelt, darunter zum Beispiel die leisen, aber eindringlichen Hinweise auf das Mephistophelische am Charakter Eduard von Bertrands oder Ruzenas an Pasenow gerichtete Worte »Bist guter Mensch ... hast nur schlechten Freund«. Hierzu gehört ferner das von Esch gern gebrauchte und seinem Ideenkreis angemessene Götzzitat und ähnliche, dem jeweiligen Bildungsstand des Sprechenden angepaßte Motive in den *Schlafwandlern* und anderswo. In den Romanen der Reifezeit hingegen, besonders im *Versucher*, häufen sich plötzlich Goethesche und besonders faustische Motive: in der magischen Anziehungskraft des Goldes und in den Goldversprechungen, im Nebeneinander von kreatürlicher und intellektueller Zeit und in anderen Bezügen. Auf der dritten und unmittelbarsten Ebene stehen direkte Hinweise auf Goethe wie die schon erwähnten im Entstehungsbericht zu den *Schuldlosen* oder andere Niederschläge einer Goethe-Nähe, die man wohl als ein Gefühl der Wahlverwandtschaft ansprechen darf, wie etwa in folgendem, Hermann Weigand gewidmetem Gedicht:

»Dieses Lebens
ach wachsende Jahrheit,
zum Dunkel verdichtet
bleibende Klarheit,
am Ende die Lichtheit
stets reiner Erfahrung
sei deiner Seele
zarteste Nahrung:
lehre uns weiter
Dichtung und Wahrheit,
bleibe uns weiter
Dichtheit und Wahrung.«

Robert Musils Goethe-Bild enthält neben dem neuen Begriff des Großschriftstellers zunächst auch einige überlieferte Züge. Traditionell ist zum Beispiel das bedrückende, in den *Verwirrungen des Zöglings Törleß* beschriebene Gefühl,

»daß es sich nach Schiller und Goethe nicht mehr lohne, zu dichten«. Nicht minder überliefert ist das ebenfalls im *Törleß* gestreifte Motiv der »im Schranke mit den grünen Scheiben« zur Schau gestellten Goethe-Ausgabe, die man besitzen muß, aber nicht zu lesen braucht. Musil hat dieses Motiv mit einem anderen, ebenfalls traditionellen verbunden, nämlich mit Goethes Verhältnis zu Frau von Stein und Christiane Vulpius, dem scheinbar jeder über Goethe schreibende Autor seinen Tribut entrichten zu müssen glaubt. Im *Mann ohne Eigenschaften* legt Musil der Bonadea folgende Bemerkung in den Mund, als es sich darum handelt, ihren Freund Ulrich über die Beziehungen zwischen Arnheim und Diotima aufzuklären: »Der Arnheim macht Augen wie ein Schneck, wenn sie ihm sagt, daß die geistig höchststehenden Männer leider nur bei minderwertigen Frauen ihre volle Befriedigung zu finden scheinen, während sie bei seelisch gleichgestellten Frauen versagen, was durch die Frau von Stein und die Vulpius wissenschaftlich bewiesen sei. Siehst du«, fügt die hübsche, aber geistig etwas träge Frau noch hinzu, »jetzt macht mir der Name Vulpius keine Schwierigkeiten mehr. Aber daß sie die bekannte Sexualpartnerin des alternden Olympiers gewesen ist, habe ich natürlich immer gewußt.«[18] Die Musilsche Ironie schillert hier in vielen Farben, gegen Diotima wie gegen Bonadea, gegen Goethe wie gegen seine Biographen, gegen die Sexual- wie gegen die Literaturwissenschaftler. Ähnlich parodistische Züge finden sich im *Mann ohne Eigenschaften* bei dem Salonlöwen und A-la-mode-Dichter Feuermaul, dessen Geringschätzung der Wissenschaft mit dem Argument erklärt wird, daß auch Goethe nicht Doktor geworden sei, und bei jenem Professor Lindner, dessen Tages- und Stundeneinteilung eine ins Pedantische verzerrte Nachahmung der Goetheschen Altersgeschäftigkeit darstellt.

Durchaus neu hingegen ist der von Musil geprägte Begriff des Großschriftstellers. Er bezieht sich übrigens weniger auf Goethe als auf zwei andere Figuren, zwei Prismen sozusagen, in denen sich das Goethesche Licht insofern teilt, als einige Strahlen unverändert auf Musil weiterleuchten, während andere an diesen Figuren hängenbleiben. Bei näherem Hinschauen zerfällt der Großschriftsteller Goethe in zwei Teile: den wirklichen Goethe, den auch Musil kannte und bewunderte, und zwei Zeitgenossen – Paul Arnheim alias Walther Rathenau im *Mann ohne Eigenschaften* sowie Thomas Mann in den Tagebüchern und Briefen –, von denen Musil zu Recht oder Unrecht annahm, es werde ihnen bei ihrer Goethe-Ähnlichkeit einmal bange werden. Der Großschriftsteller ist, kurz gesagt, ein Mensch, der nicht nur alles weiß, sondern auch über alles schreibt und spricht, und zwar in großem Stil, aber ohne

Dämonie, und wegen seiner Ichbezogenheit auch ohne wahre menschliche Anteilnahme: »So wie der Geistesfürst zur Zeit der Fürsten, gehört der Großschriftsteller zur Zeit des Großkampftages und des Großkaufhauses.« Um diese Kritik zu verstehen, muß man sich den besonderen geistigen Lebensstil Musils ins Gedächtnis rufen: jenes zähe, einsame Arbeiten an einer unglaublich verfeinerten und geschliffenen Sprache; die sich durch Jahrzehnte hinstreckende Hervorbringung des großen Romans, der im wahrsten Sinne des Wortes Musils Lebenswerk war, denn der Tod schnitt ihm den Lebens- und den Werkfaden zugleich durch; schließlich das bewußte Zurückstellen aller Brotarbeiten zugunsten des Romans und das absichtliche Hinabtauchen in Dunkelheit und Armut – in eine erschreckende, nur durch die gelegentliche Zuweisung einiger hundert Franken von Freundeshand erhellte Dunkelheit und Armut. Das ist alles sehr verschieden vom Leben Thomas Manns, der ein Schriftsteller mit schlechtem Gewissen war und oft seine Verwunderung darüber ausdrückte, daß die Gesellschaft ihm die Mittel zu einer bequemen, wohlanständigen Existenz nur dafür zur Verfügung stelle, daß er schreibe. Musil jedoch war ein Schriftsteller mit gutem Gewissen, der, nachdem ihn die Inflation sein Vermögen gekostet hatte, mit größter Seelenruhe einige Freunde aufforderte, eine Robert-Musil-Gesellschaft zu gründen, eine Art Aktiengesellschaft, deren einzige Aufgabe darin bestand, die bürgerliche Existenz des Schriftstellers und damit die Fertigstellung des *Mann ohne Eigenschaften* zu gewährleisten. Es ist dabei gleichgültig, ob und wieweit Walther Rathenau und Thomas Mann Vielschreiber waren und Lobpreiser des eigenen Werkes; wichtig ist für uns nur die Tatsache, daß Musil in beiden Goethesche Züge zu entdecken vermeinte und die beiden dennoch klar von ihrem angeblichen Vorbild distanzierte. So wird Arnheim zwar als ein Goethe in vieler Hinsicht nicht unähnlicher schriftstellernder *grandseigneur* beschrieben, und dennoch heißt es von ihm, daß er den Dichter »beständig als Eideshelfer mißbrauchte«. Und als Musil in der Schweiz wohnte und Freunde versuchten, ihm ein Einreisevisum in die Vereinigten Staaten zu verschaffen, da antwortete er auf eine Anfrage, ob denn Thomas Mann nichts für ihn unternehmen könne, in ungefähr demselben Sinne: »Er hat zu viel für sich und seine Schrittmacher zu tun. Es ist das eine Schwäche, die er übrigens mit Goethe teilt, und ich habe eigentlich nicht viel gegen sie einzuwenden; jedenfalls nicht so viel wie dagegen, daß er seinem fast gleichberühmten Vorläufer nicht auch an Kräften ähnelt.«[19] Eine klassisch Musilsche Aussage: ironisch, übrigens nicht ohne einen Beigeschmack von Neid, aber ehrlich und ganz auf die Leistung gestellt. Zusammenfassend läßt sich Musils Stellung wohl auf die Formel bringen, daß er Goethe achtete und, wie wir schon sahen, sich auch auf ihn berief; daß ihm aber gewisse, übrigens oft kritisierte Goethesche Eigenheiten mißfielen, zum Beispiel die Abneigung gegen das konsequent Tragische und die Förderung gewisser Zeitgenossen bei gleichzeitiger Vernachlässigung anderer, künstlerisch und menschlich wertvollerer Männer: etwa der Brüder Schlegel zuungunsten von Kleist und Beethoven. Die hieraus entwachsene Feindschaft hat Musil dann auf andere übertragen, die tatsächlich vom Geiste Goethes waren und dennoch keine Goethes wurden: nämlich Walther Rathenau und Thomas Mann, wobei ihm auch einige Seitenhiebe auf Hermann Hesse unterliefen, wohl zu Unrecht, denn gerade Hesse sollte später den Begriff des »feuilletonistischen Zeitalters« prägen und damit die Verhältnisse umschreiben, unter denen sich der Großschriftsteller erst recht entwickeln konnte.

Das Goethe-Bild Musils, Brochs und Jüngers ist somit ein vieldeutiges Gebilde. Es scheint jedoch sicher, daß diese Männer weder unbedenklich zur Nachfolge Goethes gerechnet noch ohne weiteres aus ihr ausgeschlossen werden dürfen. Es trennt sie von ihm ein Abgrund der Weltverzweiflung, den sie durchwandert und bei dem sie ihn zurückgelassen haben; auf der anderen Seite des Abgrunds haben sie ihn jedoch als entfernten, aber klar abgezeichneten Punkt in ihrer geistigen Landschaft wiedergefunden. Zu welcher magischen Leuchtkraft sich diese Verschmelzung von Goethe-Nähe und Goethe-Ferne bisweilen verdichten kann, das soll zum Schluß ein Satz aus Brochs *Schlafwandlern* zeigen, bei dessen Form man sich an Goethes *Egmont,* bei dessen Inhalt man sich hingegen an Kafkas *Schloß* erinnert fühlt: »Aufgelöst jedwede Form, ein Dämmerlicht stumpfer Unsicherheit über der gespenstischen Welt, rast der Mensch, einem irren Kinde gleich, an dem Faden irgendeiner kurzatmigen Logik durch eine Traumlandschaft, die er Wirklichkeit nennt und die ihm doch nur Alpdruck ist.«

Obwohl sich Albert Schweitzer nur in Mußestunden der Literatur gewidmet hat, muß auch er hier erwähnt werden, denn er verkörpert wie kein anderer in Persönlichkeit und Leistung jene zweite, der künstlerischen parallel laufende Komponente des Goetheschen Nachwirkens, auf die bereits verschiedentlich hingewiesen wurde: Goethes ethische und charakterliche Beispielhaftigkeit.

Schon in den Straßburger Studentenjahren war es Schweitzer aufgefallen, daß Goethe den großen Gedankensystemen so wenig Beachtung geschenkt hatte, die Kant, Fichte und Hegel zu seinen Lebzeiten errichtet hatten. Es überraschte ihn zu entdecken, daß neben diesen »Eruptionen« spekulativen Denkens schon in der griechischen Stoa und bei Spinoza auch ein anderer Weg zum Verständnis der Welt und des Menschen geführt hatte – der der Naturphilosophie, den Goethe in aller Bescheidenheit gegangen war, als seine Mitlebenden gebannt auf die Trapezkünste der zeitgenössischen Denker starrten. Als angehender Pfarrer wandte sich Schweitzer dann selber dieser Naturphilosophie zu, welche die Welt nicht als Konstruktion, sondern als Gegebenheit betrachtet und ihr allein auf dieser Basis beizukommen sucht. Als er die Unvereinbarkeit des angeblich misanthropischen Geheimen Rats mit dem Mann gesehen hatte, den Wind und Schnee nicht davon abgehalten hatten, dem schwermütigen Plessing Rat und Hilfe zu bringen, da sagte sich auch Schweitzer bei Gelegenheiten, die tätiges Eingreifen erforderten, »das ist deine Harzreise«. Goethe wurde ihm so zum Vorbild eines Menschen, der Sorge um andere nicht auf sich beruhen, sondern durch Hilfeleistung fruchtbar werden ließ, im eigenen Leben nicht minder als bei Faust und Wilhelm Meister, die ihre Erdentage nicht durch Zufall als Kolonisator beziehungsweise Wundarzt beschließen. Ein ähnlicher Drang nach praktischer Bewährung hatte auch Schweitzer nach Lambarene geführt, wo ihm Goethe während mancher Krise im Geiste zur Seite stand, etwa bei der im Winter 1925 drohenden Hungersnot, in der es sich nicht darum handelte, anderen durch Medizin oder Musik zu helfen, sondern darum, »dem Urwald fruchttragendes Land abzuringen«[20].

Dem Arzt Schweitzer war es verfehlt erschienen, zu klagen, daß Goethe sich zu einer Zeit der Naturwissenschaft zugewandt hatte, als man von ihm erwartete, daß er der inneren Gedanken- und Bilderfülle Ausdruck gäbe. Anstatt sich in der wissenschaftlichen Arbeit zu verlieren, habe sich Goethe erst in ihr gefunden, weil sie ihn zwang, sein Denken mittels dieses »Durch-die-Wirklichkeit-Hindurchmüssens« zu läutern und zu konkretisieren. Als dann der Krieg kam und radikale Ideologien die Freiheit des Individuums auszulöschen drohten, lernte Schweitzer die Weisheit und Gerechtigkeit des Dichters schätzen, der dem *Faust* die an sich retardierende Episode von Philemon und Baucis einverleibt hatte als Mahnung, daß selbst wohlgemeinte Handlungen den Keim der Gewaltsamkeit in sich tragen, wenn sie das Lebensrecht anderer schmälern.

Diese Gedanken könnten durch manches andere Zitat aus den mehr als zwei Jahrzehnten ergänzt werden, in denen Schweitzer sich mit Goethe als Dichter, Naturforscher, Denker und Mensch befaßt hat.[21]

So hat Schweitzer selbst, und zwar wiederum mit besonderem Hinweis auf Goethe, sein Bewußtsein bekundet, daß er ein Vorrecht, eine »Gnade« genieße, indem er seinen Mitmenschen als Freier und sozusagen in eigener Regie dienen könne. Die hat ihn jedoch nicht gehindert, »in einer bis auf den Nerv meiner Existenz gehenden Lebhaftigkeit« die Sorgen derjenigen zu teilen, die in das gewöhnliche Leben eingespannt sind und doch einen geistigen Hunger empfinden, der gestillt werden muß. Er hat auch einen Weg gewiesen, auf dem jeder an seinem Platz und in seiner Art die von der Zeit auferlegten Prüfungen und Probleme bestehen kann: »Ein Dreifaches liegt uns ob in Goetheschem Geiste. Wir haben zu ringen mit den Umständen, daß die Menschen, die durch diese Umstände in die Arbeit eingeengt und in ihr verzehrt werden, dennoch die Möglichkeit der Geistigkeit behalten. Wir haben zu ringen mit den Menschen, daß sie in der stetigen Ablenkung auf das Äußerliche, das in unserer Zeit gegeben ist, den Weg zur Verinnerlichung finden und auf ihm bleiben. Wir haben zu ringen mit uns und mit allen den anderen, daß wir in einer Zeit verworrener und humanitätsloser Ideale den großen Humanitätsidealen des 18. Jahrhunderts treu bleiben, sie in die Gedanken unserer Zeit übertragen und zu verwirklichen versuchen.«

Beim Lesen dieser Sätze wird einem bewußt, daß das Bild Goethes als eines vorbildlichen Menschen nicht nur die übrigen Aspekte dieses Dichters, sondern überhaupt sämtliche aus dem Gebiet der Literatur stammenden Symbole dieser Art überschattet. Gerade als ob sich die Welt in den vergangenen hundert Jahren nicht verändert hätte, fand jeder der hier besprochenen Männer, wie einst Hebbel, bei Goethe Antwort auf die dringlichsten Fragen seiner geistigen Existenz. Hofmannsthal und Rilke sahen in ihm einen Dichter, der den Zwiespalt zwischen Innen- und Außenwelt überbrückt hatte; Mann einen Idealtyp des deutschen Künstlers bürgerlicher Herkunft und Lebensführung; Hesse den schöpferischen Menschen, der sich zur Weisheit durchringt; Musil, Broch und Jünger – jeder auf seine Art und doch stellvertretend für unzählige andere – eine der ganz wenigen Gestalten aus der Vergangenheit, die uns auf dem einsamen Weg zur Persönlichkeitsbewahrung in einem von Technik und Massensuggestion beherrschten Zeitalter begleiten können. Schweitzer schließlich, dessen eigenes Leben für viele Zeitgenossen die Erfüllung des höchsten menschlichen Potentials versinnbildlicht, sah in Goethe einen Mentor und Tröster.

So verschiedenartig diese Goetheschen Einflüsse und Reminiszenzen bei Persönlichkeiten wie Hesse und Rilke oder auch Musil und Schweitzer, ja so verschieden voneinander diese und die anderen zuvor erwähnten Autoren auch sein mögen, ist ihnen doch eine letztlich unpolitische, aus der klassisch-humanistischen Tradition gespeiste Geisteshaltung gemein. Nichts wäre jedoch verfehlter als die Annahme, Goethe habe nur diesen, im Grunde genommen »bürgerlichen« Schriftstellern etwas bedeutet und nicht auch marxistischen wie zum Beispiel Bertolt Brecht und dem wohl begabtesten seiner Nachfolger, Peter Hacks. Zwar hat gerade Brecht die Klassik lange als »Überbau« der feudalen Gesellschaftsordnung mißverstanden und ihre mittelständisch-progressiven Aspekte eigentlich erst im Exil entdeckt, als er unter anderm die *Wahlverwandtschaften* wegen des Fehlens jenes »Spießbürgertums« lobte, das er im deutschen Drama »bis in die bedeutendsten Werke hinein« zu sehen vermeinte.[22] Was ihn natürlich nicht hinderte, im *Aufhaltsamen Aufstieg des Arturo Ui* die Gartenszene aus dem *Faust,* an den schon einige Stellen in seinen früheren Werken erinnert hatten, gründlich zu parodieren.

Freilich ist die Parodie, die bei Goethe seit Nicolais *Freuden des jungen Werthers* auf ein Leben von mehr als zweihundert Jahren zurückblicken kann, durchaus nicht die schlechteste Art der Nachahmung; sie ist, nicht nur in der Literatur, wahrscheinlich überhaupt die unserer Zeit angemessene Form der Klassiker-Aneignung. Auf jeden Fall haben sich in den letzten Jahrzehnten mehrere begabte Schriftsteller Goethe auf diesem Weg genähert, darunter Adolf Muschg *(Die Aufgeregten von Goethe. Politisches Drama in 40 Auftritten),* Reinhard Baumgart *(Wahlverwandtschaften),* Ulrich Plenzdorf *(Die neuen Leiden des jungen W.)* und Peter Hacks, der *Das Jahrmarktsfest zu Plundersweilern* überarbeitete und 1976 *Ein Gespräch im Hause Stein über den abwesenden Herrn von Goethe* folgen ließ. Bei diesen Autoren ist die Goethe-Parodie nicht mehr Selbstzweck wie bei Nicolai, sondern Auslöser der Selbstfindung: In der Auseinandersetzung mit Goethes Stellungnahmen zu seiner sozialen Umwelt beziehen sie Stellung zu ihrer eigenen Umwelt.[23] Das kommt am eindeutigsten in dem letzten Werk zum Ausdruck, das wir hier erwähnen, in Hacks' *Pandora. Drama nach J. W. v. Goethe* (1981). Unter vielen Verbeugungen vor der offiziellen Doktrin (»Goethes der Marxschen ähnliche widerspruchslose Inkaufnahme des Krieges als einer gesellschaftlich notwendigen und zur Geschichte noch gehörenden Maßnahme« oder »Jetzt hatte Napoleon den Abgrund zwischen Paris und Weimar ... überbrückt und jenen innerhalb des Widerspruchs gemeinsamen Boden geschaffen, auf dem, wie Lukács lehrt, dramatische Kämpfe nur statthaben können«) vertritt Hacks in dem »Saure Feste« überschriebenen Nachwort zu diesem Drama eine durchaus elitäre Auffassung des Pandora-Problems und rechtfertigt seine eigene Bearbeitung unter anderm mit der Behauptung, der Triumph des Epimenides beinhalte eine »klassische Kapitalismuskritik«, die über diejenige des Sozialismus noch hinausgehe.

Mag sein. Tatsache ist, daß Goethe immer noch als Kronzeuge aufgerufen wird bei der Erörterung von Fragen, die von der großen Welt der Politik bis zur Privatsphäre reichen, wie etwa in Hacks *Gespräch im Hause Stein,* in dem die über den abwesenden Goethe sinnierende, von Mit- und Nachwelt als frigide angesehene Charlotte ihrem (ihr als ausgestopfte oder lebende Puppe gegenübersitzenden) Ehemann einen Fehltritt beichtet und sich dabei verspricht: »Ja, Stein, dieser Mann, dieser Mensch, dieser Dichter hat mich, in jener Nacht zum zehnten Oktober achtzig, zum ersten Mal in meinem Leben so unaussprechlich bekleckt, ich meine: beklückert ... Ich will sagen, dieser Genius der Deutschen hat mich in der Nacht zum zehnten Oktober achtzig so unaussprechlich beglückert ...«

8

DAS FAUSTISCHE UND DIE WISSENSCHAFTEN

»Die Wissenschaft steht bei uns in hohem Ansehen, und mit Recht; aber wenn es auch sicher ein Menschenleben ganz ausfüllt, wenn man sich der Erforschung der Nierentätigkeit widmet, so gibt es doch Augenblicke dabei, wo man sich veranlaßt sieht, humanistische Augenblicke will dies sagen, an den Zusammenhang der Nieren mit dem Volksganzen zu erinnern. Darum wird in Deutschland so viel Goethe zitiert.«

ROBERT MUSIL, Der Mann ohne Eigenschaften

»Wo Männer aus hohen Stellungen heraus sich mit gelehrten Dingen beschäftigen, steigen sie zu gleicher Zeit empor und herab, und es gehört ein bedeutendes Innengewicht reiner Persönlichkeit dazu, diesen Gegensatz auszugleichen« – so charakterisierte Herman Grimm, der selber sowohl gesellschaftliche als geistige Statur besaß, einmal die literarhistorischen Bemühungen eines adligen Freundes. In der Tat ging die Goethe-Renaissance der siebziger und achtziger Jahre zum Teil von solchen Männern von Rang aus, die im besten Sinne des Wortes Amateure waren: begeisterte Goethe-Verehrer ohne viel germanistische Ausbildung. Sie sammelten Dokumente, halfen bei der Ausgabe der Werke und verbreiteten auf diese Weise Goethes geistige Hinterlassenschaft, ohne ihn oder sich dabei durch eine Darbietung von Allgemeinplätzen zu erniedrigen oder bei der Kritik um Nachsicht zu bitten mit der Begründung, daß der Dichter für sie schließlich nur ein Steckenpferd sei. Die Bedeutung dieser

Privatgelehrten lag nicht nur in ihren wissenschaftlichen Beiträgen, sondern auch in der Tatsache, daß sie Gesellschaftsschichten angehörten, denen Goethe bisher kaum mehr als ein Name gewesen war: Geschäfts- und Finanzkreisen, der höheren Beamtenschaft, dem gebildeten Landadel. Es war ihnen nicht darum zu tun, ihn im Sinne eines *dernier cri* in Mode zu bringen. Er ist kein Dichter für den jungen Stutzer, und im Gegensatz etwa zu Rousseau, der noch zu Lebzeiten gesellschaftlich hatte herausgeputzt werden müssen, bedurfte Goethe auch keiner posthumen Standeserhöhung; er hatte einen großen Teil seines Lebens unter dem thüringischen Adel zugebracht und war mit manchem einflußreichen Mann befreundet gewesen. Da sie jedoch den führenden Kreisen des Kaiserreichs angehörten und ebendort für Goethe warben, konnten diese Männer die Goethe-Forschung ihrer Zeit an entscheidender Stelle unterstützen. Ohne eine solche Unterstützung hätte zum Beispiel die Goethe-Gesellschaft ihr Programm nicht durchführen können; durch eine Unterstützung von unberufener Seite aber wäre Goethe vielleicht dem Schicksal erlegen, das Rilke jahrelang zu ereilen drohte: als Lieblingsdichter literarisch ehrgeiziger Damen von Adel zu vegetieren.

Neben Herman Grimm war der tüchtigste dieser Goethe-Enthusiasten und -Kenner Gustav v. Loeper, juristischer und Finanzberater des Hauses Hohenzollern. Er hatte zwei für einen preußischen Edelmann ungewöhnliche Liebhabereien, das Klavier (besonders Bach, dessen Werke er Bismarck stundenlang vorspielte) und Goethe. Im Laufe der Jahre brachte Loeper, der auch Kommentare zu *Faust* und *Dichtung und Wahrheit* verfaßte, eine wertvolle Goethe-Bibliothek zusammen. In ähnlicher Vielseitigkeit verwaltete sein Bekannter Woldemar v. Biedermann die sächsischen Eisenbahnen und schrieb in freien Stunden Monographien über Goethes Beziehungen zu Sachsen – *Goethe und Leipzig, Goethe und Dresden.* So wurde er zum Begründer eines Subgenres innerhalb des Goethe-Schrifttums, das heute noch blüht und neben so aufschlußreichen Werken wie Johannes Urzidils *Goethe in Böhmen* (1962) und Michael Ruetz' Bildband *Mit Goethe in der Schweiz* (1979) auch ein paar Bücher gezeitigt hat, die vor lauter Bürgerstolz ein wenig über das Ziel hinausschießen wie Ludwig Bätes *Goethe in Osnabrück* (1970): Goethe ist nie in Osnabrück gewesen, auch wenn er, mit Karl Wilhelm Jerusalem angefangen, viel mit Osnabrückern zu tun gehabt hat. Nachdem Biedermann in den Ruhestand getreten war, gab er *Goethes Gespräche* heraus, eine später von seinem Sohn Flodoard ergänzte Sammlung, die heute noch ein unentbehrliches Hilfsmittel für den Forscher bildet. In Dresden, wo ihn seine Amtspflichten festhielten, schloß Biedermann Freundschaft mit K. v. Beaulieu-Marconnay, der als Kind Zeuge von Weimars großer Zeit gewesen und sich nun als Privatmann mit der dynastischen Geschichte des 18. Jahrhunderts befaßte. Schließlich sollte sich eine ganze Schar von Goethe-Verehrern um diese sächsischen Edelleute sammeln, wie auch um E. v. Simson in Leipzig und Grimm und Loeper in Berlin.

Auf ganz anderer Ebene gelegen und auf lange Sicht wohl auch fruchtbarer als das Werk dieser begabten Amateure war jedoch die Arbeit der germanistischen Fachgelehrten. Es ist als glücklicher Zufall anzusehen, daß sich das Studium der deutschen Literatur als akademische Disziplin zu einer Zeit durchsetzte, als eine Reihe fähiger junger Forscher die Erschließung des Goetheschen Werkes zu ihrer Lebensaufgabe gemacht hatte. Die Germanistik hatte damals gerade ihren Kampf um Anerkennung als ein von der klassischen Philologie unabhängiges Wissensgebiet gewonnen, und innerhalb des neuen Forschungszweiges hatten sich wiederum die Literarhistoriker von der Vormundschaft der philologisch und ästhetisch ausgerichteten Fachkräfte freigemacht, von denen sie bisher im Lehrplan nur eben geduldet worden waren. (Welche Vorurteile es in diesem Kampf zwischen überlieferten und neu eingeführten Disziplinen zu überwinden galt, geht aus der Antwort eines klassischen Historikers der Philosophischen Fakultät zu Königsberg hervor, der auf die Anfrage, ob man Franz Liszt zum Ehrendoktor ernennen solle, erwiderte: »Warum nicht? Man promoviert ja heute auch Chemiker!«) Im Jahr 1873 konnte in München der erste Lehrstuhl für moderne, das heißt nachmittelalterliche deutsche Literatur errichtet werden. Der auf ihn berufene Michael Bernays hatte in seiner Untersuchung *Über Kritik und Geschichte des Goetheschen Textes* (1866) eine Unzahl Verfälschungen zutage gebracht, die Himburg und andere literarische Freibeuter in den Text besonders des *Werther* hatten einfließen lassen. Tatsächlich sollte die genaue Bestimmung dessen, was Goethe geschrieben hatte, auf lange Zeit hinaus die vordringlichste Aufgabe der akademischen Goethe-Forschung bleiben. Jedem exegetischen Versuch hatte die Sicherstellung des Textes vorauszugehen, die nur mittels eines Vergleiches von Varianten, der Ausmerzung von Druckfehlern und Zusätzen von zweiter Hand, und, wo immer möglich, einer Bezugnahme auf das eigene Manuskript des Dichters zu bewerkstelligen ist. Goethe war jedoch ein schlechter Korrekturleser gewesen und hatte so schnell das Interesse an den eigenen Büchern verloren, nachdem sie einmal veröffentlicht waren, daß er gelegentlich selber ein Exemplar kaufen mußte, wenn er dies oder jenes nachlesen wollte. Außerdem hatte er den größten Teil seiner Werke Sekretären diktiert, die nicht immer aufmerksam gewesen sind. Auch hatte es im 18. Jahrhundert keine wirksame Gesetzgebung über das Urheberrecht gegeben, so daß ganze Auflagen nicht nur ohne die Zustimmung, sondern sogar ohne Wissen des Verfassers gedruckt werden konnten. Als der Deutsche Bund schließlich eine solche Gesetzgebung erließ erwarb der Cotta-Verlag die Bestätigung seines ausschließlichen Privilegs zu Goethes Werken, ohne sich freilich der Mühe zu unterziehen, einen Text zu überprüfen, auf dessen Veröffentlichung er praktisch ein Monopol hatte. Dieses erlosch im Jahre 1867, und nun waren alle diese Sünden um so schneller gutzumachen, als andere Klassiker bereits revidiert und in Standardausgaben herausgegeben worden waren wie Lessing von Lachmann und Schiller von Goedeke.

Als sich der Literarhistoriker Wilhelm Scherer als junger Mann bei seinem Straßburger Mentor Karl Müllenhoff mit den Worten einführte »Zu Ihnen komm ich, um das germanische Altertum kennenzulernen – und vor allem die wissenschaftliche Methode!«, da dramatisierte er lediglich eine Tatsache, auf die ihn der Ältere ohnehin hingewiesen hätte: daß »die Methode« der alleinige Schlüssel zum Himmelreich der Germanistik war.[1] Die in den empirischen Naturwissenschaften gängigen Verfahren waren inzwischen in ihrer Ganzheit in die literarische Forschung übernommen worden. (Da sich diese Art der Literatur-»wissenschaft« – ein Ausdruck, der sich bezeichnenderweise nicht genau ins Englische oder Französische übersetzen läßt – an deutschen Universitäten zu einer Zeit einbürgerte, als diese Anstalten verschiedentlich nachgeahmt wurden, verbreitete sie sich über viele Länder und geisterte, wie auf anderen Gebieten später Neue Sachlichkeit und Psychoanalyse, im Ausland selbst dann noch fort, als man in Deutschland bereits aufgehört hatte, darin ein Allheilmittel zu erblicken.) Auf dem Gebiet der Goethe-Forschung bestand nun die Gefahr, daß die rigorose Anwendung dieser pseudowissenschaftlichen Methodik das freischöpferische Element im Kunstwerk gänzlich ignorieren würde, da nicht einmal die feinsten von den Naturwissenschaften entlehnten technischen Handhabungen den künstlerischen Schöpfungsakt und die dichterische Eingebung bemessen konnten. Schon 1877 geißelte Wilhelm Dilthey in dem Aufsatz *Goethe und die dichterische Phantasie* die Sucht, hinter jeder Goetheschen Gestalt ein Individuum zu vermuten, das dem Dichter das Rohmaterial für seine poetischen Gebilde gegeben haben »mußte«. So wurde auch Goethes Leben weniger zu deskriptiven Zwecken unter die Lupe genommen als in der Erwartung,

Parallelen zwischen »Erlebnis« und »Dichtung« aufzudecken – wobei die Schlußfolgerungen, zu denen man gelangte, oft genug aller immanenten Wahrscheinlichkeit entbehrten. Trotz dieser Beschränkungen haben die positivistischen Forscher aber die Aufgaben ihrer Zeit, die Festsetzung des Goetheschen Textes und der Lebensumstände des Dichters, so gründlich gelöst, daß alle späteren Kritiker und Biographen ihnen auch deshalb verpflichtet bleiben, weil viele dieser Wegbereiter ein allumfassendes Wissen mit sprachlicher Meisterschaft und einem wahrhaft apostolischen Glaubenseifer verbanden. Als Bielschowsky und die anderen damaligen Biographen ihre Werke über Leben und Schaffen des Dichters verfaßten, verbreiteten ihre Kollegen das Evangelium Goethes unter der akademischen Jugend: Grimm in Berlin, Bernays in München, Fischer in Heidelberg, Scherer in Straßburg, Hehn im fernen Dorpat. Sie konnten freilich nicht ahnen, daß das eben erst vollendete Bild des »Olympiers« schon kurz nach der Jahrhundertwende überholt sein würde.

Unter den Gesellschaftskritikern der Vorkriegszeit nahm Houston Stewart Chamberlain eine ganz besondere Stellung ein. Mit Naumann, Lagarde, Langbehn, Nietzsche und anderen teilte er die Überzeugung, daß nicht alles, was in der Wilhelminischen Epoche so auffällig glänzte, reines Gold war, und daß die von ihren materiellen und politischen Errungenschaften verblendeten Deutschen gut daran täten, sich auch die Sterilität ihrer Literatur und Kunst, die Seichtheit ihrer Modephilosophie und den Byzantinismus ihres öffentlichen Lebens vor Augen zu halten. Während aber Nietzsche seine Hoffnung auf einen zukünftigen Menschen setzte und Langbehn die seine auf eine Rückkehr zu den altväterlichen Tugenden eines Rembrandt, betrachtete Chamberlain die zeitgenössische Welt als Mann, der selbst zutiefst darin verstrickt war – als Sohn eines aristokratischen englischen Admirals, Schwiegersohn und Biograph Richard Wagners und Vertrauter vieler hochgestellter Persönlichkeiten. Unter diesen befand sich Wilhelm II., den er in dem verhängnisvollen Glauben bestärkte, »S. M.« seien als Werkzeug der Vorsehung zu großen Taten ausersehen. Das Vollbringen großer Taten und besonders das Erschaffen kultureller Werte betrachtete der Antisemit Chamberlain im übrigen als Vorrecht der indogermanischen Rasse. Diese und ähnliche Botschaften verkündete er in den *Grundlagen des 19. Jahrhunderts* (1899), einem verworrenen, aber nicht wirkungslosen Werk, von dem gesagt worden ist, es enthalte nichts, was ganz falsch, und nichts, was ganz richtig sei. Er hat aber auch ein Buch geschrieben, das viel Richtiges und auch Neues enthält: *Goethe* (1912).

Es erschien Chamberlain wertlos, soviel wie möglich über Goethe in Erfahrung zu bringen, es sei denn, daß dieses Wissen uns zu besserem Verständnis der geistigen Struktur des Dichters verhilft. Diese, wie er selbst sagte, »rücksichtslos subjektive« Betrachtungsweise ermöglichte es ihm, manche nebensächliche Daten und Fakten, wie zum Beispiel den äußeren Lebenslauf Goethes (den er in einem kurzen Abriß erledigte), außer acht zu lassen und statt dessen um so tiefer in dessen Persönlichkeit einzudringen. Was er entdeckte, oder vielmehr wiederentdeckte, da der Dichter selber die ihm zugeschriebene übernatürliche Harmonie nie für sich beansprucht hatte, war das wahre Wesen des inneren Gleichgewichts Goethes. Das Einmalige an letzterem war die Fähigkeit, eine Anzahl von Spannungen (zwischen Handlung und Reflexion, geistiger Universalität und bewußter Selbstbeschränkung, Urteilskraft und auf sinnlicher Wahrnehmung beruhendem Schöpferdrang) auszugleichen, von denen jede einzelne einen geringeren Menschen zerrissen hätte. Wie schon Carlyle vermutet hatte, vermochte Goethe die Anstürme des Lebens nicht *wegen,* sondern *trotz* seiner inneren Konstitution zu überstehen – einer Konstitution, die immer wieder in Gefahr war, von Verzweiflung, Enttäuschung und übergroßer Empfindsamkeit zerstört zu werden.[2] So war ihm sein inneres Gleichgewicht keineswegs angeboren; im Gegenteil, er mußte es sich mit schmerzvoll gewonnener Selbstkenntnis und großem Willensaufwand immer wieder von neuem erkämpfen. Mit dieser Entdeckung, die Chamberlain nicht allein gemacht, doch zuerst zum Dogma erhoben hat, war die Legende von der gottgegebenen Harmonie der Goetheschen Seele ein für allemal widerlegt.

Bei der Untersuchung einzelner Aspekte des Goetheschen Lebens und Werkes gelangte Chamberlain zu nicht weniger bedeutsamen Funden. So berichtigte er zum Beispiel die auf einer oberflächlichen Deutung der berühmten Stelle in *Dichtung und Wahrheit* beruhende und noch von Dilthey geteilte Annahme, daß die Werke in der Hauptsache nur kathartische »Konfessionen« seien. Anstatt sich dieser verführend einfachen These zu verschreiben, definierte er Goethes besondere Weise, das sinnlich Erfaßte in einen Ein-Druck zu verwandeln, der dann gleichsam in eine allgemeinverständliche dichterische Form gegossen wird. Bei der Diskussion über den Naturerforscher Goethe (wie er ihn zur Unterscheidung von den experimentellen Naturforschern nennt) war es Chamberlain weniger um die Vielseitigkeit der Goetheschen Bemühungen zu tun als um das Charakteristische an ihnen: den Drang, Grenzen und Verhalten der organischen und anorganischen Natur zu bestimmen. Auch in bezug auf Goethes Freundes- und Bekanntenkreis erhellte er manches Verhältnis mit ungewöhnlichen Streiflichtern. So sah er in Charlotte v. Stein weniger die Frau, die Goethes inneren Aufruhr beschwichtigte, als dessen gesellschaftliche Patin: Sie war es, die den Frankfurter Bürgersohn in das Hofleben einführte, und als dies geschehen war, kühlte sich das Verhältnis schnell ab (noch Bielschowsky hatte diese Funktion Jeannette Luise v. Werthern zugeschrieben). Auch schenkte Chamberlain dem sonst als subaltern übersehenen »Kunschtmeyer« eine Aufmerksamkeit, die in anderen Biographien nur Eckermann, Riemer und bestenfalls noch Zelter zukommt. Akzentverschiebungen dieser Art werden durchweg gut belegt, auch in Fällen, wo Chamberlain damals noch unberührten Boden betritt wie im Kapitel »Der Praktisch Tätige«, in dem nicht nur Goethes administrative Leistungen wie die Gründung der (Neuen) *Jenaischen Allgemeinen Literaturzeitung* oder die Reorganisation der dortigen Universitätsbibliothek besprochen werden, sondern vor allem versucht wird, die Charakter- und Geistesgaben aufzudecken, die es dem Dichter ermöglichten, sich erfolgreich als ausführendes Organ zu betätigen – zum Beispiel Entschlußkraft und Verantwortungsfreude, Bereitschaft, sich den Fachleuten anzuvertrauen auf Gebieten, auf denen er (wie in der Mathematik) wenig formale Bildung besaß und anderes mehr. Hingegen ist das Schlußkapitel, das den Zeitgenossen am meisten imponiert hatte, heute nur noch von historischem Wert. Der Kantianer Chamberlain hat den jungen, instinktgejagten Goethe arg vernachlässigt, und einem Leser, der nicht tief aus dem Bronn der idealistischen Philosophie getrunken hat, wird diese Einführung in Goethes Lebensweisheit wenig zu sagen haben.

Nach Konvertitenart war Chamberlain geneigt, die Artikel seines neuen Glaubens zu übertreiben. Seine Verhimmelung alles dessen, was irgend deutsch war, ließ ihn später sein Vaterland, das »perfide Albion«, mit derart geifernder Anglophobie angreifen, daß selbst einige Deutsche über die *Kriegsaufsätze* von 1914-1918 erröteten. Seinem Glauben an die Überlegenheit der arischen und besonders der deutschen Rasse entspringen einige schiefe Behauptungen, etwa daß Frau v. Steins Verstandes- und Gefühlskälte »typisch schottisch« gewesen seien (ihre Mutter war eine Irving of Drum) oder daß Goethe die Juden gehaßt und gefürchtet habe. Chamberlains große Leistung bleibt jedoch bestehen: Der von ihm erbrachte Beweis, daß in Goethe viele diametral entgegengesetzte Instinkte, Interessen und Fähigkeiten nebeneinander bestanden und daß das Zusammenwirken dieser Kräfte, die täglich neu auszugleichen und fruchtbar zu machen waren, das einst als kampflos, bisweilen sogar als gemütlich angesehene Leben des Dichters ins Tragische, aber auch Heroische erhob. Wenn man hinzufügt, daß Chamberlains Herausarbeiten besonders der naturwissenschaftlichen und administrativen Fähigkeiten Goethes im Licht seiner Suche nach der Triebfeder der Goetheschen Persönlichkeit anzusehen ist, so gelangt man zu dem Kernproblem, das dieses Buch aufwirft: Welche Bedeutung ist diesen nicht-literarischen Dimensionen in einer zukünftigen »idealen« Goethe-Biographie beizumessen? Es ist offensichtlich, daß dieser Mensch nicht verstanden werden kann, ohne daß man sich gründlich in seine Arbeiten auf anderen, mit der Dichtkunst nicht unmittelbar verbundenen Gebieten vertieft – Arbeiten, in denen er Hervorragendes geleistet hat und ohne die er nicht der Dichter geworden wäre, den wir bewundern. Aber bewundern wir nicht den *Dichter* weit mehr als den begabten Wissenschaftler, verantwortungsbewußten Minister und tüchtigen Zeichner? Oder um die Frage im Rahmen eines aktuellen Themas zu formulieren: Inwiefern muß oder darf zum Beispiel die heute viel kommentierte Tatsache, daß die moderne Farbphotographie der Goetheschen Optik zutiefst verpflichtet ist, unsere Stellung zum Dichter des *Faust* beeinflussen? Für die positivistischen Biographen existierte dieses Problem kaum; sie beschränkten sich darauf, die vielen Fäden, aus denen das Gewebe dieses Lebens und Werkes besteht, mit der ihnen eigenen Gründlichkeit aufzuzählen. Seit Simmel haben sich die Biographen aber vor allem bemüht, nicht einzelne Mosaiksteinchen, sondern Goethes Totalität darzustellen. Die Form ihrer Werke gleicht nicht mehr einer geraden Linie, die nach Belieben verlängert werden kann, sondern einem Kreis, in dessen Mittelpunkt dasjenige steht, was dem betreffenden Beschauer als die treibende Kraft der Goetheschen Persönlichkeit erscheint. – Über seiner begeisterten Entdeckung des »wahren« Goethe verlor Chamberlain allerdings die dichterischen Werke so aus den Augen, daß er annahm, Goethe wäre auf jeden Fall ein genialer Künstler geworden und habe sich sozusagen nur zufällig zum Dichter entwickelt. Diese Auffassung sollte von Gundolf bald berichtigt werden; weitere Fehlurteile Chamberlains, über Goethe und manches andere, wirkten sich jedoch verhängnisvoll aus, weil sie von den Nationalsozialisten alsbald übernommen und verbreitet wurden: Ein Schicksal, das Chamberlain freilich eher verdient hatte als sein Leidensgenosse George.

Der Tag, an dem Stefan Georges Platz in der deutschen Literatur festgesetzt werden kann, ist wohl noch fern. In den Jahren vor dem Ersten Weltkrieg schien er bestimmt, einer der größten Lyriker der Neuzeit zu werden. Er hat diese Erwartung nicht erfüllt, aber sein Einfluß ist nichtsdestoweniger tief und nachhaltig gewesen. In einer Periode zunehmender Gleichförmigkeit verteidigte er leidenschaftlich den Primat, ja die Führer- und Prophetenrolle der schöpferischen Einzelpersönlichkeit. Er verachtete den Materialismus der Zeit und bekämpfte ihn, indem er die Pflichten des Künstlers – besonders des Dichters, der ihm als willensstarker Bildner zeitloser Schönheit galt – noch eindrücklicher betonte und vorzuleben suchte als dessen Vorrechte. Im Gegensatz zu Nietzsche, mit dem er in mancher Hinsicht zu vergleichen ist, war George jedoch mit einigen Idiosynkrasien gesegnet (oder belastet), die ihn und seine Jünger im Kreis oder Staat auch äußerlich von der prosaischen Mitwelt absonderten. Nicht die geringste seiner Eigenheiten war seine (nicht grundlose, dennoch nicht ganz gerechtfertigte und deshalb vielleicht doppelt anstößige) Überzeugung, daß er selber ein großer Dichter sei, ein Hüter des Glaubens, ein Verkünder des Kommenden, ein *vates* im Sinne Dantes. Ebenfalls im Unterschied zu Nietzsche betrachtete und gebärdete er sich nicht nur als Prophet, sondern zum Teil auch als Messias. So war auch seine Haltung zu Goethe weniger von akademischem Wissen bestimmt, das er zu verachten vorgab – von ihm führte seiner bekannten Aussage nach kein Weg zur Wissenschaft –, als von einer postulierten Geistesverwandtschaft.

Wie unzeitgemäß seine Ansichten waren, erwies sich im Jahre 1899, als er zusammen mit Karl Wolfskehl eine Anthologie deutscher Dichtung herausgab. Der Untertitel der beiden letzten Bände, *Das Jahrhundert Goethes,* deutet an, wie er diesen einschätzte: Goethe hatte einem Jahrhundert deutscher Literaturgeschichte seinen Namen gegeben, aber nun waren neue Dichter in den Vordergrund getreten wie George selber, die dem aufdämmernden Zeitalter ihren Stempel aufdrücken würden. Zu einer Zeit, da Ausführlichkeit oft schon als Tugend gewertet wurde, beschränkten sich die Herausgeber auf nur zwölf Dichter. Sie ließen den volkstümlichen Uhland aus und brachten den lange vernachlässigten Hölderlin; sie tadelten Schiller als zu rhetorisch und Heine als oberflächlich; und sie wählten von Goethe nicht die vom Naturalismus und Expressionismus bewunderten Sturm-und-Drang-Gedichte, sondern Werke des reifen Klassikers: nicht *Der König in Thule* oder *An Schwager Kronos,* sondern *Trilogie der Leidenschaft* und Proben aus dem *West-östlichen Divan.* Noch stärker unterstrich George die Exklusivität seiner Auffassung von Goethe in der letzten Strophe des zur Feier des 28. August 1899 verfaßten Gedichts *Goethe-Tag*:

»Ihr nennt ihn euer und ihr dankt und jauchzt –
Ihr freilich voll von allen seinen trieben
Nur in den untren lagen wie des tiers –
Und heute bellt allein des volkes räude ...
Doch ahnt ihr nicht daß er der staub geworden
Seit solcher frist noch viel für euch verschließt
Und daß an ihm dem strahlenden schon viel
Verblichen ist was ihr noch ewig nennt.«

Was an Goethe bereits verblichen und was an ihm noch verschlossen ist, hat George freilich nie klar gesagt – es sei denn durch den Mund seines zeitweisen Lieblingsschülers Friedrich Gundolf, dessen 1916 erstmalig veröffentlichter *Goethe* allerdings ein Meisterwerk der deutschen Biographik darstellt. Hier gibt es keinen Zwiespalt von Leben und Werken; diese sind nicht mehr Meilensteine in einer chronologischen Entwicklungslinie oder ein Kreis um den Mittelpunkt der Persönlichkeit, sondern Ausstrahlungen einer Kugel, deren Kern uns immer verborgen bleiben wird. Das Buch enthält dementsprechend wenig Auskunft über Goethes Lebenslauf, ja es vermeidet sogar, als »Gemeingut und Gemeinplatz«, die in so mancher Biographie als obligat zitierten Zeilen:

»Vom Vater hab ich die Statur,
Des Lebens ernstes Führen,
Vom Mütterchen die Frohnatur
Und Lust zu fabulieren.«

So ist Gundolfs Methode eher biozentrisch als biographisch zu nennen, denn sie befaßt sich nicht mit dem Leben, sondern mit dem sich in den Werken enthüllenden spezifischen inneren Wesenskern des Dichters. Dessen geistige Form wurde nach Gundolf von gewissen »Urerlebnissen« religiöser, titanischer und erotischer Natur sowie von »Bildungserlebnissen« wie der Entdeckung der deutschen Vergangenheit, Shakespeares, Italiens usw. geprägt. Gundolf läßt die traditionelle Einteilung in lyrische, dramatische und epische Werke als belanglos außer acht und ersetzt sie durch andere Kategorien, in die er Goethes Werke nach dem Grad der Unmittelbarkeit einordnet, mit der sie seine innere Form wiedergeben. Diese drei »Zonen« Goethescher Dichtung sind die lyrische, die symbolische und die allegorische. (Sie stimmen natürlich nicht mit den Begriffen überein, deren Stelle sie einnehmen; die lyrische Zone, in der Goethes Wesen seinen echtesten Ausdruck fand, schließt sowohl den epischen *Werther* wie den dramatischen *Urfaust* ein. Im allgemeinen ist Gundolf die Interpretation der zur lyrischen Zone gehörigen Werke am besten, die der in die allegorische aufgenommenen am wenigsten gelungen. Der neuartige Querschnitt wirkt sich in seltsam geformten »Scheiben« aus: je ein Kapitel über *Elpenor* und *Pandora*, aber keines über *Götz von Berlichingen*.)

Dadurch, daß er Goethe dergestalt aus dem Bezugssystem herauslöst, mit dessen Hilfe dichterische Größe definiert zu werden pflegt, schafft Gundolf bewußt einen Mythos: nicht durch absichtliche Verfälschung, sondern indem er Goethe zum Symbol einer fleischgewordenen Poesie erhebt. Wie Bertrams Nietzsche-Legende und ähnliche Stilisierungen, stellt dieser Goethe-Mythos einen Versuch zur Aufwertung großer symbolträchtiger Gestalten aus der Vergangenheit dar, eine jener Ehrenrettungen von seiten des George-Kreises, die zu einer Zeit unternommen wurden, als viele dieser Gestalten ihres Glorienscheins beraubt und ihre Leistungen als Reaktionen auf die Anreize wirtschaftlicher Zustände, rassischer Vererbung und anderer, von der jeweils in Wissenschaft, Literatur und Politik herrschenden Tagesmode diktierter Faktoren erklärt wurden. Gundolfs besonderes Verdienst ist es, die Teile wieder zusammengesetzt zu haben, in die Goethe zerlegt worden war, und dem wiederhergestellten Ganzen Leben, ja Feuer einzublasen.

Trotz seiner umfassenden Sicht war Gundolf nicht ein Mann, der sich zu Abstraktionen und Verallgemeinerungen hinreißen ließ. Es ist zum Beispiel nicht anzunehmen, daß seine Ermittlungen über die Verjüngung der deutschen Sprache durch Goethe sowohl in ihrer allgemeinen Formulierung wie in der Schärfe detaillierter Beobachtungen (etwa über Synästhesie als Stilmittel und Ausdruck innerer Form oder den Gebrauch des *participium praesentis*) verbessert werden können. Als Beispiel der Kraft und Bündigkeit, mit der hier manche Tatsache in neues Licht gerückt wird, mögen folgende Ausführungen über Goethes Stellungnahme zur Französischen Revolution dienen. Sie übertreffen heute noch an Einsicht und Eleganz alles, was die »bürgerlichen« Literarhistoriker und ihre marxistischen Widersacher zu diesem Thema beigetragen haben: »Die Unordnung, nicht die Ungerechtigkeit, war ihm als einem Sinnen- und Augenmenschen das Unerträgliche: Denn die Unordnung sieht man, die Ungerechtigkeit denkt man nur ... sie springt nicht in die Augen, sondern entsteht erst durch Reflexion an einer sittlichen Forderung. Goethe war also im Prinzip weder Demokrat noch Aristokrat: Derartige Prinzipien anerkannte er nicht, er kannte nur Anschauungen und Empfindungen. Trat ihm die demokratische Revolution nicht als vages Pfuschen, sondern als bestimmtes Genie entgegen, wie in Mirabeau, wie in Napoleon, so bewunderte er sie: Denn hier legitimierte sie sich als Können, als Ordnung.«[3]

Es war in der Hauptsache dieser Biographie und Spenglers fast gleichzeitigem *Untergang des Abendlandes*, bei dem der tote Goethe als Taufpate bemüht worden war, zu verdanken, daß der Dichter nicht von dem durch die Ereignisse von 1918 ausgelösten Zusammenbruch des deutschen Idealismus betroffen wurde, als ein in den Grundfesten seiner seelischen und ökonomischen Existenz erschüttertes Volk viele seiner geistigen Ahnen (darunter Kant, Hegel, Schiller, Wagner) auf die Waagschale legte und für die Bedürfnisse der Zeit zu leicht befand. Kaum ein anderes Werk über Goethe hat so viel Bewunderung und Kritik erfahren wie Gundolfs. Georg Simmel, selber Verfasser einer bahnbrechenden Goethe-Interpretation, begrüßte es als Erschließung eines nicht unkritischen, aber positiven und vor allem lebendigen neuen Goethe-Bildes; Adolf v. Grolman, ein tüchtiger Germanist der alten Schule, nahm es nur unwillig zur Kenntnis; Benedetto Croce, der damals bedeutendste ausländische Goethe-Verehrer, protestierte gegen die ihm zugrundeliegende Annahme einer mystischen Einheit von Leben und Werk; die literaturwissenschaftliche Zeitschrift *Euphorion* mußte der kritischen Auseinandersetzung mit Gundolf noch 1921 eine ganze Extranummer widmen.

Das Werk hat Schwächen, aber sie sind eher potentieller als realer Natur. So originell es ist, läßt sich das von Gundolf für Goethe geschmiedete Gerüst schwerlich auf andere Themen, ja auch nur auf Biographien anderer Dichter übertragen: Wenn Goethe tatsächlich ein eigenen Gesetzen unterworfener Künstler war, dann dürfen wir nicht hoffen, eigens für ihn geschaffene Maßstäbe auch auf andere anwenden zu können. Und wenn Gundolf *implizite* ebenfalls eigene Gesetze für sich beansprucht, so werden weniger bedeutende Schriftsteller dort scheitern, wo er erfolgreich war. Bei einem Autor dieses Kalibers übersieht man viele Eigenwilligkeiten des Stils und der Zeichensetzung wie den Reichtum an Eigenschaftswörtern, das fast vollständige Fehlen von Satzzeichen, die willkürlichen Wortschöpfungen wie »umglühn« und »betochtern« sowie die allzu persönlichen Aussagen zum Beispiel über Politik oder Ehe.[4] Diese Seltsamkeiten gehen zum großen Teil auf George zurück, und was bei ihm und Gundolf gelegentlich erhaben ist, wirkt leicht lächerlich, wenn es aus anderer Feder fließt. Auch das, was man Gundolfs »mephistophelisches Lächeln« über die minuziösen Textverbesserungen weniger phantasiereicher Goethe-Forscher bezeichnet hat, verzeiht man diesem Mann, der bei aller gespielten Gleichgültigkeit gegenüber Daten und textkritischen Einzelheiten dennoch außerordentlich goethefest war. Bei einem weniger begabten Biographen würde man das Fehlen von Anmerkungen, Quellenangaben und Hinweisen auf die Arbeit anderer Forscher als anmaßend empfinden. Beim Lesen dieser Biographie wird man an Herman Grimm gemahnt, mit dem Gundolf trotz aller Unterschiede in Methode und Ziel manches gemein hat: Beide verfügten über ein gründliches Fachwissen, ignorierten aber ihre Kollegen und gaben vor, alles gelehrte Gerüst (das sie sorgfältig vom fertigen Bau ihrer Werke entfernten) zu verachten; beide ließen überhaupt alles weg, was ihnen als nicht zur Sache gehörig erschien, darunter einige Personen, die im Leben des Dichters eine so große Rolle spielten, daß sie in orthodoxeren Biographien unweigerlich anzutreffen sind.[5]

Gundolfs Biographie sollte für einige Zeit die letzte größere bleiben, die Goethe als Phänomen *sui generis* darstellte – eine rühmliche Tradition, die fünfundsiebzig Jahre vorher mit Carus eingesetzt hatte. In den Zwischenkriegsjahren machte sich ein neuer Gesichtspunkt in der deutschen Goethe-Forschung geltend: der geistes- oder ideengeschichtliche. Durchaus repräsentativ für die in diesem Zeichen unternommenen Forschungen war Hermann August Korffs *Geist der Goethe-Zeit* (1923 bis 1953), dessen Hauptthesen auch in einer Reihe zusätzlicher Schriften ausgearbeitet wurden. Anstatt ihre Unterschiede zu betonen, versuchte Korff, die Gemeinsamkeiten an Sturm und Drang, Klassik und Romantik aufzuzeigen. Er betrachtete diese Bewegungen als getrennte, aber parallele Reaktionen auf die Aufklärung, als literarische Komponenten zur Blüte der idealistischen Philosophie von Kant bis Schopenhauer, vor allem als quasi-religiösen Niederschlag eines goldenen Zeitalters, das sich durch einen größeren Ideenreichtum auszeichnete als die klassischen Perioden anderer Literaturen. Auf diesem geistigen und künstlerischen Hochplateau von 1770-1830 war Goethe nur ein *primus inter pares,* und zwar hauptsächlich ein Denker: Ein Dichter, gewiß, und sogar ein großer, doch in erster Linie ein Dichter, dessen Hauptaufgabe es war, den Problemen, die die Gedankenwelt seiner Zeit beherrschten, symbolischen Ausdruck zu verleihen. Diese Neigung, in ihm weniger den genialen Sprachschöpfer und künstlerischen Einzelgänger zu sehen als den Repräsentanten jener Periode, die seit Dilthey immer häufiger »Deutsche Bewegung« genannt wurde, hatte zwei Folgen. Sie brachte eine Untersuchung gewisser Seiten des

Dichters mit sich, die bisher unbeachtet geblieben waren und nun ins Tageslicht traten, und führte zugleich zu einer Neubewertung der tragenden Ideen der deutschen Klassik. Schon vor Korff hatte der Philosoph Ernst Cassirer das Problem von *Freiheit und Form* im deutschen Denken von Leibniz zu Hegel untersucht (1916). In den zwanziger und dreißiger Jahren folgten dann Franz Schultz' *Klassik und Romantik der Deutschen*, eine im Zeichen Nietzsches durchgeführte Untersuchung des von Goethe und seinen Zeitgenossen gehegten klassisch-griechischen Ideals, sowie viele andere Werke über allgemeine geistige und literarische Anliegen der Goethe-Zeit.[6]

Diese grundlegenden Untersuchungen wurden durch spezialisierte Arbeiten vertieft. So war es zum Beispiel nicht überraschend, daß man sich in jenen Tagen schneller und radikaler sozialer Umwälzungen für die soziologischen Aspekte des Goetheschen Werkes zu interessieren begann. Einige der diesbezüglichen Abhandlungen, etwa die Beiträge von Friedrich List und Georg Keferstein, sind wissenschaftlicher Natur und gehen ins einzelne; andere erschienen in essayistischer Form wie Thomas Manns *Goethe als Repräsentant des bürgerlichen Zeitalters*. Sie sind zum Teil auf eine neue Disziplin zurückzuführen, die in den Jahren nach 1918 aufkam: die literarische Anthropologie, ein ursprünglich von Dilthey und Unger vorgezeichnetes Forschungsgebiet, das sich die literaturwissenschaftliche Verwertung der von Kretschmer, Klages und Jung entwickelten typologischen und charakterologischen Begriffe zur Aufgabe machte. Ein besonders aufschlußreiches Experiment in der Nutzbarmachung dieser Kategorien war Gertrud Reitz' *Die Gestalt des Mittlers in Goethes Dichtung* (1932), in dem die wiederkehrende Figur des Mittlers (der ja in den *Wahlverwandtschaften* sogar mit diesem Namen belegt wird) von verschiedenen Gesichtspunkten durchleuchtet wurde: literaturgeschichtlich als Abkömmling des »gracioso« der spanischen Bühne, ästhetisch als Mittel zur Abwehr oder Überbrückung des tragischen Konfliktes, charakterologisch als Anzeichen, daß Vermittlung, im Unterschied zur tragischen Intransigenz anderer Dramatiker, für Goethe nicht nur technisches Hilfsmittel war, sondern vor allem Ausdruck eines tiefen seelischen Bedürfnisses. Der umstrittenste Typ jedoch, den Goethe erschaffen oder zumindest zu symbolhaltiger Größe erhoben hatte, war Faust, oder in diesem Zusammenhang vielmehr dessen Modifikation zum faustischen Menschen, wie ihn Spengler damals gerade populär gemacht und in seinem Hauptwerk mit dem apollinischen und magischen Typ verglichen hatte. Spenglers unscharfe Definition und Anwendung des Begriffs hatte wiederholte Überprüfungen der charakterologischen Eigenheiten des Goetheschen Helden zur Folge. So verteidigte zum Beispiel Werner Schultz in *Wilhelm von Humboldt und der faustische Mensch* Goethes Faust gegen einige der schlimmsten Entstellungen, denen dieser unterworfen worden war, indem er sich auf den Wortlaut der Tragödie berief und die Idee des Faustischen innerhalb dieses Rahmens von neuem interpretierte.[7] K. J. Obenauer, Heinz Kindermann und vor allem Hans Schwerte in seiner grundlegenden Arbeit über *Faust und das Faustische. Ein Kapitel deutscher Ideologie* (1962) haben das gleiche Problem inzwischen von mehr generischem Gesichtspunkt aus betrachtet. Das revolutionärste Werk dieser Art war jedoch Wilhelm Böhms *Faust, der Nichtfaustische,* das ursprünglich 1933 erschien und später in der Form eines Kommentars als *Goethes Faust in neuer Deutung* neuaufgelegt wurde. Anstatt im Helden Goethes *alter ego* zu erblicken, betonte Böhm die Unterschiede zwischen dem Dichter und seinem Geschöpf. In dieser Sicht erscheint Faust als selbstberauschter Abenteurer in einem Drama, das, weit davon entfernt, das unablässige Streben des Menschen zu verherrlichen, in Wirklichkeit eine Satire auf einen von vorgefaßten Meinungen und einem manisch-depressiven Temperament hin- und hergeworfenen Schwächling darstellt. Es sind nicht die Wissenschaften, die sich als ungenügend erweisen, sondern Faust, der aus Philosophie, Juristerei, Medizin und leider auch Theologie keine Nahrung zu ziehen vermag. Er ist somit kein Held, zu dem man aufschauen kann, sondern, wie Werther, Opfer seiner eigenen Unzulänglichkeiten und warnendes Beispiel eines lebensunfähigen Menschen.

Es wäre vielleicht zuviel gewesen, wenn man erwartet hätte, daß die von den großen Bahnbrechern der psychoanalytischen Forschung an den Tag gelegte Zurückhaltung in bezug auf eine unkritische Generalanwendung ihrer Theorien auch von denen eingehalten werden würde, die diese Theorien popularisiert und, um das Kind beim Namen zu nennen, verballhornt haben. Mehr als bei anderen Richtungen, die die neuere Goethe-Forschung eingeschlagen hat (mit alleiniger Ausnahme der auf politischen Doktrinen beruhenden Interpretationen), muß hier zwischen verantwortungsvollen und sensationellen Beiträgen unterschieden werden. Die eine Kategorie wird von Autoren wie Freud, Adler, Jung und dem Literarhistoriker Walter Muschg vertreten. Die Zweifel, die diese Männer an der Möglichkeit hegten, die psychologische Struktur eines Dichters eindeutig und unwiderlegbar aus dem Text seines Werkes herauszulesen, hat Carl Gustav Jung wie folgt ausgedrückt: Der gegenwärtige Stand der psychologischen Wissenschaft, die – beiläufig gesagt – die jüngste aller Wissenschaften ist, erlaubt es keinesfalls, strikte Kausalzusammenhänge in diesem Gebiet aufzustellen, was sie als Wissenschaft eigentlich müßte.[8] In den wenigen Fällen, in denen zuständige Psychoanalytiker solche Zusammenhänge tatsächlich postulierten, gingen sie mit beispielhafter Vorsicht zu Werke, wie Adler bei seinen Bemerkungen über die Bibel, Shakespeare, Goethe und Dostojewski (in *Praxis und Theorie der Individual-Psychologie*), Otto Rank in seiner Abhandlung über *Das Inzest-Motiv in Dichtung und Sage* und Freud selber bei seiner Analyse der bekannten Szene, in der Goethe das Geschirr zum Fenster hinauswarf *(Eine Kindheitserinnerung aus »Dichtung und Wahrheit«)*; gerade Freud war als Goethe-Kenner darauf bedacht, seine diagnostischen Spekulationen hier ausdrücklich auf dieses spezielle Symptom zu beschränken. Am anderen Ende der Skala stehen Autoren wie Wilhelm Stekel, der eine Reihe von pseudo-wissenschaftlichen Machwerken über diese Fragen vom Stapel ließ und schließlich selbst seinen klinisch abgehärteten Kollegen solchen Schrecken einjagte, daß Freud ihn öffentlich verstoßen mußte, und Felix Theilhaber, dem Goethes Dichtung in erster Linie eine Kompensation für sexuelle Minderwertigkeitsgefühle bedeutet. Der Eindruck, den ein so erfaßter Goethe hinterläßt, ist freilich recht trübe; und Theilhabers Versuch, das Unerklärliche mit Hilfe des Belanglosen zu deuten, wird durch seine Unkenntnis der Werke vollends entkräftet.[9] Wie auch den ernstzunehmenden Psychoanalytikern ist es ihm besonders um zwei biographische Einzelheiten zu tun, denen sonst wenig Beachtung geschenkt wird: Goethes Vererbung und der (hier als pathologisch angesehenen) Zuneigung zur Schwester Cornelia.

Im Geist einer allgemeinverständlich gemachten Psychoanalyse wurde auch eine der erfolgreichsten aller Biographien verfaßt – Emil Ludwigs *Goethe* (1920), die es bereits im ersten Jahrzehnt auf nicht weniger als vierunddreißig Auflagen brachte. Es handelt sich hier um einen geschickt aufgemachten Bestseller, dessen Verfasser es sich zur Aufgabe gemacht hat, den Dichter seiner beiden Gloriolen als jugendlicher Apollo und greiser Olympier zu entkleiden. In der Tat entkleidet das Buch Goethe so ziemlich aller Qualitäten, die ihn zu dem machten, was er war. Es ist ein romanhaftes Exposé des »wirklichen« Goethe, der Ludwig zufolge von den Nöten seines Trieblebens am freien Gebrauch seiner großen Gaben gehindert wurde. Der treuherzig klingende Untertitel »Geschichte eines Menschen« bereitet den ahnungslosen Leser allerdings nicht auf die Begegnung mit einem Dichter vor, der die Mentalität eines Glücksspielers mit einer Vorliebe dafür verband, die guten

Leute von Frankfurt, Wetzlar und Weimar zu schockieren. Ludwig gibt uns zu verstehen, daß Goethes Leben eigentlich nur vom blinden Zufall geleitet wurde (daher die vielen Hinweise auf Briefe und Gespräche als auf »unverarbeitete« Wahrnehmungen des Dichters), anstatt von moralischen, künstlerischen oder sonst als organisch anzusprechenden Prinzipien. Es fehlt auch nicht an aufsehenerregenden Behauptungen, etwa daß Charlotte v. Stein Goethes Geliebte gewesen sei und daß dieser als erfahrener Lebemann sowohl sie wie Christiane dadurch festzuhalten verstand, daß er die eine in den Augen der anderen herabsetzte – bis er Charlotte wegen ihres fortgeschrittenen Alters den Laufpaß geben mußte. Trotz dieser und ärgerer Entgleisungen hat die Biographie ihren Wert, weil sie das Untergründig-Dämonische in Goethe hervorhebt und dessen Bedeutung für uns nicht nur in den allbekannten Stücken und Romanen erblickt, sondern auch in dem, was man die »angewandte Lebensweisheit« seines Alters nennen könnte, wie sie in Briefen, Unterhaltungen, Tagebüchern und Aphorismen zutagetritt.

Im ganzen gesehen wirkte sich die Anwendung psychoanalytischer Methoden in der Goethe-Forschung am ertragreichsten in der Aufwertung bisher als unbedeutend vernachlässigter Werke aus (Fragmente, Nachahmungen, frühe Versuche). Dies war insofern zu begrüßen, als sich diese Methoden tatsächlich besser zu entwicklungsgeschichtlichen Untersuchungen eignen als zur Würdigung eines fertigen literarischen Produktes. (Freud, dessen Interpretation eines recht unbedeutenden Werkchens, Jensens *Gradiva,* die erste klassische Untersuchung eines literarischen Phänomens von diesem Standpunkt aus darstellt, war bekanntlich selber durch ein unvollendetes Werk, das Goethe zugeschriebene *Fragment über die Natur,* in seinem Entschluß bekräftigt worden, Medizin zu studieren.) Im Rückblick auf die zwanziger Jahre, in denen sie ihren Höhepunkt erreichte, ist man versucht zu meinen, daß die psychoanalytische Werkbehandlung trotz, ja gerade wegen ihrer Betonung des Menschlich-Allzumenschlichen ein nicht unerwünschtes Gegengewicht zur Mythosbildung der Georgianer gebildet haben mag. Am wertvollsten war sie in den Händen derjenigen Literaturforscher, die sie nicht als Zauberschlüssel gebrauchten zum Öffnen von Türen, die am besten geschlossen bleiben, sondern als vorsichtig anzuwendendes Hilfsmittel zur Auslegung einzelner Werke. So hat sich Böhm ihrer in seinem *Faust*-Kommentar bedient und später Hans Pyritz in seiner ausgezeichneten Arbeit über *Marianne von Willemer.*

In den Jahren nach dem Ersten Weltkrieg wurden auch Goethes religiöse

Anschauungen und Praktiken in neuem Licht betrachtet. Neben Forschungen über die verschiedenen Stadien seiner religiösen Entwicklung gab es auch solche, die mehr oder minder *sub rosa* darauf zielten, einer in ihrem Glauben schwer geprüften Generation das Beispiel von Goethes tiefer und doch unorthodoxer Religiosität vor Augen zu führen. Dieses pädagogische und therapeutische Element kommt schon in der Widmung – »Den Suchenden« – von Karl Justus Obenauers *Goethe in seinem Verhältnis zur Religion* zum Ausdruck, und in Titeln wie *Goethe als Erzieher* von Robert Zilchert oder *Die Rettung des Abendlandes durch den Geist der Goethe-Zeit.* Der Verfasser dieses Werkes, Friedrich Muckle, setzte sich mit Spenglers Ansicht auseinander, daß der Blütezeit jeder nationalen Kultur eine Phase der bloßen Zivilisation folgt, wie jene, die den Verfall des römischen Weltreiches einleitete und nun das ganze Abendland zu überkommen schien. In Muckles Sicht wird jedoch eine solche dem Wesen nach technologische, anti-individualistische, atheistische Zivilisationsepoche mit stark differenzierter ökonomischer Struktur und erstarrtem Kulturleben ihrerseits noch einmal von einem Stadium der Spätkultur abgelöst – einer Renaissance, die im Babylon des Hammurabi, im China des Lao-tse, im Indien des Gautama Buddha, im Griechenland Platos und der Stoa und auch in jenem Zeitalter europäischer Geschichte zu beobachten ist, das mit Shaftesbury eintrat und in Goethe gipfelte. Den Grund für den Zerfall der von der deutschen Klassik geschaffenen Werke erblickt Muckle in unserer Mißachtung eines Gesetzes, das bestimmt, »daß, sobald der Mensch nicht mehr weiß, daß es einen Gott gibt, der das Hohe gebietet, schwere Schläge ihn treffen und das, was fromme Vorfahren aufgebaut, zusammenstürzt«. Dennoch ist eine Rückkehr zu den traditionellen Religionen mit ihrem dogmatischen Rüstzeug unmöglich. Was uns allenfalls noch retten könnte – oder vielmehr im Jahre 1932 hätte retten können – ist eine Rückkehr zu Goethe, dessen Weltanschauung ein auch im 20. Jahrhundert lebensfähiges Moralsystem darstellt, unter anderem, weil sie auf jenem Geist der freien wissenschaftlichen Forschung beruht, ohne den wir nicht mehr leben könnten. Die ersten zwei der vorgesehenen acht Bände legen dementsprechend Goethes religiöse Ansichten dar; diese Eingangsgedanken sind, wie es das ganze Werk sein sollte, gegen die »Propheten des Untergangs [gerichtet] als jene üble Brüderschaft, die das Verderben beschleunigen und so selbst Ausdruck des Verfalls der Kultur sind« – das heißt gegen diejenigen, die mit Spengler glauben, daß die abendländische Kultur in ihren höheren Formen unmittelbar vor dem Zusammenbruch steht.

Wie Korff ging auch Muckle zu weit, indem er Goethe und den anderen führenden Geistern der Klassik eine Art Krypto-Christentum zuschrieb, das heute als abgelebt empfundene religiöse und weltanschauliche Werte ersetzen könnte. Der hier zum Vorbild erhobene Dichter war natürlich nicht der edle Dichterfürst, sondern der Trostbringer und weise Ratgeber, der uns auch in den Biographien der Nachkriegszeit entgegentritt. In der Tat machte sich die Veränderung, die sich damals in Goethes Stellung im deutschen Geistesleben vollzog, zuerst in dieser Sphäre bemerkbar, in den Werken Hans Leisegangs, Eduard Sprangers und anderer Forscher, die vor allem Goethes Stellung zu den Grundproblemen der menschlichen Existenz untersuchten. Reinhard Buchwald hat diese Veränderung auf die verallgemeinernde, aber zutreffende Formel gebracht, daß die Deutschen bis dahin etwas *über* Goethe lernen wollten und sich seither bemüht haben, *von* ihm zu lernen.[10] Dies trifft auch auf zwei biographische Werke zu, in denen die Vor- und Nachteile der geistesgeschichtlichen Goethe-Interpretation besonders scharf hervortreten.

Eugen Kühnemanns *Goethe* (1930) ist eine Biographie *à thése*, in der die Entstehungsgeschichte des *Faust* als Parallele zu Goethes eigener Entwicklung betrachtet wird. Jedes Kapitel besteht dementsprechend aus zwei Abschnitten, in denen jeweils ein Stadium in der Entstehung der Tragödie beziehungsweise die ihr entsprechende Periode im Wachstum des Dichters erörtert wird. Da Goethe so lange am *Faust* arbeitete und so viel eigenes in das Werk aufnahm, scheint sich ein solches Vorgehen auf den ersten Blick zu empfehlen. Tatsächlich handelt es sich jedoch um eine methodologische Zwangsjacke, die den Biographen daran hindert, den vielen Seiten Goethes gerecht zu werden, die dort *keinen* Niederschlag fanden. Kühnemann hatte das Buch als Ergänzung seiner Arbeiten über Herder, Kant und Schiller geplant; aber gerade indem er Goethe seinen Platz neben diesen Männern zuwies und so die Geschichte der Deutschen Bewegung abschloß, hat er ihn zu einem recht trockenen Leitfaden zu den Hauptideen der deutschen Klassik abstrahiert. So erinnert diese Biographie des Dichters *en philosophe* an eine Beobachtung von Musil: »Man hat für hochfliegende Gedanken eine Art Geflügelfarm geschaffen, die man Philosophie, Theologie oder Literatur nennt.«

Weit klarer im Aufbau und konkreter in seinen Befunden ist Friedrich Muckermanns *Goethe* (1931). Auch hier wird der Dichter weitgehend mit Faust identifiziert, und im Glauben, daß uns die Geistesgeschichte am besten zu einer ausgewogenen Beurteilung der Stellung Goethes im deutschen Leben verhelfen kann, hat Muckermann sogar noch den Gesichtswinkel erweitert, aus dem die Jahre 1750-1830 betrachtet zu werden pflegen. So vergleicht er Goethe mit Dostojewski nicht weniger als mit Albertus Magnus und Dante, betont Goethes Dankesschuld an Leibniz weit über die Verwandtschaft von Monade und Entelechie hinaus und gelangt auch deshalb zu manchen neuen Einsichten, weil sein Ausgangspunkt so klar umrissen ist: der eines modernen Jesuiten, der seine Glaubensgenossen davon überzeugen will, daß der Katholizismus sich auf positive Weise mit dem Umstand abfinden muß, daß die Goethe-Zeit im wesentlichen in der protestantischen Ideenwelt wurzelte. Seiner Meinung nach kann der gläubige Katholik im Dichter einen verwandten Geist finden, den lediglich widrige Zufälle verhindert hatten, in engen Kontakt mit der römischen Kirche und ihren Bräuchen zu treten: »Liest man diese Stelle [über die Sakramente im siebten Buch von *Dichtung und Wahrheit*], deren Innigkeit nur hier und da durch eine feine Distanzierung abgeschwächt wird, so denkt man mit einer schmerzlichen Erregung, warum dieser junge Mensch, der in späten Jahren seiner Kindheit gedenkt, auf jene Religionslehrer aus ›Dichtung und Wahrheit‹ stoßen mußte, die dem religiös fühlenden Knaben die Anschauungen nicht nahebringen konnten, die wir bei Augustinus, bei Bonaventura und den großen Lehrern der heiligen Wissenschaften in Fülle finden. Unauslöschlich würde sich das einer Phantasie eingeprägt haben, die ihre erste Nahrung aus den beiden Testamenten entnommen hatte. Goethe hat sein ganzes Leben hindurch das größte Verständnis für das Christentum gezeigt, wo es ihm in einer der Natur gemäßen Form vor Augen trat.«[11] Mit diesem Werk, das von dem Glauben getragen wird, daß der Kern allen religiösen Gefühls die Ehrfurcht vor einer höheren Gewalt ist und daß Goethe, der diese Ehrfurcht in hohem Maße besaß, deshalb auch Katholiken etwas zu sagen hat, ist die Kluft endlich überbrückt worden, die sich schon vor Baumgartners ablehnender Biographie (die in ihrer Überarbeitung durch Alois Stockmann bis 1911 immerhin drei Auflagen erlebt hatte) zwischen den Goethe-Verehrern und einem beträchtlichen Teil der katholischen Bevölkerung Deutschlands aufgetan hatte. Übrigens gelingen Muckermann auch an Stellen, wo er nicht *pro domo* spricht, eindrucksvolle Formulierungen wie zum Beispiel die folgende: »Goethe konnte halbe Stunden lang, so berichtet ein Besucher, in seinem Garten vor einer Pflanze stehen, um ihren Wuchs auf sich wirken zu lassen. So viel Zeit hatte Goethe, der so viel geschafft hat« – ein hübsches, konkretes Bild von dem geschäftigen und doch nicht übereilten Leben des Dichters und seiner beschaulichen Art des morphologischen Naturstudiums.

Es gibt in der Literaturgeschichte keine scharfen Trennungslinien, die das Ende einer Bewegung und den Beginn einer neuen säuberlich anzeigen. Das Überwiegen der geistesgeschichtlich orientierten Goethe-Forschung in den Nachkriegsjahren bedeutete nicht deren Alleinherrschaft. Nicht nur ging die textkritische und exegetische Arbeit an einzelnen Werken ohne Unterlaß weiter; daneben bemühten sich auch Schriftsteller wie Max Kommerell, Paul Hankamer und Friedrich Wolters, das einigermaßen stilisierte Georgesche Goethe-Bild des literarischen Gesetzgebers auszubauen. Vor allem wurde Goethes Einfluß auf das ausländische Schrifttum damals einer näheren Untersuchung unterzogen. Beiträge zu diesem Thema gingen meist von dem Goetheschen Begriff der Weltliteratur aus, der von Fritz Strich und anderen definiert und in Umlauf gesetzt wurde. Mit der Erschließung anderer Gebiete hingegen, etwa der Bühnengeschichte der Dramen, wurde zu dieser Zeit erst begonnen. Auch sollten einige Werke, die man einst als im Rahmen der Goetheschen Gesamtproduktion unbedeutend empfunden hatte, jetzt von begeisterten Fachleuten wieder aufgegriffen und »aufgewertet« werden (*Der west-östliche Divan* von Konrad Burdach, *Römische Elegien* von Robert Petsch); für die Analyse noch anderer wurden neue Hypothesen aufgestellt (z.B. Gustav Roethes Splittertheorie über die Entstehungsgeschichte des *Faust*), die ebenfalls zu einer gründlichen Revision überlieferter Meinungen führten.

Das Jahr 1932 bedeutet einen Einschnitt in der Geschichte des deutschen Goethe-Bildes. Der hundertste Todestag des Dichters wurde mit einer außerordentlichen Anzahl von Büchern, Broschüren, Artikeln und Ansprachen begrüßt. Einige dieser Festschriften und -reden waren freilich übereilt verfertigt und schienen eher von der Feierlichkeit des Augenblicks eingegeben worden zu sein als von dem Wunsch oder der Fähigkeit, neues über Goethe auszusagen. Dennoch wurden im Laufe des Goethe-Jahres viele wertvolle Forschungsbeiträge veröffentlicht, neben Bekenntnissen von seiten Thomas Manns, Gerhart Hauptmanns, Albert Schweitzers, Hans Carossas und anderer hervorragender Zeitgenossen über ihre jeweilige persönliche Begegnung mit Goethe. Einige peripatetische Gelehrte begaben sich auf Vortragsreisen nach Übersee (Eugen Kühnemann in die Vereinigten Staaten, Karl Voßler nach Spanien und Südamerika) und ausländische Goethe-Verehrer brachten dem Dichter ihrerseits öffentliche Huldigungen dar: Gide und Valéry in Frankreich, Croce in Italien, Madariaga und Ortega y Gasset in den hispanischen Ländern, Buchan in England, Masaryk und Čapek in der Tschechoslowakei. Sogar aus dem fernen Indien kam eine Botschaft, in Form eines Telegramms von Rabindranath Tagore an Präsident Hindenburg, die das Gebot des Tages wie folgt ausdrückte: »Bengalische Goethe-Gesellschaft feiert den 100. Todestag Goethes und erlaubt sich, das deutsche Volk zu begrüßen.« Der Generalnenner dieser Kundgebungen war die starke Betonung der übernationalen Dimensionen dieses Dichters, der in den Augen einer durch den Krieg von 1914-1918 argwöhnisch gemachten Weltöffentlichkeit wie kein anderer Deutscher all das zu repräsentieren schien, was am Deutschtum zu bewundern war. So wurde Goethe besonders als der Mann gefeiert, der das Heraufkommen eines Zeitalters der Weltliteratur als unausbleiblich – und wünschenswert – vorausgesagt hatte. Von diesem Ideal der Weltliteratur erwartete man nun, daß es unter anderem dazu beitragen würde, die trennenden Impulse des Nationalismus aufzuheben. Es sollte sich freilich nur allzu bald erweisen, daß solche Hoffnungen vergeblich waren. Wenige Monate nach den großen Feiern des 22. März 1932 kam in Goethes Heimatland eine Regierung ans Ruder, mit deren Antritt eine neue Phase der deutschen, ja der Weltgeschichte einsetzte.

Ein erschöpfender Bericht über die seither an Goethe geleistete Arbeit läßt sich noch nicht geben. Zu viele Probleme literarischer sowie politischer und sozialer Natur, die inzwischen in den Vordergrund getreten sind, harren noch der Lösung, und zu viele Goethe-Bücher sind unter Gesichtspunkten geschrieben worden, die sich noch keinen gesicherten Platz in der Literaturkritik und -geschichte errungen haben. Auch ist es denkbar, daß sich unter den Gelehrten unserer Tage ein zweiter Carus oder Dilthey befindet, dessen heute nur einem kleinen Kreise von Fachleuten zugängliche Befunde dereinst die Arbeiten ungleich bekannterer Männer in den Schatten stellen werden. Wir beschränken uns füglich auf einen kurzen Überblick über diejenigen Richtungen in der zeitgenössischen Goethe-Forschung, deren endgültiger Wert noch nicht festgesetzt werden kann, deren Bedeutsamkeit für die Probleme der Gegenwart jedoch außer Zweifel steht.

Es ist anzunehmen, daß die Neigung, Goethe vom Standpunkt einer politischen Ideologie aus zu betrachten, noch auf lange Zeit fortbestehen wird. In der jüngsten Vergangenheit hat diese Art der Interpretation zu einigen Bereicherungen und auch zu einigen beschämenden Verzerrungen des deutschen Goethe-Bildes geführt. Im Dritten Reich war es vor allem der Kosmopolitismus des Dichters gewesen, der eine unbequeme Hürde für diejenigen Forscher darstellte, die sich gezwungen sahen, ihn mit den Dogmen der Bewegung »gleichzuschalten«. Da er sich jedoch nicht gut in einen Vorläufer des Nationalsozialismus verwandeln ließ, nahmen sie dieses Hindernis meist in recht schlechter Form. Einige, die es besser wissen mußten, führten der Öffentlichkeit einen mühsam zurechtgeschneiderten erzteutschen Dichter vor, der allenfalls auch im Tausendjährigen Reich hätte gelesen und gespielt werden dürfen. Sie suchten unter anderem darzulegen, daß die Annahme, ihm habe der Begriff der Menschheit mehr gegolten als der des Volkes, eine von bösen Buben verbreitete Legende gewesen sei und »eine der schlimmsten Fehlinterpretationen des eben vergangenen Zeitalters«[12]. Andere, die es ebenfalls besser wissen mußten, schlugen die wissenschaftliche Objektivität gänzlich in den Wind und proklamierten ihn rundheraus zum Propheten eines mächtigen deutschen Reiches, dessen wahre Bedeutung erst dann zutage treten wird, wenn man sein Werk »in die Reichsgeschichte ... einordnet und danach Goethes bewußtes und unbewußtes Wollen deutet«[13]. Es gab allerdings auch Männer, die in ihren Veröffentlichungen über genug Mut und Initiative verfügten, um gerade solche Aspekte Goethes hervorzuheben, die geeignet waren, den verhängnisvolleren Parteidoktrinen entgegenzuarbeiten. So wurde etwa Goethes Ansicht von der Würde der Persönlichkeit damals auffallend, ja verdächtig häufig gegen die These ausgespielt, daß sich der einzelne der Volksmasse ein- und unterzuordnen habe.

Ein weit größerer Einfluß war und ist den Auffassungen beschieden, die sich der moderne Marxismus über Goethe gebildet hat und die im deutschen Sprachgebiet vor allem in den Arbeiten von Edith Braemer, Wilhelm Girnus, Hans Mayer, aber auch in den zeitlich weiter zurückliegenden Aussagen Johannes R. Bechers und besonders Georg Lukács' Gestalt gewonnen haben. Lukács geriet freilich in Ungnade beziehungsweise in jene Zwielichtzone, in der unbequem gewordene Künstler und Forscher der östlichen Welt gelegentlich untertauchen. Für den Nichtmarxisten fallen aber die Ketzereien, deren er sich schuldig gemacht (sie betreffen in der Hauptsache seine Weigerung, dem deutschen Idealismus gänzlich abzusagen und zum Beispiel Goethe mehr als eine »halbmaterialistische Dialektik« zuzugestehen), kaum schwerer ins Gewicht als für den modernen Christen etwa die Fragen, über die auf gewissen frühmittelalterlichen Kirchenkonzilen gestritten wurde. Da Lukács die meisten seiner Gesinnungsgenossen an Wissen und Erfahrung überragte, wollen wir uns getrost mit seiner als der bisher tragfähigsten und vollständigsten Goethe-Interpretation des Marxismus befassen.

In Lukács' Sicht litt Goethe an einer Art von Adaptationssyndrom, das durch seinen ständigen Kampf gegen die Umwelt ausgelöst wurde. Er war nicht Herr über das eigene Schicksal, sondern »angekettet an widrige Verhältnisse, in seinen wichtigsten Bestrebungen wiederholt zurückgeschlagen, gebeugt«, so daß man in ihm eigentlich einen »verbissen schweigenden, einen ironisch resignierenden Goethe« sehen müßte, der »in der deutschen Misere oft an Felsen geschmiedet, oft von den Geiern der Reaktion zerbissen wurde«[14]. Wenn dem so ist, dann wären allerdings fast alle überlieferten Ansichten von Goethes Leben und Schaffen einer Generalrevision zu unterziehen. In Lukács' eigener Revision besteht denn auch Goethes Leistung im *Götz von Berlichingen* nicht in der Neubelebung des deutschen Schauspiels oder der Ehrenrettung eines fast vergessenen Raubritters, sondern darin, daß er im Ablauf des Dramas, dessen Held schon Lassalle in der Sickingen-Debatte einen »durchaus rückwärts gewandten Burschen« genannt hatte, die historische Folgerichtigkeit des Untergangs einer dekadenten Gesellschaftsschicht dargestellt hat. Aber auch die *Faust*-Verse

»Noch hab' ich mich ins Freie nicht gekämpft:
Könnt' ich Magie von meinem Pfad entfernen,
Die Zaubersprüche ganz und gar verlernen,
Stünd' ich, Natur, vor dir ein Mann allein,
Da wär's der Mühe wert, ein Mensch zu sein!«

dürfen nicht etwa als Ausdruck von Fausts Wunsch gewertet werden, sich von Mephisto zu befreien, sondern als Anzeichen seines Überdrusses an den »antimenschlichen Lebens- und Aktionsbedingungen des Kapitalismus«. (Es sind dies dieselben Verse, die Hildebrandt kaum ein Jahrzehnt vorher, als »unser Volksheer ... im Osten den Schauder vor dem Fluch der Gottlosigkeit [erlebte]«, noch als Etappe auf dem Weg zur politischen Reichsbildung angesehen hatte.[15]) Nach Lukács lagen auch die Gründe für Goethes italienische Reise nicht in individuellen Umständen wie dem damals kritisch gewordenen Verhältnis zu Frau v. Stein oder dem überwältigenden Verlangen, die Stätten des klassischen Altertums zu besuchen, sondern in kollektiven Faktoren wie der Verzweiflung des Ministers Goethe darüber, daß es ihm nicht gelungen war, das Großherzogtum Weimar in ein wahrhaft fortschrittliches Staatswesen zu verwandeln und es gegen jenes (seit den siebziger Jahren so gründlich aufgewertete) Schreckgespenst der marxistischen Geschichtsschreibung, das Preußen Friedrichs des Großen, auszurichten. Diese und ähnliche Träume des in der deutschen Misere festsitzenden Dichters waren inzwischen allerdings verwirklicht worden, und zwar von – Lenin und Stalin, denn seit »der Große Oktober ... Mephistopheles samt seinen magischen Kräften von der Bühne der Geschichte verjagt [hat]«, zeigt die »mehr als dreißigjährige sozialistische Praxis der Sowjetunion: Ein jeder Mensch steht auf freiem Grund mit freiem Volke«. Daß es sich hier nicht um ein Privatissimum von Lukács handelt, sondern um eine auch von seinen Nachfolgern verfochtene These, zeigt Girnus' ähnliche Feststellung in bezug auf *Wilhelm Meister.* »Erst die Große Sozialistische Oktoberrevolution hat in einem ganzen Land die machtmäßigen Voraussetzungen geschaffen, daß aus ihm eine echte ›Pädagogische Provinz‹ wurde.«[16]

Der teilweise groteske Charakter dieser Befunde darf allerdings die positiven Beiträge von Männern wie Lukács und Girnus nicht verdunkeln. Sie rollten das bisher recht oberflächlich behandelte Problem der gesellschaftskritischen Stellungnahmen Goethes auf und widerlegten die von konservativen Gelehrten von Scherer bis Gundolf vertretene (oder stillschweigend geteilte) Annahme, daß der Dichter dem politischen Geschehen seiner Zeit gleichgültig gegenübergestanden habe oder gar ein *laudator temporis acti* gewesen sei. Was er befürwortet hatte, war natürlich kein Sowjet-Europa, sondern ein Staatswesen, dem sich der Mensch freiwillig und sogar stolz unterordnen könne, gerade weil es ihn *nicht* zur Aufgabe einer Individualität nötigen würde, die ihrerseits wiederum nicht als Geschenk, sondern als zu erringendes Privileg angesehen wird. Es gibt aber im Goetheschen Werk nicht nur der Spätzeit zweifellos auch manches, was sich zwar nicht als Lob einer sozialistischen Gesellschaftsordnung, jedoch als Kritik an jener frühkapitalistischen deuten läßt, die sich schon im einsetzenden 19. Jahrhundert gerade in ihrer deutschen Form als fragwürdig abzuzeichnen begonnen hatte. Die Verpflanzung Goethes aus dem auch im Westen längst nicht mehr nährenden Ziergärtchen einer feinbürgerlichen Weltanschauung in den Boden einer nicht standes- und klassenbedingten Gesellschaftsordnung – und eine solche braucht noch lange nicht kommunistisch zu sein – war längst fällig und hätte eigentlich von nichtmarxistischen Forschern unternommen werden sollen; diese hätten es vielleicht auch vermieden, das Kind gleich mit dem Bade auszuschütten, wie das mancher Goethe-Forscher in den ersten Jahren der DDR tat. Inzwischen haben marxistische Gelehrte wie der 1973 verstorbene Präsident der Goethe-Gesellschaft Helmut Holtzhauer oder auch Wolfgang Harich (*Jean Pauls Revolutionsdichtung,* 1974) die gesellschaftspolitischen Belange der deutschen Klassik mit der gleichen Sachlichkeit untersucht, die »westliche« Forscher vom Schlage Hans Tümmlers (*Das klassische Weimar und das große Zeitgeschehen,* 1975) oder Dieter Borchmeyer (*Höfische Gesellschaft und französische Revolution bei Goethe*, 1977) aufgebracht haben.

Andere marxistische Gelehrte wiederum waren Meister in der Kunst, die Vergangenheit den Forderungen der Gegenwart anzupassen. Sie unterscheiden sich auch hierin von den Nationalsozialisten, die zwar einst in einer durchgreifenden Schönheitsoperation einige Dichter diskret verjüngt und andere amputiert hatten, sie nach bestandener Operation aber keiner weiteren Behandlung unterzogen und ihnen gestatteten, sich so gut es ging zu erholen. Die Praktikanten der marxistischen Literaturchirurgie sehen sich hingegen gezwungen, eine endlose Reihe kleiner Eingriffe vorzunehmen. Die dialektische Natur ihrer Gedankengänge und die Erfordernisse der Tagespolitik nötigen sie zu ständiger Auseinandersetzung mit ihren Vorgängern auf diesem Gebiet, und die marxistische Goethe-Forschung ist dementsprechend reich an gespenstigen Wiederausgrabungen längst verwester Werke. Schon Marx und Engels hatten ihr literaturkritisches Rüstzeug weniger an Goethe selber ausprobiert als an den Auffassungen, die Pustkuchen, Grün und Lassalle über diesen hegten; diese einigermaßen kannibalistische Prozedur dauerte noch in Lukács' (vom Standpunkte des Stalinismus verfaßter und somit ihrerseits wiederum überholter) Revision, in den *Beiträgen zur Geschichte der Ästhetik* (1956), der Mehringschen Ansichten über die Entwicklung der deutschen Literatur fort. Die argumentative Richtung dieser Forschungen, und in der Tat das ganze traurige Schauspiel eines in die Tauziehereien der Weltpolitik verstrickten Goethe, erreichte anläßlich der Feiern zum 28. August 1949 einen Höhe- oder vielmehr Tiefpunkt, als »alle Beteiligten ihn als ihren Vorkämpfer in Anspruch nahmen ..., er war zur gleichen Zeit Verfechter des Marxismus, Apostel des abendländischen Humanismus und leuchtendes Beispiel des ›wirklichen‹, des ›anderen‹, des ›guten‹ Deutschland«.[17]

Der Befund Jaspers', daß wir in Goethe Trost und Ermunterung finden, aber keine Erleichterung der Last, die wir tragen müssen, stellt *eine* mögliche Antwort auf eine Frage dar, die in den Jahren nach 1945 ebenfalls viel diskutiert wurde: Welche Bedeutung kann Goethe noch für uns haben? Für viele Deutsche, zu deren Traditionen nach dem Worte Gustav Radbruchs auch die Angewohnheit gehört hatte, sich mit allen Lebensproblemen an Goethe zu wenden und diesen um Rat zu fragen, überwog diese brennende Frage alle anderen Stellungnahmen zum Dichter: Wie hätte dieser wohl auf die Lebensbedingungen unserer Zeit reagiert, und umgekehrt, welche Bedeutung würde seine hypothetische Antwort für uns haben? Die Frage beschäftigte die Gelehrten und rief unter anderem ein erneutes Interesse an Goethes Reaktion auf eine frühere Periode eschatologischer Not hervor, nämlich das Barock. Sie beschäftigte aber auch Männer und Frauen, denen Goethe bisher nur ein Name gewesen war und die sich jetzt beim Anblick schuttbedeckter Straßen wunderten, ob ihr Leben überhaupt noch Sinn habe. Es war in dieser Endsituation, daß zum Beispiel eine junge Frau Trost bei Goethe fand, weil einer ihrer ehemaligen Lehrer, der wußte, daß »ein großer Teil unserer Generation nicht dank ihrer Schule oder ästhetischen Erziehung, sondern aus den Nöten des völkischen Lebens und persönlichen Alltags heraus aufgebrochen war, den Gral zu suchen«, sie auf den Dichter hingewiesen hatte, »der das in seiner Existenz bedrohte, an allen Wurzeln gepackte Sein des Menschen erfahren – und überwunden hatte wie kaum ein anderer«[18]. Die gleiche Frage wurde aber auch von Menschen auf der anderen Seite gestellt, von solchen, die im grimmigen Winter 1944/45, als die Leichen vor den Holzbaracken der Konzentrationslager wie Holz aufgestapelt lagen, Verstand und Leben zu erhalten suchten. Damals überlegten sich zwei Lagerinsassen, wie es wohl Goethe als KZ-Gefangenem ergangen wäre. Sie kamen zu dem Schluß, daß er »auf jeden Fall ... *sehr* prominent« gewesen wäre: »Sicherlich hätte er nicht nur ausgezeichnete Beziehungen zu den Polen unterhalten, sondern auch zu den Kommunisten! Im Umgang mit der SS würde er sehr diplomatisch und zuvorkommend gewesen sein, doch so, daß letzten Endes auch von unserer Seite nichts dagegen einzuwenden wäre. Und natürlich hätte er Sondererlaubnis, um sein Haar wachsen zu lassen.«[19]

Viele ähnliche Bemerkungen ließen sich aus der Literatur der Kriegs- und der unmittelbaren Nachkriegsjahre zusammenstellen. Sie drücken alle eine Ungeduld, ja eine an Überdruß grenzende Gleichgültigkeit gegenüber den überlieferten Goethe-Bildern aus, ob diese nun den großen Dichter oder den prophetischen Naturforscher herausstreichen, den jungen Prometheus oder den alten Olympier, den Minister oder den Denker, den Günstling der Fortuna oder den verhinderten Reformer. Sie gleichen sich auch im Mißtrauen gegenüber allen Versuchen, Verbindungslinien zwischen dem Deutschland der Goethe-Zeit und dem heutigen zu postulieren. So tauchte etwa Jaspers' Behauptung, daß »Goethe Homer näher zu stehen scheint als uns«, damals in abgewandelter Form immer wieder auf.[20]

Der Ausgangspunkt vieler solcher privater und öffentlicher Untersuchungen Goethes im Geiste einer existentiellen Verlorenheit ist eigentümlich paradoxer Natur: Der Dichter ist unendlich weit von uns entfernt, weil er all das repräsentiert, was wir nicht mehr sind, und doch sehr nah, weil er so vieles repräsentiert, was wir einst waren und wieder werden möchten – wobei unter »Dichter« hier vornehmlich der weise alte Mann zu verstehen ist (der als Dichter alles, was ihn bewegte, auszudrücken vermochte), dessen Glaube an die Zukunft weder durch Krieg, Revolution und Zusammenbruch einer überlebten Gesellschaftsordnung noch durch den Verlust von Frau und Kind erschüttert werden konnte. Diese Ansichten wurden von vielen gehegt, die keinerlei Anspruch auf literarische oder philosophische Bildung erhoben, und es wäre vorlaut, aus diesen verschiedenartigen Aussagen eine allgemeingültige Definition dessen ableiten zu wollen, was Goethe dem Deutschen als Führer durchs Leben zu sagen hat. Dennoch ist es aufschlußreich, kurz den Gedankengängen eines Mannes zu folgen, der diese Fragen gründlicher erwogen hat als andere seiner Zeitgenossen.

In seiner anläßlich der Verleihung des Goethe-Preises der Stadt Frankfurt im Jahre 1947 gehaltenen Ansprache legte Karl Jaspers es seinen Zuhörern nahe, Goethe gewissermaßen vom anderen Ufer aus zu betrachten, über den Abgrund der Angst hinweg, durch den wir gegangen sind (und Kierkegaard zufolge zu gehen haben, um zu Gott und zum wirklichen Leben zu gelangen); in der Tat liegt Goethes Unzulänglichkeit für uns gerade in der Tatsache begründet, daß wir ihn auf der anderen Seite zurücklassen mußten. Mit Ausnahme seiner Stellung zur Frau (die Jaspers als unverantwortlich selbstbezogen tadelt) und seiner Weigerung, sich mit der Entwicklung der experimentellen Naturwissenschaften positiv abzufinden, schwinden hingegen für Jaspers die in früheren Zeiten gegen Goethe vorgebrachten Einwände; er war kein liebedienernder Fürstenknecht, kein selbstzufriedener Lebemann, kein verknöcherter Reaktionär. Seine Blindheit gegenüber der tragischen Grundlage der menschlichen Existenz ist jedoch um so bedauernswerter, als sie nicht auf Unwissen beruht, sondern auf einem vorsichtigen Aus-dem-Wege-Gehen und einer Bereitschaft, das Unergründliche gelassen zu verehren, anstatt sich zu bemühen, die Grenzen unserer Erfahrung und Erkenntnis zu erweitern. Was nach Jaspers bleibt, ist ein Goethe, der uns lehrt, nicht über das Leben zu spekulieren, sondern ihm ins Auge zu blicken, etwa im Sinne jener Mahnung, die nach dem letzten Kriege so oft zitiert wurde, daß man versucht war, sie als Goethes eigentlichste Botschaft an jene Generation aufzufassen:

> »Schwerer Dienste tägliche Bewahrung
> Sonst bedarf es keiner Offenbarung.«

Möglicherweise war Jaspers selbst von dem durch diese Rede hervorgerufenen Proteststurm überrascht und von den Gegenargumenten, mit denen Ernst Robert Curtius und eine Anzahl anderer angesehener Wissenschaftler seine pessimistischen Worte zu entkräften suchten. Auf jeden Fall nahm er in dem Essay *Goethes Menschlichkeit* (1949) bei aller wiederholten Betonung der Entfernung, die uns von der Goethe-Zeit trennt, einen etwas positiveren Standpunkt ein, indem er in Goethes chronischer Selbst-Unzufriedenheit und seiner Anlage zur Selbstaufgabe, zum Suchen und Neuformen der eigenen Persönlichkeit, einen vorbildlichen Zug zu finden meinte. Obwohl sein Hinweis auf Goethes Bejahung des tätigen Lebens mit vielen Vorbehalten belastet ist – tätiges Leben bedeutet hier nicht unbeherrschte Handlungen wie bei Faust, sondern von Überlegung begleitete und von Erfolg gekrönte Unternehmungen, und selbst dann liegt der Akzent nicht auf der Gewißheit, sondern nur der Möglichkeit einer Rettung von oben: »Wer immer strebend sich bemüht, / den *können* wir erlösen« – nähert sich Jaspers' Urteil hier den Aussagen, die einige der im vorhergehenden erörterten modernen Dichter über Goethes Beispielhaftigkeit auch für den heutigen Menschen gemacht haben.

Auf methodologischem Gebiet stellt die Vervollkommnung der literarischen Morphologie eine der wichtigsten Errungenschaften der neueren Goethe-Forschung dar. Nach dem Dichter selber, der den Begriff zwar nicht erfand, aber ihm zuerst weite Geltung verschaffte, ist Morphologie grundsätzlich »die Lehre von der Gestalt, der Bildung und Umbildung der organischen Körper«. Da er mit Problemen und Begriffen, die sich nicht in konkrete Bilder verwandeln ließen, nicht viel anzufangen vermochte, postulierte Goethe seine Idee der Gestalt in erster Linie, um seine aprioristische Überzeugung von der Einheit allen Lebens zu unterstreichen. Seine gesamte wissenschaftliche Forschung war ja der Suche nach Gesetzen gewidmet, die die Kräfte, die die genetische, strukturelle und funktionelle Gestalt eines gegebenen Phänomens bilden, aufdecken und erläutern könnten. Gestalt ist ihm somit Ausdruck jenes inneren Gesetzes, das sowohl den Urtyp wie alle möglichen Abwandlungen einer Erscheinung miteinbegreift; wie die Platonische »Idee« ist dieses Gesetz im Typ sichtbar und zugleich ideales Postulat. Bezeichnenderweise erarbeitete sich Goethe diesen Begriff nicht auf spekulativem, sondern auf induktivem Wege durch genaueste Beobachtungen osteologischer, mineralogischer, meteorologischer und anderer Naturprozesse.

Durch eine Übertragung dieses Verfahrens von Goethes recht individualistischer Phänomenologie der Natur auf andere Gebiete haben sich die morphologisch ausgerichteten Gelehrten bemüht, dem Dichter in der Erforschung und Definition derjenigen Grundformen einer Erscheinung zu folgen, aus denen Gesetzmäßigkeiten abgeleitet werden können. Im Gegensatz zu anderen Spezialisten haben dies die Literaturforscher (mit Ausnahme Diltheys und Wundts) erst recht spät unternommen. Unabhängig vom Gestaltsbegriff in der Psychologie oder von seinen soziologischen Anwendungsmöglichkeiten, die v. Ehrenfels schon in den neunziger Jahren angedeutet hatte, stellte zuerst Leo Frobenius eine systematische kulturelle und anthropologische Morphologie auf (*Paideuma*, 1921). Kurz zuvor hatte Spengler seinen *Untergang des Abendlandes* vollendet, jenes mit dem Untertitel »Umrisse einer Morphologie der Weltgeschichte« versehene bahnbrechende Werk, in welchem nationale Kulturen als individualisierte soziale Einheiten erscheinen, die in der Struktur ihrer Entwicklung gewisse Ähnlichkeiten und Übereinstimmungen aufweisen. Mit dem wiederholten Hinweis auf seine Dankesschuld gegenüber Goethe – »Von Goethe habe ich die Methode, von Nietzsche die Fragestellungen« heißt es schon am Anfang der Einleitung, »Die Philosophie dieses Buches verdanke ich der Philosophie Goethes« kurz vor deren Ende –, war Spengler einer der ersten, die den Anteil des Dichters an Definition und Fruchtbarmachung der morphologischen Sicht anerkannten.[21] Bei ihren (verschiedentlich, wenn auch nicht durchgehend von Erfolg gekrönten) Versuchen, durch diese Methode auch in der Literaturwissenschaft zu neuen Einsichten vorzustoßen, haben sich Wilhelm Troll, Ferdinand Weinhandl, Günther Müller, Eduard Spranger, Hans Pyritz und einige andere Forscher Goethes eigene Worte zum Ausgangspunkt gewählt: »Wenn wir Naturgegenstände, besonders aber die lebendigen, dergestalt gewahr werden, daß wir uns eine Einsicht in den Zusammenhang ihres Wesens und Wirkens zu verschaffen wünschen, so glauben wir zu einer solchen Kenntnis am besten durch Trennung der Teile gelangen zu können ... Aber diese trennenden Bemühungen, immer und immer fortgesetzt, bringen auch manchen Nachteil hervor. Das Lebendige ist zwar in Elemente zerlegt, aber man kann es aus diesen nicht wieder zusammenstellen und beleben ... Es hat sich daher auch in dem wissenschaftlichen Menschen zu allen Zeiten ein Trieb hervorgetan, die lebendigen Bindungen als solche zu erkennen, ihre äußeren sichtbaren, greiflichen Teile im Zusammenhange zu erfassen, sie als Andeutungen des Innern aufzunehmen und so das Ganze in der Anschauung gewissermaßen zu beherrschen. Wie nah dieses wissenschaftliche Verlangen mit dem Kunst- und

Nachahmungstriebe zusammenhängt, braucht wohl nicht umständlich ausgeführt zu werden. Man findet daher in dem Gange der Kunst, des Wissens und der Wissenschaft mehrere Versuche, eine Lehre zu gründen und auszubilden, welche wir die Morphologie nennen möchten.«[22]

Im allgemeinen hat die literarische Morphologie weniger zur Interpretation des fertigen Kunstwerkes beigetragen als zur Erforschung seiner genetischen Struktur. Besonders ist die biographische Komponente der Entstehungsgeschichte eines Werkes, die die positivistischen Germanisten so fasziniert hatte, im Verhältnis zu anderen Anliegen in den Hintergrund getreten. Das Hauptgewicht liegt jetzt vielmehr auf der Erforschung des Verhältnisses der Teile zum Ganzen, etwa einzelner Stilelemente zum gesamten sprachlichen Ausdruck oder einzelner Kapitel zum Werkganzen (die Auffassung des Teils als von etwas durch sein Verhältnis zum Ganzen Bestimmtem spielt bekanntlich auch in anderen wissenschaftlichen Anwendungen des Gestaltbegriffes eine Rolle). Besonders aufschlußreich ist die Methode bei Autobiographien, die sich ohnehin durch eine besonders innige Verbundenheit von Autor und Werk von objektivierteren Kunstgebilden unterscheiden. So hat zum Beispiel Horst Oppel überzeugend nachgewiesen, daß die Folgerichtigkeit, mit der Goethe bei der Beschreibung Frankfurts in *Dichtung und Wahrheit* seiner inneren Gestalt Ausdruck verlieh, ihn befähigte, seine Heimatstadt mit einer Überzeugungskraft darzustellen, die ähnlichen Beschreibungen in anderen Autobiographien abgeht, weil deren Verfasser, gerade indem sie Goethe nachahmten, ihre eigene Gestalt vergewaltigten.

Weder die Aneinanderreihung von Tatsachen noch eine impressionistische oder ästhetische »Sympathie«, noch auch die Verdeutlichung des Ideengehalts eines Werkes erklärt, warum wir »wissen«, daß diese Szene von Shakespeare und jener Satz von Beethoven sein »muß«. Die Einzelheiten des Handlungsablaufes, die Verschiedenheit der Motive, die Art der Charakterisierung oder Orchestrierung verraten es uns nicht; aber die Gestalt des ganzen Werkes wird dem wichtige Hinweise geben, der Auge und Ohr dazu erzogen hat, sie wahrzunehmen. So gelingt es der morphologischen Forschung bisweilen, bei ihrer Erschließung der Gestalt eines Kunstwerkes einer Definition des Typischen, des »So-und-nicht-anders« aller großen Kunst nahezukommen. – Es ist noch nicht abzusehen, wohin diese Pfade führen werden. Auf jeden Fall ist die Anwendung der Morphologie auf nichtbiologische Wiessenschaften die neueste und vielleicht letzte Goethesche Emanation, die sich uns eröffnet hat: Eine einst von Schiller, Carus und einer Handvoll anderer Zeitgenossen erkannte Ausstrahlung des naturwissenschaftlichen Scharfblicks des Dichters, die dann jahrzehntelang in Vergessenheit geriet und erst in der modernen Naturwissenschaft wieder zu Ehren gelangte. Sie ähnelt der Psychoanalyse sowohl darin, daß ihre literarkritische Verwertung noch in den Kinderschuhen steckt, wie in der Tendenz, die historischen, ästhetischen, moralischen und sonstigen Wertungen der Vergangenheit aufzuheben; denn wenn die Werke eines Dichters Variationen eines von seiner Gestalt bedingten Grundthemas darstellen, dann kann der Umstand, daß einige gelungen sind und andere nicht, kaum ins Gewicht fallen. Es ist allerdings auch möglich, daß die für morphologische Verfahren schon bei Goethe charakteristische Überbrückung des Gegensatzes von Natur- und Geisteswissenschaften deren fruchtbarste Seite bildet. Seitdem es sich ergeben hat, daß die physikalische Welt aus mehr besteht als aus unteilbaren Atomen, bedienen sich ja auch die Naturwissenschaften des Begriffs der Gestalt als Gegengewicht und Ergänzung zu Raum und Zeit.

Diese und andere neue Gesichtspunkte, von denen aus Goethe in den letzten Jahrzehnten untersucht wurde, haben in einigen erschienenen Biographien einen Widerhall gefunden. Unter denen, die sich nicht eigentlich auf Neuland begeben, sondern Rekapitulationen der seit den zwanziger Jahren gemachten Fortschritte darstellen, ist vor allem Karl Viëtors *Goethe* hervorzuheben (1947). Viëtor vermeide Mißklänge besonders bei der Beurteilung solcher Aspekte des Dichters, die in der Hitze der Diskussion über literarische und politische Tagesfragen oft verzerrt werden. So werden etwa diejenigen Leser, die es lieben, ihren Pessimismus über die Zukunft der abendländischen Kultur mit Goethe-Zitaten zu bekräftigen, gegen Ende des Werkes auf manche Aussage stoßen, in der auch der Dichter von düsteren Vorahnungen befallen zu werden scheint; andere hingegen, die (wie Viëtor selber) hoffnungsfreudiger denken, werden mit einer Reihe Goethescher Prophezeiungen mit positivem Vorzeichen bedacht. Überhaupt bildet die Auswahl des Belegmaterials, bei der die üblichen Zitate wo immer möglich vermieden werden, eine der Stärken dieser Biographie. So gibt zum Beispiel Adam Philippe de Custines Brief an Rahel Varnhagen von Ense (September 1815) mehr Auskunft über Goethes äußere Erscheinung, und der hier ebenfalls angeführte Passus aus Immermanns *Memorabilien* einen klareren Eindruck vom Weimarer Goethe-Haus als manche abgegriffene Beschreibung aus bekannterer Feder.[22] In dem Bestreben, vor allem eine ausgewogene Goethe-Interpretation zu liefern, gleicht Viëtor einem anderen Germanisten traditioneller Prägung, Emil Staiger, der sich im Vorwort zu seinem gediegenen, dreibändigen *Goethe* (1952-1959) ausdrücklich von den Einseitigkeiten – bisweilen freilich auch den Einsichten – der neueren, noch unerprobten Verfahren distanziert: »Mythische, tiefenpsychologische, soziologische, existentialistische Goethe-Bilder werden der Reihe nach aufgestellt. Ich lege Wert darauf zu erklären, daß hier nichts dergleichen geschieht.«

Barker Fairleys *A Study of Goethe* (1947, deutsche Fassung *Goethe* 1953) bietet hingegen eine originelle Neuinterpretation der Entwicklungsjahre des Dichters. Die Biographen der Vergangenheit, stellt Fairley fest, waren mehr darum bemüht, »den weiten Gesichtskreis und die Vielseitigkeit seines Genies, seine sogenannte Universalität [hervorzuheben] als den spezifischen Charakter des Mannes, seine ›Art zu seyn‹, so daß sie ihn seiner Eigenart beraubt und ihn hohl und unwirklich, ja zu einem künstlich aufgeblasenen Goethe gemacht haben, der uns an den falschen Elephanten erinnert, in den sich der Pudel verwandelte, bevor Faust ihn endlich beschworen hatte.« Eine treffende Bemerkung, denn es ist nur zu wahrscheinlich, daß uns die Drangsale des jungen Goethe als bloße Begleitumstände der jugendlichen Überschwenglichkeit eines Mannes erscheinen, der – wie er selbst im Rückblick glaubte und uns in *Dichtung und Wahrheit* weiszumachen suchte – seine charakterologische und künstlerische Mitgift und sogar deren Bestimmung schon in jungen Jahren genau kannte. Zweifellos haben seine Biographen dazu geneigt, in die Entfaltung seiner Fähigkeiten ein *post hoc, ergo propter hoc* hineinzulesen. Sie ließen die Tatsache außer acht, daß er sich bisweilen auch mit Werther zu identifizieren versucht war; eine Tatsache, die Fairley überzeugend gegen Niederschläge eines rationelleren Lebensgefühls ins Feld führt, wie zum Beispiel den bekannten Brief an Lavater vom September 1780, in welchem Goethe von seiner Begierde spricht, »die Pyramide meines Daseyns, deren Basis mir angegeben und gegründet ist, so hoch als möglich in die Lufft zu spizzen ...« Fairley zufolge war die Veranlagung des jungen Dichters durch ein schmerzhaftes Mißverhältnis zwischen hochentwickelter Phantasie und langsam reifenden Verstandeskräften gekennzeichnet. Der Schlüssel zu seinem Wesen liegt nicht in autoprophetischen Aussagen wie der obigen, sondern vielmehr in Goethes Unbeständigkeit und »plötzlicher Unberechenbarkeit«, der Fairley anhand bestimmter Indizien, etwa des Chamäleon-Motivs, genau nachgeht. Da der Schwerpunkt seiner Ausführungen auf Goethes sich abnormal langsam vollziehendem Wachstum beruht, vernachlässigt Fairley freilich den reifen Mann; in dieser Hinsicht ergänzt sein Buch das eines anderen Engländers, Houston Stewart Chamberlains, der sich ebenfalls eine »innere Biographie« zum Ziele gesetzt, im Grunde genommen aber nur den abgeklärten Goethe der Spätzeit untersucht hatte. Eine weitere Neubetonung liegt in Fairleys Hervorheben der statischen Natur des Verhältnisses zu Frau v. Stein, das den Dichter tatsächlich in einer Art Schwebezustand erhalten zu haben scheint, von dem er sich erst durch den Aufbruch nach Italien freizumachen vermochte. Auch von dieser Warte aus ergibt sich manche lohnende Einsicht, etwa im plötzlichen Gewahrwerden, daß *Warum gabst du uns die tiefen Blicke* nicht nach Jahren liebevoller Vertrautheit, sondern bereits im April 1776 entstand. Erst ein reichliches Jahrzehnt später, als er sich dem vierzigsten Lebensjahr näherte, erwuchs der sozusagen in eine dichterische und eine naturwissenschaftliche Seite gespaltene Goethe zu einheitlicher Statur.

Fairley steht etwa halbwegs zwischen der großen Mehrheit der deutschen Biographen und Heinrich Meyer, dessen *Goethe. Das Leben im Werk* (1949) eine geradezu ketzerisch wirkende Akzentverschiebung verkörperte. Von Carus bis Kühnemann hatten allzu viele Goethe-Forscher dazu geneigt, aus ihm einen zweiten Homunkulus zu machen, der geisterhaft das Reich der Gedanken durchschweift; bei ihrer Suche nach der tieferen Bedeutung einer jeden Goetheschen Idee und Handlung sind sie zu Interpretationen gelangt, die meist richtig und bisweilen glänzend, fast immer aber unbefriedigend sind, weil sie zwischen dem Dichter und uns eine schalldichte Wand errichteten, die ihn vom Leben abschließt. Einige Beispiele mögen dies verdeutlichen.

Man liest bei Meyer mit einigem Erstaunen, daß Goethe nur eben mittelgroß war, daß er an Kurzsichtigkeit litt und daß seine kurzfingrigen, breiten, an einen Arbeiter eher als etwa einen Musiker gemahnenden Hände genau zu diesem Mann paßten, der sich gern in Haus und Garten beschäftigte, seine Sammlungen betreute und Gestein abklopfte. Man liest es mit Erstaunen, weil man es sonst kaum je zu lesen bekommt: Wie die Königin von Spanien keine Beine hat, so hat Goethe in den meisten Biographien keine Hände. Augen freilich hat er, und seine Biographen sind sich, wohl mit gutem Recht, darüber einig, daß sie unter dem (ebenfalls genugsam beschriebenen) weißen Haar und der gedankendurchfurchten Stirn des hehren Dichterfürsten »herrlich« oder auch »großartig« hervorleuchteten. Daß sie aber kurzsichtig waren, wird meist verschwiegen ..., als ob es nicht denkbar wäre, daß Goethes notorische Abneigung gegen Brillen und Mikroskope nicht nur auf seiner Unwilligkeit beruhte, die Geheimnisse der Natur mit Hilfe von Instrumenten zu entschleiern, sondern ebenso auf der wohlbekannten Abneigung, die kurzsichtige Leute gegen Brillen haben – oder sollte sich das vielkommentierte Glänzen der Goetheschen Augen am Ende gar aus der vielen Kurzsichtigen eigenen Tendenz erklären, die Schwäche der Augen durch besonders weites Aufsperren auszugleichen? Wie dem auch sei, man liest bei Fairley mit ähnlichem Erstaunen, daß dieser oft mit dem Beiwort des »Kinderfreundes« belegte Mann in Wirklichkeit »dem Ausmaße seiner Erfahrung nach nicht besonders befähigt war, über Kinder zu schreiben. Zu keiner Zeit lebte er in täglichem Umgang mit ihnen, obschon es ihm in jüngeren Jahren Freude bereitete, mit ihnen zu spielen, und er ihnen, wie aus den Briefen an Fritz v. Stein ersichtlich, in seiner recht lehrerhaften Art auch zugeneigt blieb.« Nicht weniger wird man von Meyers Feststellung überrascht, daß Goethe, den Chamberlain und zahllose andere Biographen unter anderem auch als die leibhaftige Güte und Menschlichkeit dargestellt hatten, bisweilen unfähig war, auch nur die einfachsten menschlichen Reaktionen vorauszusehen (etwa als er von Frau v. Stein erwartete, sie werde das Verhältnis mit Christiane hinnehmen oder gar billigen), gar keinen Sinn für Humor besaß und Menschen, die er als geistig tieferstehend betrachtete, wie zum Beispiel die Schwester Cornelia, auf recht taktlose Art mit unerbetenen Belehrungen überhäufte. Damit aber der Eindruck nicht aufkomme, daß diese Neubewertungen durchweg negativer Natur sind, sei hier eine andere Aussage angeführt, in der Fairley eine klassische – man ist versucht zu sagen: die endgültige – Definition dessen gibt, was Goethe gegen andere Dichter absetzt: »Der Unterschied zwischen Goethes Werken und denen der meisten anderen Dichter ... liegt darin, daß wir, wo immer wir auch mit ihm in Berührung kommen, sei es in einem Gedicht, einem Epigramm, einem Roman, einem Drama, einem Essay, einer Rezension, einer wissenschaftlichen Abhandlung oder selbst einem Brief, uns nicht damit begnügen können ..., sondern langsam und unmerklich in seinen Bann geschlagen und auf eine Reise geführt werden; und wir entdekken, daß diese Reise, die nicht eine Tages- oder Monats-, sondern eine Jahresreise ist, uns immer zu dem Mittelpunkt seines geistigen und persönlichen Erlebens und Erfahrens hinführt, von welchem seine ganze ungeheure Produktion auszuströmen scheint. In dieser Bezogenheit auf einen Mittelpunkt liegt die eigenartige, die spezifisch Goethesche Beschaffenheit seiner Werke.«[24]

Man nimmt alle diese Feststellungen mit Erstaunen zur Kenntnis, weil sie so grundlegende Aspekte behandeln, von Goethes Aussehen bis zum Kern seines künstlerischen Wesens, daß man sich unwillkürlich fragt, warum mehr als ein Jahrhundert vergehen mußte, ehe sie niedergeschrieben wurden. Diese Streiflichter tun ja Goethes menschlicher und schöpferischer Größe keinen Abbruch. Wahrhaft bedeutende Männer zeichnen sich selten durch einen Sinn für Humor, eine überwältigende Kinderliebe oder ein hochentwickeltes Taktgefühl aus, und wenn die Mehrzahl seiner Biographen Goethe nicht so ängstlich an den Busen geklammert, sondern ihn frei vor uns hingestellt hätte, würde man diese Qualitäten bei ihm genauso wenig erwartet haben wie etwa bei Dante, Michelangelo oder Beethoven.

Unter den Biographen der jüngeren Vergangenheit sind zwei zu erwähnen, die den Dichter tatsächlich »frei vor uns hingestellt« haben: Richard Friedenthal in *Goethe. Sein Leben und seine Zeit* (1963) und Hans Mayer in *Goethe. Ein Versuch über den Erfolg* (1973). – Bei Friedenthals Buch scheinen zwei sehr verschiedene Gestalten Pate gestanden zu haben: Ernst Beutler und Emil Ludwig. Mit seinen *Essays über Goethe* war Beutler nicht der erste, aber der wissenschaftlich fundierteste derer gewesen, die das Wurzelwerk bloßlegten, das nicht direkt vom Baume Goethe ist und doch zum Boden gehört, den dieser beschattete. Es sind vor allem Menschen und Dinge an der Peripherie des Goetheschen Dunstkreises, die dabei lebendig werden. Daß zum Beispiel Lenz im Wahnsinn, Ulrike von Levetzow als Stiftsdame und Klinger als Generalleutnant in russischen Diensten starb, ist wohlbekannt. Man wußte auch lange vor Friedenthal, daß Sir Edward Goschen, vor dem Ersten Weltkrieg britischer Botschafter in Berlin, ein Nachfahre jenes Georg Joachim Göschen war, der 1787-1790 die nach ihm benannte und nur stockend verkaufte Goethe-Ausgabe veranstaltet hatte. Daß der anglisierte Urenkel des Verlegers aus den Originalbeständen dieser Ausgabe den Band noch zu einer Mark kaufen konnte, ist indessen neu und stellt einen Nachtrag zu jener Tragikomödie »Goethe und seine Verleger« dar, über die ein amerikanischer Germanist im selben Jahr eine interessante Abhandlung veröffentlichte.[25]

Problematischer ist derjenige Teil von Friedenthals Buch, der an Ludwigs Goethe-Biographie erinnert. Die dort zuerst ausprobierte, dem Roman angenäherte Form der Erzählung und die Betonung des Menschlich-Kreatürlichen birgt Gefahren, denen auch Friedenthal nicht immer entgangen ist. Daß Goethe wenig für Hunde übrig hatte – Riemer vermerkt in seinem Tagebuch einmal: »Goethes Verstimmung durch die politica und das Hundegebell« –, ist ein nebensächlicher, aber nicht uninteressanter Wesenszug, der in einer Biographie von fast 750 Seiten *en passant* durchaus einmal erwähnt zu werden verdient. Friedenthal walzt diese Aversion jedoch in vier separaten Erwähnungen leitmotivisch aus, während er der *Iphigenie* nur ein paar Sätze widmet. Lebt Goethe als Dichter fort oder als pathologischer Hundefeind? Wo dieser Biograph hingegen wirklich charakteristische Züge herausarbeitet, ob es sich um Schlüsselworte wie »trübe« und »artig« handelt oder um das Wunschbild der Frau als Schwester oder das Motiv der sich häutenden Schlange, da bereichert er unser Wissen allein schon durch die Hervorhebung des in Goethes Entwicklung so wichtigen Elements der Dauer-im-Wechsel. So rückt diese als »hautnah« bezeichnete, sehr erfolgreiche, aber auch viel kritisierte Biographie (die zwischen der Skylla der Verherrlichung und der Charybdis der Entzauberung hindurchlaviert, indem sie etwa den Ausdruck »Geistesfürst« gebraucht, in gleichem Zusammenhang aber auf Goethes im Vergleich zur Gesamterscheinung zu kurze Beine hinweist) manches in seinem Leben in neues Licht.[26]

Bescheidener in der Anlage, dafür tiefer greifend ist Mayers Goethe-Buch, das weniger als Biographie konzipiert wurde denn als Standortbestimmung des Dichters in seinem Verhältnis – Mißverhältnis? – zur eigenen Zeit und sozialen Umwelt. Diese untersucht Mayer aus der Sicht einer an Hegel und Marx geschulten Dialektik, wobei er sich die Gesichtspunkte der Inkommensurabilität und Historizität zu eigen macht, von denen aus Goethe gelegentlich selbst auf sein Leben zurückblickte. Goethes Wissen um die Geschichtlichkeit des eigenen Wirkens erscheint hier im Prisma der Entfremdung von seiner Zeit, einer Entfremdung, die Engels noch als gewollt dargestellt hatte in seinem bekannten Vorwurf gegen Goethe, der »zur Zeit, wo ein Napoleon den großen deutschen Augiasstall ausschwemmte, die winzigsten Angelegenheiten und menus plaisirs eines der winzigsten deutschen Höflein mit feierlichem Ernst« betrieben hatte. Mayer sieht darin keine Absicht Goethes, sondern eine unabwendbare historische und charakterologische Gegebenheit. Besonders nützlich ist in dieser Quasi-Biographie das Aufzeigen der bisher nie so genau registrierten Parallelen zwischen Goethe und Hegel, zwischen dem »gereimten und dem ungereimten Knecht«, wie Börne, der den Großherzoglich-Weimarischen Geheimen Rat ebensowenig mochte wie den Königlich-Preußischen Philosophieprofessor, die beiden zu nennen liebte. Die Parallelen erstrecken sich auf die Verkennung, der sie nach dem Tod über Jahrzehnte hinweg anheimfielen, und überhaupt auf die synchrone Entwicklung ihres Nachruhms. Dem Typ nach ist Mayers Buch das Musterbeispiel einer diastolischen Goethe-Betrachtung, die den Dichter auf dem Hintergrund seiner gesellschaftlichen und geistigen Umwelt erfaßt und ihn aus dieser heraus interpretiert. »Als der alte Schelling«, lesen wir zum Beispiel zur Kennzeichnung der Lage nach Goethes und Hegels Tod, »zu kurzem und kläglichem Gastspiel am Anfang der vierziger Jahre des vorigen Jahrhunderts auf den Berliner Lehrstuhl Fichtes und Hegels berufen wurde, verstand man den Vorgang von St. Petersburg bis Basel als wichtiges Ereignis des Tages. Schellings erstes Kolleg sieht unter den Studierenden die Herren Jakob Burckhardt aus Basel, Michail Bakunin aus St. Petersburg, Friedrich Engels aus Barmen und Sören Kierkegaard aus Kopenhagen.«

Einige Jahre müssen noch ins Land gehen, bevor dieses Bild eines für das 21. Jahrhundert wiedererweckten Goethe die stereotypen Auffassungen der Vergangenheit ersetzen kann. Die Tage sind vorüber, da man an diesen Dichter im Hochgefühl einer Wesensverwandtschaft herantreten konnte, wie es noch Gundolf und Kühnemann in dem Glauben taten, daß wir, seine Nachfahren, bei aller Unvollkommenheit und Unwürdigkeit noch in seinen Fußstapfen wandeln und seine Träume träumen. Die Biographien kommender Zeiten werden vielmehr von Gefühlen des Kontrastes und der Andersartigkeit bestimmt sein. Sie mögen dem Wunsch entspringen, ihn der Menschheit als Teil ihrer großen Vergangenheit und ihres »Hortes verscherzter und vergessener, aber lebendiger Möglichkeiten« vor Augen zu führen (Staiger), oder von der Überzeugung beherrscht sein, daß wir Goethes Wort »nicht mehr gewachsen« sind (Holthusen), oder gar von einer Ungeduld darüber, daß er uns nicht so weit auf dem Wege zum Sozialismus, zur Technokratie oder zu anderen heutigen Gesellschaftsformen und -möglichkeiten vorangeschritten ist, wie wir allenfalls wünschen möchten. Manche seiner Werke, und nicht immer die gleichen, werden endgültig in Vergessenheit geraten: Nicht weil sie unbedeutend sind (einige sind schon immer so beurteilt worden), sondern weil wir sie als überlebt empfinden. Diesbezügliche Hinweise mögen diskret geflüstert werden wie bei Viëtor, demzufolge die einst so bewunderte Versform von *Hermann und Dorothea* in unseren Ohren wunderlich klingt, oder kategorische Form annehmen wie bei Meyer, der es »unmöglich« findet, daß *Tasso* und *Iphigenie* allen so gut gefallen, wie sie es uns glaubhaft machen wollen. Bemerkungen dieser Art werden von nun an selbst über Schlüsselwerke wie diese gemacht werden, deren Geltung nicht mehr darauf beruht, daß sie von Goethe stammen, sondern lediglich auf ihren künstlerischen Qualitäten und dem Umstand, daß sie Ideale verkörpern, die auch heute noch ihren Wert behalten.

»Die meisten Goethe-Biographien wurden von Universitätsprofessoren verfaßt«, hat Ortega y Gasset einmal behauptet, »und einige der letzteren – wohlbemerkt, ich sage ›einige‹ – wissen sehr wenig vom Leben, weil ihr eigenes Leben ein akademisches ist, und das akademische Leben ist so gut wie gar kein Leben: es ist antiseptisches Leben.«[27] Wie dem auch sei, wir sahen, daß viele Biographien von Männern geschrieben wurden (nicht notwendigerweise Hochschullehrern, es waren auch viele Geistliche und Schriftsteller darunter), die das Thema mittels eines auf Goethe allein beruhenden Koordinatensystems zu erfassen suchten. Auch in dieser Hinsicht haben einige zeitgenössische Werke neue Wege beschritten, und es ist aufschlußreich und zugleich amüsant zu lesen, wie ein moderner Biograph die Tiefe des Abgrundes auslotet, der Goethes Vision von Griechenland als Heimat des antiken Bildungsideals einer Verbindung des Guten mit dem Schönen *(kalok'agathia)* von unseren eigenen Ansichten trennt: »Goethe ... hatte die romantische Anschauung Winckelmanns, wonach die Griechen edle humanistische Gestalten, mit wunderbarem Kunstsinn, Bewunderer ewiger und zeitloser Schönheit waren. Sie erschienen so ideal, nicht weil sie es waren, sondern weil er sie so wollte und sie daher idealisierte. Man sah in den manierierten Marmorstatuen, für die man heute an jedem Badestrand schönere Modelle fände, damals aber, vor der Zeit des Sportes, sich nichts Vergleichbares denken konnte, nicht die Verherrlichung des zuschauenden Stadiumsgeistes der reichen Athener, die von der Arbeit ihrer Sklaven ein paar Jahrzehnte lang eine dekadente Hochblüte schaffen konnten, indem sie ihren aristokratischen und mitunter päderastischen Jungmännerkult trieben und den Bildhauern und Erzgießern Arbeit gaben, sondern man stellte sich die Griechen als verhundertfachte Phidiasse vor, als unzählige Platos, oder doch als fleischgewordene Marmorstatuen in edler Einfalt und stiller Größe. Goethe war und blieb sein Leben lang in diesen Vorstellungen befangen und hat sie dadurch zu einem Teil der deutschen Erziehung und Fehlinformation erhoben.«[28] Diese Worte zur Charakterisierung der *Iphigenie* mögen hart klingen, aber es sind fruchtbare Worte, weil sie das Drama im Bezugssystem der Gegenwart verankern: von Marx, Nietzsche und Freud zum Sportstadion und Strand. Und dies, im Guten wie im Schlechten, ist die Welt, in der *wir* leben.

DANK

Wer heute noch über Goethe schreibt, darf nicht hoffen, den seinen Vorgängern gebührenden Dank in den wenigen Zeilen abtragen zu können, die der Erfüllung dieser Ehrenpflicht vorbehalten zu werden pflegen. Unter den rund 1200 Büchern und Abhandlungen, die hier benutzt wurden, seien jedoch die folgenden hervorgehoben: *Goethe und das Publikum* von Victor Hehn (1887), *Schiller und die deutsche Nachwelt* von Albert Ludwig (1909), *The Testament of Werther in Poetry and Drama* von Stuart Atkins (1949), *Goethe-Zeit und Gegenwart* von Reinhard Buchwald (1949), *Goethe in den Wendepunkten zweier Jahrhunderte* von Eduard Castle (1950), *Das Goethe-Bild des XX. Jahrhunderts* von Heinz Kindermann (1952). Neben diesen unmittelbaren Vorgängern in der Untersuchung des Goetheschen Nachwirkens im deutschen Leben hat sich *Goethe im Urteil seiner Kritiker* von Karl Robert Mandelkow (seit 1975) als besonders nützlich erwiesen.

Goethe wurde nach der Gedenkausgabe der Werke, Briefe und Gespräche des Artemis-Verlags zitiert. Übersetzungen stammen von mir.

Wolfgang Leppmann

ANMERKUNGEN UND BIBLIOGRAPHISCHE NACHWEISE

Kapitel 1

1 Eckermann, 7.2.1827.
2 Martin Sommerfeld, *Goethe in Umwelt und Folgezeit*, Leiden 1935, S. 261 f.
3 Die hier herangezogenen Kritiken werden nach Julius W. Braun, *Goethe im Urtheile seiner Zeitgenossen* (Berlin 1883-85, 3 Bde.), beziehungsweise nach Hermann Blumenthal, *Zeitgenössische Rezensionen und Urteile über Goethes »Götz« und »Werther«* (Berlin 1935), zitiert.
4 Alfred Nollau zufolge stieß man sich nicht an dem später so berühmten Götz-Zitat, sondern an dem vom Hauptmann gebrauchten Ausdruck »Scheißkerle«, der sich bei einem bezopften und gepuderten Offizier des 18. Jahrhunderts auch sonderbar genug ausgenommen hätte (*Das literarische Publikum des jungen Goethe*, Berlin 1935, S. 45).
5 Levin Ludwig Schücking, *Die Soziologie der literarischen Geschmacksbildung*, Leipzig 1931, 2. Aufl., S. 45.
6 *Goethe*, Berlin 1930, 13. Aufl., S. 107.
7 *Deutsche Chronik*, 8.7.1776, beziehungsweise *Erfurtische gelehrte Zeitung*, 18.7.1782.
8 Brief an Karl August, 17.11.1787.
9 Eckermann, 11.10.1828.
10 Katharina Mommsen, Heidelberg 1974.
11 Ein besonderes Anzeichen der Nachwirkung Goethes liegt in der Tatsache, daß die Großen der Welt so oft seine Werke wählten, wenn sie sich gezwungen sahen (oder sich in diese Lage hineinversetzten), längere Zeit ohne Verbindung mit der Heimat zuzubringen. So nahm Napoleon den *Werther* nach Ägypten mit und Lenin den *Faust* nach Sibirien. Obwohl ihm manches an Goethe mißfiel, erklärte auch Bismarck »... mit 7 oder 8 Bänden von den 40 wollte ich wohl eine Zeit lang auf einer wüsten Insel leben«. (Zu Heinrich Abeken, in Versailles 1871.)
12 Albert Ludwig, *Schiller und die deutsche Nachwelt*, Berlin 1909, S. 4.
13 Carl Schüddekopf u. Oskar Walzel, *Goethe und die Romantik*, Weimar 1898, 2 Bde., II, S. XV.

Kapitel 2

1 »Goethe und das Publikum«, in *Gedanken über Goethe*, Berlin 1906, 6. Aufl., S. 189.
2 Brief an Zelter, 16.12.1817.

3 Zitiert nach Michael Holzmann, *Aus dem Lager der Goethe-Gegner*, Berlin 1904, S. 30. – Viele dieser frühen Angriffe hat Karl Robert Mandelkow in *Goethe im Urteil seiner Kritiker* (Teil I, 1773-1832, München 1975) zusammengestellt und kommentiert.
4 Holzmann, a.a.O., S. 75.
5 F. W., »Bühne und Leben«, in *Arbeiterbühne*, XVI, 1929, H. 1, S. 8.
6 Zitiert nach Michail Lifschitz, *Karl Marx – Friedrich Engels. Über Kunst und Literatur* (»Eine Sammlung aus ihren Schriften«), Berlin 1949, S. 218 f.
7 Siehe unter anderem Peter Demetz, *Marx, Engels und die Dichter*, Stuttgart 1959, S. 81 ff.

Kapitel 3

1 *Tagebücher*, 7.8.1830.
2 Außer dem hier besprochenen Werk handelt es sich um *Briefe über Goethes »Faust«* (1835) und *Goethe, dessen Bedeutung für unsere und die kommende Zeit* (1863).
3 Brief an Zelter, 29.1.1830.
4 In Harry Mayncs *Geschichte der deutschen Goethe-Biographie* (1906 u. 1914) wird Carus überhaupt nicht erwähnt; in Julius Zeitlers dreibändigem *Goethe-Handbuch* (1916-18) erhielt er sieben Zeilen.
5 Brief an Woldemar v. Biedermann, 19.11.1869.
6 Herman Grimm, *Goethe* (»Vorlesungen, gehalten an der Kgl. Universität zu Berlin«), Berlin – Stuttgart 1903, 8. Aufl., Bd. 2, S. 256.
7 In der *Karlsbader Novelle* sollte Erwin Guido Kolbenheyer diese Wendung auf die Formel »Die Zeit ist über den Minnedienst hinaus, Liebe will sie« bringen. Unter Grimms Zeitgenossen hatten Düntzer sowie Ferdinand Gustav Kühne (*Goethe in der Schule der Frauen*, 1857) das Verhältnis als platonisch angesehen, während Lewes und Baumgartner ihm (aus freilich gänzlich verschiedenen Gründen) auch eine sexuelle Komponente zuerkannten. Originell ist der von Grimms Freund Gustav v. Loeper angeführte Grund zur Annahme einer platonischen Beziehung: »Mir ist es klar, daß, wer sein Vergnügen einen regelmäßigen Gegenstand Nacht für Nacht im Bette zu haben so austobt wie Goethe in den *Römischen Elegien*, daß der Novize ist und dieselbe Freude aus älterer, jahrelanger Übung noch nicht gekannt haben kann. Die *Römischen Elegien* also sind mir der schlagende Beweis für die Unschuld ihres – Goethes und der Stein – Verhältnisses ... Ich wüßte zwar nicht, was mir würschter wäre – um mit Bismarck zu sprechen – wenn ich mich darin irrte, denn eigentlich sind solche Gewissensfragen *mauvais goût*, und ich glaube, man muß es den Leuten überlassen, wie sie sich lieben wollen, ob geistig oder fleischlich, ob hinten oder vorn. Im Zweifel endlich wird man immer die Präsumption für Sittenreinheit festhalten müssen« (Flodoard v. Biedermann, *Aus der Frühzeit der Goethe-Forschung*, Berlin 1935, S. 30 f.). Das leidige Problem sollte die Gelehrten noch bis tief in unser Jahrhundert hinein beschäftigen, als sich psychoanalytisch angehauchte Literaturhistoriker und Biographen in den

absonderlichsten Mutmaßungen darüber ergingen. Durchaus glaubhaft ist dagegen Peter Hacks' Postulat (in *Ein Gespräch im Hause Stein über den abwesenden Herrn von Goethe*, 1976) einer einzigen Liebesbegegnung zwischen den beiden, bei der Goethe versagte – ein Malheur, das dieser in einem anderen Zusammenhang zum Vorwurf eines lange unterdrückten Gedichts gemacht hat (»Das Tagebuch«, 1810).

8 Das Erlöschen des Cottaschen Privilegs 1867 trug gleichfalls zur Vervielfältigung der Goethe-Ausgaben bei.

9 *Goethe* (Viermonatsschrift der Goethe-Gesellschaft), Jahresheft 1944, S. 214 ff.

10 Siehe unter anderem »Begegnungen mit Goethe im deutschen Protestantismus«, in Reinhard Buchwalds *Goethe-Zeit und Gegenwart*, Stuttgart 1949.

11 Siehe Seite 144.

Kapitel 4

1 Recht vollständig und ganz auf Fakten beschränkt ist Willi Schuhs Verzeichnis von Goethe-Kompositionen am Ende des zweiten Bandes der Artemis-Ausgabe (Zürich 1953).

2 Eckermann, 3.11.1823, beziehungsweise Zelters Brief an Goethe vom 8.-12.5.1816.

3 Die Ausnahme bildete die letzte Strophe des Suleika-Liedes *Was bedeutet die Bewegung* in der Schubertschen Vertonung (Max Kalbeck, *Johannes Brahms*, Berlin 1915-22, 4 Bde., 4. Aufl., Bd. 3, S. 87).

4 Einer der ersten, die das Symptomatische an dieser Gegenüberstellung empfanden, war Friedrich Nietzsche, für den Beethoven unter anderem einen spezifisch deutschen Beitrag zur Musik geleistet hatte. »Will man sich den Menschen zu *dieser* Musik denken«, heißt es in der *Fröhlichen Wissenschaft*, »nun, so denke man sich eben Beethoven, wie er neben Goethe, etwa bei jener Begegnung in Teplitz, erscheint: als die Halbbarbarei neben der Cultur, als Volk neben Adel«, usw.

5 Ein interessantes Beispiel hierfür liefert Walther Vetter (in *Der Klassiker Schubert*, Leipzig 1953, 2 Bde., Bd. 1, S. 378 ff.) in bezug auf *Nähe des Geliebten*.

6 So liegt zum Beispiel die Betonung bei seinem *Prometheus* (»Hier sitz' ich, forme Menschen / Nach meinem Bilde, / Ein Geschlecht, das mir gleich sei«) nicht auf »mir«, sondern auf »gleich«.

7 An Zelter, 3.6.1830.

8 Wenn überhaupt von einer direkten Beeinflussung Wagners durch Goethe die Rede sein kann, dann wohl im Hinblick auf die kurzen, einen Überdrang von Gefühl wiedergebenden Tristan-Zeilen (etwa »Bist du mein? / Darf ich dich fassen? / Hab' ich dich wieder? / Kann ich mir trauen?«). Sicher ist auf jeden Fall, daß der Komponist ein ausgezeichneter Goethe-Kenner war und daß diese Art Vers im vorgoetheschen deutschen Schrifttum kaum zu finden ist.

9 *Über die Grenzen des Naturerkennens*, Leipzig 1884, 6. Aufl., S. 29.

10 In *Rembrandt als Erzieher* sollte sich auch der damals vielberufene Julius Langbehn auf Goethes Seite stellen, indem er dessen »makroskopische« Naturanschauung mit

der »mikroskopischen« Du Bois-Reymonds verglich und eine Synthese zwischen Goethes induktiver und Helmholtz' deduktiv-experimenteller Forschungsmethode als wünschenswert erklärte (Kapitel »Deutsche Wissenschaft«). – Die spezifisch Steinersche Linie innerhalb der Goethe-Forschung wird in unseren Tagen von Gottfried Richter fortgeführt (*Faust – ein christliches Mysterium*, Stuttgart 1973).

11 Werner Heisenberg, »Das Naturbild Goethes und die technisch-wissenschaftliche Welt« (in *Goethe*, XXIX, 1967, S. 27-42). – Siehe dazu auch John Neubauer, »›Die Abstraktion, vor der wir uns fürchten‹, Goethes Auffassung der Mathematik und das Goethe-Bild in der Geschichte der Naturwissenschaft« (in *Versuche zu Goethe. Festschrift für Erich Heller*, Heidelberg 1976).

12 René Wellek, »Wilhelm Dilthey's Poetics and Literary Theory«, in *Festschrift für Hermann J. Weigand*, New Haven 1957, S. 122.

13 Diese Definition von Goethes Lebensanschauung in *Götterdämmerung* stimmt fast genau mit derjenigen überein, die Keller im *Grünen Heinrich* gibt (siehe Seite 210).

Kapitel 5

1 Weitere Zentren dieser Art sind das Frankfurter Goethe-Museum, Sitz des von Georg Heinrich-Otto Volger begründeten Freien Deutschen Hochstifts (das 1863 das Goethe-Haus erwarb), sowie das Goethe-Museum Düsseldorf (Kippenberg-Stiftung).

2 »Jahresbericht« im *Goethe-Jahrbuch* 1890, Anhang S. 18 f.

3 Auch die Weimarer Ausgabe war von der Großherzogin Sophie aus patriotischen Gründen befürwortet worden, mit spezifischem Hinweis auf die Pflege, die Franzosen und Engländer *ihren* Klassikern hatten angedeihen lassen (W. Goetz, *Fünfzig Jahre Goethe-Gesellschaft*, Weimar 1936, S. 17). Bezeichnenderweise trat Schiller 1914-1918 wieder in den Vordergrund, selbst im *Jahrbuch der Goethe-Gesellschaft*, in dem »Adel des Menschentums, Freiheit des Geistes, deutsche Größe, wie Schiller sie hatte und betätigte, ›Kultur‹ im Sinne Goethes« gegen Revanchegeist und Handelsneid ausgespielt wurde (1915, S. VII). Im nächsten Jahrgang drückte Peter Rosegger es wie folgt aus:

»Von Schiller geglüht, / Von Goethe geklärt,
Hast du, deutsches Stahlherz, / In Not dich bewährt.«

4 Diese Interessen Stresemanns, wie ähnliche Bestrebungen Walther Rathenaus und Theodor Heuss', bezeugen die rege Anteilnahme, die das liberale und demokratische Deutschland Goethe im 20. Jahrhundert entgegengebracht hat. Sie sticht nicht nur von der Gleichgültigkeit der Hohenzollern ab (mit Ausnahme der Kaiserin Augusta), sondern auch von der bewußten Zurückhaltung der katholischen Politiker der Linie Windthorst-Brüning-Adenauer.

5 Die Bezeichnung »Ortsgruppe«, die die NSDAP inzwischen für ihre eigenen Zwecke in Beschlag genommen hatte, mußte 1938 zu »Ortsvereinigung« umgeändert werden.

6 Einer der ersten Filme überhaupt war Louis Lumières *Faust* gewesen (1896), dem eine

Reihe anderer folgten: Georges Méliès' *Faust et Marguérite* (1897), *La Damnation de Faust* (1904), und wiederum *Faust* (1905). Die erste amerikanische Verfilmung wurde 1908 fertiggestellt, die erste deutsche, in der Henny Porten das Gretchen spielte, folgte 1910. In der erfolgreichsten aller Stummfilmversionen der Tragödie (1925, unter der Regie F. W. Murnaus) spielte Emil Jannings Mephisto und Yvette Guilbert Frau Marthe, mit Zwischentiteln von Gerhart Hauptmann. Im selben Jahre erschien auch ein verfilmter *Götz von Berlichingen*, unter der Regie von H. Moest und der Mitwirkung Paul Hartmanns und Lucie Höflichs. Es war eine wohl unausbleibliche Folge des Stummfilms mit seiner Klavierbegleitung, daß der Held sich immer wieder als der romantische Faust von Thomas, Gounod und Berlioz entpuppte. Aber auch nach Einführung des Tones blieben Goethe-Filme weitgehend der Musik verpflichtet. So enthielt etwa der französische Film *Roi des Aulnes* (1930) und ein *Werther* aus dem Jahr 1938 Kompositionen von Schubert, Mozart und – Johann Sebastian Bach, während der 1976 in der Bundesrepublik nach Ulrich Plenzdorfs *Die neuen Leiden des jungen W.* gedrehte Film ohne den amerikanischen Rock nicht denkbar wäre. Unter den für die Goethe-Jahre 1932 und 1949 hergestellten Filmen steht Redslobs *Goethe lebt* zumindest in bezug auf biographische Treue wohl an erster Stelle.

7 Siehe *Goethe-Jahrbuch* 1886, Anhang S. 18-51; sowie *G.-J.* 1906, Anhang S. 18-68; beziehungsweise den Ergänzungsband zum *Jahrbuch der Goethe-Gesellschaft*, 1926. – Mitglieder werden a) nach Wohnort und b) innerhalb der Ortschaften alphabetisch aufgeführt. Stand und Beruf, wenn angegeben, folgen dem Namen. Leider liegen für 1946 und spätere Jahre nur sekundäre Indizien, aber keine allgemein zugänglichen Listen vor.

8 Siehe zum Beispiel die Beiträge zu Wilhelm Stutz' Sammelband *Goethe in unserem Leben*, Willsbach 1947. – Daß Gelehrte Gesellschaften nicht unbedingt mit dem Bürgertum verbunden sein müssen, lehrt das Beispiel der Sprachgesellschaften im Barock sowie ähnlicher Körperschaften in der Sowjetunion. Das Einmalige im Falle der Goethe-Gesellschaft ist nicht die bürgerliche Basis, sondern die Breite dieser Basis. Es ist nicht anzunehmen, daß im Jahre 1926 eine andere Organisation – politischer, gesellschaftlicher, religiöser oder beruflicher Natur – folgende Männer hätte vereinen können: Walter Gropius, Gustav Stresemann, Gustav Krupp v. Bohlen-Halbach, Theodor Wolff, Admiral Scheer, Thomas Mann.

9 »Goethe as the Sage«, in *On Poetry and Poets*, New York 1957, S. 245 f.

10 G. Stickel, »Meine Berührungen mit Goethe«, in *Goethe-Jahrbuch* 1886, S. 237. – Daß es sich hier nicht um ein vereinzeltes Phänomen handelt, sondern um eine Sprachgewohnheit ganzer Generationen gebildeter Deutscher, mag ein Beispiel anstatt vieler beleuchten: »Rumänien hatte am Goethe-Tag 1916 Österreich-Ungarn den Krieg erklärt.« (Heinrich Spiero, *Schicksal und Anteil*, Berlin 1929, S. 266.) – Eine Datierung politischer Ereignisse unter Hinweis auf einen Dichtergeburtstag ist bei anderen Kulturvölkern schlechthin unvorstellbar, und zwar keineswegs nur aus dem Grunde, weil wir zum Beispiel Shakespeares Geburtstag nicht mit Bestimmtheit festsetzen können. Noch 1961 hieß es in einem in *Goethe* veröffentlichten Bericht über den Rücktransport der Sarkophage Goethes und Schillers nach Weimar, daß die beiden Särge »am Sonnabend, dem 12. Mai 1945, ... drei Tage nach Schillers 140.

Todestage« (und nicht etwa: »bereits fünf Tage nach Kriegsende«) aus ihrem Versteck wieder in die Fürstengruft zurückkehrten.

11 *Goethe* 1944, S .43, 48, 50.

12 »Goethe und ...« enthält Untersuchungen, in denen die Stellung des Dichters zu historischen Ereignissen und Persönlichkeiten behandelt wird, zum Beispiel »Die französische Revolution und Napoleon in Goethes Weltanschauung« (*Jb. d. G.-G.* 1930) oder »Zum Hegel-Bild in den Briefen Goethes« (*Goethe* 1974). Hingegen gehört »Romain Rollands Weg zu Goethe« (*Goethe* 1951) zu »Goethe und die Nachwelt«. Der Titel einer Abhandlung gibt in den meisten, aber nicht in allen Fällen ihre Zuordnung zu erkennen: »Der Briefwechsel Goethe-Voigt. Zum Abschluß der vierbändigen Edition« (*Goethe* 1963) wird zum Beispiel nicht der Rubrik »Epigramme, kleine Prosa, Briefe und Tagebücher«, sondern aufgrund des Inhalts der Rubrik »Goethe und ...« zugezählt.

13 Diese Rubrik ist nicht mit den »Miszellen« zu verwechseln, unter denen im *Jahrbuch* verschiedene kleine Berichtigungen und Mitteilungen erscheinen. Es handelt sich vielmehr um einen Teil des unter »Abhandlungen« gebotenen Materials.

Kapitel 6

1 Selbst das *Goethe-Jahrbuch* und seine Nachfolgeorgane weisen unter rund 1000 seit 1880 veröffentlichten Beiträgen nur einen auf, der sich mit dieser Frage befaßt (Wilhelm Münch, »Goethe in der deutschen Schule«, *G.-J.* 1900). Auf die Literatur, die sich mit der Deutschlektüre an den Schulen allgemein beschäftigt, wird an gegebener Stelle eingegangen.

2 Zitiert bei Adolf Matthias, *Geschichte des deutschen Unterrichts* (München 1907).

3 Es ist heute nicht mehr mit Sicherheit festzustellen, wann und wo *Faust II* zuerst auf dem Gymnasium gelesen wurde. Höchstwahrscheinlich geht diese Lektüre auf die Jahre unmittelbar vor dem Ersten Weltkrieg zurück, obwohl der Zweite Teil in keinem der untersuchten Lehrpläne der Zeit erscheint. Einer der ersten Lehrer, die dies unternahmen, war wohl Franz Hilker, der als junger Assistent den Zweiten Teil mit der Abiturientenklasse des Jahres 1914 las, auf Drängen der Schüler, privat und außerhalb der regulären Klassenstunden – übrigens zum entschiedenen Mißfallen der Kollegen, die befürchteten, ihre Freizeit ebenfalls auf diese im Schuletat nicht vorgesehene Weise opfern zu müssen. (Mitteilung von Prof. Hilker, Bonn.)

4 Unter dem Titel »Die politische Dimension des Deutschunterrichts. Zum Beispiel: Goethes ›Iphigenie‹« hat Hubert Ivo den ganzen Problemkomplex aus heutiger Sicht durchleuchtet (in *Diskussion Deutsch. Zur politischen Dimension des Deutschunterrichts*, Sonderband 1973, S. 5-36).

5 *Lesestücke und Schriftwerke im deutschen Unterricht*, München 1906, S. 155.

6 Wie zu allen anderen Problemen hatte Wilhelm II. auch zu dem des Abituraufsatzes einige kernige (und in diesem Fall durchaus vernünftige) Worte beizusteuern: »Wenn Einer im Abiturientenexamen einen tadellosen deutschen Aufsatz liefert, so kann man

daraus das Maß der Geistesbildung des jungen Mannes erkennen und beurteilen, ob er etwas taugt oder nicht.« (Bei Eröffnung der Schulkonferenz in Berlin am 4.12.1890.)

7 In der Abhandlung »Der deutsche Aufsatz in Prima« (1856); zitiert bei A. Matthias, a.a.O., S. 213.

8 *Lesestücke*, a.a.O., S. 61.

9 Diesem Tatbestand entspricht auch die große Anzahl damaliger Schulausgaben besagter Werke, zum Beispiel die des *Götz* von Wustmann und Naumann (1871 beziehungsweise 1877), Burmans Faust-Schulausgabe (1905, sogar schon mit dem Zweiten Teil), sowie die Bearbeitungen Goethescher Lyrik von Thomas Achelis, Gustav v. Loeper und Otto Harnack. Auch die großen Kompendien wie Cottas *Schulausgaben deutscher Klassiker*, Otto Lyons *Deutsche Dichter des neunzehnten Jahrhunderts* (»Ästhetische Erläuterungen für Schule und Haus«) und Joseph Kürschners *Deutsche National-Literatur* stammen aus diesen Jahren.

10 Im Vorwort (»Zum Geleit«) der ersten Nummer der *Zeitschrift für deutsche Bildung* (Juni 1925).

11 Jetzt natürlich auch der Zweite Teil. Wo jedoch weitere Einzelheiten angegeben werden, heißt es meist »Akt I und V«, viel seltener »Akt III«.

12 Dieser Gesichtspunkt wurde am deutlichsten von Otto v. Greyerz in seinem Buch *Der Deutschunterricht als Weg zur nationalen Erziehung* (schon 1914) vertreten, gewann aber erst in der nationalsozialistischen Zeit seine alles andere überschattende Wichtigkeit.

13 Damals »Oberschule für Jungen«.

14 Wo zwei Zahlen angegeben werden, bezieht sich die erste auf den sprachlichen, die zweite auf den naturwissenschaftlichen Zweig der betreffenden Klasse.

15 *Zeitschrift für Deutschkunde*, 1930 (Nachfolgeorgan der von Otto Lyon und Rudolf Hildebrand begründeten *Zeitschrift für den Deutschunterricht*), beziehungsweise *Zeitschrift für deutsche Bildung*, 1929.

16 S. 26. – Havenstein verneint die Frage, bei Goethe besonders in bezug auf die *Wahlverwandtschaften* und auf *Wilhelm Meister*, die ihm als »lebensgeschichtlich zu unjugendlich« erscheinen.

17 Wilhelm Zemke, »Wie kann der Deutschunterricht das Goethe-Jahr 1932 vorbereiten?«, in *Zs. f. Deutschkunde*, 1931.

18 Horst Joachim Frank, *Geschichte des Deutschunterrichts von den Anfängen bis 1945*, München 1973, S. 885-898.

19 *Das eherne Herz* (»Reden und Aufsätze aus den Jahren 1941-1942«), München 1943, S. 233.

20 »Goethe in der neuen Schule«, in *Zs. f. Deutschkunde*, 1934. – Dennoch konnte Günther Rosendahl in derselben Zeitschrift noch 1941 einen »Plan einer Goethe-Betrachtung im Unterricht« entwerfen, in dem von »Gleichschaltung« nichts zu verspüren ist. Was Heinz Kindermann in *Das Goethe-Bild des XX. Jahrhunderts* in bezug auf die akademischen Goethe-Forscher nachwies – nämlich daß sich damals viele bewußt an Goethe anklammerten, eben um der Gegenwart zu entrinnen –, trifft zweifellos auch auf viele Deutschlehrer zu.

21 *Iduna* (»Jahrbuch der Hölderlin-Gesellschaft«) I, 1944, S. 193.
22 *Lehrplanrichtlinien für die Gymnasien Schleswig-Holsteins*, 1955, S. 48.
23 *Lehrplanrichtlinien*, a.a.O., S. 54-55.
24 »Hinweise zur Arbeit mit Lehrplänen und Direktiven im Schuljahr 1958/59 vom 21. August 1958«, in *Verfügungen und Mitteilungen des Ministeriums für Volksbildung*, Nr. 15-18, S. 76.
25 In den neusprachlichen und mathematisch-naturwissenschaftlichen Zweigen (A und B) wurde die zweite und dritte Fremdsprache »auf Vorschlag der Abteilungen Volksbildung der Räte der Bezirke« durch das Ministerium für Volksbildung gewählt (Englisch, Französisch, Polnisch oder Tschechisch). Im altsprachlichen Zweig (C) waren Latein und Griechisch die erste beziehungsweise zweite Fremdsprache.
26 *Literaturfibel* (»Eine erste Anleitung zur Beschäftigung mit Theorie und Praxis der Dichtung«) von Joachim G. Boeckh, Berlin 1952, S. 62.
27 *Methodik* (»Deutschunterricht – Literatur«), hrsg. von einem Autorenkollektiv unter Leitung von Wilfried Bütow, Berlin (DDR), 2. Aufl., 1979, S. 9.
28 *Goethe* 1971, S. 182 beziehungsweise 180.

Kapitel 7

1 In seinen Tagebüchern erwähnt Hebbel einen Hofrat Marschall, der sich »aus Dankbarkeit gegen Goethe und in Erinnerung an dessen bek. Epigramm das Rauchen, das er sehr liebte« abgewöhnen wollte. Am 3.5.1861 hatte der Mann bereits sechs Wochen ausgehalten.
2 Emil Ermatinger wirft ein interessantes Streiflicht auf die Psychologie des Künstlers, indem er nachweist, daß Keller, der alle *literarischen* Vergleichungen mit Goethe bescheiden ablehnte, sich diesem als *Maler* überlegen fühlte. (»Gottfried Keller und Goethe«, in *Publications of the Modern Language Association of America*, LXIV, 1949, S. 85.)
3 E. Purdie, »Hebbel's Portrait of Goethe« in *The Era of Goethe*, Oxford 1959, S. 137.
4 Eckermann, 2.1.1824.
5 »Ansprache bei der Verleihung des Goethe-Preises am 28. August 1931«, in *Jahrbuch des Freien Deutschen Hochstifts*, 1931, S. 323.
6 *Tagebücher*, hrsg. v. Max Brod, New York 1954, S. 247.
7 *Rede über Goethe*, Marburg 1949, S. 9-13. – Originell, wenn auch sehr impressionistisch, ist der Befund von Franz Servaes: »Das Helle, Durchsättigte, Freudige seiner [Goethes] Dichtungen ist zweifellos vielfach mitbestimmt durch die Tageszeiten, in denen sie entstanden, während es andererseits bei Ibsen kein Zufall sein kann, daß er ein reger Nachtarbeiter ist.« (*Goethe am Ausgang des Jahrhunderts*, Berlin 1897, S. 23.)
8 Siehe Seite 258.
9 Ohne Ortsangabe zitiert von Carl Sieber, »Rilkes äußerer Weg zu Goethe«, in *Dichtung und Volkstum*, XXXVII, 1936, S. 54.

10 In *Goethe und die Demokratie* zitiert Thomas Mann mit augenscheinlichem Beifall Barker Fairleys Behauptung, daß Goethe »sich nicht des Heraufkommens einer Anschauungsweise in dem Jahrhundert nach ihm [versehen habe], die es vorgezogen hätte, wenn er um jeden Preis in die Brüche gegangen wäre, wie ein rechter Dichter, anstatt aus den Dingen einen Erfolg zu machen ...« Da Mann dieses Argument besonders gegen Rilke ins Feld führt, soll doch bemerkt werden, daß auch dieser ungleich exponiertere Mensch und Dichter keineswegs »in die Brüche ging«.

11 *Über Charaktere im Roman und im Drama* (Ges. Werke in Einzelausgaben, Prosa II), Frankfurt/M 1951, S. 54.

12 Eckermann, 17.3.1830.

13 Die Vorstellung, Goethe der Größenordnung nach nicht vergleichbar, der spezifischen Art nach jedoch nicht unähnlich zu sein, erscheint bereits bei Grillparzer und Stifter. (Siehe die Briefe des letzteren an Heckenast vom 13.5.1854 beziehungsweise 11.2.1858.)

14 »Dank an Goethe«, in *Neue Rundschau*, April 1932, S. 522.

15 *Die Hütte im Weinberg. [Jahre der Okkupation]* (Sämtl. Werke, I. Abt., III, 2), Stuttgart 1979, S. 566.

16 Hans-Peter Schwarz, *Der konservative Anarchist. Politik und Zeitkritik Ernst Jüngers*, Freiburg/Brsg. 1962, S. 249 ff.

17 *Die Schlafwandler*, Frankfurt/M 1978, S. 436.

18 Vergleiche hierzu Zuckmayers *Des Teufels General:* »Harras (lächelnd): ›Für dich ist der Wert des Mannes wohl ganz eindeutig fixiert.‹ Olivia: ›Ist er doch auch, oder? Von den Genies vielleicht abgesehen. Aber der Goethe soll ja auch darin ganz vorzüglich gewesen sein. Vom Napoleon hört man schon weniger Gutes. Und bei unserm Adolf ist, glaub ich, überhaupt nichts da ...‹«

19 Robert Musil, *Prosa, Dramen, späte Briefe*, Hamburg 1957, S. 798.

20 »Ansprache bei der Verleihung des Goethe-Preises der Stadt Frankfurt am Main am 28. August 1928«, in *Goethe. Vier Reden von Albert Schweitzer*, München 1950, S. 14.

21 Vgl. etwa die Rede, die Schweitzer 1949 in Aspen, Colorado, unter der Überschrift »Goethe. Der Mensch und das Werk« gehalten hat.

22 Walter Benjamin, *Versuche über Brecht*, Frankfurt/M 1966, S. 132.

23 Nicht nur bei Dichtern, sondern auch bei Germanisten gleicht die Beschäftigung mit Goethe oft einer Entdeckungsreise in die eigene Psyche. So gesteht Hans Christoph Buch, der Herausgeber des Sammelbandes *Literaturmagazin 2. Von Goethe lernen?* (Reinbek 1974), er habe seinen Beitrag ursprünglich mit marxistischen Gemeinplätzen beginnen wollen (»Die Zeiten, wo bürgerliche Festredner, zur Rechtfertigung ihrer imperialistischen Ideologie, Goethe und Schiller bemühten, sind, wenigstens hierzulande, endgültig vorüber; selbst die Demontage der Klassik hat ihre klassische Periode längst hinter sich«), dann aber entdeckt, »daß ich nicht über Goethe schreiben konnte, ohne gleichzeitig über mich selbst zu schreiben« (S. 50).

Kapitel 8

1 *Briefwechsel zwischen Karl Müllenhoff und Wilhelm Scherer*, Berlin und Leipzig 1937, S. XI. – Noch Jahrzehnte später mahnte Gundolf: »Hüten wir uns vor dem Dünkel zu meinen, mit dem Verstehen, der Kennerschaft und dem Beherrschen der Methode an sich sei schon viel erreicht, man habe dann den Dichter in der Tasche, sei gewissermaßen Herr über ihn, oder er sei nur Material für unsere Forschung. Das kleinste Meistergebild ist immer unendlich mehr als der weiseste Traktat darüber.« (*Goethe*, Berlin 1930, 13. Aufl., S. 7.)

2 Am 9. Dezember 1840 hatte Carlyle an Emerson geschrieben, daß der Tag kommen werde, »an dem Sie sehen, daß dieser heitere, höfliche Goethe eine prophetische Trauer von Dantesker Tiefe in sich verborgen hielt ... Hiervon bin ich überzeugt: Kein Mann, der nicht zutiefst gelitten und gekämpft hat, kann sehen, wie er sieht.«

3 *Goethe*, S. 402. – Die Gegenüberstellung von Ungerechtigkeit und Unordnung geht auf *Die Belagerung von Mainz* zurück.

4 »Die Institution Ehe ist eine äußere Bindung mit Bequemlichkeiten und Unbequemlichkeiten wie etwa der Beruf auch, und ob sie den inneren, geistigen Menschen tangiert, das hängt davon ab, ob überhaupt ein innerer Mensch da ist.« (*Goethe*, S. 143.) Seltsamer Irrtum: Gundolfs eigene Heirat besiegelte seine Entfremdung von George.

5 Zum Beispiel der Königsleutnant Thorane, den Goethe selber bekanntlich keineswegs als unwesentlich erachtete. Auch Beaumarchais wird auf den rund 800 Seiten des Gundolfschen Buches keines Wortes gewürdigt.

6 Es ist im Rahmen dieser Ausführungen weder wünschenswert noch möglich, alle diese Beiträge auch nur beim Titel anzuführen. Ein recht vollständiges Register gibt Heinz Kindermann (*Das Goethe-Bild des XX. Jahrhunderts*, Wien – Stuttgart 1952). Innerhalb der geistesgeschichtlichen Goethe-Forschung kann man jedoch billig zwischen Werken über die Urerlebnisse der Goethe-Zeit (zum Beispiel Paul Kluckhohns *Die Auffassung der Liebe in der Literatur des 18. Jahrhunderts und in der deutschen Romantik*, Walther Rehms *Der Todesgedanke in der deutschen Dichtung vom Mittelalter bis zur Romantik*) und solchen über die Bildungserlebnisse der Epoche unterscheiden (zum Beispiel Oskar Walzels *Das Prometheus-Symbol von Shaftesbury zu Goethe*, Franz Landsbergers *Kunst der Goethe-Zeit*).
Die *mystique* der geisteswissenschaftlichen Bewegung tritt in Werner Mahrholz' *Literargeschichte und Literarwissenschaft*, Leipzig 1932, 2. Aufl., zutage.

7 *Jahrbuch der Goethe-Gesellschaft* 1930.

8 »Psychologie und Dichtung«, in *Philosophie der Literaturwissenschaft*, Berlin 1930, S. 315.

9 Als Beweis für die urkräftige Sprache des *Urfaust* führt Theilhaber die Worte Valentins an: »Ich sag dirs im Vertrauen nur: / Du bist doch nun einmal eine Hur; / So seis auch eben recht!«, die freilich erst im vollendeten Ersten Teil erscheinen (*Goethe. Sexus und Eros*, Berlin 1929, S. 342.)

10 *Goethe-Zeit und Gegenwart*, Stuttgart 1949, S. 326.

11 *Goethe*, Bonn 1931, S. 41.

12 Heinz Kindermann, »Persönlichkeit und Gemeinschaft in Goethes dichterischem

Werk«, in *Goethe* 1938, S. 59 – Wie unbeugsam freilich der Druck zur Gleichschaltung war, geht unter anderem aus Gustave Mathieus »A Nazi Propaganda Directive on Goethe«, in *Publ. of the English Goethe Society*, 1952, hervor.

13 Kurt Hildebrandt, *Goethe. Seine Weltweisheit im Gesamtwerk*, Leipzig 1942, S. 566.

14 »Unser Goethe«, in *Goethe und seine Zeit*, Berlin 1950, S. 339.

15 *Goethe* usw., S. 567.

16 »Über Goethes Humanismus«, in *Kolloquium über Probleme der Goethe-Forschung*, Weimar 1960, S. 954.

17 C. P. Magill, »Goethe Literature in England«, in *Publ. of the English Goethe Society*, 1951, S. 166.

18 *Goethe in unserem Leben*, hrsg. v. Wilhelm Stutz, Willsbach 1947, S. 149.

19 Nico Rost, *Goethe in Dachau*, Berlin 1948, S. 180.

20 *Unsere Zukunft und Goethe*, Zürich 1948, S. 15 – Hans Egon Holthusen fragte unumwunden, ob »das Wort eines Dichters, der unter anderem auch der größte Repräsentant des bürgerlichen Zeitalters war, noch ein Echo in uns finden« könne (*Der unbehauste Mensch*, München 1951, S. 198). Bei Gottfried Benn heißt es: »Von Homer bis Goethe ist eine Stunde, von Goethe bis heute vierundzwanzig Stunden, vierundzwanzig Stunden der Verwandlung, der Gefahren, denen nur der begegnen kann, der seine eigenen gesetzlichen Dinge betreibt. Man hört jetzt oft die Frage nach einem ›richtigen‹ Goethe-Bild, das wird es nicht geben, man muß sich damit begnügen, daß hier etwas ins Strömen geraten ist, das verwirrt, nicht zu verstehen ist, aber an die Wüste gewordenen Ufer Keime streut –: das ist die Kunst.« (»Doppelleben«, in *Autobiographische und vermischte Schriften*, Ges. Werke IV, Wiesbaden 1961, S. 160.)

21 Spenglers Berufung auf Goethe ist nicht unangefochten geblieben: Thomas Mann (*Über die Lehre Spenglers*, 1924), Julius Bab (*Goethe und der Aufgang des Abendlandes*, 1928), Friedrich Muckle und andere haben ihm ausdrücklich das Recht abgesprochen, den Dichter gewissermaßen als Kronzeugen für die eigenen düsteren Visionen zu zitieren.

22 »Die Absicht eingeleitet«, aus: *Zur Morphologie*, 1817.

23 Nachdem Emil Schaeffer *Goethes äußere Erscheinung* schon 1914 und Hans Wahl *Goethe im Bildnis* 1932 veröffentlicht hatte, ergänzte Jörn Göres das Schaeffersche Buch 1980 durch *Goethe. Seine äußere Erscheinung*. Da neue Funde kaum zu erwarten sind, dürfte Göres' kommentierter Bildband wohl als definitive Zusammenstellung der auf uns gekommenen Goethe-Porträts gelten.

24 Barker Fairley, *A Study of Goethe*, Oxford 1947, S. 164 f.

25 Ian C. Loram, *Goethe and His Publishers*, Univ. of Kansas Press 1963.

26 Friedenthals *Goethe* ist in der hundertjährigen Geschichte des *Jahrbuchs der Goethe-Gesellschaft* und seiner Nachfolgeorgane das einzige Buch, das nicht nur angezeigt oder in der Bibliographie kurz besprochen, sondern in den sonst neuen Forschungsergebnissen vorbehaltenen »Abhandlungen« ausführlich rezensiert wurde, und zwar gleich zweimal, 1964 und 1965.

27 »Concerning a Bicentennial Goethe« in *Goethe and the Modern Age*, Chicago 1950, S. 356.

28 Heinrich Meyer, *Goethe. Sein Leben im Werk*, Hamburg 1949, S. 322 f.

I. PERSONEN- UND SACHREGISTER

II. GOETHES WERKE UND GOETHE-AUSGABEN